Grenz-Räume

herausgegeben von

Univ.-Prof. Dr. Walter Obwexer, Innsbruck
Univ.-Prof. Dr. Peter Bußjäger, Innsbruck
Univ.-Prof. Dr. Anna Gamper, Innsbruck
Univ.-Prof. Dr. Esther Happacher, Innsbruck
Univ.-Prof. DDr. Günther Pallaver, Innsbruck
Univ.-Prof. DDr. Martin P. Schennach MAS, Innsbruck
Prof. Dr. Jens Woelk, Trento

Band 6

Esther Happacher | Carolin Zwilling | Peter Bußjäger
Walter Obwexer | Sara Parolari [Hrsg.]

# Digitalisierung und regionale Autonomie
# Digitalizzazione e autonomia regionale

Nomos

**Die Deutsche Nationalbibliothek** verzeichnet diese Publikation in der Deutschen Nationalbibliografie; detaillierte bibliografische Daten sind im Internet über http://dnb.d-nb.de abrufbar.

1. Auflage 2025



Publiziert von
Nomos Verlagsgesellschaft mbH & Co. KG
Waldseestraße 3–5 | 76530 Baden-Baden
www.nomos.de

Gesamtherstellung:
Nomos Verlagsgesellschaft mbH & Co. KG
Waldseestraße 3–5 | 76530 Baden-Baden

ISBN (Print): 978-3-7560-3037-8
ISBN (ePDF): 978-3-7489-5347-0

DOI: https://doi.org/10.5771/9783748953470

Onlineversion
Nomos eLibrary

# Inhaltsverzeichnis

**Fallstudien – casi studio**

# Vorwort

Die Digitalisierung wirft für alle territorialen Ebenen, insbesondere aber für Regionen mit Autonomie, grundlegende Fragen zur Zukunft ihrer Verwaltung, ihrer Organisation und ihrer Handlungsweisen auf. Dabei geht es einerseits um die digitale Infrastruktur (zB Breitband, Cloud Computing, Daten), andererseits um das Erscheinungsbild der digitalen Verwaltung und der digitalen Dienste für die Bürger (zB Beantragung von Fördermitteln, Genehmigungen, Nachverfolgung persönlicher Daten). Digitalisierung strahlt als Querschnittsmaterie in nahezu alle Lebensbereiche wie etwa Gesundheit, Bildung, Arbeit, Kultur, Wirtschaft, Landwirtschaft und Umwelt aus.

Das vom Land Südtirol geförderte Forschungsprojekt *DigiImpact - Legal and empirical research related to Digital Autonomy* hat sich vor diesem Hintergrund mit den Auswirkungen der Digitalisierung auf subnationale Einheiten, deren Gesetzgebungskompetenzen und Verwaltungsaufgaben befasst. Dieser Frage schenkte die bisherige Forschung nämlich deutlich zu wenig Aufmerksamkeit, insbesondere wurde kaum beantwortet, inwieweit Digitalisierung regionale Autonomie unterminiert oder im Gegenteil die Digitalisierung die Wahrnehmung der Autonomie fördern kann. Das Forschungsprojekt fußt auf der Kooperation zwischen dem Eurac Research Institut für Vergleichende Föderalismusforschung und der Rechtswissenschaftlichen Fakultät der Universität Innsbruck und wurde unter dem Akronym FIT.R9 (CUP: D53C22002970003) durchgeführt.

Im Vordergrund der Untersuchung standen insbesondere die Auswirkungen der Digitalisierung auf den Handlungsspielraum subnationaler Einheiten mit Schwerpunkt auf die Mitglieder der Europaregion Tirol – Südtirol – Trentino. Selbstverständlich sollte – ganz im Sinne einer lernenden Verwaltungsorganisation – auch der Vergleich mit anderen Staaten, die zum Teil sehr erfolgreich – wie paradigmatisch Estland – ihre Verwaltung digitalisiert haben, nicht zu kurz kommen.

Die Forschungsergebnisse wurden am 30. September 2024 im Rahmen einer Tagung im Palais Widmann in Bozen vorgestellt. Der vorliegende Band enthält einleitend Beiträge zur begrifflichen und rechtlichen Einordnung von Digitalisierung (*Elia Aureli, Walter Obwexer* und *Christoph Müller*).

In einem zweiten Teil befasst sich der Band mit Grundsatzfragen im Rahmen des digitalen Wandels (*Matthias Kettemann, Barbara Marchetti* und *Erik Longo*), bevor einzelne Fallstudien vorgestellt werden. Diese befassen sich mit Italien (*Sara Parolari*), Südtirol und Trentino (*Philipp Rossi*), wobei die Verwaltungspraxis Südtirols (*Mathias Stuflesser*) und des Trentino (*Giancarlo Ruscitti*) im Einzelnen beleuchtet werden. Der Vergleich mit anderen Staaten bezieht Österreich (*Christoph Müller*), Deutschland (*Cristina Fraenkel-Haeberle*) und Estland (*Carolin Zwilling*) ein. Mit dem grenzüberschreitenden Aspekt von Digitalisierung befasst sich *Esther Happacher*, während *Francesco Palermo* abschließende Betrachtungen zu Digitalisierung und Autonomie vornimmt.

Die Herausgeberinnen und Herausgeber hoffen, mit dem vorliegenden Band einen Beitrag dazu geliefert zu haben, wie sich subnationale Einheiten im Rahmen ihrer Autonomie den Herausforderungen der Digitalisierung stellen können. Letztlich kann sich die Autonomie vor den Bürgerinnen und Bürgern nur dadurch legitimieren, dass sie optimale Leistungen unter Nutzung der jeweils aktuellen technischen Möglichkeiten anbietet. Darüber urteilen werden die Bürgerinnen und Bürger im Rahmen ihrer demokratischen Entscheidungen.

Bozen und Innsbruck, im März 2025

# Prefazione

La digitalizzazione solleva questioni fondamentali per tutti i livelli di governo, ma soprattutto per le regioni dotate di autonomia e il futuro della Pubblica Amministrazione. Da un lato, si fa riferimento all'infrastruttura digitale (si pensi, ad esempio, alla banda larga, al *cloud computing*, alla gestione dei dati) e, dall'altro, all'amministrazione digitale ed ai servizi digitali per i cittadini (si pensi, ad esempio, alla richiesta di finanziamenti, permessi o al tracciamento dei dati personali). Trattandosi di una questione trasversale, la digitalizzazione interessa una gran parte degli ambiti della vita, come la salute, l'istruzione, il lavoro, la cultura, il commercio, l'agricoltura e l'ambiente.

In questo contesto, il progetto di ricerca *DigiImpact - Legal and empirical research related to Digital Autonomy* - finanziato dalla Provincia Autonoma di Bolzano ha esaminato gli effetti della digitalizzazione sulle entità substatali, le loro competenze legislative e amministrative. Sinora le ricerche realizzate su questo tema hanno prestato scarsa attenzione a questi aspetti e, in particolare, non hanno considerato la misura in cui la digitalizzazione limita l'autonomia regionale o se, al contrario, la digitalizzazione possa favorire l'autonomia. Il progetto di ricerca si basa sulla collaborazione tra l'Istituto di studi federali comparati di Eurac Research e della Facoltà di giurisprudenza dell'Università di Innsbruck ed è stato realizzato sotto l'acronimo FIT.R9 (CUP: D53C22002970003).

Lo studio si è concentrato, in particolare, sugli effetti del processo di digitalizzazione sullo spazio di manovra delle unità substatali, focalizzandosi sui territori che fanno parte dell'Euregio Tirolo - Alto Adige - Trentino. Naturalmente, con l'obiettivo di apprendere da altre esperienze, sono stati presi in esame anche altri casi, tra cui quello dell'Estonia che si distingue quale modello in Europa per il processo di digitalizzazione della Pubblica Amministrazione.

I risultati della ricerca sono stati presentati in una conferenza al Palais Widmann, sede della Provincia Autonoma di Bolzano, il 30 settembre 2024. Questo volume prende il via con una serie di contributi focalizzati sulla classificazione concettuale e giuridica della digitalizzazione (*Elia Aureli*, *Walter Obwexer* e *Christoph Müller*).

Nella seconda parte, affronta questioni fondamentali nel contesto del cambiamento digitale (*Matthias Kettemann*, *Barbara Marchetti* ed *Erik Longo*) prima di presentare la ricerca su casi studio. Questi ultimi sono l'Italia (*Sara Parolari*), l'Alto Adige e il Trentino (*Philipp Rossi*) e, più nello specifico il focus dal punto di vista della prassi amministrativa in Alto Adige (*Mathias Stuflesser*) e in Trentino (*Giancarlo Ruscitti*). Il confronto con altri paesi ricomprende l'Austria (*Christoph Müller*), la Germania (*Cristina Fraenkel-Haeberle*) e l'Estonia (*Carolin Zwilling*). *Esther Happacher* si occupa della prospettiva transfrontaliera della digitalizzazione, mentre *Francesco Palermo* conclude con considerazioni finali su digitalizzazione e autonomia.

Con questo volume, i curatori auspicano di aver contribuito alla comprensione di come le unità substatali possano affrontare le sfide della digitalizzazione nel quadro della loro autonomia. Gli enti territoriali autonomi devono usare la tecnologia per offrire servizi ottimali, con i cittadini che valuteranno il loro operato secondo il principio democratico.

Bolzano e Innsbruck, marzo 2025

# Preface

Digitalization raises fundamental questions for all territorial levels, but especially for autonomous regions, about the future of their administration, organization, and modes of action. On the one hand, this concerns the digital infrastructure (for example, broadband, cloud computing, data) and, on the other, the appearance of digital administration and digital services for citizens (for example, application for funding, permits, tracking personal data). As a cross-cutting issue, digitalization impacts almost all areas of life, such as health, education, work, culture, business, agriculture and the environment.

Against this backdrop, the research project *DigiImpact - Legal and empirical research related to Digital Autonomy,* funded by the Province of South Tyrol, examined the effects of digitalization on subnational units, their legislative powers and administrative tasks. Previous research has paid too little attention to this question, in particular the extent to which digitalization undermines regional autonomy or, on the contrary, whether digitalization can promote the perception of autonomy. The research project is based on the cooperation between the Eurac Research Institute for Comparative Federalism and the University of Innsbruck, Faculty of Law and was carried out under the acronym FIT.R9 (CUP: D53C22002970003).

The study focused, in particular, on the effects of digitalization on the scope of action of subnational units, focusing on the members of the European region of Tyrol - South Tyrol - Trentino. Of course, in the spirit of a "learning" administrative organization, the comparison with other countries, some of which have successfully digitized their administration, such as Estonia, should not be missing.

The research results were presented at a conference at Palais Widmann in Bolzano on September 30, 2024. This volume begins with contributions on the conceptual and legal classification of digitalization (*Elia Aureli, Walter Obwexer* and *Christoph Müller*).

In the second part, the volume deals with fundamental issues in the context of digital change (*Matthias Kettemann, Barbara Marchetti* and *Erik Longo*) before presenting individual case studies. These deal with Italy (*Sara Parolari*), South Tyrol and Trentino (*Philipp Rossi*), whereby the administrative practices of South Tyrol (*Mathias Stuflesser*) and Trentino

(*Giancarlo Ruscitti*) are examined in detail. The comparison with other countries includes Austria (*Christoph Müller*), Germany (*Cristina Fraenkel-Haeberle*) and Estonia (*Carolin Zwilling*). *Esther Happacher* deals with the cross-border aspect of digitalization, while *Francesco Palermo* concludes with considerations on digitalization and autonomy.

With this volume, the editors hope to have contributed to the understanding of how subnational units can meet the challenges of digitalization within the framework of their autonomy. Ultimately, to truly earn legitimacy from citizens, autonomous entities must deliver optimal services, also by using the latest technological possibilities. It is the citizens who make their judgments in democratic decisions.

Bolzano/Bozen and Innsbruck, March 2025

# Versuch einer begrifflichen und rechtlichen Einordnung von Digitalisierung / Un inquadramento giuridico del concetto di digitalizzazione

# Una definizione di digitalizzazione

*Elia Aureli*

**Abstract**

The article highlights the difficulties in finding a comprehensive definition of the term "digitization" in the context of the digital transformation of public administration. Due to a lack of clarity, uncertainties in interpretation and application may arise, which could lead to delays and even discrepancies in the implementation of reforms. Furthermore, both in the Italian and German-speaking worlds, there is no distinction between the English terms "digitization" (the digital conversion of data) and "digitalization" (the process of transitioning to digital technologies and their impact on organizations and society), which creates further uncertainties. A precise definition, as suggested here, is therefore necessary to ensure coherent and efficient implementation of digital transformation in public administration.

*Der Beitrag beleuchtet die Schwierigkeiten, eine allumfassende Definition des Begriffs „Digitalisierung" im Zusammenhang mit der digitalen Transformation der öffentlichen Verwaltung zu finden. Aufgrund von mangelnder Klarheit können Unsicherheiten in der Interpretation und Anwendung entstehen, die neben Verzögerungen sogar zu Unstimmigkeiten bei der Umsetzung von Reformen führen könnten. Außerdem unterscheidet man im italienischen wie auch im deutschen Sprachraum nicht zwischen den englischen Begriffen „digitization" (digitale Umwandlung von Daten) und „digitalization" (Prozess des Übergangs zu digitalen Technologien und deren Auswirkungen auf Organisationen und Gesellschaft), was weitere Unsicherheiten schafft. Eine präzise Definition wird hier vorgeschlagen, da sie unabdingbar ist, um eine kohärente und effiziente Umsetzung der digitalen Transformation in der öffentlichen Verwaltung zu gewährleisten.*

## *I. L'importanza di una definizione*

Uno studio che voglia approfondire il tema della digitalizzazione della Pubblica Amministrazione e il suo impatto sull'ordinamento deve affrontare, preventivamente, una questione definitoria, di inquadramento del fenomeno. Con riferimento alla "digitalizzazione" (o "transizione digitale" o "trasformazione digitale"), ci si imbatte però in una prima difficoltà, dovuta al fatto che attualmente non esiste, né all'interno del sistema delle fonti nazionali, né nel variegato quadro dei documenti normativi sovranazionali e internazionali, una precisa e soprattutto condivisa definizione di questo concetto.

Ciò rappresenta un problema, in quanto l'assenza di una definizione univoca di "digitalizzazione" genera incertezze interpretative e operative. Quando un concetto non è chiaramente delineato, infatti, si pone il rischio che gli attori istituzionali e le amministrazioni interessate adottino approcci diversi e non coordinati, basati su interpretazioni non omogenee di una nozione priva di una chiara e univoca definizione. Questo può portare a disomogeneità nelle applicazioni pratiche, ritardi nell'attuazione delle riforme, e perfino conflitti di competenza tra enti e amministrazioni. Inoltre, la mancanza di chiarezza sul termine "digitalizzazione" limita la possibilità di valutare adeguatamente gli obiettivi da perseguire e gli standard da rispettare. Non disporre di un quadro concettuale condiviso impedisce l'adozione di strategie coordinate e rende più complessa la misurazione del reale impatto delle iniziative di digitalizzazione sull'efficacia, efficienza e trasparenza dell'azione amministrativa.

In avvio della presente ricerca, si procederà allora ad operare una breve comparazione di alcune delle fonti nazionali ed europee di maggior interesse, evidenziando in che modo e con quale accezione abbiano inteso il concetto di digitalizzazione, al fine di cercare di giungere ad un inquadramento più preciso del fenomeno. In questo modo, sarà possibile formulare una definizione di "digitalizzazione" da utilizzare in maniera uniforme all'interno di questo volume.

Anticipando parzialmente le conclusioni, si può fin d'ora affermare che, pur in mancanza di una definizione univoca – e anzi in un contesto generale di quasi totale assenza di definizioni – l'insieme degli atti normativi e amministrativi che gestiscono questo fenomeno sembrano intenderlo, in generale, come il processo di progressivo utilizzo delle tecnologie informatiche, sia nello svolgimento delle attività delle imprese private e della Pubblica Amministrazione, sia nell'erogazione dei servizi a utenti e clienti.

## *II. Lost in translation: Digitization e Digitalization*

Al problema definitorio del concetto di digitalizzazione si accompagna un'ulteriore questione, di natura linguistica, legata alla mancata coincidenza tra i termini utilizzati in italiano e in inglese. In italiano, infatti, il termine digitalizzazione comprende, al suo interno, i due concetti di *digitization* e *digitalization*.

Il concetto di *digitization* si riferisce semplicemente al passaggio di testi o documenti dalla forma analogica a quella digitale, come accade per la conversione di un documento cartaceo in un documento informatico, o il passaggio da un archivio fisico ad uno digitale. Si tratta di una definizione tecnica chiara, riconosciuta e difficilmente fraintendibile, che rimanda a un'operazione di mera trasposizione di supporti e dati.

*Digitalization*, invece, ha un significato più ampio e, al contrario di *digitization*, non possiede una definizione univoca. In generale, riguarda processi di passaggio di intere attività dal funzionamento analogico a quello per il tramite di tecnologie digitali, creando nuove opportunità di valore e ampliando le capacità organizzative. Una sua concezione più ampia vi fa rientrare anche una piena ristrutturazione delle interazioni personali e della vita sociale mediante l'uso di strumenti digitali. In definitiva, si può affermare che la sua definizione cambi in maniera anche rilevante a seconda del contesto applicativo (che può variare dal miglioramento di processi aziendali, al funzionamento della Pubblica Amministrazione, fino alla vita quotidiana dei cittadini).

In italiano, come detto, non esiste questa distinzione, in quanto entrambi i concetti di *digitization* e *digitalization* vengono tradotti in "digitalizzazione". Questo causa ambiguità interpretative e applicative, poiché il termine può riferirsi tanto alla conversione tecnica e "meccanica" dei dati quanto al ripensamento dei processi e delle strutture attorno alle tecnologie digitali. La mancanza di una parola specifica per la semplice trasposizione digitale può portare a confusioni, specialmente in ambiti tecnici e normativi, ove la chiarezza terminologica è essenziale.

All'interno di un quadro già complesso, è poi intervenuto un ulteriore concetto, quello di "trasformazione digitale" o *digital transformation*. La trasformazione digitale si distingue dalla digitalizzazione (intesa quale *digitalization*) in quanto non si tratta solo di implementare tecnologie o progetti specifici, ma di un cambiamento strategico più ampio, che coinvolge l'intera struttura organizzativa, rendendola capace di adattarsi alle esigenze degli utenti e di sfruttare appieno le potenzialità digitali. La trasformazione digitale è quindi una transizione trasversale che include la digitalizzazione, ma non si limita a essa. Questa trasformazione richiede un ripensamento completo dei processi e un orientamento verso la centralità dell'utente mediante l'uso di applicativi e strumenti avanzati; si tratta di una serie di interventi assai complessi da tradurre in politiche pubbliche e che coinvolgono anche i principi costituzionali (quali, almeno, quelli del buon andamento e imparzialità dell'amministrazione, tutela della *privacy* e protezione dei dati personali) e impattano in maniera determinante sul funzionamento della Pubblica Amministrazione.

Nel contesto italiano, la mancanza di un termine equivalente a *digitization* e la sovrapposizione tra digitalizzazione e trasformazione digitale generano problematiche interpretative. Quando si parla di digitalizzazione della Pubblica Amministrazione, ad esempio, è necessario chiarire se ci si riferisca a un mero passaggio di dati su supporti digitali o a una vera e propria ristrutturazione dei modelli di servizio pubblico, della trasparenza amministrativa, o dell'interazione tra Stato e cittadino. Senza una terminologia chiara, la digitalizzazione rischia di essere intesa in modo riduttivo, o comunque in maniera non uniforme, compromettendo le strategie e le normative mirate a promuovere una reale trasformazione. In questo contesto, diventa necessario elaborare una definizione che tenga conto non solo dell'aspetto tecnico, ma anche degli aspetti giuridici, amministrativi e sociali, con specifico riferimento alle applicazioni nella Pubblica Amministrazione. Una definizione univoca e condivisa del concetto di "digitalizzazione" è cruciale per tracciare confini precisi, sviluppare normative adeguate e monitorare gli effetti delle iniziative digitali, garantendo che l'uso delle tecnologie non si limiti a rendere digitale l'esistente, ma favorisca un'autentica evoluzione dell'azione amministrativa e del rapporto tra Stato e cittadino.

### *III. Panoramica delle definizioni normative, tra Italia e Unione Europea*

In mancanza di una definizione univocamente riconosciuta, è allora opportuno studiare se esistano, all'interno degli atti normativi italiani ed europei, definizioni o inquadramenti della "digitalizzazione", in modo da poter individuare quantomeno un *common ground* definitorio di questo fenomeno così spesso regolato ma così raramente definito. In effetti, sono assai numerose le norme che nel corso degli anni sono intervenute in materia di transizione digitale. Si considereranno, in questo senso, soltanto alcune delle più rilevanti.

Con riferimento all'ordinamento italiano, il primo elemento da considerare è la Legge sul Procedimento Amministrativo (Legge 7 agosto 1990, n 241), la quale definisce i principi in materia di digitalizzazione delle attività della Pubblica Amministrazione. In questo senso l'articolo Art 3-bis, introdotto con la legge 11 febbraio 2005, n 15 e modificato dal decreto-legge 16 luglio 2020, n 76, afferma che "per conseguire maggiore efficienza nella loro attività, le amministrazioni pubbliche agiscono mediante strumenti informatici e telematici nei rapporti interni, tra le diverse amministrazioni e tra queste e i privati". Si può allora notare che la legge sul procedimento amministrativo, in tema di amministrazione digitale, sposa un approccio finalistico, ma non dà una definizione del fenomeno.

Tra gli atti normativi in tema di digitalizzazione della Pubblica Amministrazione, quello certamente più importante e più completo è il Codice dell'amministrazione digitale (CAD) (D Lgs 7 marzo 2005, n 82). L'articolo 1 del CAD contiene le definizioni di vari concetti relativi all'amministrazione digitale; sarebbe dunque possibile immaginare che questa sia la posizione privilegiata ove ricercare una possibile definizione generale di digitalizzazione. Tuttavia, anche in questo caso la legge non riporta una definizione di digitalizzazione o di amministrazione digitale. Il funzionamento dell'amministrazione tramite strumenti digitali viene normato accuratamente e talvolta citato in maniera esplicita[1], ma continua a mancare l'aspetto propriamente definitorio.

Rimanendo all'interno dell'ordinamento italiano, è possibile ricercare una definizione di digitalizzazione anche negli atti istitutivi delle istituzioni che si occupano specificamente di questo tema. In questo senso si possono prendere in considerazione il Dipartimento per la Trasformazione Digitale, istituito presso la Presidenza del Consiglio dei ministri, che raccoglie e gestisce le strategie di digitalizzazione dello Stato, e l'Agenzia per l'Italia Digitale (AgID), l'agenzia tecnica della Presidenza del Consiglio che promuove la realizzazione degli obiettivi dell'Agenda digitale italiana coordinando tutte le Amministrazioni del Paese. Con riferimento al Dipartimento per la Trasformazione Digitale, si può notare come il sito istituzionale Dipartimento per la trasformazione digitale (innovazione.gov.it) contenga molte informazioni utili, e parli esplicitamente di trasformazione digitale della pubblica amministrazione[2] tra i suoi compiti specifici, ma ancora una volta

1 Tra i numerosi articoli che trattano di questo tema, pur senza fornire una definizione, si possono menzionare l'art 2, comma 1, per cui "Lo Stato, le Regioni e le autonomie locali assicurano la disponibilità, la gestione, l'accesso, la trasmissione, la conservazione e la fruibilità dell'informazione in modalità digitale..." e l'art 14, comma 2, per cui "Lo Stato, le regioni e le autonomie locali promuovono le intese e gli accordi e adottano, attraverso la Conferenza unificata, gli indirizzi utili per realizzare gli obiettivi dell'Agenda digitale europea e nazionale e realizzare un processo di digitalizzazione dell'azione amministrativa coordinato e condiviso (...)".

2 All'interno dei compiti e delle funzioni del Dipartimento, si afferma che esso gestisce "in ordine alla trasformazione digitale della pubblica amministrazione, le funzioni di indirizzo, coordinamento e impulso nella definizione ed attuazione dei programmi, dei progetti e dei piani di azione..."; "la definizione degli indirizzi strategici in materia di open government e di valorizzazione del patrimonio informativo pubblico"; "la trasformazione tecnologica, sociale e culturale del Paese, con riferimento a settori diversi

non offra una definizione precisa del fenomeno. Anche con riferimento all'AgID, e specialmente considerando il Piano Triennale per l'informatica nella Pubblica Amministrazione[3], il fondamentale documento programmatico e operativo volto a promuovere la trasformazione digitale del Paese (fornisce infatti indicazioni operative, obiettivi e risultati attesi a livello nazionale), si nota la medesima tendenza già evidenziata in precedenza: la digitalizzazione è un fenomeno che viene disciplinato e gestito fin nel dettaglio, ma la sua definizione viene in qualche modo data per assodata, pur senza averla mai fornita.

Un ultimo elemento da prendere in considerazione, con riferimento all'ordinamento italiano, riguarda il Piano Nazionale di Ripresa e Resilienza (PNRR). A questo proposito, la Missione 1 del PNRR ha come titolo proprio "Digitalizzazione, Innovazione, Competitività, Cultura e Turismo". Anche in questo caso, così come nel Piano Triennale AgID o all'interno della legge sul procedimento amministrativo, l'impostazione è più finalistica o operativa, piuttosto che definitoria. All'interno della Missione 1, infatti, si parla della digitalizzazione come di una "necessità trasversale, in quanto riguarda il continuo e necessario aggiornamento tecnologico nei processi produttivi" [4], e si procede poi ad individuare i numerosi e assai variegati ambiti di applicazione di questo principio all'interno sia della pubblica amministrazione che delle realtà economiche e sociali del Paese.

In conclusione, è possibile affermare che l'approccio delle fonti italiane al tema della digitalizzazione sia quello di una regolamentazione del fenomeno, senza fornirne una previa definizione; la legislazione tende a dare in qualche modo per scontata la definizione di digitalizzazione, e procede direttamente a fornire strumenti, fondi e metodi di applicazione per realizzarla.

Passato rapidamente in rassegna il sistema delle fonti italiano, senza che sia stata individuata una definizione, si può allora indagare rapidamente

---

da quelli della pubblica amministrazione, le funzioni di definizione degli indirizzi strategici del Governo, di coordinamento, impulso e promozione nonché di valutazione delle proposte formulate al riguardo dalle amministrazioni e di indirizzo e controllo sull'utilizzo, sull'attuazione e sull'impiego degli strumenti di incentivazione, fondi e risorse per lo sviluppo, la diffusione e l'impiego delle tecnologie nei diversi settori sociali, culturali e economici...".

3 https://www.agid.gov.it/it/agenzia/piano-triennale (26.01.2025).

4 https://www.provincia.tn.it/Argomenti/Focus/Attuazione-misure-Piano-nazionale-di-ripresa-e-resilienza/Missione-1-Digitalizzazione-innovazione-competitivita-cultura-e-turismo (26.01.2025).

quanto previsto dalle fonti Europee, anche in ragione del fatto che molto spesso sono proprio le iniziative dell'UE a dare il via, all'interno degli ordinamenti nazionali, alle attività e agli investimenti in tema di transizione digitale. Ad esempio, sul sito web del Parlamento europeo si legge che "La trasformazione digitale è l'integrazione delle tecnologie digitali nelle operazioni delle aziende e dei servizi pubblici, nonché l'impatto delle tecnologie sulla società" [5]. Analizzando alcuni dei più recenti interventi normativi delle istituzioni europee in materia si può individuare la medesima tendenza già evidenziata in merito alle fonti italiane: sebbene siano numerosi gli atti legislativi o di *soft law* che si occupano del tema, definendo strategie, obiettivi e investimenti, non ne viene fornita preliminarmente una definizione. Ad esempio, la Comunicazione della Commissione "Dare forma al futuro digitale dell'Europa" del 2020[6], illustra gli obiettivi politici della Commissione europea, al cui interno la digitalizzazione è citata come uno degli elementi cardine del sistema, ma nel testo non si trova una definizione precisa. Nel Regolamento (UE) 2021/241 del Parlamento europeo e del Consiglio, del 12 febbraio 2021, che istituisce lo Strumento di Ripresa e Resilienza, si fa riferimento alla transizione digitale ai punti 10, 12 e 21 dei considerando, all'art 3, all'allegato VI. 3, all'allegato VI, ma non si fornisce una definizione. Nella Proposta della Commissione europea (COM (2021) 574, Proposta finale di decisione del Parlamento europeo e del Consiglio) che istituisce il programma politico 2030 "Percorso verso il decennio digitale", del 15 settembre 2021, la Commissione europea pone la digitalizzazione come punto di riferimento per la sua politica per i successivi 10 anni, ma non fornisce all'interno del documento una definizione del concetto. Lo stesso vale per la Comunicazione della Commissione al Parlamento europeo, al Consiglio, al Comitato economico e sociale europeo e al Comitato delle Regioni contenente la "Bussola digitale 2030: la via europea per il decennio

5 https://www.europarl.europa.eu/topics/it/article/20210414STO02010/plasmare-la-trasformazione-digitale-spiegazione-della-strategia-dell-ue (26.01.2025).

6 COM (2020) 67 definitivo, Comunicazione della Commissione al Parlamento europeo, al Consiglio, al Comitato economico e sociale europeo e al Comitato delle Regioni: Dare forma al futuro digitale dell'Europa.
https://eur-lex.europa.eu/legal-content/EN/TXT/HTML/?uri=CELEX:52020DC0067 (30.01.2025).

digitale"[7] (COM/2021/118 final/2): il documento cita ampiamente il concetto di digitalizzazione[8], ma senza darne una definizione.

## *IV. Conclusioni: una definizione*

La breve analisi svolta nelle pagine precedenti ha dimostrato come non sia affatto semplice individuare una definizione condivisa di digitalizzazione. L'esame della normativa nazionale ed europea non ha fornito una risposta definitiva; tuttavia, a partire dai contenuti delle leggi e dei piani per la trasformazione digitale messi in campo dagli Stati e dall'UE negli ultimi anni si può capire come quello della digitalizzazione sia un fenomeno che comprende un sempre più ampio numero di tecnologie informatiche e digitali, che incidono sulle attività dei poteri pubblici e privati. La transizione digitale sta rivoluzionando sia l'organizzazione interna delle imprese e delle pubbliche amministrazioni, sia le loro iterazioni con l'esterno. Il concetto di digitalizzazione, dunque, è estremamente trasversale, e il suo impatto dirompente nella società richiede continui aggiornamenti a livello di leggi, procedure e linee guida.

In base alle informazioni qui raccolte, e in mancanza di altre definizioni, è allora opportuno fornire una nostra definizione, che sia coerente con l'ambito applicativo descritto dalla legislazione nazionale ed europea e che sia funzionale al taglio della ricerca. Per giungere ad una tale definizione dobbiamo considerare che il concetto di digitalizzazione, nell'accezione utilizzata all'interno della nostra ricerca, è sempre indirizzato allo studio delle attività dello Stato e in particolare all'azione della Pubblica Amministrazione. Pur rimanendo indubbiamente legato al concetto in senso puramente tecnico/informatico, in questo caso la sua definizione andrebbe almeno parzialmente declinata in modo da considerare, quindi, gli aspetti più legati al diritto costituzionale e amministrativo. In questo senso tenderà, allora, ad avvicinarsi al concetto di "trasformazione digitale" (della Pubblica Am-

7 https://eufordigital.eu/wp-content/uploads/2021/03/2030-Digital-Compass-the-European-way-for-the-Digital-Decade.pdf (26.01.2025).

8 Ad esempio, afferma che "La digitalizzazione può diventare un abilitatore decisivo di diritti e libertà, consentendo alle persone di andare al di là di specifici territori, posizioni sociali o gruppi di comunità, e aprendo nuove possibilità di imparare, divertirsi, lavorare, esplorare e realizzare le proprie ambizioni".

ministrazione), o di *e-government*[9]. Tutto ciò considerato, all'interno della presente ricerca, per "digitalizzazione" si intenderà allora:

---

9 Tra le definizioni affini a quella che faremo nostra nella ricerca, si può citare quella formulata, con riferimento all'*e-government*, in *Masiello*, Compendio di diritto dell'amministrazione pubblica digitale (2022) 4, che ne parla come del "utilizzo da parte delle amministrazioni pubbliche di strumenti informatici per l'erogazione di servizi ai cittadini e imprese". Cfr anche *Macrí,* Digitalizzazione, innovazione e sicurezza nella P.A. (2022).

*La digitalizzazione (della Pubblica Amministrazione) consiste nell'insieme delle tecnologie informatiche e digitali che mirano ad innovare, sviluppare, gestire e integrare il funzionamento e le prestazioni delle pubbliche amministrazioni, sia nelle loro procedure interne, sia nella fornitura di prestazioni e servizi, e nell'interazione con cittadini e imprese.*

# Unionsrechtliche Grundlagen der Digitalisierung

*Walter Obwexer*

**Abstract**

Digitalisation represents one of the key transversal challenges of our time, permeating all areas of life and the economy. This contribution examines the legal foundations of this development under European Union law, tracing the evolution and systematisation of the relevant secondary legislation. The analysis focuses on the legal bases in primary law, in particular the internal market competence, and their normative expression through a range of regulatory instruments. Following an introduction to the open-ended concept of "digitalisation," the chapter addresses early legal acts governing information and communication technologies. Subsequently, it analyses the establishment of the Digital Single Market through key instruments such as the General Data Protection Regulation (GDPR), the Copyright Directive in the Digital Single Market, the Open Data Directive, and the Platform-to-Business Regulation. Particular emphasis is placed on the Union's Digital Strategy initiated in 2020, which has materialised in a comprehensive legislative package: the Data Governance Act, Digital Markets Act, Digital Services Act, Data Act, AI-Act, Cyber Resilience Act and the European Health Data Space. The author demonstrates how the Union is undergoing a paradigmatic shift towards a value-based, fundamental rights-oriented regulation of digital technologies, aiming to ensure a fair and secure digital internal market. The Digital Strategy, to be implemented by 2030, is based on the principles of "technology that works for people," "a fair digital economy", and "an open, democratic society," and aspires to make Europe digitally sovereign and globally influential.

*La digitalizzazione rappresenta una delle sfide trasversali fondamentali del nostro tempo e pervade tutti gli ambiti della vita e dell'economia. Il contributo analizza i fondamenti giuridici di tale sviluppo nell'ambito del diritto dell'Unione europea, tracciando l'evoluzione e la sistematizzazione della normativa secondaria pertinente. L'attenzione si concentra sull'analisi delle fondamenta giuridiche del diritto primario, in particolare la competenza relativa al mercato interno, e sulla loro attuazione normativa attraverso una serie di strumenti giuridici. Dopo un'introduzione sul concetto ampio di "digitalizzazione", il contributo esamina le prime disposizioni giuridiche relative alle tecnologie dell'informazione e della comunicazione. Successivamente, viene analizzata la costruzione del mercato unico digitale attraverso strumenti centrali come il Regolamento generale sulla protezione dei dati (GDPR), la Direttiva sul diritto d'autore e sui diritti connessi nel mercato unico digitale, la cd. Direttiva sui dati aperti e il Regolamento sulle relazioni tra piattaforme e imprese. Il focus dell'analisi riguarda la Strategia digitale dell'Unione, avviata nel 2020, che si è concretizzata in un pacchetto legislativo articolato: il Data Governance Act, il Digital Markets Act, il Digital Services Act, il Data Act, il Regolamento sull'intelligenza artificiale (AI Act), il Regolamento sulla resilienza informatica e lo Spazio europeo dei dati sanitari. L'autore spiega come l'Unione abbia avviato un processo di cambiamento significativo verso una regolamentazione delle tecnologie digitali basata sui valori e orientata ai diritti fondamentali, con l'obiettivo di garantire un mercato digitale equo e sicuro. La Strategia digitale, da attuare entro il 2030, si fonda sui principi di tecnologia al servizio delle persone", economia digitale equa" e società aperta e democratica" e intende rendere l'Europa sovrana dal punto di vista digitale e autorevole a livello globale.*

## *I. Einführung*

„Digitale Technologien und digitale Kommunikation durchdringen heute unser gesamtes Leben. Wir müssen für ein Europa arbeiten, das unseren Bürgerinnen und Bürgern und unserer Wirtschaft Chancen eröffnet – und diese liegen heute im Digitalen."[1]

Bereits diese (politische) Aussage zeigt, dass der Begriff „Digitalisierung" in der EU und im Unionsrecht als Sammelbegriff für zahlreiche miteinander verbundene Phänomene genutzt wird.[2] Eine einheitliche Definition gibt es bislang nicht. Ganz überwiegend wird unter dem Begriff „Digitalisierung" jedoch „die Integration digitaler Technologien und digitaler Daten in alle Lebensbereiche" verstanden.[3]

Die EU hat bereits in den 1990er-Jahren damit begonnen, die rasant fortschreitende Digitalisierung in einen „europäischen" normativen Rahmen zu gießen, um einerseits das Potenzial der neuen Technologien zu fördern und andererseits die Missbrauchsgefahr dieser wirkmächtigen Technologien zu reduzieren. Gestützt auf unterschiedliche Kompetenzen, insbesondere auf die Zuständigkeit zur Rechtsharmonisierung im Binnenmarkt, wurden in immer kürzeren Abständen einschlägige Sekundärrechtsakte erlassen. Begonnen wurde mit der Regelung der Informations- und Kommunikationstechnologien (II.). Daran anschließend wurden Regelungen für einen

---

1 Kommissionspräsident *Jean-Claude Juncker* in seiner Rede zur Lage der Union am 14.09.2016, abgedruckt in Mitteilung der Kommission an das Europäische Parlament, den Rat, den Europäischen Wirtschafts- und Sozialausschuss und den Ausschuss der Regionen über die Halbzeitüberprüfung der Strategie für einen digitalen Binnenmarkt. Ein vernetzter digitaler Binnenmarkt für alle, KOM(2017) 228 endgültig vom 10.05.2017, 1.

2 So auch *Reiners*, Die Digitalisierungsstrategie der Europäischen Union – Meilensteine und Handlungsfelder zwischen digitaler Souveränität und grüner Transformation, integration (2021), 266.

3 Empfehlung (EU) 2024/236 der Kommission vom 29.11.2023 über Maßnahmen zur Bewältigung der Auswirkungen der Automatisierung und Digitalisierung auf die Beschäftigten im Verkehrssektor, ABl C 2024/236. Die nachfolgenden Ausführungen beruhen auf der Studie *Parolari/Zwilling/Happacher/Obwexer* (Hg), DigiImpact. Digitalisierung und Autonomie Südtirols (2024), 6 (Punkt 2 Europäische Union).

digitalen Binnenmarkt beschlossen (III.). Die neuesten Regelungen dienen der Verwirklichung einer (unionalen) Digitalstrategie (IV.).

## *II. Regelung der Informations- und Kommunikationstechnologien*

Im Zeitraum zwischen 1995 und 2005 wurden mehrere Sekundärrechtsakte erlassen, die den rechtlichen Rahmen für die künftige Gestaltung der Informations- und Kommunikationstechnologien festlegen sollten.

### A. Datenschutz-Richtlinie

Die Datenschutz-Richtlinie[4] normierte zwei Gruppen von Verpflichtungen für die Mitgliedstaaten. Erstens mussten die Mitgliedstaaten den Schutz der Grundrechte und Grundfreiheiten und insbesondere den Schutz der Privatsphäre natürlicher Personen bei der Verarbeitung personenbezogener Daten nach den Bestimmungen dieser Richtlinie gewährleisten. Zweitens durften die Mitgliedstaaten den freien Verkehr personenbezogener Daten zwischen den Mitgliedstaaten nicht aus Gründen des Schutzes der Grundrechte oder Grundfreiheiten beschränken (Art 1).

Die an die Mitgliedstaaten gerichtete Richtlinie war innerhalb von drei Jahren ab ihrer Annahme am 24. Oktober 1994 innerstaatlich umzusetzen. Sie wurde mit Wirkung vom 25. Mai 2018 durch die Datenschutz-Grundverordnung[5] aufgehoben.

Nach ständiger Rechtsprechung des EuGH waren die Bestimmungen der Datenschutz-Richtlinie im Licht der durch die Grundrechte-Charta garantierten Grundrechte auszulegen.[6] So waren beispielsweise die nationalen Kontrollstellen verpflichtet, „für einen angemessenen Ausgleich zwischen der Achtung des Grundrechts auf Privatsphäre und den Interessen (zu) sorgen, die einen freien Verkehr personenbezogener Daten gebieten".[7]

---

4 Richtlinie 95/46/EG des Europäischen Parlaments und des Rates vom 24.10.1995 zum Schutz natürlicher Personen bei der Verarbeitung personenbezogener Daten und zum freien Datenverkehr, ABl 1995 L 281, 31.

5 Siehe nachstehend III.A.

6 ZB EuGH 20.05.2003, C-465/00, C-138/01 und C-139/01 (*Österreichischer Rundfunk ua*) EU:C:2003:294, 68.

7 ZB EuGH 06.10.2015, C-362/14 (*Schrems/Data Protection Commissioner*) EU:C:2015:650, 42.

## B. Richtlinie über den elektronischen Geschäftsverkehr

Die Richtlinie über den elektronischen Geschäftsverkehr[8] soll einen Beitrag zum einwandfreien Funktionieren des Binnenmarkts leisten, indem sie den freien Verkehr von Diensten der Informationsgesellschaft zwischen den Mitgliedstaaten sicherstellt (Art 1 Abs 1). Sie beinhaltet, soweit dies für die Erreichung des vorgenannten Ziels erforderlich ist, eine Angleichung bestimmter für die Dienste der Informationsgesellschaft geltender innerstaatlicher Regelungen, die den Binnenmarkt, die Niederlassung der Diensteanbieter, kommerzielle Kommunikationen, elektronische Verträge, die Verantwortlichkeit von Vermittlern, Verhaltenskodizes, Systeme zur außergerichtlichen Beilegung von Streitigkeiten, Klagemöglichkeiten sowie die Zusammenarbeit zwischen den Mitgliedstaaten betreffen (Art 1 Abs 2). Sie schafft jedoch weder zusätzliche Regeln im Bereich des Internationalen Privatrechts noch beinhaltet sie Regeln betreffend die Zuständigkeit der Gerichte (Art 1 Abs 4).

Die Richtlinie ist am 17. Juli 2000 in Kraft getreten (Art 23) und war von den Mitgliedstaaten bis zum 17. Jänner 2002 innerstaatlich umzusetzen (Art 22).

Die gegenständliche Richtlinie findet nach jüngerer Rechtsprechung des EuGH auch auf einen Vermittlungsdienst Anwendung, der darin besteht, über eine elektronische Plattform gegen Entgelt eine Geschäftsbeziehung zwischen potenziellen Mietern und gewerblichen oder nicht gewerblichen Vermietern, die kurzfristige Beherbergungsleistungen anbieten, anzubahnen, und gleichzeitig auch einige Zusatzdienstleistungen zu diesem Vermittlungsdienst zur Verfügung zu stellen (zB Airbnb).[9]

8 Richtlinie 2000/31/EG des Europäischen Parlaments und des Rates vom 08.06.2000 über bestimmte rechtliche Aspekte der Dienste der Informationsgesellschaft, insbesondere des elektronischen Geschäftsverkehrs, im Binnenmarkt („Richtlinie über den elektronischen Geschäftsverkehr"), ABl 2000 L 178, 1.

9 EuGH 19.12.2019, C-390/18 (*Strafverfahren gegen X)* EU:C:2019:1112, Tenor.

## C. Richtlinie über bestimmte Aspekte des Urheberrechts in der Informationsgesellschaft

Die Urheberrechts-Richtlinie in der Informationsgesellschaft[10] regelt den rechtlichen Schutz des Urheberrechts und der verwandten Schutzrechte im Binnenmarkt, insbesondere in Bezug auf die Informationsgesellschaft (Art 1 Abs 1). Vom Schutzbereich ausgenommen sind ua Computerprogramme und Datenbanken (Art 1 Abs 2).

Die gegenständliche Richtlinie ist am 22. Juni 2001 in Kraft getreten (Art 14) und war von den Mitgliedstaaten vor dem 22. Dezember 2002 innerstaatlich umzusetzen (Art 13).

Der Begriff „Werk" wurde vom EuGH dahin ausgelegt, dass zwei kumulative Voraussetzungen erfüllt sein müssen. Zum einen muss es sich bei dem betreffenden Objekt um ein Original in dem Sinne handeln, dass es eine eigene geistige Schöpfung seines Urhebers darstellt. Damit eine geistige Schöpfung als eine eigene des Urhebers angesehen werden kann, muss darin seine Persönlichkeit zum Ausdruck kommen, was dann der Fall ist, wenn der Urheber bei der Herstellung des Werks seine schöpferischen Fähigkeiten zum Ausdruck bringen konnte, indem er frei kreative Entscheidungen getroffen hat.[11] Zum anderen ist die Einstufung als „Werk" Elementen vorbehalten, die eine solche geistige Schöpfung zum Ausdruck bringen.[12]

Des Weiteren hat der EuGH in Auslegung dieser Richtlinie entschieden, dass militärische Lageberichte nur unter der – vom nationalen Gericht in jedem Einzelfall zu prüfenden – Voraussetzung urheberrechtlich geschützt sein können, dass es sich bei ihnen um eine geistige Schöpfung ihres Urhebers handelt, in der seine Persönlichkeit zum Ausdruck kommt und die sich in seinen bei ihrer Ausarbeitung frei getroffenen kreativen Entscheidungen ausdrückt. Das zuständige nationale Gericht hat anhand sämtlicher Umstände des Einzelfalls stets eine Abwägung zwischen den ausschließlichen Rechten der Urheber zur Vervielfältigung und zur öffentlichen Wiedergabe ihrer Werke auf der einen Seite und den Rechten der Nutzer von Schutzgegenständen aus den Ausnahmebestimmungen der Richtlinie für

10 Richtlinie 2001/29/EG des Europäischen Parlaments und des Rates vom 22.05.2001 zur Harmonisierung bestimmter Aspekte des Urheberrechts und der verwandten Schutzrechte in der Informationsgesellschaft, ABl 2001 L 167, 10.

11 EuGH 01.12.2011, C-145/10 (*Painer*) EU:C:2011:798, 87.

12 EuGH 13.11.2018, C-310/17 (*Levola Hengelo*) EU:C:2018:899, 37.

die Berichterstattung über Tagesereignisse und für Zitate auf der anderen Seite vorzunehmen. Dabei muss es sich auf eine Auslegung dieser Bestimmungen stützen, die unter Achtung ihres Wortlauts und unter Wahrung ihrer praktischen Wirksamkeit mit den durch die Charta garantierten Grundrechten voll und ganz im Einklang steht.[13]

## *III. Digitaler Binnenmarkt*

Im Jahr 2015 billigte der Europäische Rat die von der Kommission vorgelegte Strategie für einen digitalen Binnenmarkt in der Union.[14] Dieser sollte innovative und zukunftsorientierte Rahmenbedingungen für Informations- und Kommunikationstechnologien (IKT) schaffen.

In den folgenden Jahren wurde der digitale Binnenmarkt schrittweise realisiert. Die verabschiedeten Rechtsakte sollten ein tragfähiges digitales Umfeld aufbauen: ein Umfeld, das ein hohes Niveau des Schutzes der Privatsphäre, der personenbezogenen Daten und der Verbraucherrechte gewährleistet, in dem Unternehmen innovativ tätig sein und sich im Wettbewerb messen können und in dem die Cybersicherheit dazu beiträgt, das Verknüpfungsgeflecht zwischen den Gesellschaften zu stärken.[15]

Zu den wichtigsten dieser Rechtsakte gehören:

### A. Datenschutz-Grundverordnung

Die Datenschutz-Grundverordnung (DSGVO)[16] enthält Vorschriften zum Schutz natürlicher Personen bei der Verarbeitung personenbezogener Daten und zum freien Verkehr solcher Daten (Art 1 Abs 1). Zu diesem Zweck

---

13 EuGH 29.07.2019, C-469/17 (*Funke Medien*) EU:C:2019:623, 19 und 76.

14 Mitteilung der Kommission an das EP, den Rat, den Europäischen Wirtschafts- und Sozialausschuss und den Ausschuss der Regionen: Strategie für einen digitalen Binnenmarkt für Europa, KOM(2015) 192 endgültig vom 06.05.2015.

15 Mitteilung der Kommission an das Europäische Parlament, den Europäischen Rat, den Rat, den Europäischen Wirtschafts- und Sozialausschuss und den Ausschuss der Regionen: Vollendung eines vertrauenswürdigen Binnenmarkts für alle. Beitrag der Europäischen Kommission zur informellen Tagung der EU-Staats- und Regierungschefs zum Thema Datenschutz und digitaler Binnenmarkt am 16.05.2018 in Sofia, KOM(2018) 320 endgültig vom 15.05.2018.

16 Verordnung (EU) 2016/679 des Europäischen Parlaments und des Rates vom 27.04.2016 zum Schutz natürlicher Personen bei der Verarbeitung personenbezogener Daten, zum freien Datenverkehr und zur Aufhebung der Richtlinie 95/46/EG

schützt die Verordnung die Grundrechte und Grundfreiheiten natürlicher Personen und insbesondere deren Recht auf Schutz personenbezogener Daten (Art 1 Abs 2). Gleichzeitig sieht sie vor, dass der freie Verkehr personenbezogener Daten in der Union nicht aus Gründen des Schutzes natürlicher Personen bei der Verarbeitung personenbezogener Daten eingeschränkt oder verboten werden darf (Art 1 Abs 3).

Die Verordnung ist am 24. Mai 2016 in Kraft getreten (Art 99 Abs 1) und hat mit 25. Mai 2018 Geltung erlangt (Art 99 Abs 2).

Abweichend von der – aufgehobenen – Datenschutz-Richtlinie stellt die DSGVO nicht mehr auf den Sitz oder die Niederlassung des Verarbeiters in der Union ab, sondern allein auf den Schutz betroffener Personen.

Als „personenbezogene Daten" (Art 4 Nr 1) gelten „alle Informationen, die sich auf eine identifizierte oder identifizierbare natürliche Person ... beziehen", wobei diese Definition nach der Rechtsprechung gilt, wenn die betreffenden Informationen aufgrund ihres Inhalts, ihres Zwecks und ihrer Auswirkungen mit einer bestimmten Person verknüpft sind.[17] Ferner bezeichnet der Begriff „Verarbeitung" (Art 4 Nr 2) „jeden mit oder ohne Hilfe automatisierter Verfahren ausgeführten Vorgang oder jede solche Vorgangsreihe im Zusammenhang mit personenbezogenen Daten" wie ua „das Abfragen", „die Verwendung", „die Offenlegung durch Übermittlung", „die Verbreitung" oder „eine andere Form der Bereitstellung". In diesen Definitionen kommt das Ziel des Unionsgesetzgebers zum Ausdruck, diesen beiden Begriffen eine weite Bedeutung beizumessen.[18]

Hinzu kommt, dass der sachliche Anwendungsbereich dieser Verordnung (Art 2 Abs 1) weit definiert ist.[19] Er umfasst jede „ganz oder teilweise automatisierte Verarbeitung personenbezogener Daten sowie ... die nicht automatisierte Verarbeitung personenbezogener Daten, die in einer Datei gespeichert sind oder gespeichert werden sollen". Aus dieser weiten Definition folgt, dass die in der Verordnung angeführten Ausnahmen (Art 2 Abs 2) vom Anwendungsbereich eng auszulegen sind. Dies gilt insbesondere für die vorgesehene Ausnahme (Art 2 Abs 2 lit d), die die Verarbeitung personenbezogener Daten durch die zuständigen Behörden zum Zweck

---

(Datenschutz-Grundverordnung), ABl 2016 L119, 1. Vgl statt vieler *Feiler/Forgo*, EU-DSGVO und DSG. Kommentar (2022); *Jahnel*, DSGVO. Kommentar (2021).

17 EuGH 20.12.2017, C-434/16 (*Nowak*) EU:C:2017:994, 35.

18 ZB EuGH 08.12.2022, C-180/21 (*VS*) EU:C:2022:967, 73.

19 ZB EuGH 22.06.2021, C-439/19 (*Latvijas Republikas Saeima [Strafpunkte]*) EU:C:2021:504, 61.

der Verhütung, Ermittlung, Aufdeckung oder Verfolgung von Straftaten oder der Strafvollstreckung betrifft.[20] Die Ausnahmen vom sachlichen Anwendungsbereich sind des Weiteren abschließend aufgezählt. So findet die Verordnung keine Anwendung auf die Verarbeitung personenbezogener Daten „im Rahmen einer Tätigkeit, die nicht in den Anwendungsbereich des Unionsrechts fällt" (Art 2 Abs 2 lit a). Nach dieser Ausnahme sollen „allein Verarbeitungen personenbezogener Daten ausgenommen werden (...), die von staatlichen Stellen im Rahmen einer Tätigkeit, die der Wahrung der nationalen Sicherheit dient, oder einer Tätigkeit, die derselben Kategorie zugeordnet werden kann, vorgenommen werden, so dass der bloße Umstand, dass eine Tätigkeit eine spezifische Tätigkeit des Staates oder einer Behörde ist, nicht dafür ausreicht, dass diese Ausnahme automatisch für diese Tätigkeit gilt".[21] Dem folgend kann nicht angenommen werden, „dass eine Tätigkeit allein deshalb außerhalb des Anwendungsbereichs des Unionsrechts liegt und damit der Anwendung der DSGVO entzogen ist, weil sie von einem vom Parlament eines Mitgliedstaats in Ausübung seines Kontrollrechts der Vollziehung eingesetzten Untersuchungsausschuss ausgeübt wird".[22]

### B. Datenschutz-Richtlinie

Die zeitgleich mit der Datenschutz-Grundverordnung[23] beschlossene Datenschutz-Richtlinie[24] enthält Bestimmungen zum Schutz natürlicher Personen bei der Verarbeitung personenbezogener Daten durch die zuständigen Behörden zum Zwecke der Verhütung, Ermittlung, Aufdeckung oder Verfolgung von Straftaten oder der Strafvollstreckung, einschließlich des Schutzes vor und der Abwehr von Gefahren für die öffentliche Sicherheit (Art 1 Abs 1).

---

20 ZB EuGH 24.02.2022, C-175/20 (*Valsts ieņēmumu dienests [Verarbeitung personenbezogener Daten für steuerliche Zwecke)* EU:C:2022:124, 40 und 41.

21 EuGH 16.01.2024, C-33/22 (*Österreichische Datenschutzbehörde gegen WK)* EI:C:2024:46, 37.

22 EuGH, 16.01.2024, C-33/22 (*Österreichische Datenschutzbehörde gegen WK)* EI:C:2024:46, 43.

23 Vorstehend III.A.

24 Richtlinie (EU) 2016/680 des Europäischen Parlaments und des Rates vom 27.04.2016 zum Schutz natürlicher Personen bei der Verarbeitung personenbezogener Daten durch die zuständigen Behörden zum Zwecke der Verhütung, Ermittlung, Aufdeckung oder Verfolgung von Straftaten oder der Strafvollstreckung sowie zum freien Datenverkehr, ABl 2016 L 119, 89, idF ABl 2021 L 74, 36.

Nach dieser Richtlinie (Art 1 Abs 2) haben die Mitgliedstaaten

- die Grundrechte und Grundfreiheiten natürlicher Personen, insbesondere deren Recht auf Schutz personenbezogener Daten, zu schützen und
- sicherzustellen, dass der Austausch personenbezogener Daten zwischen den zuständigen Behörden in der Union – sofern er nach dem Unionsrecht oder dem Recht der Mitgliedstaaten vorgesehen ist – nicht aus Gründen, die mit dem Schutz natürlicher Personen bei der Verarbeitung personenbezogener Daten verbunden sind, eingeschränkt oder verboten wird.

Diese Richtlinie gilt für die Verarbeitung personenbezogener Daten durch die zuständigen Behörden zu den in Art 1 Abs 1 genannten Zwecken (Art 2 Abs 1). Sie findet keine Anwendung auf die Verarbeitung personenbezogener Daten im Rahmen einer Tätigkeit, die nicht in den Anwendungsbereich des Unionsrechts fällt (Art 2 Abs 2).

Die gegenständliche Richtlinie ist am 5. Mai 2016 in Kraft getreten (Art 64) und war von den Mitgliedstaaten bis zum 6. Mai 2018 innerstaatlich umzusetzen (Art 63 Abs 1).

Nach der Rechtsprechung des EuGH ergibt sich bereits aus dem Wortlaut der Richtlinie (Art 3 Nr 2) und insbesondere aus der Verwendung der Begriffe „jeder ... Vorgang", „jede ... Vorgangsreihe" und „eine andere Form der Bereitstellung", dass der Unionsgesetzgeber den Ausdruck „Verarbeitung" und damit den sachlichen Anwendungsbereich dieser Richtlinie weit fassen wollte.[25] Demnach nehmen Polizeibehörden, wenn sie ein Telefon sicherstellen und versuchen, auf diesem Telefon gespeicherte personenbezogene Daten auszulesen oder abzufragen, eine Verarbeitung im Sinne der Richtlinie vor, auch wenn es ihnen aus technischen Gründen nicht gelingen sollte, auf diese Daten zuzugreifen.[26]

Die Richtlinie – ausgelegt im Lichte von Art 7, Art 8 und Art 52 Abs 1 Grundrechte-Charta – steht einer nationalen Regelung, die den zuständigen Behörden die Möglichkeit gibt, zum Zweck der Verhütung, Ermittlung, Feststellung und Verfolgung von Straftaten im Allgemeinen auf die auf einem Mobiltelefon gespeicherten Daten zuzugreifen, nicht entgegen, wenn diese Regelung

25 EuGH 04.10.2024, C-548/21 (*CG gegen Bezirkshauptmannschaft Landeck*) EU:C:2024:830, 71.

26 EuGH 04.10.2024, C-548/21 (*CG gegen Bezirkshauptmannschaft Landeck*) EU:C:2024:830, 72.

- die Art oder die Kategorien der betreffenden Straftaten hinreichend präzise definiert;
- die Wahrung des Grundsatzes der Verhältnismäßigkeit gewährleistet und
- die Ausübung dieser Möglichkeit, außer in hinreichend begründeten Eilfällen, einer vorherigen Kontrolle durch ein Gericht oder eine unabhängige Verwaltungsstelle unterwirft.[27]

Die Richtlinie – ausgelegt im Lichte von Art 47 und Art 52 Abs 2 Grundrechte-Charta – steht einer nationalen Regelung jedoch entgegen, die es den zuständigen Behörden gestattet, zu versuchen, auf Daten zuzugreifen, die auf einem Mobiltelefon gespeichert sind, ohne die betroffene Person im Rahmen der einschlägigen nationalen Verfahren über die Gründe, auf denen die von einem Gericht oder einer unabhängigen Verwaltungsstelle erteilte Gestattung des Zugriffs auf die Daten beruht, zu informieren, sobald die Übermittlung dieser Informationen die den Behörden nach der Richtlinie obliegenden Aufgaben nicht mehr beeinträchtigen kann.[28]

## C. Richtlinie über das Urheberrecht im digitalen Binnenmarkt

Die Urheberrechts-Richtlinie im digitalen Binnenmarkt[29] soll die geltenden einschlägigen Richtlinien inhaltlich ergänzen und den rasanten technologischen Entwicklungen Rechnung tragen (Erwägungsgründe 3 und 4). Zu diesem Zweck werden Vorschriften zur weiteren Harmonisierung des Unionsrechts auf dem Gebiet des Urheberrechts und der verwandten Schutzrechte im Rahmen des Binnenmarkts unter besonderer Berücksichtigung der digitalen und grenzüberschreitenden Nutzung geschützter Inhalte festgelegt. Außerdem enthält die Richtlinie Vorschriften zu Ausnahmen und Beschränkungen des Urheberrechts und verwandter Schutzrechte und zur Erleichterung der Lizenzvergabe sowie Vorschriften, mit denen das Ziel verfolgt wird, das ordnungsgemäße Funktionieren des Markts für die Verwertung von Werken und sonstigen Schutzgegenständen sicherzustellen (Art 1 Abs 1). Besondere Bedeutung kommt der Regelung der Nutzung

27 EuGH 04.10.2024, C-548/21 (*CG gegen Bezirkshauptmannschaft Landeck*) EU:C:2024:830, 110.

28 EuGH 04.10.2024, C-548/21 (*CG gegen Bezirkshauptmannschaft Landeck*) EU:C:2024:830, 123.

29 Richtlinie (EU) 2019/790 des Europäischen Parlaments und des Rates vom 17.04.2019 über das Urheberrecht und die verwandten Schutzrechte im digitalen Binnenmarkt und zur Änderung der Richtlinien 96/9/EG und 2001/29/EG, ABl 2019 L 130, 92.

geschützter Inhalte durch Online-Dienste zu (Art 17, auch als *lex YouTube* bekannt geworden).

Die Richtlinie ist am 6. Juni 2019 in Kraft getreten (Art 31) und war von den Mitgliedstaaten bis zum 7. Juni 2021 innerstaatlich umzusetzen (Art 29 Abs 1).

## D. Richtlinie über offene Daten und die Weiterverwendung von Informationen des öffentlichen Sektors (PSI-2-RL)

Die – aus umfangreichen Änderungen der Richtlinie über die Verwendung von Informationen des öffentlichen Sektors[30] hervorgegangene – Richtlinie über offene Daten und die Weiterverwendung von Informationen des öffentlichen Sektors[31] soll die Verwendung offener Daten fördern und Anreize für die Innovation bei Produkten und Dienstleistungen vermitteln (Art 1 Abs 1). Zu diesem Zweck werden Mindestvorschriften für die Weiterverwendung und die praktischen Modalitäten zur Erleichterung der Weiterverwendung von vorhandenen Dokumenten im Besitz öffentlicher Stellen der Mitgliedstaaten sowie im Besitz öffentlicher Unternehmen festgelegt (Art 1 Abs 1). Vom Anwendungsbereich der Richtlinie sind eine Reihe von Dokumenten ausgenommen, ua Dokumente, die geistiges Eigentum Dritter betreffen, Dokumente, die sensible Daten beinhalten, oder Logos, Wappen und Insignien (Art 1 Abs 2). Vom Anwendungsbereich nicht umfasst sind Anträge auf Zugang zu Dokumenten, die sich im Besitz einer öffentlichen Stelle befinden.[32]

Als allgemeiner Grundsatz gilt (Art 3): Die Mitgliedstaaten stellen sicher, dass die Dokumente, auf die diese Richtlinie anwendbar ist, nach den Vorgaben der Richtlinie für kommerzielle und nichtkommerzielle Zwecke weiterverwendet werden können. Für Dokumente, an denen Bibliotheken (einschließlich Hochschulbibliotheken), Museen und Archive Rechte des geistigen Eigentums innehaben, und für Dokumente im Besitz öffentlicher Unternehmen stellen die Mitgliedstaaten sicher, dass diese Dokumente,

30 Richtlinie 2003/98/EG des Europäischen Parlaments und des Rates vom 17.11.2003 über die Weiterverwendung von Informationen des öffentlichen Sektors, ABl 2003 L 345, 90.

31 Richtlinie (EU) 2019/1024 des Europäischen Parlaments und des Rates vom 20.06.2019 über offene Daten und die Weiterverwendung von Informationen des öffentlichen Sektors (Neufassung), ABl 2019 L 172, 56.

32 EuGH 21.11.2024, C-336/23 (*HP - Hrvatska pošta d.d. gegen Povjerenik za informiranje)* EU:C:2024:979, 32.

nach den Vorgaben der Richtlinie für kommerzielle und nichtkommerzielle Zwecke weiterverwendet werden können, sofern und soweit deren Weiterverwendung erlaubt wird.

Die Richtlinie ist am 16. Juli 2019 in Kraft getreten (Art 20) und war von den Mitgliedstaaten bis zum 17. Juli 2021 innerstaatlich umzusetzen (Art 17 Abs 1).

### E. Verordnung betreffend Fairness und Transparenz für gewerbliche Nutzer von Online-Vermittlungsdiensten

Die Verordnung zur Förderung von Fairness und Transparenz für gewerbliche Nutzer von Online-Vermittlungsdiensten[33] soll zum reibungslosen Funktionieren des Binnenmarkts beitragen. Zu diesem Zweck werden Vorschriften festgelegt, mit denen sichergestellt wird, dass für gewerbliche Nutzer von Online-Vermittlungsdiensten und Nutzer mit Unternehmenswebsite im Hinblick auf Suchmaschinen eine angemessene Transparenz, Fairness und wirksame Abhilfemöglichkeiten geschaffen werden (Art 1 Abs 1).

Die Verordnung gilt für Online-Vermittlungsdienste und Online-Suchmaschinen, unabhängig vom Niederlassungsort oder Sitz der Diensteanbieter und unabhängig vom ansonsten anzuwendenden Recht, die gewerblichen Nutzern und Nutzern mit Unternehmenswebsite bereitgestellt bzw zur Bereitstellung angeboten werden, die ihre Niederlassung oder ihren Wohnsitz in der Union haben und die über diese Online-Vermittlungsdienste oder Online-Suchmaschinen Waren oder Dienstleistungen in der Union befindlichen Verbrauchern anbieten (Art 1 Abs 2). Sie gilt nicht für Online-Zahlungsdienste, Online-Werbeinstrumente oder Online-Werbebörsen, die nicht bereitgestellt werden, um die Anbahnung direkter Transaktionen zu vermitteln, und bei denen kein Vertragsverhältnis mit Verbrauchern besteht (Art 1 Abs 3).

Die Verordnung ist am 31. Juli 2019 in Kraft getreten und gilt seit dem 12. Juli 2020 (Art 19).

Nach der Rechtsprechung des EuGH verfolgt die gegenständliche Verordnung das Ziel, ein faires, vorhersehbares, tragfähiges und vertrauens-

33 Verordnung (EU) 2019/1150 des Europäischen Parlaments und des Rates vom 20.06.2019 zur Förderung von Fairness und Transparenz für gewerbliche Nutzer von Online-Vermittlungsdiensten, ABl 2019 L 186, 57.

würdiges Online-Geschäftsumfeld im Binnenmarkt zu schaffen, in dem für gewerbliche Nutzer von Online-Vermittlungsdiensten eine angemessene Transparenz, Fairness und wirksame Abhilfemöglichkeiten geschaffen werden. Dem folgend können die von den nationalen Behörden gesammelten und allenfalls der Kommission zur Verfügung zu stellenden Informationen (Art 16 und Art 18) nur dann als „einschlägig" eingestuft werden, wenn sie einen hinreichend unmittelbaren Zusammenhang mit diesem Ziel aufweisen. Ein Mitgliedstaat darf hingegen für die Durchführung der Verordnung „nicht willkürlich ausgewählte Informationen mit der Begründung sammeln, dass die Kommission sie in Ausübung ihrer Aufgabe zur Überwachung und Überprüfung der Verordnung eventuell später anfordern könnte, da die Verordnung die Mitgliedstaaten nicht dazu verpflichtet, aus eigener Initiative solche Informationen zu sammeln".[34]

### *IV. Digitalstrategie*

Im Jahr 2020 legte die Kommission eine Strategie zur Gestaltung der digitalen Zukunft Europas vor.[35] Diese enthält ein politisches Reformprogramm mit insgesamt acht Legislativvorschlägen und drei nichtlegislativen Vorschlägen. Die allermeisten der Legislativvorschläge wurden inzwischen bereits verabschiedet und sind in Kraft getreten.

Einer der nichtlegislativen Vorschläge betrifft den „Digitalen Kompass 2030".[36] Darin formuliert die Kommission zunächst die Zielvorstellungen für 2030, deren Hauptaugenmerk auf einer Stärkung der Bürger und Unternehmen beruht. Daran anschließend werden vier Kernpunkte aufgelistet, die den Zielpfad der Union vorzeichnen: erstens eine digital befähigte Bevölkerung und hoch qualifizierte digitale Fachkräfte, zweitens sichere, leistungsfähige und tragfähige digitale Infrastrukturen, drittens ein digitaler Umbau der Unternehmen und viertens die Digitalisierung öffentlicher Dienste. Ein weiterer Punkt betrifft die digitale Bürgerschaft. Ein eigener Kompass soll die Verwirklichung der Vorgaben und Ziele für 2030 sicher-

34 EuGH 30.05.2024, C-663/22 (*Expedia*) EU:C:2024:433, 54.

35 Mitteilung der Kommission an das Europäische Parlament, den Rat, den Wirtschafts- und Sozialausschuss und den Ausschuss der Regionen: Gestaltung der digitalen Zukunft Europas, KOM(2020) 67 endgültig vom 19.02.2020.

36 Mitteilung der Kommission an das Europäische Parlament, den Rat, den Europäischen Wirtschafts- und Sozialausschuss und den Ausschuss der Regionen: Digitaler Kompass 2023: der europäische Weg in die digitale Dekade, KOM(2021) 118 endgültig vom 09.03.2021.

stellen. Mit diesen Zielen und Maßnahmen soll die Union die digitale Dekade innerhalb der eigenen Grenzen und in der Welt erfolgreich meistern.

Ausgehend vom „Digitalen Kompass“ sieht der Beschluss über das „Politikprogramm 2030 für die digitale Dekade“[37] eine gemeinsame Verpflichtung des Europäischen Parlaments, des Rates, der Kommission und der Mitgliedstaaten vor, bei der Verwirklichung des digitalen Wandels in der Union zusammenzuarbeiten und an einem Strang zu ziehen. Der Beschluss enthält allgemeine Ziele und spezifische Digitalziele, die die Union bis 2030 erreichen muss.

Für die Ausarbeitung der mitgliedstaatlichen strategischen Fahrpläne für die digitale Dekade hat die Kommission einen eigenen Leitfaden vorgelegt.[38]

Darüber hinaus haben das Europäische Parlament, der Rat und die Kommission eine gemeinsame feierliche Erklärung zu den digitalen Rechten und Grundsätzen für die digitale Dekade unterzeichnet.[39] In dieser rein deklaratorischen Erklärung wird betont, dass die Menschen im Mittelpunkt des europäischen Weges für den digitalen Wandel stehen sollen. Dieser soll auf europäischen Werten beruhen und allen Menschen und Unternehmen zugutekommen. Zum Themenbereich „Digitale öffentliche Dienste“ ist vorgesehen, dass jede Person Zugang zu allen wichtigen online erbrachten öffentlichen Diensten in der gesamten Union haben sollte. Niemand darf aufgefordert werden, Daten beim Zugang zu digitalen öffentlichen Diensten und bei deren Nutzung öfter als erforderlich anzugeben.[40] Parlament, Rat und Kommission wollen dafür sorgen, dass erstens allen Europäern eine barrierefreie, sichere und vertrauenswürdige digitale Identität angeboten wird, die den Zugang zu einem breiten Spektrum von Online-Diensten ermöglicht, zweitens eine breite Zugänglichkeit und Weiterverwendung von Informationen der Behörden sicherzustellen und drittens einen nahtlosen,

37 Beschluss (EU) 2022/2481 des Europäischen Parlaments und des Rates vom 14.12.2022 über die Aufstellung des Politikprogramms 2030 für die digitale Dekade, ABl 2022 L 323, 4.

38 Mitteilung der Kommission: Leitfaden für die Mitgliedstaaten im Hinblick auf die Ausarbeitung der nationalen strategischen Fahrpläne für die digitale Dekade, ABl 2023 C 230, 4.

39 Mitteilung der Kommission an das Europäische Parlament, den Rat, den Europäischen Wirtschafts- und Sozialausschuss und den Ausschuss der Regionen: Eine europäische Erklärung zu den digitalen Rechten und Grundsätzen für die digitale Dekade, KOM(2022) 27 endgültig vom 26.01.2022.

40 Europäische Erklärung zu den digitalen Rechten und Grundsätzen für die digitale Dekade, KOM(2022) 28 endgültig vom 26.01.2022.

sicheren und interoperablen Zugang zu digitalen Gesundheits- und Pflegediensten, die den Bedürfnissen der Menschen entsprechen, in der gesamten Union zu erleichtern und zu unterstützen, auch zu Patientenakten.[41]

## A. Daten-Governance-Rechtsakt (*Data Governance Act* – DGA)

Die Verordnung über europäische Daten-Governance[42] soll einen gemeinsamen europäischen Datenraum, konkret einen Binnenmarkt für Daten, schaffen, in dem Daten unabhängig vom physischen Ort ihrer Speicherung in der Union unter Einhaltung des geltenden Rechts verwendet werden können (Erwägungsgrund 2). Zur Erreichung dieses Ziels regelt die Verordnung insbesondere die Bedingungen für die Weiterverwendung von Daten bestimmter Datenkategorien, die im Besitz öffentlicher Stellen sind, innerhalb der Union (Art 1 Abs 1 lit a) und normiert einen Anmelde- und Aufsichtsrahmen für die Erbringung von Datenvermittlungsdiensten (Art 1 Abs 1 lit b).

Als „Weiterverwendung" gilt dabei die Nutzung von Daten, die im Besitz öffentlicher Stellen sind, durch natürliche oder juristische Personen für kommerzielle oder nichtkommerzielle Zwecke, die sich vom ursprünglichen Verarbeitungszweck unterscheiden; nicht umfasst ist der Austausch von Daten zwischen öffentlichen Stellen ausschließlich im Rahmen der Erfüllung ihres öffentlichen Auftrags (Art 2 Ziffer 2). Zu den „öffentlichen Stellen" zählen der Staat, Gebietskörperschaften, Einrichtungen des öffentlichen Rechts oder Verbände, die aus einer oder mehreren dieser Körperschaften oder einer oder mehreren dieser Einrichtungen des öffentlichen Rechts bestehen (Art 2 Ziffer 17).

Die gegenständliche Verordnung ist am 4. Juni 2023 in Kraft getreten und gilt seit dem 24. September 2023 (Art 38).[43]

---

41 Europäische Erklärung, 4.

42 Verordnung (EU) 2022/868 des Europäischen Parlaments und des Rates vom 30.5.2022 über europäische Daten-Governance und zur Änderung der Verordnung (EU) 2018/1724 (Daten-Governance-Rechtsakt), ABl 2022 L 152, 1.

43 Vgl zB *Specht/Hennemann*, Data Governance Act. Kommentar (2023).

## B. Gesetz über digitale Märkte (*Digital Markets Act* – DMA)

Die Verordnung über bestreitbare und faire Märkte im digitalen Sektor[44] soll zum reibungslosen Funktionieren des Binnenmarkts beitragen, indem harmonisierte Vorschriften festgelegt werden, die in der gesamten Union zum Nutzen von gewerblichen Nutzern und Endnutzern für alle Unternehmen bestreitbare und faire Märkte im digitalen Sektor, auf denen Torwächter tätig sind, gewährleisten (Art 1 Abs 1). Sie gilt für zentrale Plattformdienste, die Torwächter für in der Union niedergelassene gewerbliche Nutzer oder in der Union niedergelassene oder aufhältige Endnutzer bereitstellen oder anbieten, ungeachtet des Niederlassungsorts und Standorts der Torwächter und ungeachtet des sonstigen auf die Erbringung von Dienstleistungen anwendbaren Rechts (Art 1 Abs 2). Als „Torwächter" gelten Unternehmen, die zentrale Plattformdienste bereitstellen und nach einem eigenen Verfahren benannt werden (Art 2 Ziffer 1).[45] Die Kommission benennt ein Unternehmen als „Torwächter", wenn es die folgenden drei kumulativen Anforderungen erfüllt (Art 3 Abs 1):

a) es hat erheblichen Einfluss auf den Binnenmarkt,
b) es stellt einen zentralen Plattformdienst bereit, der gewerblichen Nutzern als wichtiges Zugangstor zu Endnutzern dient (im Folgenden: wichtiges Zugangstor), und
c) es hat hinsichtlich seiner Tätigkeiten eine gefestigte und dauerhafte Position inne oder es ist absehbar, dass es eine solche Position in naher Zukunft erlangen wird.

Die gegenständliche Verordnung ist am 13. Juni 2022 in Kraft getreten und gilt überwiegend seit dem 2. Mai 2023 (Art 54).[46]

---

44 Verordnung (EU) 2022/1925 des Europäischen Parlaments und des Rates vom 14.09.2022 über bestreitbare und faire Märkte im digitalen Sektor und zur Änderung der Richtlinien (EU) 2019/1937 und (EU) 2020/1828 (Gesetz über digitale Märkte), ABl 2022 L 265, 1.

45 Vgl Durchführungsverordnung (EU) 2023/814 der Kommission vom 14.04.2023 zur Festlegung detaillierter Vorschriften für die Durchführung bestimmter Verfahren durch die Kommission nach der Verordnung (EU) 2022/1925 des Europäischen Parlaments und des Rates, ABl 2023 L 102, 6.

46 Statt vieler zB *Podszun* (Hg), Digital Markets Act. Kommentar (2023); siehe auch *Achleitner*, Digital Markets Act beschlossen: Verhaltenspflichten und Rolle nationaler Wettbewerbsbehörden, NZKart (2022), 359; *Herbers*, Der Digital markets Act (DMA) kommt – neue Dos and Don'ts für Gatekeeper in der Digitalwirtschaft, RDi (2022), 252; *Podszun/Bongartz/Kirk*, Digital markets Act – Neue Regeln für Fairness in der

Die Verordnung beinhaltet einen grundlegenden Paradigmenwechsel im Vergleich zum davor geltenden Recht. Erstens werden die Normadressaten, die sog „Torwächter" (*gatekeeper*) in ihrer wirtschaftlichen Handlungsfreiheit erheblich beschränkt. Zweitens erhält die Kommission als zentrale Behörde erstmals Regulierungskompetenzen für einzelne Unternehmen. Drittens markieren die einschlägigen Regelungen eine Abkehr vom „*more economic approach*" und geben einigen der wirtschaftlich mächtigsten IT-Unternehmen der Welt klare wertgeprägte Vorgaben, wenn sie in der Union tätig werden (wollen).[47]

Die von der Kommission Anfang September 2023 vorgenommene Benennung von Bytedance (TikTok) als „Torwächter"[48] wurde vom betroffenen Unternehmen mit Nichtigkeitsklage beim EuG bekämpft, Mitte Juli 2024 aber mit Urteil als unbegründet abgewiesen.[49]

## C. Gesetz über digitale Dienste (*Digital Services Act* – DSA)

Die Verordnung über einen Binnenmarkt für digitale Dienste[50] trägt den neuen Entwicklungen seit Inkrafttreten der Richtlinie über den elektronischen Geschäftsverkehr[51] Rechnung. Inzwischen bieten nämlich neue und innovative Geschäftsmodelle und Dienste wie soziale Netzwerke und Online-Plattformen den Geschäftskunden und Verbrauchern die Möglichkeit, auf neuartige Weise Informationen weiterzugeben und darauf zuzugreifen und Geschäftsvorgänge durchzuführen. Viele nutzen diese Dienste inzwischen täglich. Der digitale Wandel und die verstärkte Nutzung dieser Dienste haben jedoch auch neue Risiken und Herausforderungen mit sich

---

Plattformökonomie, NJW (2022), 3249; *Zimmer*, Der Digital Markets Act – neue Regeln für marktmächtige Plattformen, NZG (2022), 145; *Zimmer/Göhsl*, Vom New Competition Tool zum Digital Markets Act: Die geplante EU-Regulierung für digitale Gatekeeper, ZWeR (2021), 29.

47 ZB *Kumkar*, Der Digital Markets Act nach dem Trilog-Verfahren. Neue Impulse für den Wettbewerb auf digitalen Märkten, RDi (2022), 347; *Weiß/Schneider/Timm*, Der neue Digital Markets Act (DMA) – Vorreiter und Revolution des (Europäischen) Digitalmarkts, Newsdienst Compliance (2022), 1.

48 Beschluss C(2023) 6102 endgültig der Kommission vom 05.09.2023.

49 EuG 17.07.2024, T-1077/23 (*Bytedance gegen Kommission*) EU:T:2024:478, Tenor.

50 Verordnung (EU) 2022/2065 des Europäischen Parlaments und des Rates vom 19.10.2022 über einen Binnenmarkt für digitale Dienste und zur Änderung der Richtlinie 2000/31/EG (Gesetz über digitale Dienste), ABl 2022 L 277, 1.

51 Siehe vorstehend II.B.

gebracht, und zwar für den einzelnen Nutzer des jeweiligen Dienstes, für die Unternehmen und für die Gesellschaft als Ganze (Erwägungsgrund 1).

Vor diesem Hintergrund verfolgt die Verordnung das Ziel, durch die Festlegung harmonisierter Vorschriften für ein sicheres, vorhersehbares und vertrauenswürdiges Online-Umfeld, in dem Investitionen gefördert und die in der Grundrechte-Charta verankerten Grundrechte, darunter der Grundsatz des Verbraucherschutzes, wirksam geschützt werden, einen Beitrag zum reibungslosen Funktionieren des Binnenmarkts für Vermittlungsdienste zu leisten (Art 1 Abs 2). Zu diesem Zweck werden in der Verordnung harmonisierte Vorschriften für die Erbringung von Vermittlungsdiensten im Binnenmarkt festgelegt, insbesondere ein Rahmen für die bedingte Haftungsbefreiung der Anbieter von Vermittlungsdiensten, Vorschriften über besondere Sorgfaltspflichten, die auf bestimmte Anbieter von Vermittlungsdiensten zugeschnitten sind, und Vorschriften über die Durchführung und Durchsetzung der Verordnung, einschließlich der Zusammenarbeit und Koordinierung zwischen den zuständigen Behörden (Art 1 Abs 2).

Die Verordnung gilt für Vermittlungsdienste, die für Nutzer mit Niederlassungsort oder Sitz in der Union angeboten werden, ungeachtet des Niederlassungsorts des Anbieters dieser Vermittlungsdienste (Art 2 Abs 1).

Als „Vermittlungsdienst" gilt eine der folgenden Dienstleistungen der Informationsgesellschaft (Art 3 Ziffer g):

(a) eine reine Durchleitung, die darin besteht, von einem Nutzer bereitgestellte Informationen in einem Kommunikationsnetz zu übermitteln oder den Zugang zu einem Kommunikationsnetz zu vermitteln,
(b) eine „Caching"-Leistung, die darin besteht, von einem Nutzer bereitgestellte Informationen in einem Kommunikationsnetz zu übermitteln, wobei eine automatische, zeitlich begrenzte Zwischenspeicherung dieser Informationen zu dem alleinigen Zweck erfolgt, die Übermittlung der Informationen an andere Nutzer auf deren Anfrage effizienter zu gestalten, oder
(c) ein „Hosting"-Dienst, der darin besteht, von einem Nutzer bereitgestellte Informationen in dessen Auftrag zu speichern.

Die Verordnung sieht für sehr große Online-Plattformen und sehr große Online-Suchmaschinen spezifische Verpflichtungen in Bezug auf den Umgang mit systemischen Risiken vor (Art 33 ff) und überträgt der Kommission eine zentrale Rolle bei der Beaufsichtigung (Art 75).[52]

Die gegenständliche Verordnung ist am 16. November 2022 in Kraft getreten und gilt überwiegend seit dem 17. Februar 2024 (Art 93).[53]

Bereits nach Inkrafttreten der Verordnung wurden mehrere Vermittlungsdienste mit Beschluss der Kommission als sehr große Online-Plattformen benannt. Mehrere davon haben dagegen Nichtigkeitsklage erhoben und gleichzeitig vorläufigen Rechtsschutz beantragt.[54]

## D. Datenverordnung *(Data Act)*

Die Verordnung über harmonisierte Vorschriften für einen fairen Datenzugang und eine faire Datennutzung[55] soll den Bedürfnissen der digitalen Wirtschaft gerecht werden und die Hindernisse für einen reibungslos funktionierenden Binnenmarkt für Daten beseitigen. Zur Erreichung dieses Ziels soll in einem harmonisierten Rahmen festgelegt werden, wer unter welchen Bedingungen und auf welcher Grundlage berechtigt ist, Produktdaten oder verbundene Dienstdaten zu nutzen (Erwägungsgrund 4). Gleichzeitig soll sichergestellt werden, dass die Nutzer eines vernetzten Produkts oder von verbundenen Diensten in der Union zeitnah auf die Daten zugreifen können, die bei der Nutzung des vernetzten Produkts oder verbundenen Dienstes generiert werden, und dass diese Nutzer die

52 ZB *Krönke*, Die Europäische Kommission als Aufsichtsbehörde für die digitalen Dienste, EuR (2023), 136.

53 Statt vieler zB *Hofmann/Rue* (Hg), Digital Services Act. Kommentar (2023); siehe auch *Cauffman/Goanta*, A New Order: The Digital Services Act and Consumer Protection, European Journal of Risk Regulation (2021), 758; *Demschik*, Provider in der Pflicht – ein Überblick über die allgemeinen Sorgfaltspflichten nach dem Digital Services Act, ecolex (2023), 102; *Kastor/Püschel*, Faktenchecker vor dem Hintergrund des Digital Services Act, KuR (2023), 20; *Leerssen*, An end to shadow banning? Transparency rights in the Digital Services Act between content moderation and curation, Computer Law & Security Review (2023), 1; *Peukert*, Zu den Risiken und Nebenwirkungen des Gesetzes über digitale Dienste (Digital Services Act), KritV (2022), 1; *Rössel*, Digital Services Act, AfP – Zeitschrift für das gesamte Medienrecht (2023), 93.

54 Vgl zB EuG 27.09.2023, T-367/23 R (*Amazon Services Europe gegen Kommission)* EU:T:2023:589; 02.07.2024, T-138/24 R (*Aylo Freesites*) EU:T:2024:475.

55 Verordnung (EU) 2023/2854 des Europäischen Parlaments und des Rates vom 13.12.2023 über harmonisierte Vorschriften für einen fairen Datenzugang und eine faire Datennutzung sowie zur Änderung der Verordnung (EU) 2017/2394 und der Richtlinie (EU) 2020/1828 (Datenverordnung).

Daten verwenden und auch an Dritte ihrer Wahl weitergeben können (Erwägungsgrund 5).

Die Verordnung hat einen weiten sachlichen und persönlichen Anwendungsbereich (Art 1). Sie gilt aber weder für freiwillige Vereinbarungen über den Datenaustausch zwischen privaten und öffentlichen Stellen (insbesondere freiwillige Vereinbarungen über die Datenweitergabe), noch greift sie ihnen vor (Art 1 Abs 6).

Die gegenständliche Verordnung ist am 11. Jänner 2024 in Kraft getreten. Die meisten ihrer Bestimmungen gelten ab dem 12. September 2025 (Art 50).

### E. Verordnung über künstliche Intelligenz (*Artificial Intelligence Act – AI-Act)*

Die Verordnung zur Festlegung harmonisierter Vorschriften für künstliche Intelligenz (Verordnung über künstliche Intelligenz)[56] soll die Nutzung von künstlicher Intelligenz (KI) fördern und gleichzeitig die mit bestimmten Anwendungen dieser Technologie verbundenen Risiken eindämmen.

Der Zweck der Verordnung besteht darin, das Funktionieren des Binnenmarkts zu verbessern, indem ein einheitlicher Rechtsrahmen insbesondere für die Entwicklung, das Inverkehrbringen, die Inbetriebnahme und die Verwendung von Systemen künstlicher Intelligenz (KI-Systeme) im Einklang mit den Werten der Union festgelegt wird. Dadurch soll die Einführung von menschenzentrierter und vertrauenswürdiger KI gefördert und gleichzeitig ein hohes Schutzniveau in Bezug auf Gesundheit, Sicherheit und die in der Grundrechte-Charta verankerten Grundrechte sichergestellt werden.

Die Verordnung legt Folgendes fest (Art 1):

- harmonisierte Vorschriften für das Inverkehrbringen, die Inbetriebnahme und die Verwendung von KI-Systemen;
- Verbote bestimmter Praktiken im KI-Bereich;
- besondere Anforderungen an Hochrisiko-KI-Systeme und Pflichten für Akteure in Bezug auf solche Systeme;

---

56 Verordnung (EU) 2024/1689 des Europäischen Parlaments und des Rates zur Festlegung harmonisierter Vorschriften für künstliche Intelligenz (Verordnung über künstliche Intelligenz), ABl L 2024/1689.

- harmonisierte Vorschriften für das Inverkehrbringen von KI-Modellen mit allgemeinem Verwendungszweck;
- Vorschriften für die Marktbeobachtung sowie die Governance und Durchführung der Marktüberwachung;
- Maßnahmen zur Innovationsförderung mit besonderem Augenmerk auf kleine und mittlere Unternehmen, einschließlich Start-up-Unternehmen.

Die Verordnung gilt für (Art 2 Abs 1):

- Anbieter, die in der Union KI-Systeme in Verkehr bringen oder in Betrieb nehmen oder KI-Modelle mit allgemeinem Verwendungszweck in Verkehr bringen, unabhängig davon, ob diese Anbieter in der Union oder in einem Drittland niedergelassen sind;
- Betreiber von KI-Systemen, die ihren Sitz in der Union haben oder sich in der Union befinden;
- Anbieter und Betreiber von KI-Systemen, die ihren Sitz in einem Drittland haben oder sich in einem Drittland befinden, wenn die vom KI-System hervorgebrachte Ausgabe in der Union verwendet wird;
- Einführer und Händler von KI-Systemen;
- Produkthersteller, die KI-Systeme zusammen mit ihrem Produkt unter ihrem eigenen Namen oder ihrer Handelsmarke in Verkehr bringen oder in Betrieb nehmen;
- Bevollmächtigte von Anbietern, die nicht in der Union niedergelassen sind;
- betroffene Personen, die sich in der Union befinden.

Als „KI-System" gilt ein maschinengestütztes System, das für einen in unterschiedlichem Grade autonomen Betrieb ausgelegt ist und das nach seiner Betriebsaufnahme anpassungsfähig sein kann und das aus den erhaltenen Eingaben für explizite oder implizite Ziele ableitet, wie Ausgaben wie etwa Vorhersagen, Inhalte, Empfehlungen oder Entscheidungen erstellt werden, die physische oder virtuelle Umgebungen beeinflussen können (Art 3 Ziffer 1). Als „Anbieter" wird eine natürliche oder juristische Person, Behörde, Einrichtung oder sonstige Stelle verstanden, die ein KI-System oder ein KI-Modell mit allgemeinem Verwendungszweck entwickelt oder entwickeln lässt und es unter ihrem eigenen Namen oder ihrer Handelsmarke in Verkehr bringt oder das KI-System unter ihrem eigenen Namen oder ihrer Handelsmarke in Betrieb nimmt, sei es entgeltlich oder unentgeltlich (Art 3 Ziffer 3). Ein „Betreiber" ist eine natürliche oder juristische Person, Behörde, Einrichtung oder sonstige Stelle, die ein KI-System in eigener

Verantwortung verwendet, es sei denn, das KI-System wird im Rahmen einer persönlichen und nicht beruflichen Tätigkeit verwendet (Art 3 Ziffer 4).

Die KI-Verordnung soll die Akzeptanz von KI auf zweierlei Weise fördern: Erstens soll die Regulierung zu einem größeren Vertrauen in KI führen, was wiederum die Nachfrage nach KI-Anwendungen steigern soll. Zweitens sollen die Anbieter Zugang zu größeren Märkten erhalten. Die Vorschriften sollen nur greifen, sofern und soweit dies unbedingt erforderlich ist. Zusätzlich soll eine schlanke Verwaltungsstruktur die Wirtschaftsteilnehmer so wenig wie möglich belasten.

Der Regulierungsansatz der KI-Verordnung beruht auf drei Elementen:

- horizontal: keine sektorale, sondern branchenübergreifende Regulierung;
- technologieneutral: Regulierung des spezifischen Einsatzes, nicht des KI-Systems;
- risikoorientiert: Verknüpfung von Vorgabenintensität und Risikohöhe.

Davon ausgehend werden folgende Kategorien von KI-Systemen unterschieden:

- KI-Systeme mit zu hohem Risiko (Hochrisiko-KI-Systeme);
- KI-Systeme mit hohem Risiko;
- KI-Systeme mit Transparenzrisiko;
- KI-Systeme mit keinem oder minimalem Risiko.

Je höher das Risiko eines KI-Systems für die Gesundheit und Sicherheit der Menschen oder für die Grundrechte oder die Umwelt ist, desto umfassender sind die einzuhaltenden Vorgaben.

Allgemein sind im KI-Bereich verschiedene Praktiken verboten (Art 5). Dazu gehören ua:

- *Social Scoring*;
- Techniken zur unterschwelligen Beeinflussung;
- biometrische Echtzeit-Fernidentifizierung;
- biometrische Kategorisierung;
- *predictive policing*;
- Emotionserkennung am Arbeitsplatz;
- ungezielte Auswertung von Gesichtsbildern.

Hochrisiko-KI-Systeme müssen eine Vielzahl von zwingend vorgeschriebenen Anforderungen erfüllen und eine Konformitätsbewertung durchlaufen;

andernfalls dürfen sie in der Union nicht zugelassen werden (Art 8 ff). So müssen insbesondere ein Risikomanagementsystem eingerichtet, angewandt, dokumentiert und aufrechterhalten (Art 9), Datenvorgaben und Datengovernance beachtet (Art 10) sowie eine technische Dokumentation erstellt und auf dem neuesten Stand gehalten werden (Art 11).

Für KI-Systeme mit hohem Risiko, die sich potenziell nachteilig auf die Sicherheit der Menschen oder ihre Grundrechte auswirken, gelten spezifische *Compliance*-Anforderungen (Art 40 ff).

Für Anbieter und Betreiber bestimmter KI-Systeme gelten spezifische Transparenzpflichten (Art 50). Dies gilt insbesondere für *Chatbots* und *Deepfakes*.

Die große Mehrheit aller KI-System hat kein oder nur ein minimales Risiko. Für diese Systeme sind freiwillige Verhaltenskodizes vorgesehen.

Die KI-Verordnung ist am 1. August 2024 in Kraft getreten (Art 113 Abs 1).[57] Die allermeisten ihrer Bestimmungen gelten ab dem 2. August 2026, einzelne bereits früher, eine einzige erst später (Art 113 Abs 2). Daraus resultiert eine Übergangsfrist von sechs bis 36 Monaten zwischen Inkrafttreten und Anwendbarkeit.[58]

## F. Verordnung über Cybersicherheitsanforderungen für Produkte mit digitalen Elementen

Die Verordnung über horizontale Cybersicherheitsanforderungen für Produkte mit digitalen Elementen (Cyberresilienz-Verordnung)[59] geht von der Feststellung aus, dass Hardware- und Softwareprodukte zunehmend zum Ziel erfolgreicher Cyberangriffe werden und Cyberkriminalität jährlich enorme Kosten verursacht.

---

57 Vgl zB *Burgstaller*, EU-Rechtsrahmen für den Einsatz Künstlicher Intelligenter Systeme – ein erster Überblick zum KI-VO-Vorschlag, ZIIR (2021), 275; *Hoerber/Weber/Cabras* (Hg), Artificial intelligence in the European Union, The Routledge Handbook of Europan Integrations (2022); *Palmstorfer*, Chance oder Risiko? Europas rechtliche Antwort auf die Herausforderungen Künstlicher Intelligenz, ZÖR (2023), 269; *Stauder*, Der Europäische Weg zur Regulierung Künstlicher Intelligenz – wie KI die Rechtswissenschaft fordert, jusIT (2023), 1.

58 Vgl zB *Wendt/Wendt* (Hg), Das neue Recht der Künstlichen Intelligenz. Artificial intelligence Act (2024).

59 Verordnung (EU) 2024/2847 des Europäischen Parlaments und des Rates vom 23.10.2024 über horizontale Cybersicherheitsanforderungen für Produkte mit digitalen Elementen (Cyberresilienz-Verordnung), ABl L 2024/2847.

Im Hinblick auf die Gewährleistung des reibungslosen Funktionierens des Binnenmarkts werden zwei Hauptziele verfolgt: Erstens die Schaffung der Bedingungen für die Entwicklungen sicherer Produkte mit digitalen Elementen, damit Hardware- und Softwareprodukte mit weniger Schwachstellen in Verkehr gebracht werden und damit die Hersteller sich während des gesamten Lebenszyklus eines Produkts ernsthaft um die Sicherheit kümmern. Zweitens die Schaffung von Bedingungen, die es den Nutzern ermöglichen, bei der Auswahl und Verwendung von Produkten mit digitalen Elementen die Cybersicherheit zu berücksichtigen.

Die Verordnung legt Folgendes fest: (Art 1)

- Vorschriften für die Bereitstellung auf dem Markt von Produkten mit digitalen Elementen, um die Cybersicherheit solcher Produkte zu gewährleisten;
- grundlegende Cybersicherheitsanforderungen an die Konzeption, Entwicklung und Herstellung von Produkten mit digitalen Elementen sowie Pflichten der Wirtschaftsakteure in Bezug auf diese Produkte hinsichtlich der Cybersicherheit;
- grundlegende Cybersicherheitsanforderungen an die von den Herstellern festgelegten Verfahren zur Behandlung von Schwachstellen, um die Cybersicherheit von Produkten mit digitalen Elementen während der erwarteten Nutzungsdauer der Produkte zu gewährleisten, sowie Pflichten der Wirtschaftsakteure in Bezug auf diese Verfahren;
- Vorschriften über die Marktüberwachung, einschließlich Überwachung, und die Durchsetzung der vorstehenden Vorschriften und Anforderungen.

Die Verordnung gilt für auf dem Markt bereitgestellte Produkte mit digitalen Elementen, deren bestimmungsgemäßer Zweck oder vernünftigerweise vorhersehbare Verwendung eine direkte oder indirekte logische oder physische Datenverbindung mit einem Gerät oder Netz einschließt (Art 2 Abs 1). Davon sind einige Produkte mit digitalen Elementen, auf die andere Rechtsakte der Union Anwendung finden, ausgenommen (Art 2 Abs 2).

Die Verordnung verpflichtet die Mitgliedstaaten, die Bereitstellung auf dem Markt von Produkten mit digitalen Elementen, die dieser Verordnung entsprechen, nicht zu behindern (Art 3 Abs 1). Wesentlich ist in diesem Zusammenhang, dass Produkte mit digitalen Elementen nur dann auf dem Markt bereitgestellt werden dürfen, wenn sie den grundlegenden Sicherheitsanforderungen der Verordnung (Anhang I) entsprechen (Art 6). Zusätzliche Cybersicherheitsanforderungen dürfen die Mitgliedstaaten nur vorsehen, wenn die Produkte mit digitalen Elementen für bestimmte Zwecke, zB nationale Sicherheit oder Verteidigung, verwendet werden (Art 5). Dem folgend können im Einklang mit der gegenständlichen Verordnung stehende Produkte mit digitalen Elementen im Binnenmarkt grundsätzlich frei zirkulieren; ein Verbot des Inverkehrbringens in einem Mitgliedstaat würde der unmittelbare Wirkung entfaltenden einschlägigen Bestimmung der Verordnung widersprechen.

Die Verordnung ist am 10. Dezember 2024 in Kraft getreten (Art 71 Abs 1) und gilt überwiegend ab dem 11. Dezember 2027; einige wenige Bestimmungen gelten ab 11. Juni 2026, eine einzige (Art 14) ab 11. September 2026 (Art 71 Abs 2). In den zwei bzw drei Jahren Übergangsfrist sind zahlreiche Bestimmungen der Verordnung entweder von den Mitgliedstaaten oder der Kommission näher durchzuführen.

## G. Verordnung über den europäischen Gesundheitsdatenraum

Die Verordnung über den europäischen Gesundheitsdatenraum[60] soll einen europäischen Gesundheitsdatenraum einrichten, um den Zugang natürlicher Personen zu ihren personenbezogenen elektronischen Gesundheitsdaten und ihre Kontrolle über diese Daten im Zusammenhang mit der Gesundheitsversorgung zu verbessern und andere Zwecke, die mit der Verwendung elektronischer Gesundheitsdaten im Gesundheitswesen und im Pflegesektor verbunden sind und der Gesellschaft zugutekämen, wie etwa Forschung, Innovation, Politikgestaltung, Vorbereitung und Reaktion auf Gesundheitsbedrohungen, auch zur Prävention und Bewältigung künftiger Pandemien, Patientensicherheit, personalisierte Medizin, amtliche Statistik oder Regulierungstätigkeiten, besser zu erreichen. Darüber hinaus soll das Funktionieren des Binnenmarkts verbessert werden, indem im Einklang mit den Werten der Union ein einheitlicher Rechtsrahmen und technischer Rahmen insbesondere für die Entwicklung, Vermarktung und Verwendung von Systemen für elektronische Gesundheitsaufzeichnungen festgelegt wird. Der EHDS („European Health Data Space“) wird ein wesentliches Element bei der Schaffung einer starken und widerstandsfähigen Europäischen Gesundheitsunion sein (Erwägungsgrund 1).

Mit der gegenständlichen Verordnung wird der europäische Gesundheitsdatenraum (EHDS) mit gemeinsamen Vorschriften, Standards und

60 Verordnung (EU) 2025/327 des Europäischen Parlaments und des Rates vom 11.02.2025 über den europäischen Gesundheitsdatenraum, ABl L 2025/327.

Infrastrukturen sowie einem Governance-Rahmen geschaffen, um den Zugang zu elektronischen Gesundheitsdaten für die Zwecke der Primärnutzung von Gesundheitsdaten sowie der Sekundärnutzung dieser Daten zu erleichtern (Art 1 Abs 1). Die Verordnung berührt nicht die besonderen Bestimmungen des Unionsrechts oder des nationalen Rechts über den Zugang zu elektronischen Gesundheitsdaten für die Weiterverarbeitung durch öffentliche Stellen der Mitgliedstaaten, durch Organe, Einrichtungen und sonstige Stellen der Union oder durch private Einrichtungen, die nach Unionsrecht oder nationalem Recht mit einer Aufgabe von öffentlichem Interesse betraut sind, zum Zwecke der Wahrnehmung dieser Aufgabe (Art 1 Abs 7).

Natürliche Personen haben das Recht, über eigene Zugangsdienste für elektronische Gesundheitsdaten Zugang zumindest zu den sie betreffenden personenbezogenen elektronischen Gesundheitsdaten, die unter die prioritären Kategorien fallen und für die Gesundheitsversorgung verarbeitet werden, zu erhalten. Der Zugang muss unter Berücksichtigung der technischen Umsetzbarkeit unverzüglich nach der Erfassung der personenbezogenen elektronischen Gesundheitsdaten in einem *Electronic-Health-Record*-System kostenlos und in leicht lesbarer, konsolidierter und zugänglicher Form gewährt werden (Art 3 Abs 1). Des Weiteren haben natürliche Personen oder ihre Vertreter das Recht, über die Zugangsdienste für elektronische Gesundheitsdaten eine elektronische Kopie zumindest der personenbezogenen elektronischen Gesundheitsdaten in Bezug auf diese natürlichen Personen, die unter die prioritären Kategorien fallen, im europäischen Austauschformat für Systeme für elektronische Gesundheitsaufzeichnungen (*Electronic-Health-Record*-Systeme) kostenlos herunterzuladen (Art 3 Abs 2).

Die Mitgliedstaaten müssen sicherstellen, dass auf nationaler, regionaler oder lokaler Ebene ein Zugangsdienst für elektronische Gesundheitsdaten oder mehrere solcher Zugangsdienste eingerichtet werden, wodurch natürlichen Personen der Zugang zu ihren personenbezogenen elektronischen Gesundheitsdaten und die Ausübung ihrer Rechte ermöglicht wird. Diese Zugangsdienste für elektronische Gesundheitsdaten müssen für natürliche Personen und ihre Vertreter kostenlos sein (Art 4 Abs 1).

Die gegenständliche Verordnung ist am 26. März 2025 in Kraft getreten und gilt überwiegend ab dem 26. März 2027; einzelne Bestimmungen sind erst später anzuwenden.

## *V. Schlussbetrachtungen*

Nach den (politischen) Vorstellungen der Kommission soll der digitale Wandel allen zugutekommen, den Menschen an die oberste Stelle setzen und neue Chancen für die Wirtschaft bieten.[61]

Die digitalen Technologien sollen

- Unternehmen neue Möglichkeiten eröffnen und unterstützen,
- die Entwicklung vertrauenswürdiger Technologien fördern,
- einer offenen und demokratischen Gesellschaft zuträglich sein,
- eine dynamische und nachhaltige Wirtschaft fördern,
- Klimaschutz und ökologischen Wandel Wirklichkeit werden lassen.

Das Konzept der Digitalstrategie stützt sich auf drei Säulen:

- Technologie im Dienste des Menschen;
- eine faire und wettbewerbsfähige digitale Wirtschaft;
- eine offene, demokratische und nachhaltige Gesellschaft.

Die Technologie im Dienste des Menschen beinhaltet:

- Investitionen in digitale Kompetenzen für alle Europäer;
- Schutz der Menschen vor Cyberbedrohungen (*Hacking*, *Ransomware*, Identitätsdiebstahl);
- Entwicklung der künstlichen Intelligenz in einer Weise, die die Rechte der Menschen achtet und ihr Vertrauen gewinnt;
- beschleunigte Einführung ultraschneller Breitbandverbindungen für Wohngebäude, Schulen und Krankenhäuser in der gesamten EU;
- Ausbau der europäischen Hochleistungsrechenkapazitäten zur Entwicklung innovativer Lösungen in den Bereichen Medizin, Verkehr und Umwelt.

Eine faire und wettbewerbsfähige Wirtschaft soll ua durch folgende Maßnahmen erreicht werden:

- Zugang zu Finanzmitteln und Möglichkeit der Expansion für eine lebendige Gemeinschaft innovativer und rasch wachsender Start-ups und kleiner Unternehmen;
- Modernisierung der EU-Vorschriften, damit sie mit der digitalen Wirtschaft Schritt halten;

61 Gestaltung der digitalen Zukunft Europas, KOM(2020) 67 endgültig vom 19.02.2020, 2.

- Gewährleistung eines fairen Wettbewerbs für alle Unternehmen in Europa;
- Verbesserung des Zugangs zu hochwertigen Daten bei gleichzeitiger Gewährleistung des Schutzes personenbezogener und sensibler Daten.

Eine offene, demokratische und nachhaltige Gesellschaft soll mit folgenden Maßnahmen verfolgt werden:

- Nutzung von Technologie zur Verwirklichung der Klimaneutralität Europas bis 2050;
- Verringerung der $CO_2$-Emissionen des digitalen Sektors;
- Ausweitung der Handlungsfähigkeit der Bürger bei der Kontrolle und dem Schutz ihrer Daten;
- Schaffung eines europäischen Raums für Gesundheitsdaten zur Förderung gezielter Forschung, Diagnose und Behandlung;
- Bekämpfung von Desinformation im Internet und Förderung pluralistischer und zuverlässiger Medieninhalte.

Insgesamt soll die Union darauf hinarbeiten, zu einem globalen Vorbild für die digitale Wirtschaft zu werden, Entwicklungsländer bei der Digitalisierung unterstützen sowie digitale Standards entwickeln und international für sie werben. Die kommenden Jahre werden zeigen, wie rasch und in welchem Ausmaß die Union die selbst gesteckten hohen Ziele tatsächlich zu erreichen vermag.

# EU Artificial Intelligence Act and UN Global Digital Compact: Vehicles for Democracy and Rule of Law?

*Christoph Müller*

**Abstract**

Der Artikel analysiert die wichtigsten Entwicklungen und Gefahren in der globalen digitalen Landschaft in Bezug auf künstliche Intelligenz (KI), Cloud Computing und Dateninfrastruktur. Es ist offensichtlich, dass digitale Technologien direkte und weitreichende Auswirkungen auf den Schutz der Menschenrechte, die nachhaltige Entwicklung und vor allem die Erhaltung und Wiederherstellung von Frieden und Sicherheit haben. Vor diesem Hintergrund versuchen die großen Volkswirtschaften der USA, Chinas und der EU, Risiken zu erkennen und einzudämmen, eine globale politische Agenda zu entwerfen und miteinander zu konkurrieren, um ein Regulierungskonzept zu erstellen. China hat 2023 vorläufige Maßnahmen für die Verwaltung von Diensten der generativen künstlichen Intelligenz verabschiedet. Bislang ist die EU jedoch am weitesten fortgeschritten, wenn es um die Verabschiedung umfassender und detaillierter Rechtsvorschriften zu KI geht. Die Vorschriften des KI-Gesetzes der EU (EU AI Act) sind komplex und werden die Wissenschafts- und Technologiepolitik weltweit beeinflussen. Während die Bletchley-Erklärung von 16 Ländern, die am KI-Sicherheitsgipfel 2023 teilnahmen, darunter die USA, Verpflichtungen zur Intensivierung und Aufrechterhaltung der Zusammenarbeit enthält, erließ Präsident Donald Trump im Januar 2025 eine Durchführungsverordnung, die bestehende KI-Politiken und -Richtlinien aufhebt, die als Hindernisse für amerikanische KI-Innovationen wirken. Eine zentrale Frage ist, ob der im September 2024 verabschiedete UN Global Digital Compact (GDC) in diesem Machtspiel eine Rolle spielen wird.

*L'articolo analizza i principali sviluppi e pericoli nel panorama digitale globale che comprende l'intelligenza artificiale (AI), il cloud computing e l'infrastruttura dei dati. È evidente che le tecnologie digitali hanno effetti diretti e di vasta portata sulla tutela dei diritti umani, sullo sviluppo sostenibile e, soprattutto, sul mantenimento e il ripristino della pace e della sicurezza. In questo contesto, le grandi economie degli Stati Uniti, della Cina e dell'UE stanno cercando di identificare e mitigare i rischi, di definire un'agenda politica globale e di competere per definire un piano normativo. Nel 2023, la Cina ha adottato misure provvisorie per la gestione dei servizi di intelligenza artificiale generativa. Tuttavia, finora l'UE è la più avanzata nell'adozione di una legislazione completa e dettagliata sull'IA. Le regole della legge europea sull'IA sono complesse e influenzeranno la politica scientifica e tecnologica a livello globale. Mentre la Dichiarazione di Bletchley del 2023 di 16 Paesi, che hanno partecipato al Vertice sulla sicurezza dell'IA, tra cui gli Stati Uniti, contiene impegni per intensificare e sostenere la cooperazione, nel gennaio 2025 il Presidente Donald Trump ha emesso un ordine esecutivo che revoca le politiche e le direttive esistenti in materia di IA che agiscono come barriere all'innovazione america-*

*na in questo campo. Una questione centrale è se il Global Digital Compact (GDC) delle Nazioni Unite, adottato nel settembre 2024, assumerà un ruolo in questo gioco di potere.*

## *I. Race for setting a regulatory blueprint for artificial intelligence*

### A. Brave New AI World free from engineered social agendas

At the Global AI Safety Summit in November 2023 at Bletchley Park – the base of UK code breakers during the Second World War – then US Vice-President Kamala Harris said: "Let us be clear: when it comes to AI, America is a global leader. It is American companies that lead the world in AI innovation. It is America that can catalyze global action and build global consensus in a way no other country can."

On January 23, 2025, President Donald J Trump issued the Executive Order on Removing Barriers to American Leadership in Artificial Intelligence[1] which seeks to maintain US leadership in AI innovation. To that end, it "revokes certain existing AI policies and directives that act as barriers to American AI innovation," but does not identify the impacted policies and directives. Rather, it appears those policies and directives are to be identified by the Assistant to the President for Science and Technology, working with agency heads. The executive order also requires the development of a new AI action plan within 180 days. Although the details of this new plan are forthcoming, the order fundamentally states that the development of AI systems must be "free from ideological bias or engineered social agendas."

President Trump also signed an executive order revoking 78 executive orders signed by former President Biden, including the Executive Order on Safe, Secure, and Trustworthy Artificial Intelligence[2] of October 2023, which sought to regulate AI development, deployment, and governance within the US. The document offered insight into the issues that concerned the previous administration, specifically AI security, privacy, and discrimination.[3]

---

1 https://www.whitehouse.gov/presidential-actions/2025/01/removing-barriers-to-american-leadership-in-artificial-intelligence/ (03.02.2025).

2 https://www.federalregister.gov/documents/2023/11/01/2023-24283/safe-secure-and-trustworthy-development-and-use-of-artificial-intelligence (03.02.2025).

3 *Neuburger/Mollod*, President Issues Sweeping Executive Order to Manage Risks of AI, Proskauer New Media and Technology Law Blog (2023), https://newmedialaw.proskau

B. Regulatory competition

There is excitement among investors that the implications of a rapidly developing AI will change the way we live and offer enormous benefits in education, energy, environment, healthcare, manufacturing, and transport. The arrival of consumer-facing AI, exemplified by the meteoric rise of ChatGPT, has made the workings of machine learning models more visible and led to acute policy concerns about safety, personal data, intellectual property rights, industry structure, and generally about the black box nature of the technology.

In this context, the big economies are trying to identify and mitigate risks, shape a global policy agenda and compete to set a regulatory blueprint. The 2023 *Bletchley Declaration* of 30 Countries, including the US, attending the AI Safety Summit,[4] contains commitments to intensifying and sustaining cooperation. Anticipating the summit, the Biden administration issued the above-mentioned Executive Order on Safe, Secure, and Trustworthy Artificial Intelligence, building on voluntary commitments from the seven key US companies Amazon, Anthropic, Google, Inflection, Meta, Microsoft, and OpenAI.[5]

In July 2023, China had already adopted Interim Measures for the Management of Generative Artificial Intelligence Services.[6] What do these developments mean for the ambition of the EU in terms of setting the global rules for AI?

---

er.com/2023/10/30/president-issues-sweeping-executive-order-to-manage-risks-of-ai/ (03.02.2025).

4 Australia, Brazil, Canada, Chile, China, European Union, France, Germany, India, Indonesia, Ireland, Israel, Italy, Japan, Kenya, Kingdom of Saudi Arabia, Netherlands, Nigeria, The Philippines, Republic of Korea, Rwanda, Singapore, Spain, Switzerland, Türkiye, Ukraine, United Arab Emirates, United Kingdom of Great Britain and Northern Ireland, United States of America. See https://www.gov.uk/government/publications/ai-safety-summit-2023-the-bletchley-declaration/the-bletchley-declaration-by-countries-attending-the-ai-safety-summit-1-2-november-2023 (03.02.2025).

5 Voluntary Commitments from Leading Artificial Intelligence Companies on July 21, 2023 – Tech Companies agree to develop Mechanisms for Identifying AI-generated works, 137 Harv. L. Rev. 1284 (2024), https://harvardlawreview.org/print/vol-137/voluntary-commitments-from-leading-artificial-intelligence-companies-on-july-21-2023/ (03.02.2025).

6 *Wu,* How to Interpret China's First Effort to Regulate Generative AI Measures, China Briefing (2023), https://www.china-briefing.com/news/how-to-interpret-chinas-first-effort-to-regulate-generative-ai-measures/ (03.02.2025).

## C. The EU between digital dependency and digital sovereignty

In an era where digital prowess essentially means global influence, the EU finds itself at a critical juncture. The appointment of Henna Virkkunen as the European Commission's Executive Vice-President for Tech Sovereignty, Security and Democracy signals a recognition of the urgent need to bolster the technological independence of the EU as its digital landscape is shaped largely by the US and China. Tech giants dominate crucial sectors such as cloud computing, AI and data infrastructure. Their outsized influence not only undermines the EU's competitive edge but also jeopardizes its ability to safeguard data privacy and maintain sovereignty over its most fundamental digital services.

The EU's digital dependency is not a mere inconvenience but a strategic vulnerability. From digital health systems to government cloud storage and public administration platforms, the bloc's reliance on foreign technology providers is pervasive and can be found in most steps of the supply chain. This dependence severely hampers the EU's capacity to set its own standards and chart an independent course in the digital realm.

The EU is the most advanced in adopting comprehensive and detailed legislation. The new rules are complex and will affect science and technology policy globally, even if other jurisdictions go down different paths. While the EU has made commendable efforts through initiatives like the *Digital Single Market Strategy* and programs like *Digital Europe* and *Horizon Europe*, these measures still fall short. The time has come for a more ambitious, coordinated approach to funding and developing the bloc's own digital infrastructure.

## D. The EU Artificial Intelligence Act – An Intelligent Piece of Legislation

On 8 December 2023, after negotiating for more than two years, European Union lawmakers reached a final agreement on the much-anticipated AI Act. It is the first extensive law in the world that governs the development, market placement and use of AI systems and will apply beyond the EU's borders. The European Parliament and the Council confirmed that several relevant changes to the Commission's original proposal from 2021 had been included, inter alia new requirements to conduct a fundamental rights impact assessment for certain AI systems, a revised definition of AI and more stringent rules on high-impact foundation model providers.

The higher the risk that an AI system poses to health, safety or fundamental rights, the stricter the rules. The AI Act establishes three categories. The following AI systems are considered to be a clear threat to the fundamental rights of people, pose an unacceptable risk and therefore will be banned:

- Biometric categorization systems that use sensitive characteristics such as political, religious and philosophical beliefs, sexual orientation, and race.
- Untargeted/random collecting/use of facial images from the internet or closed-circuit television footage to create facial recognition databases.
- Emotion recognition in the workplace and educational institutions.
- Social scoring based on behavior or personal characteristics.
- Systems that manipulate human behavior to circumvent free will.
- AI used to exploit the vulnerabilities of people due to age, disability, or social or economic situation.

AI systems will be classified as high risk due to their significant potential harm to health, safety, fundamental rights, the environment, democracy and the rule of law. Examples include certain critical infrastructures in the fields of water, gas, and electricity, medical devices, and systems for recruiting people. Certain applications used in the fields of law enforcement, border control, and administration of justice and democratic processes also will be classified as high risk. They must undergo mandatory fundamental rights impact assessments and will be required to comply with strict requirements, including risk-mitigation systems, high-quality data sets, logging of activity, detailed documentation, clear user information and human oversight.

Most AI systems are expected to fall into the category of minimal risk. These applications – such as AI-enabled recommender systems or spam filters – will benefit from a free pass and the absence of several obligations. Moreover, the AI Act sets transparency requirements. For example, users should be made aware when interacting with a chatbot. Deepfakes and other AI-generated content will have to be labelled as such, and users need to be informed when biometric categorization or emotion recognition systems are being used.

The regulation also introduces guardrails for general-purpose AI models requiring transparency along the value chain. For models that could pose systemic risks, there will be additional obligations related to managing these risks and monitoring serious incidents, as well as performing model evaluation and adversarial testing.

Noncompliance with the AI Act can lead to fines ranging from € 7.5 million, or 1.5% of a company's global turnover, to € 35 million, or 7% of global turnover, depending on the infringement. Furthermore, the agreement provides more proportionate caps on administrative fines for small and medium-sized enterprises (SMEs) and startups. Each nation's competent authorities will supervise implementation. To ensure a harmonized implementation, the Commission will introduce a European AI Office. Along with the national market surveillance authorities, the Office will be the first body to enforce binding rules on AI globally.

### E. Conflicting goals

Whether the EU AI Act will protect individuals and societies from harm while simultaneously boosting European digital economies – which are, to a certain extent, conflicting objectives – is yet unclear. Much will depend on the concrete shape of the many implementing acts and the secondary legislation yet to be passed. However, many decisions taken in the very final phase of the legislative process have rather weakened its prospects. While it still does not seem impossible to render the AI Act into an effective tool, safeguarding citizens vis-á-vis risky AI applications, this will require persistent efforts by well-resourced administrative bodies to make the right decisions. In light of these considerations, one may hope that the AI Act will function as a springboard rather than a ceiling for the global regulatory efforts currently still ramping up.[7]

## *II. UN Global Digital Compact – A vehicle for Democracy or Authoritarianism?*

### A. The UN as a global digital stakeholder?

Until now, thc UN has played a rather modest role in global and international digital policies, but it is evident that digital technologies have direct and far-reaching effects on UN core issues such as the protection of human

7 *Friedl/Gasiola,* Examining the EU's Artificial Intelligence Act, VerfBlog (2024), https://verfassungsblog.de/examining-the-eus-artificial-intelligence-act/, DOI: 10.59704/789d6ad759d0a40b (03.02.2025).

rights, sustainable development and above all the maintenance and restoration of peace and security.

The *United Nations Global Digital Compact* (GDC)[8], together with the *Pact for the Future* and the *Declaration on Future Generations*, was the third outcome of the United Nations Summit of the Future[9] in September 2024. While this compact, though governmental, is not legally binding, it could be a significant step towards addressing pressing digital challenges on a global scale. In addition, the process includes consultations with various stakeholders and involves both civil society and the private sector.

## B. Origins of the Global Digital Compact

At the 75th anniversary of the UN in 2020, member states pledged to improve digital cooperation and shape a digital future in which the full potential for beneficial technology usage could unfold.[10] Building on this, the Secretary-General, in his 2021 report *Our Common Agenda*, proposed that a Global Digital Compact be developed to outline shared principles for an open, free and secure digital future for all.[11]

The GDC is the latest step in a lengthy policy journey to have, at least, a shared understanding of key digital principles globally and, at best, common guidelines for the development of our digital future. The idea of a GDC has additional roots in the 2019 *Age of Digital Independence* report, published by the UN Secretary-General´s High-Level Panel on Digital Cooperation, and the 2020 *Roadmap for Digital Cooperation* issued by the UN Secretary-General. Additional fine-tuning of this initiative is provided by *A Global Digital Compact – an Open, Free and Secure Digital Future for All | Our Common Agenda Policy Brief 5*.[12]

---

8 https://www.un.org/global-digital-compact/sites/default/files/2024-09/Global Digital Compact - English_0.pdf (03.02.2025).

9 https://www.un.org/en/summit-of-the-future (03.02.2025).

10 Declaration on the commemoration of the 75th anniversary of the United Nations, https://digitallibrary.un.org/record/3881025?ln=en&v=pdf (03.02.2025).

11 Our Common Agenda – Report of the UN Secretary-General, https://www.un.org/en/common-agenda (03.02.2025).

12 A Global Digital Compact – an Open, Free and Secure Digital Future for All | Our Common Agenda Policy Brief 5, https://www.diplomacy.edu/resource/a-global-digital-compact-an-open-free-and-secure-digital-future-for-all-our-common-agenda-policy-brief-5/ (03.02.2025).

The GDC aims to address critical areas of concern, such as the digital divide and inclusion in the digital economy, data governance, the application of human rights online, AI governance, and strategies for promoting trust and safety, including implementing accountability criteria for misleading content.

## C. The road (not) to be taken

Digital governance and regulation are at a historical moment, with several multilateral processes defining how digital technologies, especially the Internet and AI, will function in the coming decades. Until now, the features of openness, decentralization, and multi-stakeholder governance have enabled digital technologies as instruments to enhance democratization. However, those features are not guaranteed to last forever. Fundamental traits of today's technology, including the global interoperability of the Internet, its capacity to allow people to bypass government censorship, the protection of users' privacy and their ability to speak freely and anonymously, may be at risk.

## D. Future Internet governance as democratic role model?

On 1 July 2024, a group of technical experts involved in the development and maintenance of the Internet and the Web published an open letter calling on the UN Secretary-General and the Secretary-General's Envoy on Technology to uphold the bottom-up, collaborative and inclusive model of Internet governance that has served the world for the past half-century as part of the GDC.[13]

13 The crucial parts of the letter: "The Internet is an unusual technology because it is fundamentally distributed. It is built up from all of the participating networks. Each network participates for its own reasons according to its own needs and priorities. And this means, necessarily, that there is no center of control on the Internet. This feature is an essential property of the Internet, and not an accident. Yet over the past few years we have noticed a willingness to address issues on the Internet and Web by attempting to insert a hierarchical model of governance over technical matters. Such proposals concern us because they represent an erosion of the basic architecture. In particular, some proposals for the GDC can be read to mandate more centralized governance. If the final document contains such language, we believe it will be detrimental to not only the Internet and the Web, but also to the world's economies and

In December 2024, civil society organizations and individuals welcomed "the consensus adoption of the United Nations (UN) Global Digital Compact (GDC) annexed to the Pact for the Future. From the onset, the GDC has been an ambitious and well-intentioned effort for stakeholders — especially the Member States and the private sector — to agree upon a set of shared principles and commitments for a more collaborative digital future. We particularly welcome the explicit affirmation and application of the international human rights framework to digital technologies, the explicit recognition of the multistakeholder model and the UN Internet Governance Forum (IGF) – centering multi-stakeholder participation – as a predominant platform and model for policymaking. (...)". However, the signatories criticized shortcomings and failures and remained concerned about the lack of robust civil society engagement in the Global Digital Compact process. They called for the implementation of the GDC and other key UN processes.[14]

## E. Potentials of the GDC and the EU AI Act

The GDC has emerged as a key process in negotiating the future of technology and improving digital cooperation among countries. It not only holds the potential to craft a brighter, more equal, accountable, and democratic digital future but also runs the risk of streamlining authoritarian beliefs on how the digital space should be governed. Invasive and invisible surveillance tools for national security, internet fragmentation, disinformation, online gender-based violence, and barriers to online freedom of expression are crucial elements to be discussed among member states, the private sector, civil society, and other stakeholders for a meaningful resulting docu-

---

societies. (...) Beyond some high-level consultations, non-government stakeholders (including Internet technical standards bodies and the broader technical community) have had only weak ways to participate in the GDC process. We are concerned that the document will be largely a creation only of governments, disconnected from the Internet and the Web as people all over the world currently experience them. Therefore, we ask that member states, the Secretary-General and the Tech Envoy seek to ensure that proposals for digital governance remain consistent with the enormously successful multistakeholder Internet governance practice that has brought us the Internet of today."

14 Joint statement: Civil society concerns and priorities for Global Digital Compact implementation, https://www.gp-digital.org/joint-statement-civil-society-concerns-and-priorities-for-global-digital-compact-implementation/ (03.02.2025).

ment to be produced. Many parts of the GDC, such as the specification of general objectives and the building of new institutions, will happen in the future. Therefore, the design of the follow-up- and review-process will be key for its success and effectiveness.

The EU AI Act offers a blueprint for a comprehensive risk-based approach that seeks to prevent harmful outcomes, ex-ante for all AI systems – before the event. Societies should regulate the development of unacceptably high-risk technologies ex-ante, such as nuclear power. Some experts say that AI is more like electricity – a general-purpose technology. In their view, rather than requiring detailed risk declarations, ex-post liability rules could enable open-source innovation, an area in which European firms have particular strengths. The complex risk hierarchy of the EU approach contrasts with the new US focus on removing all barriers to AI development. Comprehensive ex-ante risk assessments may impede innovation and concentrate investments in more lenient jurisdictions. In general, many experts are skeptical that legislators can anticipate the future of a general-purpose technology such as AI. At least, EU legislators have tried.

# Grundsatzfragen im Rahmen des digitalen Wandels / Le questioni fondamentali nel contesto della transizione digitale

# Zukunftsaufgaben der Digitalisierung für Staat, Recht und Gesellschaft

*Matthias C. Kettemann*

**Abstract**

This article examines the strategic design of digital transformation from a legal perspective and analyzes how normative guidelines can help shape future societal, technological, and economic changes. The focus is on legal innovation research, which, using foresight methods, provides a solid foundation for normatively relevant decisions - decisions that affect the state, legislation, economy, and society alike.

The short study highlights key challenges, such as the development of viable normative concepts in the face of multiple future scenarios and discusses to what extent state and regional actors are obligated to shape digital transformation in a socially responsible way. In particular, the protection of freedom of expression is emphasized, which is safeguarded by constitutional guarantees and challenged - in practice - by private systems of speech governance on platforms. The analysis also addresses hybrid communication governance, where state and private regulations intertwine to define the framework for digital discourse, including algorithmic moderation tools. The discourse surrounding state "censorship" of social media is explored here, clearly differentiating between public-law regulation and the private autonomy of digital platforms. Furthermore, current EU legal acts such as the Digital Services Act (DSA) and the Digital Markets Act (DMA) are presented, which, through transparency, accountability, and information obligations, limit platform power while ensuring the protection of fundamental rights in digital communication spaces. The state's role also extends to maintaining an independent communication infrastructure in public-service broadcasting, whose constitutional foundation secures central democratic functions.

Overall, the article emphasizes that digital transformation should not be understood as an external compulsion but as a process that can be shaped, requiring harnessing the power of regulation to make sure that technological transformations are optimized for societal goals, intergenerational justice and global solidarity.

*L'articolo esamina le strategie della trasformazione digitale da una prospettiva giuridica e analizza come le linee guida introdotte a livello normativo possano contribuire a plasmare futuri cambiamenti sociali, tecnologici ed economici. L'attenzione è rivolta alla ricerca sull'innovazione giuridica, che, utilizzando metodi di previsione, fornisce una solida base per decisioni giuridicamente rilevanti — decisioni che riguardano in egual misura lo stato, la legislazione, l'economia e la società.*

*Il breve contributo mette in evidenza le principali sfide, come lo sviluppo di concetti giuridici sostenibili di fronte a molteplici scenari futuri e discute in che misura gli attori statali e regionali siano obbligati a plasmare la trasformazione digitale in modo socialmente responsabile. Particolare attenzione viene rivolta alla protezione della libertà di espressione, la cui tutela è assicurata attraverso garanzie costituzionali, che però viene messa alla prova – in pratica - da sistemi privati di speech governance su piattaforme. L'analisi si concentra inoltre sulla governance della comunicazione ibrida, in cui la normativa statale e la regolamentazione dei privati si intrecciano per definire meglio il contesto del dibattito sul digitale. In questo contesto, viene esplorato il dibattito sulla "censura" statale dei social media, operando una chiara distinzione tra regolazione pubblicistica e privatistica delle piattaforme digitali. Inoltre, vengono analizzati i più recenti atti legislativi dell'UE, come il Digital Services Act (DSA) e il Digital Markets Act (DMA), che, attraverso obblighi di trasparenza, responsabilità e informazione, limitano il potere delle piattaforme e allo stesso tempo garantiscono la protezione dei diritti fondamentali e dei diritti umani negli spazi digitali. Il ruolo dello Stato include la salvaguardia di un'infrastruttura di comunicazione indipendente nell'ambito del servizio pubblico radiotelevisivo, il cui fondamento costituzionale garantisce l'esercizio delle funzioni democratiche essenziali.*

*Nel complesso, l'articolo sottolinea che la trasformazione digitale non deve essere intesa come una costrizione esterna, ma come un processo che può essere modellato, richiedendo di sfruttare il potere della regolamentazione per assicurarsi che le trasformazioni tecnologiche siano ottimizzate per gli obiettivi della società, la giustizia intergenerazionale e la solidarietà globale.*

## *I. Die Aktualität der Zukunftsaufgaben*

Die Zukunft mag auf den ersten Blick als etwas Fernes erscheinen: Es gibt sie noch nicht. Doch die Zukunft – besser: die möglichen Zukünfte – werfen ihre Schatten voraus. Die Zukunft ist keineswegs unberührt von der Gegenwart; und die Gegenwart nicht von den Zukünften. Die Gestaltung der Gegenwart kann nur sinnhaft mit Blick auf die Zukunft gewagt werden. Ohne eine normative (handlungsleitende) Vorstellung darüber, in welche Richtung Gesellschaften sich entwickeln wollen, können sich diese nicht entwickeln. Stagnation ist das Ergebnis von Zukunftsvergessenheit. Das gilt für gesellschaftliche Wandlungsprozesse; für ökonomische Transformation; aber das gilt insbesondere für das Recht, das nicht nur auf bestehende Entwicklungen reagiert, sondern auch als Steuerungsinstrument zukünftiger gesellschaftlicher, technologischer und wirtschaftlicher Transformationen fungiert.

Die juristische Zukunftsforschung – auch als rechtswissenschaftliche Innovationsforschung bezeichnet[1] – widmet sich der strategischen Voraus-

1 Siehe instruktiv statt vieler: *Eifert/Hoffmann-Riem* (Hg), Innovation und Recht. 4 Bände, I: Geistiges Eigentum und Innovation (2008); II: Innovationsfördernde Regulierung (2009); III: Innovationsverantwortung (2009); IV: Innovation, Recht und öffentliche Kommunikation (2011).

schau. Durch den Einsatz von *Foresight*-Methoden sollen fundierte Grundlagen für normativ relevante Entscheidungen geschaffen werden.[2] Diese Entscheidungen betreffen nicht nur den Staat und seine Verwaltung, sondern ebenso die Gesetzgebung, die Wirtschaft und die Gesellschaft als Ganzes.

In einer zunehmend komplexen Welt stellt sich jedoch die Frage, wie sich tragfähige normative Leitlinien entwickeln lassen, ohne in der Analyse der Vielschichtigkeit möglicher Zukunftsszenarien zu erstarren. Imaginierte Zukünfte können lähmen, wenn sie zu variabel sind; aber gute Zukunftsforschung ist nicht lähmend, sondern ermächtigend. Die Erkenntnis, dass nicht eine einzige Zukunft existiert, sondern verschiedene Pfade ins Morgen führen, hat sich längst durchgesetzt. Dennoch bleiben grundlegende Entscheidungsparameter und staatliche Pflichtenprogramme in vielen Kontexten konstant – sowohl auf individueller als auch auf gesellschaftlicher Ebene.

Gerade in Zeiten der digitalen Transformation stehen Regionen und staatliche Institutionen vor der Herausforderung, (sub)staatliche Aufgaben bürgernah zu erfüllen und Strukturen, soweit formbar, zukunftsfest zu gestalten. Dies ist keine bloße Empfehlung aus einer wirtschaftlichen Beratungsperspektive, sondern eine verfassungsrechtliche Verpflichtung: Es geht um den Schutz der Würde des Einzelnen, die Förderung gesellschaftlicher Kohäsion sowie die Optimierung der regionalen und staatlichen Resilienz.

Zentral bleibt dabei die Frage: Wie kann dieser Prozess so gestaltet werden, dass der Mensch im Mittelpunkt bleibt? Dazu möchte dieser Beitrag, der die verschriftlichte Fassung eines in Bozen auf Einladung von *Esther Happacher* und *Walter Obwexer* gehaltenen Vortrags darstellt, der um eigene (teils veröffentlichte) Forschungsarbeiten ergänzt wurde, einführende Ideen formulieren.

## *II. Die digitale Transformation*

Die digitale Transformation geht mit tiefgreifenden Veränderungen einher, die in vielen Bereichen als gesellschaftliche Zäsuren wahrgenommen wer-

---

2 Vgl *Blind*, Regulatory foresight: Methodologies and selected applications, Technological Forecasting and Social Change 75 (2008) 4, 496. https://www.sciencedirect.com/science/article/abs/pii/S0040162508000346 (10.03.2025).

den. Der Soziologe *Stephan Lessenich* führt die damit verbundenen Unsicherheiten auf das Fehlen einer vertrauten Normalität zurück und spricht in diesem Zusammenhang von einem „Phantomschmerz", der auftritt, wenn gewohnte Strukturen und Routinen durch Transformationsprozesse aufgebrochen werden. [3] Dieses Phänomen spiegelt sich in individuellen wie kollektiven Reaktionen wider – etwa in nostalgischen Rückgriffen auf Vergangenes, die nicht selten als Ausdruck eines Bedürfnisses nach Stabilität und Kontinuität verstanden werden können, faktisch sich dann in Wählerverhalten so ausprägen, dass Parteien davon profitieren, die kontrafaktisch eine Rückkehr zur stabilitätsversprechenden Vergangenheit postulieren.[4]

Dieser empfundenen Diskontinuität wird eine zusätzliche Intensität verliehen, wenn verschiedene Treiber des Wandels simultan wirken. Wirtschaft und Gesellschaft stehen parallel vor Herausforderungen wie Digitalisierung, Dekarbonisierung, Globalisierung und Deglobalisierung, veränderten Mobilitätsanforderungen, demografischem Wandel und Migrationsdynamiken. Die gleichzeitige Wirkung dieser Faktoren erzeugt ein hohes Maß an Veränderungsdruck, der von Teilen der Gesellschaft als überwältigend empfunden wird, besonders wenn die Kommunikation über diesen Veränderungsdruck nicht zukunftsoffen, sondern von den im außerpolitischen Bereich schon verhandelten Ergebnissen her geführt wird. Dies wird verschiedentlich als ein Verstoß der ‚Eliten' gegen demokratische Diskurspraktiken wahrgenommen bzw in dieser Deutung von Polarisierungsakteuren instrumentalisiert.

Der Soziologe *Steffen Mau* beschreibt diesen Zustand als eine zunehmende „Transformationsmüdigkeit" – ein Phänomen, das nicht nur individuelle Erschöpfung angesichts permanenter Anpassungsanforderungen beschreibt, sondern auch kollektive Widerstände hervorrufen kann. Besonders kritisch wird dies, wenn das Gefühl entsteht, an einem Kipppunkt (*tipping point*) zu stehen, an dem weitere Veränderungen nicht mehr als

3 Pointiert zusammengefasst: *Lessenich*, Der Phantomschmerz des Wohlstandsbürgers, Süddeutsche Zeitung (2017), https://www.sueddeutsche.de/kultur/soziologie-der-phantomschmerz-des-wohlstandsbuergers-1.3412083 (10.03.2025); einführend schon hier: *Lessenich*, Mitgegangen, mitgefangen, in: Dörre et alii (Hg), Große Transformation? Zur Zukunft moderner Gesellschaften (2019), 57. https://doi.org/10.1007/978-3-658-25947-1_3 (10.03.2025).

4 Im Überblick: *Bergmann/Diermeier*, Spaltet die Transformation unsere Gesellschaft? Die komplexe Organisation von Mehrheiten in Zeiten zunehmender Zumutungsaversionen, in: Bergmann/Diermeier (Hg), Transformationspolitik. Anspruch und Wirklichkeit der Ampel-Koalition (2024), 41.

gestaltbar, sondern als unkontrollierbar wahrgenommen werden.[5] Auch hierbei hängt viel von der gesamtgesellschaftlichen Kommunikationskultur ab, nämlich ob eine Herausforderung als schaffbar oder als Überforderung wahrgenommen wird.[6]

Solche gesellschaftlichen Reaktionen können sich in Polarisierungstendenzen, in der Suche nach alternativen Deutungsmustern und in der Hinwendung zu politischen Radikalisierungen äußern. Der Wunsch nach Orientierung und Stabilität manifestiert sich dabei nicht selten in einer zunehmenden Ablehnung technologischer und regulatorischer Innovationen. Die Konsequenz ist eine Intensivierung gesellschaftlicher Spannungen, in denen Emotionen wie Wut oder Frustration handlungsleitend werden – eine Reaktion, die häufig einfacher erscheint als der konstruktive Umgang mit Veränderungen, der aber auch ein Ermächtigungsgefühl und Selbstwirksamkeitserfahrung voraussetzt.

Vor diesem Hintergrund kommt Politik und Verwaltung, Staat und Recht auf allen föderalen Ebenen eine entscheidende Rolle zu. Eine zentrale Herausforderung besteht darin, den digitalen Wandel nicht nur normativ zu regulieren, sondern ihn auch sozialverträglich zu gestalten. In Zeiten krisenhaft wahrgenommener Veränderungsdynamiken ist es entscheidend, dass regulatorische Maßnahmen nicht nur technologische Entwicklungen steuern, sondern auch gesellschaftliche Akzeptanz schaffen und das Vertrauen der Bürgerinnen und Bürger in die Gestaltbarkeit des digitalen Wandels stärken.

## *III. Zur Einführung in die Gelingensbedingungen der Zukunftsdebatten: Wer reguliert hybride Kommunikationsräume?*

Am Beispiel der Debatte um staatliche „Zensur"[7] von Inhalten auf sozialen Medien möchte ich einführend ein paar Punkte illustrieren, bevor ich dann (IV.) an eine klare Zuschreibung von Aufgaben für gelingenden digitalen Wandel schreite.

---

5 *Mau/Lux/Westheuser*, Triggerpunkte. Konsens und Konflikt in der Gegenwartsgesellschaft (2023).

6 Was gerade in Ostdeutschland eine Herausforderung darzustellen scheint: *Mau*, Ungleich vereint. Warum der Osten anders bleibt (2024).

7 Dieser Abschnitt ist adaptiert aus: *Kettemann/Böck/Müller*, Der Schutz der Meinungsäußerungsfreiheit im Digital Services Act. Sicherung individueller Freiheitsräume und gesellschaftlicher Werte im europäischen Plattformrecht, Studie im Auftrag der KommAustria (2025).

Mit dem Wandel der Mediennutzungspraktiken ist die Bedeutung von Plattformen bzw sozialen Medien für die gesellschaftliche Kommunikation stark gewachsen.[8] So ist etwa von einem „Aufstieg der Plattformen"[9] bei der beobachteten Veränderung der gesellschaftlichen Kommunikation die Rede. Diese sind inzwischen mitprägende Akteure für die Ausgestaltung nicht unbedeutender Anteile des kommunikativen Ökosystems. Diese „Plattformmacht"[10] meint daher den teils über Regeln, teils über algorithmische Moderationspraxen ausgeübten Einfluss auf die Gelingensbedingungen gesellschaftlicher Diskurse.[11]

Da neben Staaten neue demokratierelevante Akteure entstanden sind, ist die Frage zu stellen, wie die Sicherung der Grundbedingungen der Meinungsäußerungsfreiheit erfolgt. Hier ist nicht nur der klassischerweise ins Auge gefasste Schutz gegenüber staatlichem Einfluss relevant (*respect*-Dimension des Grundrechteschutzes), sondern auch der grund- und menschenrechtsbeschränkende Einfluss, den private Akteure und im Besonderen Plattformen auf Nutzende ausüben können (aus der Perspektive des Staates entspricht das der *protect*- und ggf der *implement*-Dimension des Grundrechteschutzes; der Staat muss hinsichtlich dieser beiden Grundrechtsverpflichtungsdimension aktiv ein Tun zum Schutz der Grundrechte sichern, nicht nur ein Nichteingreifen, wie in der *respect*-Dimension). Die effektive Ausübung der Meinungsäußerungsfreiheit in sozialen Medien findet daher in einem Dreieck statt, das von Nutzenden, Plattformen und Staaten geprägt ist.[12]

Während Staaten über Gesetze meinungsaustauschgestaltend wirken (indem sie die Grenzen aufzeigen dessen, was sagbar ist), nutzen Plattformen als private Akteure ihre allgemeinen Geschäftsbedingungen, welche häufig

8 Vgl *Behre/Hölig/Möller*, Reuters Institute Digital News Report 2024, Arbeitspapiere des Hans-Bredow-Instituts, 72 (2024), https://www.ssoar.info/ssoar/handle/document/94461 (26.02.2025).

9 *Katzenbach*, Die Öffentlichkeit der Plattformen: Wechselseitige (Re-)Institutionalisierung von Öffentlichkeiten und Plattformen, in: Eisenegger et alii (Hg), Digitaler Strukturwandel der Öffentlichkeit (2021) 65 f.

10 Diese kann gleichwohl sehr unterschiedliche Formen annehmen und wird in verschiedenen Disziplinen auch unterschiedlich betrachtet, vgl *Nieborg et alii*, Introduction to the special issue on Locating and theorising platform power, Internet Policy Review 13 (2024), 5.

11 *Helberger*, The Political Power of Platforms: How Current Attempts to Regulate Misinformation Amplify Opinion Power, 8 Digital Journalism (2020) 845 f.

12 So das häufig zitierte Bild bei *Balkin*, Free Speech Is a Triangle, Columbia Law Review 118 (2018), 2011.

mit Begrifflichkeiten wie *Community Standards* oder *Terms of Service* betitelt sind, um eine Kommunikationsordnung aufzustellen. Sie agieren damit wie "private Gesetzgeber"[13], in der englischsprachigen Literatur ist dazu vom *private ordering,* im Gegensatz zum *public ordering* durch den Staat, die Rede.[14] Gleichsam gelten die staatlichen Gesetze und grund- sowie menschenrechtlichen Standards, also *public ordering,* im digitalen Raum natürlich weiter.[15]

Damit fallen auf Seiten der Plattformen staatliche Gesetze und die eigenen Regelungen (und deren algorithmische Durchsetzung via Empfehlungssysteme) zusammen und berühren die Praxen gesellschaftlicher Kommunikation, oder grundrechtsterminologisch gewandt: die Ausübung der Meinungsäußerungsfreiheit. Der Regelungsinhalt des Plattformhausrechts kann dabei ähnlich sein, wie etwa die *Community Guidelines* von Instagram mit einem Verbot von Hassrede (vgl etwa § 283 StGB) und Diskriminierung (vgl etwa das Gleichbehandlungsgesetz[16]). Die inhaltliche Ausgestaltung kann aber auch unterschiedlich sein, wie etwa das vage Verbot durch die *Community Guidelines* von Instagram der Generierung irreführender Inhalte,[17] das kein entsprechendes staatliches Äquivalent besitzt,[18] und es auch nicht könnte, da dem Staat zu Recht verfassungsrechtliche Schranken gesetzt sind, wie stark dieser in den Meinungskampf eingreifen darf.

Im Übrigen findet aber seit einigen Jahren eine Aufnahme grund- und menschenrechtlicher Erwägungen in die privaten Ordnungen der Plattformen statt[19] und wird etwa durch Art 14 DSA durch den (europäischen) Gesetzgeber nun auch reguliert. Diesem entgegen steht ein Paradgimenwechsel in der Plattformpolitik in letzter Zeit, getragen durch Elon Musk

---

13 *Schweitzer,* Digitale Plattformen als private Gesetzgeber: Ein Perspektivwechsel für die europäische „Plattform-Regulierung", ZEuP 1 (2019), 3.

14 Dazu *Mast/Kettemann/Schulz,* Private ordering of media organisations and platform operators, in: Puppis/Mansell/van den Bulck (Hg), Handbook of Media and Communication Governance (2024) 260 mit weiteren Nachweisen.

15 *Schulz,* Changing the Normative Order of Social Media from Within: Supervising Bodies, in: Celeste/Heldt/Keller (Hg), Constitutionalising Social Media (2022) 237 f.

16 Bundesgesetz über die Gleichbehandlung (Gleichbehandlungsgesetz – GlBG), StF: BGBl I Nr 66/2004 idgF.

17 *Mast/Kettemann/Schulz,* Private ordering 268.

18 Vgl auch *Rachinger,* Plattformantidiskriminierungsrecht – Überlegungen zur Gleichbehandlung durch digitale Dienste, in: Hoffberger-Pippan/Ladeck/Ivankovics (Hg), Digitalisierung und Recht (2024).

19 *Schulz/Ollig,* Hybrid Speech Governance, jipitec 14 (2023), 560 (565).

und nun auch Mark Zuckerberg, die weniger intensiv regulieren wollen und auch automatisierte Systeme zur Erkennung problematischer Inhalte zugunsten der absolut verstandenen Redefreiheit zunehmend zurückfahren.

Gesamthaft erscheint es bei der Betrachtung der Beeinträchtigung von Meinungsäußerungen der Nutzenden mit *Schulz/Ollig* durch Plattformen sinnvoll, die Regelungen unabhängig von privater oder öffentlicher Herkunft als ein gemischtes, hybrides „Kommunikationsgovernancesystem", zu betrachten und von einer *Hybrid Speech Governance* zu sprechen.[20]

In der analogen wie in der digitalen Welt sind nicht alle Meinungsäußerungen rechtlich zulässig. Diese müssen sich in einem gewissen (weiten) Rahmen halten: So sind ehrverletzende Beleidigungen und gerade im deutschsprachigen Raum solche Meinungen, die sich evident gegen die freiheitlich-demokratische Grundordnung richten, nicht zulässig und dürfen rechtlich geahndet werden.[21] Diese Bestrafung von rechtswidrigen Äußerungen in Offlineräumen ist indes keine „Zensur", wie von bestimmten populistischen politischen Akteuren suggeriert wird. Wenn nun diese Standards auf digitale Räume übertragen werden, ändert das nichts daran, dass keine „Zensur" vorliegt, selbst wenn auch das suggeriert wird.[22] Im Gegenteil stellt Art 8 DSA – in Fortschreibung insofern eindeutiger EU-Judikatur – klar, dass die Auferlegung „vorzensurartiger" allgemeiner Überwachungspflichten unzulässig ist.

In der Rechtsprechung im europäischen Raum ist jedenfalls seit einiger Zeit unstreitig anerkannt, dass die freie Meinungsäußerung analog auch in digitalen Räumen geschützt sein muss und sie ihre überragende Stellung im Rahmen einer freiheitlich-demokratischen Grundordnung behalten muss. Richtig verstanden ist dies dann auch gegenüber agentischen KI-Werkzeugen, wie großen Sprachmodellen, zu verteidigen.[23]

---

20 *Schulz/Ollig*, jipitec 14 (2023), 564, 567 ff.

21 Vgl hierzu etwa den österreichischen Beleidigungstatbestand in § 115 österreichisches Strafgesetzbuch (StGB) oder §§ 3 ff Verbotsgesetz.

22 Hierzu näher *Ruschemeier*, Flagging Trusted Flaggers, VerfBlog (2024), https://verfassungsblog.de/flagging-trusted-flaggers (25.02.2025).

23 Vgl *Glaese et alii*, Improving alignment of dialogue agents via targeted human judgments. DeepMind Working Paper (2022). https://doi.org/10.48550/arXiv.2209.14375 (10.03.2025); für einen Überblick über die Risiken siehe: *Weidinger et alii*, Taxonomy of Risks Posed by Language Models. Proceedings of the ACM Conference on Fairness, Accountability, and Transparency (FAccT '22), Association for Computing Machinery (2022) 214. https://doi.org/10.1145/3531146.3533088 (10.03.2025).

Die besondere Bedeutung der Meinungsäußerungsfreiheit als Grund- und Menschenrecht hat das deutsche Bundesverfassungsgericht bereits 1958 in seiner wegweisenden *Lüth*-Entscheidung explizit benannt:

> "Das Grundrecht auf freie Meinungsäußerung ist als unmittelbarster Ausdruck der menschlichen Persönlichkeit in der Gesellschaft eines der vornehmsten Menschenrechte überhaupt ('un des droits les plus précieux de l'homme' nach Artikel 11 der Erklärung der Menschen- und Bürgerrechte von 1789). Für eine freiheitlich-demokratische Staatsordnung ist es schlechthin konstituierend, denn es ermöglicht erst die ständige geistige Auseinandersetzung, den Kampf der Meinungen, der ihr Lebenselement ist (BVerfGE 5, 85 [205]). Es ist in gewissem Sinn die Grundlage jeder Freiheit überhaupt, "the matrix, the indispensable condition of nearly every other form of freedom" (Cardozo)."[24]

Die Wendung von der „schlechthin konstituierenden" Meinungsäußerungsfreiheit verbleibt relevant, unabhängig von der Ausprägung der kommunikativen Machtstrukturen. So erkannte der EGMR in der *Handyside*-Entscheidung zwanzig Jahre später in der nach Art 10 EMRK geschützten Meinungsäußerungsfreiheit das "essentielle Fundament einer [demokratischen] Gesellschaft".[25] Die Meinungsfreiheit gilt demnach in der analogen und der digitalen Welt gleichermaßen und nimmt eine besondere Stellung in den europäischen Grundrechtsordnungen ein. So hat der EGMR in seinem für digitale Kommunikation prägenden Urteil *Ahmet Yildirim*[26] bereits im Jahr 2012 festgehalten, dass das Internet eines der bedeutendsten Vehikel der einzelnen Individuen sei, um ihr Recht auf freie Meinungsäußerung auszuüben. Im digitalen Raum fänden die wesentlichen politischen Debatten sowie Diskussionen zu Fragen des Allgemeininteresses statt, sodass eine unverhältnismäßige Sperrung des Zugangs von Internetseiten einen direkten Angriff auf die Meinungsäußerungsfreiheit darstelle.[27]

Eine solche Auslegung hat auch der EuGH mit Bezug zur Meinungsfreiheit aus Art 11 Abs 1 S 1 EU-Grundrechtecharta (GRC) bestätigt. In der

---

24 BVerfGE 15.01.1958, 7, 198 ff.

25 EGMR U 07.12.1976, 5493/72 (*Handyside gegen Vereinigtes Königreich*), § 49. ("Freedom of expression constitutes one of the essential foundations of such a society").

26 EGMR U 18.12.2012, 3111/10 (*Yildirim gegen Türkei*).

27 Ausführliche Darstellung des Urteils bei *Lehofer*, EGMR: Beschränkung des Internetzugangs als Verletzung des Art. 10 EMRK, e-comm (2012), https://blog.lehofer.at/2012/12/Yildirim.html (27.02.2025).

Rechtssache *Glawischnig-Piesczek*[28] konnte die ehemalige österreichische Grünen-Politikerin gegen Facebook Irland einen Anspruch auf weltweite Löschung eines sie betreffenden ehrverletzenden Beitrags durchsetzen. Dies verdeutlicht, dass die Meinungsäußerungsfreiheit im Internet auch mittelbar geschützt ist. Ein solcher Schutz besteht indes nur innerhalb der gesetzlich vorgegebenen Grenzen, die auch im analogen Rahmen gelten. Die Geltung der Meinungsäußerungsfreiheit und dessen Grenzen im Internet hat der EuGH seither bestätigt, etwa in Bezug auf die Frage der Zulässigkeit von Uploadfiltern.[29]

Auch in Österreich ist die Rechtslage seit vielen Jahren klar. Mit seinem bereits vor 11 Jahren entschiedenen Urteil gegenüber der Nutzung von Online-Diensten durch den ORF[30] hat der österreichische Verfassungsgerichtshof (VfGH) deutlich gemacht, dass der Zugang zur Meinungsäußerungsfreiheit für Grundrechtsträger, wie etwa den ORF, im Internet gewährleistet werden müsse.[31] Eine Einschränkung könne nur aufgrund einer Rechtfertigung aus Art 10 Abs 2 EMRK erfolgen.

Im Ergebnis wird deutlich, dass die Meinungsäußerungsfreiheit im digitalen Raum nicht weniger geschützt ist als in der analogen Welt. Vielmehr ziehen die Gerichte im europäischen Raum Parallelen zu dem bisher geltenden grundrechtlichen Rahmen, ohne dass der Wert der Meinungsfreiheit hierdurch vergleichsweise geschmälert wird.

## *IV. Die Rolle der Staaten und Regionen in der Digitalisierung*

### A. Rollenzuschreibungen in der digitalen Transformation

Die rasante Entwicklung digitaler Technologien stellt föderale und regionale Strukturen vor erhebliche Herausforderungen, bietet jedoch zugleich Chancen für wirtschaftliche und sicherheitspolitische Fortschritte. Insbesondere die zunehmende Relevanz von Künstlicher Intelligenz für die regionale Wettbewerbsfähigkeit hat die strategische Bedeutung von KI-Infrastrukturen wie Hochleistungsrechenzentren und Supercomputern erheblich gesteigert.

---

28 EuGH 03.10.2019, C-18/18 (*Eva Glawischnig-Piesczek gegen Facebook Ireland Limited).*

29 EuGH 26.04.2022, C-401/19 (*Republik Polen gegen Europäisches Parlament).*

30 VfGH 27.06.2013, G 34/2013.

31 Nähere Auseinandersetzung mit dem Urteil bei *Ziniel*, Der ORF und Facebook – Eine endliche Geschichte?, juwiss.de (2013), https://www.juwiss.de/126-2013 (26.02.2025).

Laut Analysen der Weltbank beliefen sich die weltweiten Investitionen in KI im Jahr 2023 auf nahezu 843 Milliarden US-Dollar – ein Volumen, das im globalen Vergleich einer eigenständigen Volkswirtschaft der Größe der Schweiz entspräche. Im Gegensatz zur Schweiz ist KI jedoch keineswegs neutral. Vielmehr zeichnet sich die digitale Infrastruktur durch eine erhebliche regulatorische Asymmetrie aus: Während digitale Plattformen und KI-gestützte Systeme zunehmend gesellschaftliche und wirtschaftliche Prozesse beeinflussen, mangelt es vielerorts an demokratischer Rückbindung der zugrunde liegenden Standards, internen Regelwerke und algorithmischen Entscheidungsmechanismen. So stellt sich die Frage, inwieweit föderale Einheiten und regionale Akteure in die Gestaltung algorithmischer Prozesse eingebunden sind.

Einige Fragen zeigen die Defizite auf: Wird beispielsweise die Südtiroler Landesregierung konsultiert, wenn Meta durch KI-gestützte Filter die Verbreitung politischer Inhalte modifiziert? Oder hat der Tiroler Landtag Einfluss darauf, wenn Instagram den Empfehlungsalgorithmus so verändert, dass junge Nutzerinnen, die sich für Schminktutorials interessieren, vermehrt Inhalte konsumieren, deren Rezeption empirisch mit einer erhöhten Prävalenz körperdysmorpher Störungen korreliert? Die Antwort lautet: nein. Gleichzeitig sehen sich nationale Regierungen mit erheblichen Durchsetzungsproblemen konfrontiert. So stoßen selbst Staaten wie Deutschland, Italien oder Österreich auf Widerstand, wenn sie versuchen, mit Plattformen wie Telegram über die Entfernung extremistischer oder krimineller Inhalte zu verhandeln – nicht selten bleibt derartige Kommunikation unbeantwortet.[32]

Diese regulatorische Ohnmacht ist nicht zufällig, sondern systemimmanent, aber gleichzeitig nicht zwingend, sondern kontingent. Sie resultiert aus einem zentralen strukturellen Defizit der Plattformökonomie: Über Jahrzehnte hinweg konnten digitale Dienste ihre internen Regeln weitgehend autonom festlegen und mittels algorithmischer Mechanismen durchsetzen – befördert durch eine haftungsrechtliche Privilegierung, die aus dem US-amerikanischen Recht stammt und über die *E-Commerce*-Richtlinie auch in Europa Wirkung entfaltete. Diese regulatorische *Laissez-faire*-Haltung ermöglichte das großteils unkontrollierte Wachstum monopolartiger Strukturen, in denen Plattformbetreiber gleichzeitig als Marktgestalter,

32 Vgl statt vieler Verfahren: *Bundesamt für Justiz*, Bundesamt für Justiz erlässt Bußgeldbescheide gegen das soziale Netzwerk Telegram (2022), https://www.bundesjustizamt.de/DE/ServiceGSB/Presse/Pressemitteilungen/2022/20221017.html (10.03.2025).

Schiedsrichter und wirtschaftliche Profiteure agieren und Datenextraktivismus als Normalzustand der Aufmerksamkeitsökonomie etablierten.

Der *Digital Services Act* (DSA) und der *Digital Markets Act* (DMA) sollen diesem Zustand nun regulatorische Grenzen setzen, indem sie erstmals strukturelle Schranken für Plattformbetreiber formulieren. Ein vergleichbares Regulierungsvorhaben findet sich im Bereich der Künstlichen Intelligenz mit dem AI-Act, der eine produkt- und risikobasierte Regulierung vorsieht. Ziel ist die normative Einhegung algorithmischer Systeme, um deren gesellschaftliche Risiken zu minimieren und gleichzeitig Innovation zu ermöglichen. Doch stellt sich die Frage, ob diese Maßnahmen ausreichen. Angesichts der weitreichenden gesellschaftlichen und wirtschaftlichen Implikationen algorithmischer Steuerungsmechanismen und der fortbestehenden Machtasymmetrien zwischen Plattformbetreibern und staatlichen Akteuren erscheint diese Annahme zumindest mit einigen Zweifeln behaftet.

## B. Aufgabe der Regionen: Kommunikation der Gelingensbedingungen der Digitalisierung

Gerade Regionen spielen eine wichtige Rolle, damit die transformative Kraft technologischer Innovationen sich sozialverträglich und nah an den Menschen entfaltet sowie in gesellschaftliche Diskurse eingebettet wird. Bei der regionalen Autonomie geht es im Kern um das gleiche wie bei der menschlichen Autonomie. Es geht darum, wie der Rechtsphilosoph Rainer Forst gezeigt hat, dass wir alle ein Recht haben, dass Verfügungen über unsere Rechte und Pflichten nahe bei uns getroffen werden und uns gegenüber erklärt und begründet werden.

Nicht nur die katholische Soziallehre, sondern auch das EU-Recht sind beseelt von dem Prinzip, möglichst nahe beim Menschen Regeln zu setzen. Das klappt im digitalen Bereich nicht so gut, weil supranationale Regeln wichtig und problemadäquat sind. Wo Regionen und vor allem regionale politische Akteure aber ihre ureigene Aufgabe erfüllen können, ist bei der Umsetzung dieser Regeln. Bei der Umsetzung und bei der sozialverträglichen Einbettung. Kurz gesagt: Man muss die digitale Transformation bei den Menschen ankommen lassen. Der amerikanische Rechtsphilosoph *Robert Cover* entwickelt die Kopplung von *Nomos* und *Narrativ*. Von Regeln und von der sie begleitenden Erzählung, warum diese Regel nötig ist, welches Ziel sie verfolgt, wie sie verstanden werden soll.[33] Jede neue Norm – das gilt besonders für Rechtsakte mit Digitalbezug – muss „im Diskurs verortet“ werden, um „Geschichte und Schicksal, Anfang und Ende, Erklärung und Zweck“ zu erhalten.[34] Erst die soziale Einbettung von Regeln in der Praxis – und dies findet sehr häufig durch die regionale Verwaltung statt – verleihen einer Norm Leben, verleihen ihr eine Rechtfertigung.

Ähnlich *Rainer Forst*: Der Frankfurter Rechtsphilosoph verortet die soziale Einbettung von Normen als Ziel von gesellschaftlicher Ordnungsbildung: „Jede gesellschaftliche Ordnung im Allgemeinen und jedes Subsystem im Besonderen beruht auf einem bestimmten Verständnis des Zwecks, der Ziele und Regeln dieser Ordnung oder des Systems – sie sind somit normative Ordnungen“. In der Erzählung „verdichten sich Bilder, Partikularerzählungen, Rituale, Fakten sowie Mythen zu wirkmächtigen Gesamterzählungen, die als Ressource der Ordnungssinngebung fungieren.“[35]

Es geht also um nichts weniger als der neuen Digitalordnung Sinn und Ziel, Gehalt und Finalität, Narrativ und Rechtfertigung zu geben. Erscheint das nicht als eine wichtige, ja edle Aufgabe im Rahmen der Autonomie? Einer Autonomie, in der es auch darum ginge, sich *auto* (selbst) *nomoi* (Gesetze) zu geben und wenn das aus Kompetenzgründen nicht so tunlich ist, so zumindest Rechtfertigungen und Narrative zu konstruieren, die ebenso wichtig sind wie die Normen, denen sie Sinn geben?

Wenn wir den Menschen also vermitteln, wie und warum die digitale Transformation erstens vonstatten geht, und zweitens normativ gefasst, und drittens praktisch verwaltet wird – ja dann entwickelt sich eine regionale normative Ordnung des Digitalen mit besonderer Bindungskraft und Autorität. Dies kann auf Ebene der Regionen durch eine funktionierende Verwaltung und eine klare Kommunikation der Vorteile von KI-Nutzung durch die Verwaltung funktionieren.

---

33 *Cover*, The Supreme Court, 1982 Term – Foreword. Nomos and Narrative, Harvard Law Review 97 (1983) 4, 1 (5).

34 Ibid. 4.

35 *Forst*, Normativität und Macht. Zur Analyse sozialer Rechtfertigungsordnungen (2015) 70, 87.

## C. Aufgabe der Staaten: Aufrechterhaltung einer grundlegenden Kommunikationsinfrastruktur im öffentlichen Rundfunk sowie in Hinblick auf private Kommunikationsakteure[36]

Die Gestaltung der Kommunikationsordnung ist nicht nur über plattformbezogene Regeln durchzuführen, sondern muss auch durch Sicherung eines unabhängigen öffentlichen Rundfunks stabilisiert werden. Das Bundesverfassungsgesetz vom 10. Juli 1974 über die Sicherung der Unabhängigkeit des Rundfunks (B-VG Rundfunk) definiert in Art 1 Abs 3 den Rundfunk als staatliche Aufgabe. Das Bundesgesetz über den Österreichischen Rundfunk (ORF-Gesetz) konkretisiert diesen öffentlichen Auftrag. In § 2 Abs 1 ORF-Gesetz sind die Tätigkeitsfelder des ORF näher dargelegt. Sie umfassen neben dem klassischen Rundfunk mittlerweile auch Online-Dienste und Teletexte. Die besondere Wichtigkeit des öffentlich-rechtlichen Rundfunks stellt der VfGH in seinem jüngsten Urteil betreffend den ORF[37] besonders treffend dar, indem er die „wichtige, für eine Demokratie vitale und unerlässliche Rolle des öffentlich-rechtlichen Rundfunks [hervorhebt] und die daraus erwachsende Verpflichtung der Staaten [benennt], eine Pluralismus und Unabhängigkeit sichernde Organisation dieses Rundfunks zu gewährleisten". Ähnliches gilt auch für den privaten Rundfunk, wie es sich durch den Verweis aus § 41 Abs 1 Audiovisuelle Mediendienste-Gesetz ergibt.[38]

Der Versorgungsauftrag sowie der öffentlich-rechtliche Kernauftrag sind abschließend in den §§ 3-5 ORF-Gesetz geregelt. Der österreichische Gesetzgeber hat diese Angebotsanforderungen erstellt, um dem Ergebnis des Beihilfeverfahrens[39] aus dem Jahr 2009 zu folgen, das festgehalten hatte, dass es Aufgabe des öffentlich-rechtlichen Rundfunks sein muss, den „sozialen, demokratischen und kulturellen Bedürfnissen der Gesellschaft" gerecht zu werden.[40] Der Versorgungsauftrag umfasst etwa das Bereitstellen verschiedener Fernsehsender oder ein Sport-Rahmenprogramm. In der

36 Dieser Abschnitt ist adaptiert aus: *Kettemann/Böck/Müller*, Der Schutz der Meinungsäußerungsfreiheit im Digital Services Act. Sicherung individueller Freiheitsräume und gesellschaftlicher Werte im europäischen Plattformrecht, Studie im Auftrag der KommAustria (2025).

37 VfGH 05.10.2023, G215/2022-26.

38 Dazu auch VwGH 15.05.2024, Verfahren betreffend außerordentliche Revisionen 2023/03/0148.

39 Mitteilung der Kommission über die Anwendung der Vorschriften über staatliche Beihilfen auf den öffentlich-rechtlichen Rundfunk, ABl 2009 C257/7, Rn 45.

40 Näher hierzu bei: *Kettemann/Böck/Vural*, Ein Recht auf Unterhaltung im öffentlichen Rundfunk, in: Kettemann (Hg), Public Value Studie (2023), 23.

neuesten Fassung des ORF-Gesetzes sind allerdings auch die Bereitstellung von Online-Angeboten in § 4e ORF-Gesetz als gesetzlicher Auftrag enthalten. An dieser Stelle erwähnenswert ist indes, dass der österreichische Gesetzgeber ein explizites Verbot der Bereitstellung eines sozialen Netzwerks oder einer ähnlichen Online-Plattform mit Chat-Funktion normiert hat, vgl § 4f Abs 2 Z 23, 25 ORF-Gesetz.

Alles in allem zeigt sich hierdurch, dass eine Verpflichtung des österreichischen Staates besteht, gewisse Infrastrukturen des Meinungsaustauschs bereitzustellen. Der Auftrag erweitert sich stets, sodass immer neue Medien, die einen Teil der Kommunikationsinfrastruktur darstellen, in den neuen Fassungen des ORF-Gesetzes zumindest Berücksichtigung finden müssen.[41] Diese Änderungsmöglichkeiten stehen im Einklang mit dem bereits erwähnten Ziel, wonach die Bedürfnisse der Gesellschaft zu bedienen sind, da diese wiederum stetem Wandel unterliegen. Ferner wird deutlich, dass sich die Verpflichtung zur Bereitstellung von Kommunikationsinfrastruktur auf die dort genannten Bereiche beschränkt. Andere Zweige sind nicht Teil der staatlichen Aufgabe. Hierzu gehören klassischerweise etwa Zeitungen, welche von privaten Unternehmen betrieben werden. Diese unterliegen der Pressefreiheit nach Art 13 Staatsgrundgesetz über die allgemeinen Rechte der Staatsbürger (StGG) und Art 10 EMRK, dürfen indes nicht gänzlich frei alle Meinungen verbreiten. Auch sie sind an Grenzen, wie etwa das Mediengesetz, die Strafgesetze oder das Recht auf Privatleben aus Art 8 EMRK, gebunden.[42] Insofern beeinflusst der Staat auch diese Teile des Kommunikationsökosystems, indem er den Bereich der Kommunikation vorgibt, in welchem sich die kommunikativen Akteure im Rahmen der Äußerungsgovernance bewegen können.

Mit fortschreitender Digitalisierung wandelt sich die Nutzung der verschiedenen Kommunikationsräume durch die Bevölkerung. Immer mehr Menschen nutzen digitale Dienste, um zu kommunizieren und sich zu bilden sowie zu informieren. Klassische „zeit-unsouveräne" Medienangebote, wie etwa das lineare Fernsehen oder der Rundfunk, werden immer weniger genutzt. Das zeigt sich etwa daran, dass die tägliche Mediennutzung der österreichischen Bevölkerung bereits im Jahr 2021 zu knapp 50% über

---

41 Zur Novelle ebenso genauer bei: *Kettemann/Böck/Vural,* Ein Recht 22 ff.

42 Zu den Grenzen der Pressefreiheit etwa: *Muzak,* B-VG$^{6}$ Art 10 MRK (Stand 01.10.2020, rdb.at) 6 f.

Online-Medien erfolgt ist (knapp 255 Minuten von durchschnittlich 522 pro Tag).[43]

Allerdings kann dies nicht das Ende der staatlichen Schutzpflichten in diesem Bereich der Kommunikationsinfrastruktur darstellen. Vielmehr ist es wünschenswert sowie notwendig, dass der Staat auch hier, wie etwa im Bereich der Presse, Regeln vorgeben darf, die den Rahmen abstecken, in welcher Form Kommunikation innerhalb dieser Ökosysteme erfolgen kann. Eine Verpflichtung hierzu ergibt sich aus dem Gedanken, dass der Staat solches Verhalten nicht tolerieren darf und gleichzeitig eine Verpflichtung hat, solches Verhalten zu unterbinden oder zu ahnden, welches in ungerechtfertigter Art und Weise in die Rechte Dritter eingreift oder sonst wie wichtige individuelle Rechte oder gesellschaftliche Werte missachtet.[44] Das bedeutet in Bezug auf die Meinungsäußerungsfreiheit, wie bereits mehrfach skizziert, dass der Staat stets verpflichtet ist, Regeln zu schaffen, welche die Meinungsäußerung inhaltsneutral auch in privaten Räumen, die eine gewisse Bedeutung erlangen, schützen. Wird die Regulierung von plattförmigen Kommunikationsräumen nur jenen überlassen, werden diese regelmäßig ihre Algorithmen auf Engagement optimieren, was zu einer Verstärkung von besonders heftig diskutierten Phänomenen, namentlich Desinformation, Hetzkampagnen und politische Polarisierung,[45] führen kann. Diese wurden häufig als eine der schwerwiegendsten globalen Herausforderungen der nächsten zehn Jahre eingestuft,[46] so dass eine Einhegung dieser negativen Auswirkungen in digitalen Kommunikationsräumen vorzunehmen ist.

Um eine solche Regulierung zu erreichen, bestehen mehrere Möglichkeiten: Einerseits ist es denkbar, dass der Staat selbst tätig wird und einen Kommunikationsraum schafft, der widerstreitende Grundrechte stets in schonenden Ausgleich bringt. Dies ist in Bezug auf die Nutzung neuer sozialer Medien aufgrund von § 4f Abs 2 Z 23, 25 ORF-Gesetz nicht möglich; andererseits ist es denkbar, dass der Staat die privaten Unternehmen,

---

43 Zusammengefasst bei *Standard,* Neue Studie: Menschen in Österreich nutzen Medien täglich 8:42 Stunden (2022), https://www.derstandard.at/story/2000137368176/menschen-in-oesterreichtaeglich-842-stunden-nutzen-die-medien-sagt-neue (26.02.2025).

44 Zustimmend: *Papier*, Grund- und Freiheitsrechte noch gewünscht?, AnwBl 25 (2023).

45 *Böck/Kettemann,* Mapping the future of technological innovations, Zenodo (2024), https://doi.org/10.5281/zenodo.11276069 (14.12.2024); *Kettemann/Böck*, Regulierung des Metaverse in: Steege/Chibanguza (Hg), Metaverse (2023), 118 f.

46 *World Economic Forum,* Global Risks Report 2024, https://www.weforum.org/publications/global-risks-report-2024/digest/ (14.12.2024), 38.

welche die neuen Arten von Kommunikationsinfrastruktur betreiben, verpflichtet, grundrechtliche Standards einzuhalten und innerhalb ihrer Struktur durchzusetzen.

Der zweite Ansatz wird als *Horizontalisierung* von Grundrechten im digitalen Raum verstanden.[47] So wird nicht mehr nur der Staat als Grundrechtsverpflichteter, sondern auch private Akteure werden in engem Rahmen als solche betrachtet. Sie gelten nicht mehr *nur* als Grundrechtsberechtigte. Für diese Lösung hat sich der europäische Gesetzgeber im Rahmen des *Digital Services Act* entschieden,[48] in dem er verschiedenen Online-Diensteanbietern einen bestimmten Pflichtenkatalog vorschreibt, der einen grundlegenden Grund- und Menschenrechtsschutz auf diesen Plattformen ermöglicht.[49]

Die Entscheidung hierfür beruht insbesondere darauf, dass Plattformen gegenüber ihren Nutzern in einer starken Machtposition stehen, die mit dem Verhältnis von Bürgern gegenüber Staaten vergleichbar ist.[50] Diese Macht zeigt sich unter anderem darin, dass digitale Diensteanbieter insbesondere auf ihren Plattformen sogenannte private Ordnungen geschaffen haben, die Verhaltensregeln zwischen Nutzenden primär anhand selbst geschaffener Nutzungsbedingungen messen. Diese privaten Ordnungen entstehen dadurch, dass die Betreibenden nur solche Nutzende zulassen, die gleichzeitig ihre Nutzungsbedingungen akzeptieren und sich in Einklang mit diesen auf der Plattform verhalten. Fehlt eine Zustimmung oder wird schwerwiegend gegen die Nutzungsregeln verstoßen, kann der Zugang gesperrt werden. Solche Regeln, die Teile der Gesellschaft betreffen und nicht durch einen demokratisch legitimierten Gesetzgeber entstehen, werden als private Ordnungen bezeichnet.[51] Hieraus ergibt sich die Notwendigkeit der Grundrechtsbindung dieser privaten Akteure.[52]

---

47 *Wischmeyer*, Grundrechtliche Bindung privater Plattformbetreiber unter dem EU Digital Services Act, Rechtsgutachten im Auftrag der Gesellschaft für Freiheitsrechte e.V. (2023), 9.

48 Ebd mit Bezug zu Art 14 DSA.

49 *Kettemann/Schulz/Fertmann*, Anspruch und Wirklichkeit der Plattformregulierung, ZRP (2021), 138.

50 *Kettemann/Müller*, Plattformregulierung, in: Steege/Chibanguza (Hg), Metaverse (2023), 145.

51 Näher hierzu bei *Mast/Kettemann/Schulz,* Private Ordering 268.

52 Zustimmend etwa: *Rau et alii*, Rechtsextreme Online-Kommunikation in Krisenzeiten, Arbeitspapiere des Hans-Bredow-Instituts, FGZ Resultate Nr 62 (2022), 36 f.

## D. Aufgabe der EU: Sicherung der Rahmen- und Verfahrensbedingungen zur Verhinderung einer Monopolisierung von Meinungsmacht und Meinungsmärkten bei digitalen Diensten[53]

In den vergangenen Jahren hat die Europäische Union (EU) ihre Haltung gegenüber Plattformen, aber auch digitalen Technologien im Allgemeinen verändert. Nachdem sie jahrelang eine liberale Position zur Förderung von Innovationen eingenommen hatte, verstärkte sie in den letzten Jahren ihre Regulierungsmaßnahmen, um einige der gesellschaftlich sich stärker ausprägenden Herausforderungen des digitalen Zeitalters zu bewältigen, wie etwa den Medienwandel und die Verlagerung eines Teils des öffentlichen Diskurses in private, algorithmisch gestaltete Räume. Ein Wendepunkt war die Verabschiedung der Datenschutz-Grundverordnung (DSGVO) im Jahr 2016, welche den Beginn einer Reihe neuer Verordnungen markierte, die im Rahmen der Strategie „Ein Europa, fit für das digitale Zeitalter“ (Europäische Kommission 2022) inzwischen in Kraft getreten sind. Die einzelnen für Plattformen besonders relevanten Rechtsakte adressieren verschiedene Herausforderungen im Zusammenhang mit der Digitalisierung. Zum einen werden Problemfelder gesellschaftlicher Natur wie Desinformation, illegale Inhalte, *Microtargeting* oder Filterblasen adressiert (ohne die kommunikativen Phänomene beim Namen zu nennen, somit großteils auf ihre Effekte hin), zum anderen schädliche Phänomene der Plattformökonomie, zu denen *Lock-in-*, Netzwerk- und Skaleneffekte gehören.[54] Im Kern will das neue Plattformrecht die bislang oftmals profitorientierte Plattformmacht (Stichwort: Datenkapitalismus) mit Blick auf das Gemeinwohl begrenzen, Bürgerrechte stärken und den Behörden rechtliche Druckmittel an die Hand geben.

Im Zentrum des EU-Digitalpakets steht der *Digital Services Act* (DSA), der zum November 2022 in Kraft getreten, aber erst seit dem 17. Februar 2024 vollumfassend anwendbar ist. Der DSA ist eine Weiterentwicklung der bisherigen *E-Commerce*-Richtlinie und ersetzt diese teilweise. Das Hauptziel der *E-Commerce*-Richtlinie war es, einen Rechtsrahmen zu schaffen, der den freien Verkehr von Vermittlungsdiensten innerhalb der EU erleich-

---

53 Dieser Abschnitt wurde adaptiert von *Kettemann/Müller*, Das neue Digitalrecht der EU im Praxistest. Welche Herausforderungen warten bei der Umsetzung? Friedrich-Ebert-Stiftung, FES Impuls (2024), https://library.fes.de/pdf-files/a-p-b/21536.pdf (27.02.2025).

54 Näher dazu: *Basedow*, EU Private Law: Anatomy of a Growing Legal Order (2021) 218.

tert, um Innovation und elektronischen Handel zu fördern. Der DSA basiert jedoch auf einem anderen Ansatz: Er sieht die digitalen Plattformen als verantwortliche Akteure im Kampf gegen problematische Inhalte und legt – weil die Inhalte selbst großteils nicht europarechtlich reguliert werden können – Transparenz- und Verfahrenspflichten hinsichtlich des Umgangs mit diesen Inhalten fest. Zwar gleichen sich *E-Commerce*-Richtlinie und DSA zunächst in dem Grundsatz, dass Plattformen, aber auch alle anderen Vermittlungsdienste (gemeint sind damit diverse technische Dienstleistungen von Betreibern öffentlicher WLANs bis hin zu den Diensten der Big-Tech-Unternehmen) für die von ihnen bereitgestellten Inhalte nicht haftbar gemacht werden können. Dieser Grundsatz, auch als Haftungsprivileg bekannt, wird durch den DSA dann aber speziell für Onlineplattformen mit einer Vielzahl von Transparenz-, Rechenschafts- und Informationspflichten durchbrochen. Hinzu kommen spezifische Anforderungen an allgemeine Geschäftsbedingungen, die Einrichtung eines internen *Compliance-Management*-Systems oder von *Know-Your-Customer*-Modellen für Werbeeinschaltungen. Die Verpflichtungen werden in Abhängigkeit von der Größe der Anbieter digitaler Dienste festgelegt. Bezogen auf Plattformen unterscheidet der DSA dabei grundlegend zwischen Onlineplattformen (Anbieter von Hostingdiensten, die auch Informationen verbreiten), sehr großen Onlineplattformen (VLOPs) sowie sehr großen Onlinesuchmaschinen (VLOSEs), wobei die Anforderungen mit der Größe des Dienstes zunehmen.

Die Durchsetzung legt der DSA schwerpunktmäßig in die Hände von Aufsichtsbehörden. Diese sind sowohl auf europäischer als auch auf nationaler Ebene zu finden. Die sehr großen Dienste werden weitestgehend der Aufsicht durch die Europäische Kommission unterstehen. Auf mitgliedsstaatlicher Ebene müssen sogenannte Koordinatoren für digitale Dienste etabliert werden. In Österreich fällt diese Aufgabe maßgeblich der KommAustria zu, die eine innerstaatlich wichtige Koordinationsrolle übernimmt. Eine wichtige Neuerung des DSA sind auch die weitreichenden Befugnisse, die den KoordinatorInnen und der Kommission zur Durchsetzung der für sehr große Onlineplattformen und sehr große Onlinesuchmaschinen geltenden Regeln eingeräumt werden, wie die Möglichkeit von Untersuchungen, Durchsuchungen, die Forderung nach Datenzugang und die Möglichkeit, hohe Geldstrafen (bis sechs Prozent des weltweiten Jahresumsatzes) zu verhängen.

Um die Marktmacht der großen Digitalunternehmen zu reduzieren, ist auf Unionsebene der *Digital Markets Act* (DMA) verabschiedet worden.

Beide Rechtsakte, DSA und DMA, traten 2022 zeitgleich in Kraft und müssen zusammengelesen werden, um die Gesamtbedeutung des regulatorischen Vorgehens der EU zu verstehen. Der DMA versucht, die wirtschaftliche Macht der *Big-Tech*-Plattformen auf solchen digitalen Märkten einzuschränken, auf denen es nur wenige Anbieter gibt (man denke etwa an „die" Suchmaschine, „den" Onlinemarktplatz oder „die" Social-Media-Plattform) oder sich die Dienste Marktdominanz verschaffen, indem kleinere Mitbewerber verdrängt oder in sogenannten „Killer-Akquisitionen" gekauft werden. Das ist wichtig, weil das klassische Kartellrecht davon ausgeht, dass ein offener und freier Wettbewerb nur auf einem für alle zu gleichen Bedingungen zugänglichen Markt existiert.

Klassischerweise sorgen die Vorschriften des Wettbewerbsrechts dafür, dass auf verschiedenen Märkten keine wettbewerbsschädlichen Verhaltensweisen wie Kartellvereinbarungen oder übermäßige Preise auftreten beziehungsweise diese zu bestrafen sind. Das Wettbewerbsrecht gilt gleichermaßen für Digitalmärkte. Um langwierige Kartell- und Wettbewerbsverfahren zu vermeiden, dreht der DMA quasi „den Spieß um":

Normalerweise muss im Rahmen des sogenannten *Ex-post*-Ansatzes erst ein Verstoß gegen das Wettbewerbsrecht festgestellt werden, bevor mit Bußgeldern oder anderen Maßnahmen reagiert werden kann. Der DMA verbietet nun von vornherein insgesamt 21 Praktiken, die als wettbewerbsschädlich auf digitalen Märkten gelten. Diese Sorgfaltspflichten gelten nicht für alle Plattformen, sondern nur für diejenigen, die von der Europäischen Kommission als *Gatekeeper*, also Torwächter, benannt wurden. *Gatekeeper* sind laut Definition des DMA Plattformen, welche die folgenden drei Anforderungen erfüllen: (a) sie haben einen signifikanten Einfluss auf den europäischen Binnenmarkt; (b) sie bieten einen sogenannten zentralen Plattformdienst an; (c) sie haben jetzt oder in naher Zukunft eine gefestigte und dauerhafte Position inne.

Die Durchsetzung der neuen Regelungen soll fast ausschließlich durch die Europäische Kommission erfolgen. Bei Verstößen gegen die Verpflichtungen können den Unternehmen Bußgelder auferlegt werden, die mit bis zu zehn Prozent des weltweiten Jahresumsatzes ähnlich hoch wie die der DSGVO sind. Der DMA erlaubt es der Kommission jedoch auch, Zusammenschlüsse von Unternehmen zu verbieten und als äußerstes Mittel *Gatekeeper*-Unternehmen zu zerschlagen, falls gegen die Verpflichtungen des DMA systemisch verstoßen wird.

Mit Blick auf die Regulierung von Plattformen spielen auch noch weitere Rechtsakte aus der Digitalstrategie der EU eine Rolle, auch wenn Plattformen hier nicht zentraler Gegenstand der Regulierung sind. Mit dem *Data Governance Act* (DGA, seit 2023 in Kraft) und dem *Data Act* (DA, tritt 2025 in Kraft) finden sich in zwei ebenfalls erst in der vergangenen Funktionsperiode der Europäischen Kommission verabschiedeten Gesetzen relevante Regelungen. Anders als die DSGVO, deren Ziel der Schutz personenbezogener Daten war, sind DGA und DA darauf ausgerichtet, Daten zum Zwecke wirtschaftlicher Vorteile nutzbar zu machen. Beide Rechtsakte betreffen Plattformen eher am Rande und zielen insgesamt darauf, die Daten digitaler Geräte für einen größeren Kreis nutzbar zu machen und nicht nur für die bisherigen InhaberInnen.

Weder das Paket aus DSA und DMA noch die anderen genannten Rechtsakte im Bereich der Datenregulierung oder die KI-Verordnung sind komplett neues Recht. Bereits zuvor galten einige Rechtsakte auf europäischer wie auf nationaler Ebene, deren Verhältnis zu den Digitalrechtsakten neu bestimmt werden muss. Während sich das Problem beim DMA und dem weiterhin fortgeltenden Wettbewerbsrecht noch lösen lässt, indem man den DMA als Spezialgesetz gegenüber dem Wettbewerbsrecht einstuft, ist das für den DSA deutlich weniger klar, auch weil wesentlich mehr Rechtsakte betroffen sind: So zählt der DSA selbst nicht weniger als elf Rechtsakte auf Unionsebene auf, die „unberührt", also weiterhin anwendbar bleiben.

Eine Schwierigkeit ist die Trennung von unionsrechtlich überformter Aufsicht und national anwendbarem Sachrecht im DSA, die insbesondere bei der Frage nach der Illegalität von Inhalten relevant ist. Was heißt das konkret? Der DSA regelt nicht, welche Onlineinhalte illegal sind, sondern überlässt dies – auch aufgrund der nicht vorhandenen Kompetenz der EU – den einzelnen Mitgliedsstaaten. Gleichzeitig folgt der DSA aber der DSGVO in Fragen der Aufsicht und etabliert mit geringen Veränderungen das sogenannte *One-Stop-Shop*-Prinzip. Dieses besagt, dass ein Diensteanbieter in der Union sich grundsätzlich nur einer Aufsichtsbehörde gegenüber verantworten muss. Der DSA sieht zwar mehrere Verfahren der grenzüberschreitenden Zusammenarbeit vor, dennoch werden Aufsichtsbehörden wohl nicht ganz umhinkommen, Entscheidungen anderer Mitgliedsstaaten zu akzeptieren. Kritisch betrachtet werden kann das *One-Stop-Shop*-Prinzip auch deshalb, weil viele Plattformen sich in Irland niedergelassen haben und die dortige Durchsetzung des Datenschutzstandards als unzureichend angesehen wurde. Die Kommission hat im DSA aber entgegen der Regelung der DSGVO ein Eintrittsrecht und übernimmt selbst viele Aufsichtsaufgaben gegenüber den sehr großen Onlineplattformen und Suchmaschinen. Dennoch verbleiben viele Aufgaben bei nationalen Behörden in meist kleinen Mitgliedsstaaten. Ebenso ist unklar, ob auch die Kommission genug personelle Ressourcen zur Verfügung hat, um eine zügige Durchsetzung zu gewährleisten. Die Gefahr schleppender Verfahren ist also nicht gebannt.

Wirklich neu ist die Möglichkeit des Datenzugangs in Art 40 DSA. Dieser erlaubt es Behörden, über eine technische Schnittstelle Einsicht in die Daten sehr großer Onlineplattformen zu erhalten. Bislang war dies meist nur möglich, wenn Plattformen diese Daten freiwillig zur Verfügung stellten, etwa die *Meta Content Library* oder über das *X-Developer-Portal*. Auch Forschende waren bisher auf diese freiwilligen Datenzugänge in ihrer Forschung angewiesen. Nach dem DSA haben Forschende jetzt die Möglichkeit, bei den Aufsichtsbehörden zu beantragen, ebenfalls Zugang zur technischen Schnittstelle zu erhalten – und dieser muss anders als bisher, wenn der Antrag erfolgreich ist, kostenfrei erfolgen.

Hier erscheint es für Aufsichtsbehörden ratsam, Forschende mit teilweise jahrelanger Erfahrung in der Nutzung und Auswertung von Plattformdaten aktiv in die Aufsichtsarbeit einzubinden, auch um bislang wohl fehlende behördliche Expertise in diesem Bereich mitaufzubauen. Kritisch bleibt dabei aus nationaler Perspektive, dass der Forschungszugang durch die Behörde am Niederlassungsort final vergeben wird. Gegenüber den mehrheitlich in Irland, aber auch den Niederlanden oder Luxemburg niedergelassenen sehr großen Onlinediensten kann dies wiederum bedeuten, dass der Datenzugang nur schleppend erfolgt.

## *V. Fazit*

Die digitale Transformation ist ein langfristiger Prozess, der eine kontinuierliche Anpassung der rechtlichen und politischen Rahmenbedingungen erfordert. Ein zentrales Spannungsfeld bleibt dabei die Balance zwischen Innovation und Regulierung. Während der Schutz von Grundrechten und demokratischen Prinzipien essenziell ist, dürfen rechtliche Vorgaben nicht innovationshemmend wirken. Eine vorausschauende Regulierung sollte daher darauf abzielen, technologische Entwicklungen so zu steuern, dass sie gesellschaftlichen Mehrwert schaffen, ohne den unternehmerischen Handlungsspielraum unverhältnismäßig einzuschränken.

Wie zu gestalten ist, darüber lässt sich trefflich streiten; dass Gestaltungsmacht einem politischen Primat zu folgen hat, sollte außer Streit stehen.

Die digitale Transformation erfordert eine aktive politische Gestaltung auf allen föderalen Ebenen. Insbesondere Regionen spielen eine zentrale Rolle, da sie durch gezielte Fördermaßnahmen und innovationsfreundliche Rahmenbedingungen die digitale Autonomie und wirtschaftliche Wettbewerbsfähigkeit sicherstellen können, sowie die Vorteile digitaler Transformation in bestimmten kompetenziell ihnen zugeordneten Bereichen (Familie, Sport, Kultur, Landesverwaltung) nahe an den BürgerInnen realisieren können.

Um die Auswirkungen der Digitalisierung auf regionale Strukturen fundiert zu analysieren, sind wissenschaftliche Untersuchungen von hoher Bedeutung. Zugleich müssen Regionen in Zeiten des digitalen Wandels ihre Kernaufgabe – den Schutz individueller Freiheitsräume und die Förderung gemeinsamer sozialer Ziele – stets im Blick behalten. Eine nachhaltig digitalisierte und eine sich der nachhaltigen Digitalisierung verschreibende Verwaltung erfordert langfristig tragfähige Strategien, die nicht nur technologische Innovationen berücksichtigen, sondern auch gesellschaftliche und ethische Implikationen reflektieren. Ein zentrales Anliegen ist die Gestaltung einer verantwortungsvollen KI-*Governance*. Künstliche Intelligenz basiert auf bestehenden Daten und kann keine normativen Entscheidungen treffen, die für eine demokratische Gesellschaft essenziell sind. Die Steuerung dieser Technologie liegt auch weiterhin in den Händen von Staat, Verwaltung und Zivilgesellschaft.

Die neuen europäischen Regulierungen im digitalen Raum – insbesondere DSA und DMA – verändern das Machtgefüge zwischen digitalen Plattformen, Staaten und Nutzenden. Während Unternehmen weitreichende *Compliance*-Pflichten erfüllen müssen, gewinnen sowohl nationale Behörden als auch individuelle Nutzende mehr Einflussmöglichkeiten. Die Wirksamkeit dieser Regelwerke hängt jedoch maßgeblich von ihrer konsequenten Durchsetzung ab.

Die Regulierung digitaler Plattformen ist eine interdisziplinäre Querschnittsaufgabe, die eine enge Kooperation zwischen Behörden, Wissenschaft und Zivilgesellschaft erfordert. Nationale Regulierungsinstanzen müssen Expertise aus verschiedenen Disziplinen bündeln und grenzüberschreitend agieren, um die globale Natur digitaler Plattformen wirksam zu adressieren.

Ein zentrales Problem der Plattformregulierung liegt in der intransparenten Nutzung von Nutzendendaten. Plattformen setzen komplexe, algorithmengesteuerte Empfehlungsmechanismen ein, deren gesellschaftliche Auswirkungen bislang nicht ausreichend erforscht sind. Um eine effektive

Kontrolle durch Aufsichtsbehörden und Wissenschaft zu ermöglichen, ist ein umfassender Datenzugang für unabhängige Forschung notwendig. Dies stellt eine Kernforderung des europäischen Digitalpakets dar.

Die Regulierung von KI-gestützten Plattformen muss klar darauf abzielen, Verzerrungen in algorithmischen Entscheidungssystemen zu identifizieren und zu minimieren. Eine transparente und gut entwickelte KI-*Governance* kann dazu beitragen, öffentliche Werte wie Meinungsvielfalt, demokratische Debatten und gesellschaftliche Teilhabe zu stärken. Insbesondere die Regulierung von selbstlernenden Empfehlungssystemen erfordert differenzierte Ansätze.

Die digitale Transformation ist ein gestaltbarer Prozess, der eine strategische Verzahnung von Technologie, Regulierung und gesellschaftlicher Partizipation erfordert. Staatliche Akteure auf nationaler und regionaler Ebene müssen die normativen Rahmenbedingungen setzen, um sowohl wirtschaftliche Innovationsfähigkeit als auch demokratische Prinzipien zu sichern. Letztlich bleibt die Zukunft der digitalen Gesellschaft eine Frage politischer Gestaltung – sie liegt in den Händen von Staat, Verwaltung und Gesellschaft und der Regionen, die normative Prozesse mit Sinn und Leben erfüllen können.

## Intelligenza artificiale e Pubblica Amministrazione: l'importanza dei *distinguo* per comprendere rischi e opportunità

*Barbara Marchetti*

**Abstract**

The paper examines the use of artificial intelligence in the context of administrative action, adopting an approach that distinguishes between different uses of AI technology and various types of artificial intelligence. Depending on the AI system considered, there can be different trade-offs. Systems based on model-based algorithms, for example, allow us to explain how the machine arrives at certain outputs starting from specific inputs. This is not the case with machine learning algorithms, as they cannot be explained in terms of their decision-making logic, making them less compatible with the fundamental principles of administrative action. The paper then explores the topic of European regulation of artificial intelligence, analyzing its key features, and further discusses the need to adequately prepare public officials responsible for overseeing the system (human in the loop) and those in charge of acquiring AI systems.

*Das Kapitel untersucht die Anwendung künstlicher Intelligenz (KI) bei öffentlichem Verwaltungshandeln in Italien. Dabei wird sowohl zwischen verschiedenen Einsatzmöglichkeiten von KI-Technologien als auch den unterschiedlichen Ausformungen künstlicher Intelligenz unterschieden. Je nach KI-System ergeben sich unterschiedliche Abwägungen und Kompromisse. Systeme, die auf modellbasierten Algorithmen beruhen, ermöglichen beispielsweise eine Nachvollziehbarkeit, wie die Maschine aus bestimmten Eingaben zu bestimmten Ausgaben gelangt. Dies ist bei maschinellen Lernalgorithmen nicht der Fall, da deren Entscheidungslogik nicht erklärbar ist. Dadurch sind sie weniger kompatibel mit den grundlegenden Prinzipien des Verwaltungshandelns.*
*Anschließend wird die europäische Regelung von künstlicher Intelligenz beleuchtet sowie deren zentrale Merkmale analysiert. Hervorgehoben wird außerdem die Notwendigkeit, öffentliche Bedienstete angemessen vorzubereiten, wobei der Fokus sowohl auf denjenigen liegt, die für die Überwachung der Systeme verantwortlich sind ("Human in the Loop"), als auch auf jenen, die mit der Beschaffung von KI-Systemen betraut sind.*

### *I. Premessa*

Sono state dette molte cose su questa tecnologia dall'impatto trasformativo sulla società, sull'economia e sulle vite di tutti noi:[1] io proverò a calare

1 Si veda *Han*, Infocrazia. Le nostre vite manipolate dalla rete (2023); *Ferrarese*, Poteri nuovi. Privati, penetranti, opachi (2022); *Habermas*, Nuovo mutamento della sfera

queste riflessioni nel mondo dell'amministrazione e della sua attività, e a dedicare di seguito alcune considerazioni al tema della regolazione dell'intelligenza artificiale (IA).[2]

pubblica e politica deliberativa, (2023); *Zuboff*, The Age of Surveillance Capitalism (2019); *Casini*, Lo Stato nell'era di Google. Frontiere e sfide globali (2020); *Torchia*, Lo Stato digitale (2023); *Torchia*, Poteri pubblici e poteri privati nel mondo digitale, Il Mulino, Rivista trimestrale di cultura e di politica 1 (2024), 14.

2 *Coglianese*, Administrative Law in the Automated State, Public Law and Legal Theory Research Paper Series, Research Paper No. 21-15, https://scholarship.law.upenn.edu/faculty_scholarship/2273 (22.01.2025); *Coglianese/Lehr*, Regulating by robot: Administrative Decision Making in the Machine Learning Era, Georgetown Law Journal 105 (2017), 1147; *Scherer*, Regulating Artificial Intelligence Systems: Risks, Challenges, Competencies and Strategies, Harvard Journal of Law & Technology 29 (2016), 353; *Engstrom et alii*, Government by Algorithm: Artificial Intelligence in Federal Administrative Agencies (2020), https://law.stanford.edu/wp-content/uploads/2020/02/ACUS-AI-Report.pdf (22.01.2025). Anche la letteratura italiana in tema di IA e diritto (pubblico) è ormai molto vasta. Si vedano, *Avanzini*, Decisioni amministrative e algoritmi informativi. Predeterminazione analisi predittiva e nuove forme di intellegibilità (2019); *Santosuosso*, Intelligenza artificiale e diritto. Perché le tecnologie di IA sono una grande opportunità per il diritto (2020); *Pajno et alii*, AI: profili giuridici. Intelligenza artificiale: criticità emergenti e nuove sfide per i giuristi, BioLaw Journal 3 (2019), 205; *Simoncini*, Profili costituzionali della amministrazione algoritmica, Rivista trimestrale di diritto pubblico 4 (2019), 1149; *Auby*, Il diritto amministrativo di fronte alle sfide digitali, Istituzioni del federalismo 3 (2019), 619; *Torchia*, Lo Stato digitale e il diritto amministrativo, in: AA.VV. (Hg), Liber Amicorum per Marco D'Alberti (2022) 477; *Rangone*, Le pubbliche amministrazioni italiane alla prova dell'intelligenza artificiale, in: AA.VV. (Hg), Liber Amicorum per Marco D'Alberti (2022) 494; *Pagano*, Pubblica amministrazione e innovazione tecnologica, relazione al Convegno Associazione Gruppo di Pisa, Genova, 18-19 giugno 2021 su Il diritto costituzionale e le sfide dell'innovazione tecnologica; *Bassini/Liguori/Pollicino*, Sistemi di intelligenza artificiale, responsabilità e accountability. Verso nuovi paradigmi? in Pizzetti (Hg), Intelligenza artificiale, protezione dei dati personali e regolazione (2018); *Casonato*, Costituzione e intelligenza artificiale: un'agenda per il prossimo futuro, BioLaw Journal, Special Issue 2 (2019), 711; *Casonato*, Intelligenza artificiale e diritto costituzionale: prime considerazioni, Diritto pubblico comparato ed europeo, Special Issue (2019), 101; *Casini*, Lo Stato nell'era di Google. Frontiere e sfide globali (2020); *Marchetti*, La garanzia dello human in the loop alla prova della decisione amministrativa algoritmica, BioLaw Journal 2 (2021), 367; *Costantino*, Rischi e opportunità del ricorso delle amministrazioni alle predizioni dei Big Data, Diritto pubblico I (2019), 43; *Civitarese Matteucci*, Umano, troppo umano. Decisioni amministrative automatizzate e principio di legalità, Diritto pubblico (2019), 5; *Picozza*, Intelligenza artificiale e diritto. Politica, diritto amministrativo and artificial intelligence, Giurisprudenza italiana 7 (2019), 1657; *Donati*, Intelligenza artificiale e giustizia, Rivista AIC 1 (2020), 415; *Simoncini*, L'algoritmo incostituzionale: intelligenza artificiale e il futuro delle libertà, BioLaw Journal 1 (2019), 63; *Armiento*, Pubbliche amministrazioni e intelligenza artificiale. Strumenti, principi e garanzie (2024).

Da quando ho cominciato a studiare questo affascinante argomento non è raro che mi capiti di cambiare idea. In qualche caso i rischi che questa tecnologia presenta mi sembrano, infatti, inaccettabili, mentre in altri casi essi mi paiono trascurabili se rapportati ai vantaggi. Queste oscillazioni tra un approccio distopico ed uno utopistico, tuttavia, non sono il frutto di incoerenza; piuttosto sono indicativi del dilemma che accompagna questa come molte altre innovazioni tecnologiche, in bilico tra la necessità di coglierne le opportunità e l'esigenza altrettanto sentita di contenerne i possibili rischi.

In realtà, più che un approccio basato su una secca alternativa tra IA sì e IA no, si rende necessario un approccio che proceda per *distinguo*, con giudizi e riflessioni che variano a seconda dell'utilizzo che viene fatto dell'IA e a seconda della specifica applicazione di IA impiegata: come vedremo, infatti, cambiano i fattori di rischio e le condizioni di impiego se questa tecnologia viene utilizzata per scopi di ricerca scientifica, o se viene impiegata da un soggetto privato piuttosto che da un soggetto pubblico, o se – in questo ultimo caso – serve per decidere a chi concedere un sussidio o più semplicemente a gestire un *chatbot*[3]. Inoltre, i rischi sono assai diversi se si tratta di IA c.d. *model based*, oppure di IA *Machine learning* (ML) o ancora di IA per finalità generali (*General Purpose AI*).[4]

Vi è poi da considerare un altro fattore rilevante quando ci interroghiamo sui rischi e sui vantaggi legati all'IA: siamo di fronte ad una tecnologia in rapidissima evoluzione. E ciò che in un certo momento può apparirci inconciliabile con una visione antropocentrica dell'intelligenza artificiale, può diventare poi accettabile, sia perché può mutare nel tempo la nostra sensibilità culturale, sia perché possono apparirci assolutamente desiderabili i vantaggi che offre rispetto alle contrindicazioni, sia ancora perché sono stati tecnologicamente superati alcuni dei suoi difetti. Si pensi ad esempio

---

3 *Glaze/Ho/Ray/Tsang*, Artificial Intelligence for Adjudication: The Social Security Administration and AI Governance, in Bullock et alii (Hg), The Oxford Handbook of AI Governance (2022) 779; *Rachovitsa/Johann*, The Human Rights Implications of the Use of AI inn the Digital Welfare State: Lessons learned from the Dutch SyRI Case, Human Rights Law Review 22 (2022), 1; V. il Rapporto del 2022 della Commissione europea "*Artificial Intelligence in public Services*", https://joinup.ec.europa.eu/collection/elise-european-location-interoperability-solutions-e-government/document/infographic-artificial-intelligence-public-sector (22.01.2025).

4 Per una breve introduzione al tema cfr. *Traverso*, Breve introduzione tecnica all'intelligenza artificiale, DPCE online 51 (2022), 155.

al problema della c.d. *black box* e agli sforzi che i *computer scientists* stanno compiendo per il suo superamento.[5]

Alla luce di tutto questo, è allora consigliabile un approccio metodologico che, lungi dal proporre un lasciapassare incondizionato all'impiego della IA, proceda ad un'analisi caso per caso.

Considerando specificamente l'amministrazione pubblica si potrebbero allora individuare usi dell'intelligenza artificiale che non richiedono la fissazione di particolari limiti, perché presentano molti vantaggi e rischi assai limitati ed altri che invece richiedono regole e cautele particolari o addirittura la previsione di specifici divieti.

Per poter avanzare nella nostra riflessione, occorre però operare anzitutto una distinzione tra tecnologia digitale e IA. Se si parla di tecnologia digitale intesa come dematerializzazione delle attività, ossia come passaggio dall'analogico al digitale, è evidente che in tale accezione, la digitalizzazione ha praticamente solo effetti positivi, operando sul piano dell'efficienza e del buon andamento della Pubblica Amministrazione (d'ora innanzi PA).

Tramite l'utilizzo di tecnologia digitale, i processi decisionali possono essere più celeri e sicuri e l'azione pubblica più trasparente e meno manipolabile; si facilitano le comunicazioni con i cittadini e gli operatori economici; si accelera l'accesso ai documenti; si contrastano eventuali pratiche corruttive. Possono esservi talune criticità, legate al pericolo di esclusione dovuto al *digital divide*, ancora presente nel nostro Paese, ma non paiono esservi rischi specifici sul fronte dei diritti fondamentali e della *rule of law*.

Altra cosa è, invece, l'intelligenza artificiale, perché essa modifica in modo sostanziale *la struttura* del potere, altera il modo in cui le decisioni si formano: e ciò perché una componente di esse o la decisione stessa viene

---

5 *Longo et alii,* Explainable Artificial Intelligence 2.0 (XAI): A Manifesto of Open Challenges and Interdisciplinary Research Directions, Information Fusion 106 (2024), https://doi.org/10.1016/j.inffus.2024.102301 (22.01.2025); *Xu et alii,* Explainable AI: A Brief Survey on History, Research Areas, Approaches and Challenges, CCF International Conference on Natural Language Processing and Chinese Computing (2019), 563, https://www.researchgate.net/profile/Feiyu-Xu/publication/336131051_Explainable_AI_A_Brief_Survey_on_History_Research_Areas_Approaches_and_Challenges/links/5e2b496f92851c3aadd7bf08/Explainable-AI-A-Brief-Survey-on-History-Research-Areas-Approaches-and-Challenges.pdf (22.01.2025); *Casey/Farhangi/Vogl,* Rethinking Explainable Machines: The GDPR's "right to explanation" Debate and the Rise of Alghorithmic Audits in Enterprise, Berkeley Technology Law Journal 34 (2019), 143; *Pasquale,* The Black Box Society. The Secret Algorithms that Control Money and Information (2016); *Bathaee,* The Artificial Intelligence Black box and the Failure of Intent and Causation, Harvard Journal of Law and Technology 31, 2 (2018), 890.

affidata ad un procedimento algoritmico, e non più solo a funzionari umani, spostando la sede delle scelte, determinando un mutamento delle logiche di fondo e del linguaggio con cui la decisione viene presa, e generando così problemi di comprensibilità e spiegabilità dell'azione amministrativa.[6]

Inoltre, l'algoritmo non è neutro, perché incorpora delle scelte ed esso è sovente fornito da un soggetto privato, il quale non è tenuto ad informare la macchina ai valori o alle finalità che devono orientare le amministrazioni pubbliche, con l'effetto di una potenziale esternalizzazione delle decisioni pubbliche. È dunque evidente che i due fenomeni – del digitale e della decisione algoritmica – disvelano pro e contro assai differenti, e richiedono per tale motivo considerazioni e bilanciamenti di diverso tipo.

## *II. L'importanza di distinguere tra diversi tipi di IA*

Anche parlare genericamente di intelligenza artificiale non basta per la nostra analisi, essendo necessario distinguere tra diversi tipi di applicazioni di intelligenza artificiale poiché ai diversi sistemi corrispondono diversi *trade-off*. Se si parla degli algoritmi deterministici, si parla di sistemi che giungono ai propri *output* sulla base di una logica causale (*if* – *then*), ovvero, data una certa premessa, si produce sempre la stessa conseguenza, di tipo automatico, e la macchina non fa che elaborare i dati sulla base di regole ed istruzioni predefinite dal programmatore. Il percorso decisorio è ripetibile, spiegabile e ricostruibile a ritroso.

Ciò è rilevante per il nostro discorso su IA e amministrazione pubblica, perché l'uso di questo tipo di algoritmi consente di rispettare, pur con qualche avvertenza (ossia che venga garantito il diritto di accesso al codice sorgente e sia assicurata la traducibilità della regola tecnica in regola giuridica, come ha evidenziato il Consiglio di Stato nella sua giurisprudenza)[7], i principi fondamentali di pubblicità e motivazione delle decisioni pubbli-

6 Sia consentito rinviare a *Marchetti*, Amministrazione digitale, in: Mattarella/Ramajoli (Hg), Funzioni amministrative, Enc. dir., I tematici, III (2022) 75, in cui la distinzione è tra digitalizzazione formale e sostanziale.

7 Si tratta delle decisioni TAR Lazio, Sez III, n 9227/2018, Cons Stato n 881/2020, n 2270/2019 e n 8472/2019, ampiamente annotate dalla dottrina. La giurisprudenza del Consiglio di Stato è stata successivamente recepita nell'art 30 del codice dei contratti pubblici, dedicato all'impiego di IA e *blockchain* nell'attività contrattuale della PA (d lgs n 36/2023). Nella stessa direzione pare ora muoversi il disegno di legge presentato lo scorso aprile recante disposizioni e delega al Governo in materia di intelligenza artificiale.

che. Allo stesso tempo, l'impiego di algoritmi deterministici in procedure standardizzate in cui occorre tenere conto di una grande mole di dati dà vantaggi significativi in termini di correttezza, margini quasi nulli di errore, celerità, sicurezza, efficienza.

Tuttavia, questo tipo di algoritmi non è sempre adatto allo scopo e soprattutto non è performante rispetto ai molteplici compiti che l'amministrazione deve assolvere, per i quali, invece, grande utilità possono avere algoritmi più sofisticati, caratterizzati da apprendimento automatico. A fronte di questo tipo di IA, il *trade off* può essere molto maggiore: essi, infatti, hanno caratteri poco conciliabili con le regole ed i principi che governano l'amministrazione pubblica: sono opachi, hanno rischi elevati di impatto discriminatorio, a causa dei *bias* che possono essere contenuti nei dati, lavorano secondo inferenze statistico-probabilistiche e non causali, e non si prestano ad essere controllabili dal giudice se si traducono in decisioni lesive dei terzi.

Se consideriamo l'impiego di questo tipo di algoritmi in attività di comunicazione (*chatbot*) o per scopi genericamente conoscitivi, il margine di vantaggio appare ancora elevato, e i rischi restano contenuti. Se, invece, il procedimento algoritmico sostituisce del tutto il procedimento amministrativo e va a determinare il contenuto sostanziale di una decisione amministrativa individuale, idonea ad incidere su interessi e diritti dei destinatari, ciò non può non entrare immediatamente in tensione con i valori pubblicistici, in primis pubblicità e trasparenza, diritto alla motivazione, accesso alla tutela giurisdizionale e, non da ultimo, diritti di partecipazione, ossia l'intero nucleo di garanzie fondamentali forgiato dai diritti amministrativi dei Paesi occidentali.

Non stupisce, dunque, che ad oggi, l'uso dell'IA ML in funzione decisoria appaia molto ridotto. Da un'osservazione condotta sulle amministrazioni italiane, si ricava la tendenza ad impiegare IA *machine learning* per svolgere solamente attività preparatoria, volta per lo più a meglio indirizzare le attività di vigilanza delle autorità indipendenti e delle Agenzie statali (ad esempio così è per Banca d'Italia e Consob, per l'Agenzia delle entrate, per l'INPS) o ad estrarre conoscenza dai dati (*data mining*) per orientare le *policies* ambientali, di mobilità urbana, di sicurezza pubblica e così via. Mentre non si hanno, ad oggi, algoritmi *machine learning* che stabiliscano direttamente chi possa essere ammesso o meno ad una determinata Università oppure chi possa beneficiare o meno di un certo sussidio pubblico.[8]

C'è poi l'ingresso sulla scena della IA Generativa, nota anche come *General Purpose AI (GPAI)*, che abbiamo imparato a conoscere come Chat GPT (ma altre applicazioni sono *Midjourney, Bard, Gemini*). Questa tecnologia pone nuove sfide e rischi inediti. Rispetto alla IA *machine learning* tradizionale è caratterizzata da un maggior grado di imprevedibilità e creatività, dall'utilizzo contestuale di enormi mole di dati in formati diversi e non supervisionati, e da rischi significativi di errore (le c.d. allucinazioni).[9]

È evidente che il suo uso da parte dell'amministrazione pone ulteriori problemi inediti e richiede regole apposite volte ad evitare impatti negativi sull'azione pubblica.

È dunque necessario distinguere tra "cose" e "cose": un conto sono gli algoritmi controllabili, spiegabili, chiamati solo a processare in modo automatico le istruzioni impartite dal funzionario. Un altro conto sono gli algoritmi non spiegabili, che non dovrebbero essere usati per adottare la decisione, ma semmai per fare altre cose, come *chatbot* e assistenti virtuali, o per estrarre conoscenza dai dati.

In mezzo a questi due impieghi, meramente preparatorio e conoscitivo, da un lato, e decisorio in senso proprio, dall'altro, vi è però una situazione intermedia che occorre qui considerare, in cui l'applicazione di IA non sostituisce direttamente il funzionario nell'adozione della decisione, ma si pone come ausilio, limitandosi a suggerire o raccomandare al decisore umano un certo esito.

Da un certo punto di vista, si tratta di una fattispecie meno problematica rispetto al caso in cui la macchina sostituisce il funzionario. Tuttavia, nello stesso tempo, occorre capire quale sia il rapporto tra la raccomandazione che esce dalla macchina e la successiva decisione umana, occorre cioè stabilire se il ruolo dell'IA sia effettivamente solo ausiliario oppure no.

---

8 Cfr. *Chiti/Marchetti/Rangone*, L'impiego di sistemi di intelligenza artificiale nelle pubbliche amministrazioni italiane: prove generali, in: Pajno/Donati/Perrucci (Hg), Intelligenza artificiale e diritto: una rivoluzione? Volume 2, Amministrazione, Responsabilità, giurisdizione (2022).

9 Sulla GPAI v. *Floridi*, AI as agency without intelligence: on ChatGPT, Large Language Models and other generative models, Philos. Technol. 36, 15 (2023); in termini critici sulla disciplina prevista nell'*AI Act* per l'intelligenza artificiale per finalità generali, v. *Novelli et alii*, Generative AI in EU Law: Liability, Privacy, Intellectual Property, and Cybersecurity, Computer Law & Security Review 55 (2024).

È stato, infatti, dimostrato, sulla base di una serie di esperimenti di psicologia comportamentale, che il decisore umano tende a fidarsi molto di quello che la macchina gli dice, tanto da esserne facilmente catturato.

Antoine Garapon ha utilizzato l'espressione effetto *moutonnier* (pecorone) per rendere l'idea della tendenza a fare eccessivo affidamento nella macchina, una sorta di facile scorciatoia che potrebbe sacrificare o annullare l'autonomia del decisore. Il rischio è stato paventato soprattutto con riguardo alla funzione giurisdizionale, poiché si immagina che il giudice, preoccupato di smaltire il lavoro, possa facilmente incorrere in ciò che viene definito, anche dal regolamento europeo sull'IA, *automation bias*, ed ometta così di operare una effettiva sorveglianza umana sul funzionamento del sistema. Ma analoghi rischi valgono per le decisioni amministrative.[10]

È probabilmente questa la sfida più importante che siamo chiamati ad affrontare, quella da cui dipende la capacità di assicurare un uso della tecnologia funzionale all'uomo ed antropocentrica, e si tratta di una sfida particolarmente complessa proprio con riguardo alla amministrazione pubblica. Quest'ultima, infatti, deve poter contare su funzionari adeguatamente preparati, in grado di sapere come funziona la macchina, capaci di interpretare gli *output*, di correggerne gli esiti, e di interromperne il funzionamento quando necessario.

Nell'amministrazione di oggi ci sono competenze digitali, e specifici traguardi in tal senso sono stati indicati anche dal Piano nazionale di ripresa e resilienza (PNRR) ma non c'è ancora una preparazione specifica sull'intelligenza artificiale, non essendosi fatto molto per assicurare quella che il regolamento europeo 2024/1689 in materia di IA chiama, all'art 4, *AI literacy*.

In altri ordinamenti, per esempio negli Stati Uniti, l'alfabetizzazione della forza lavoro in materia di IA è stata importante nell'agenda politica di Biden, che ha promosso l'emanazione nel 2022 dello *AI Training Act* volto ad assicurare che i funzionari pubblici dell'amministrazione federale siano specificamente preparati per affrontare la sfida dell'intelligenza artificiale. Ma anche Regno Unito e Francia si muovono con iniziative simili, se si considera che il Consiglio di Stato francese nel suo studio sull'IA (*Intelligence artificielle et action publique: construire la confiance, servir*

---

10 *Garapon/Lassegue*, Justice digitale (2018); sia consentito rinviare anche a *Marchetti*, BioLaw Journal 2 (2021), 395.

*la performance)*[11] ha raccomandato che nei percorsi di formazione per i funzionari pubblici almeno un corso sia dedicato specificamente all'intelligenza artificiale.

## *III. La regolazione europea dell'IA*

Se l'Unione Europea ha da un lato spinto, anche attraverso il *Next Generation EU*, la transizione digitale e con essa lo sviluppo dell'IA, dall'altro, consapevole dei rischi di tale tecnologia, ha, già nel 2021, formulato una proposta di regolamento in materia che è giunta alla sua approvazione definitiva nel luglio del 2024. I tempi di gestazione della regolamentazione ci danno l'idea della difficoltà di regolare questo oggetto: si tratta di una disciplina basata su un approccio proporzionato al rischio che, da un lato, intende tutelare i diritti fondamentali dei cittadini potenzialmente minacciati dall'IA ma, dall'altro, mira a promuovere la ricerca e lo sviluppo in tale settore, allo scopo di attrarre investimenti sul territorio dell'Unione.[12] Il punto di equilibrio tra regole e innovazione è però tutt'altro che facile da trovare, e le ingenti regolazioni approvate per il settore digitale dall'Unione Europea sono sul banco degli imputati, ritenute tra i fattori di freno della competitività europea e di svantaggio dell'Unione nei confronti di Cina e Stati Uniti.[13]

---

11 *Conseil d'Etat*, Intelligence artificielle et action publique : construire la confiance, servir la performance. Etude adoptée en assemblée générale plénière du 31/03/2022, https://la-rem.eu/wp-content/uploads/2023/01/Conseil-dEtat-IA-et-action-publique.pdf (22.01.2025).

12 *Novelli et alii*, AI Risk Assessment: A Scenario-based Proportional Methodology for the AI Act, DISO 3, 13 (2024); *Donati*, Diritti fondamentali e algoritmi nella proposta di regolamento sull'intelligenza artificiale, Dir. un. eur. 3-4 (2021), 453. Sia consentito rinviare anche a *Casonato/Marchetti*, Prime osservazioni sulla proposta di regolamento dell'Unione europea in materia di intelligenza artificiale, BioLaw Journal 3 (2021), 415; *Marchetti*, La regolazione europea del mercato dell'intelligenza artificiale, Riv. Reg. Mercati 1 (2024), 3.

13 Ritiene che la regolazione non inibisca necessariamente l'innovazione *Bradford*, The False Choice Between Digital Regulation and Innovation, Northwestern University Law Review 118, 2 (2024), 377. Cina e Stati Uniti adottano un approccio regolatorio molto leggero, preoccupati che le regole possano limitare lo sviluppo e la ricerca nel settore. Ciononostante, tra i due Paesi, proprio gli Stati Uniti risultano maggiormente paralizzati, se si esclude l'Order 14110 di Biden, rispetto all'adozione di discipline vincolanti di carattere federale. La Cina, dal 2021 ad oggi ha adottato tre distinte misure, rispettivamente atte a contrastare i deep fake e gli algoritmi di profilazione

Il regolamento trova la sua base normativa nell'art 114 TFUE e stabilisce diversi regimi di circolazione del prodotto IA a seconda del grado di rischio che introduce nel mercato europeo. Alcune applicazioni a rischio inaccettabile vengono vietate ed altre a rischio non elevato o minimo possono circolare liberamente nel mercato, salvi alcuni obblighi di informazione e l'adozione di codici di condotta. La gran parte del regolamento è dedicata ai sistemi ad alto rischio, la cui circolazione nel mercato è condizionata dal rispetto di alcuni requisiti stabiliti negli artt 9-15 del regolamento.

Nella previsione di questi requisiti è evidente la necessità di trovare un compromesso tra esigenze di protezione e sviluppo. Ne è un esempio la disposizione che governa il tema dei dati (art 10), la quale si rivolge a chi intenda immettere nel mercato europeo un sistema di IA ad alto rischio. Essa stabilisce che i dati con cui vengono addestrati tali sistemi debbano essere *sufficientemente* rappresentativi e *per quanto possibile* esenti da errori, completi e pertinenti. È interessante rilevare che nella proposta originaria della Commissione gli avverbi *sufficientemente* e *per quanto possibile* non erano presenti. Tuttavia, il successivo aggiustamento è stato necessario proprio per venire incontro alla esigenza di rendere la norma "tecnologicamente sostenibile", benché così facendo, si sia corrispondentemente diminuita la capacità della stessa di assicurare la qualità dei dati in ingresso (che è fondamentale per garantire la qualità degli *output*) e l'accuratezza del sistema.

Peraltro la stessa rappresentatività dei dati non scongiura di per sé il rischio di esiti discriminatori della macchina, come ha dimostrato il noto caso dell'algoritmo *Compas* (che usava i dati forniti dalle risposte ad un questionario con 137 domande che riguardavano età, occupazione, grado di istruzione, vita sociale e relazionale, uso di droghe, opinioni personali e percorso criminale), che, usato dalle Corti statunitensi per stabilire il rischio di recidiva degli imputati, si è rivelato poi fortemente discriminatorio nei confronti della popolazione nera in ragione dei *bias* presenti nei dati.

---

e da ultimo l'IA generativa. Sulla strategia cinese, v. *Sheehan*, The Foundations of AI Governance in China – Tracing the Roots of China's AI Regulations, Carnegie Endowment for International Peace, https://carnegieendowment.org/research/2024/02/tracing-the-roots-of-chinas-ai-regulations?lang=en (22.01.2025). In generale, sui diversi approcci sia consentito rinviare a *Chiti/Marchetti*, Divergenti? Le strategie di Unione europea e Stati Uniti in materia di intelligenza artificiale, Riv. Reg. Mercati 1 (2020), 29; *Marchetti/Parona*, La regolazione dell'intelligenza artificiale. Stati Uniti e Unione europea alla ricerca di un equilibrio, DPCE online (2022), 236.

Ma la norma che riguarda i dati non è la sola a porre problemi di effettività. Anche le disposizioni che fissano gli obblighi di trasparenza e di informazione in capo al fornitore (art 13) o il diritto alla sorveglianza umana (art 14), pur se condividibili nel loro contenuto e nelle finalità, risultano di difficile applicazione pratica, o comunque pongono un problema di adeguatezza della tutela dei diritti e della sicurezza degli utenti.

Ora, senza eccedere nelle critiche del quadro regolatorio europeo, che anzi va apprezzato soprattutto alla luce del sostanziale immobilismo di Stati Uniti e Cina, tali disposizioni mostrano come regolare l'intelligenza artificiale sia una sfida davvero complessa, per vincere la quale potranno essere necessari aggiustamenti futuri del testo e l'adozione di *standards* tecnici e linee guida in grado di aggiornare e sintonizzare le norme rispetto all'evoluzione tecnologica.

Ultimo aspetto della regolazione europea che vorrei toccare in questo breve intervento riguarda, poi, la sua applicazione soggettiva. Come è noto, il regolamento si applica tanto ai fornitori dei sistemi di IA, su cui ricadono molti degli obblighi stabiliti nel regolamento, sia agli utilizzatori (*deployer*), senza che rilevi in modo decisivo la loro natura pubblica o privata. Benché, infatti, il testo abbia conosciuto nel corso dell'iter di approvazione talune modifiche significative che hanno via via previsto alcune norme specificamente dedicate alle pubbliche amministrazioni, l'impianto complessivo del regolamento tratta fornitori pubblici e privati e utilizzatori pubblici e privati sostanzialmente nello stesso modo.

Questa parificazione è interessante nella logica della distinzione pubblico e privato propria anche del nostro ordinamento. Siamo, infatti, abituati a ritenere che le amministrazioni siano soggette a regole diverse da quelle a cui sono soggetti gli attori privati.

Nel sistema disegnato dall'*AI Act*, invece, l'amministrazione che autoproduce o utilizza un sistema ad alto rischio (e sono tali i sistemi che operano nei settori contemplati dall'allegato III, impiegati cioè nell'ambito di servizi pubblici quale l'istruzione, nella giustizia, nell'immigrazione, e nei procedimenti elettorali, ad esempio) deve – al pari dei soggetti privati – garantire che il sistema di intelligenza artificiale risponda a determinati requisiti (menzionati sopra) relativi ai dati, alla sorveglianza umana, agli obblighi di informazione e di trasparenza, che in qualche modo vengono così a sostituire i tradizionali parametri di legalità dell'azione amministrativa.

A fronte di tale sostituzione, tuttavia, occorre chiedersi se il livello di garanzia garantito dal rispetto di tali requisiti sia equivalente a quello assicurato dai tradizionali principi dell'azione amministrativa. Ad esempio, bisogna domandarsi se un'autorità che adotti la sua decisione servendosi di un algoritmo soddisfi l'obbligo di motivazione previsto dall'art 3 della legge 241/90 limitandosi a spiegare – come impone l'art 86 del regolamento – il ruolo svolto dalla macchina nel procedimento e la logica di fondo del sistema di IA. Occorre insomma chiedersi se dare conto delle banche dati utilizzate per addestrare l'algoritmo e spiegare la logica di fondo dell'algoritmo – posto che, in ragione della *black box,* non è comunque dato sapere la ragione per cui, dati certi *input*, la macchina ha prodotto certi *output* – sia sufficiente per assicurare il diritto di difesa del cittadino cui è preordinato l'obbligo di motivazione posto in capo alla PA.

È, infatti, cosa diversa avere informazioni sul funzionamento del sistema e conoscere le ragioni concrete della decisione con cui si viene, ad esempio, esclusi dal godimento di un sussidio.

Da questo punto di vista, l'*AI Act* pone delle sfide molto interessanti anche per gli Stati. Ad esempio in Germania, per espressa disposizione della legge sul procedimento amministrativo, il sistema di intelligenza artificiale può essere usato solo per adottare decisioni vincolate,[14] limitazione non prevista nel regolamento europeo, il quale prevede, per esempio, chel'IA possa essere utilizzata anche per assistere la PA nell'esercizio di poteri discrezionali.

## *IV. L'importanza della formazione specifica dei funzionari pubblici*

Un ultimo punto riguarda il tema della formazione. Su questo aspetto esiste, come detto, una disposizione specifica nel regolamento europeo, collocata all'inizio del testo, che espressamente stabilisce che i fornitori e gli utilizzatori dei sistemi di IA devono adottare misure atte a garantire nella misura del possibile un livello sufficiente di alfabetizzazione in materia di IA del loro personale nonché di qualsiasi altra persona che si occupa del funzionamento e dell'utilizzo dei sistemi di IA per loro conto, prendendo in considerazione le loro conoscenze tecniche, la loro esperienza, istruzione e formazione nonché il contesto in cui i sistemi di IA devono essere impiega-

---

14 Per l'ordinamento tedesco, rileva l'art. 35 della legge sul procedimento amministrativo (VwVfG), su cui v. *Buoso*, Fully automated administrative Acts in the German Legal System, ERDAL 1, 1-2 (2020), 113; *Fraenkel-Haeberle*, Fully digitalized Administrative Procedure in the German Legal System, ERDAL 1, 1-2 (2020), 106; la decisione del *Conseil Constitutionnel* francese è invece la n. 765/2018.

ti, e le persone o i gruppi di persone su cui i sistemi di IA devono essere utilizzati (art 4).

La ragione di tale disposizione, che pure esige solo una "alfabetizzazione sufficiente" – e dunque non particolarmente elevata – è evidente: l'IA va governata e le amministrazioni pubbliche, al pari di ogni altro soggetto, non possono essere esentate da tale obbligazione quando usano applicazioni di IA per svolgere i loro compiti ed esercitare i loro poteri. Ciò è fondamentale se si vuole evitare che le applicazioni – e coloro che le sviluppano – sostituiscano i funzionari, con ricadute in termini di *accountability* e di perdita di umanità.

Si è già accennato al fatto che molti Paesi si stanno muovendo nel senso appunto di promuovere una formazione specialistica dei dipendenti pubblici. Tale formazione è importante soprattutto in capo a quei funzionari che sono specificamente chiamati a utilizzare l'IA e a condurre le procedure per l'acquisto della tecnologia.

Con riguardo a tale secondo aspetto, il *Conseil d'Etat* francese, nel rapporto sopra citato su *Intelligence artificielle et action publique*, considera cruciale il momento in cui l'amministrazione acquista il sistema (dato che poche sono le amministrazioni in grado di produrlo *in house*) perché la decisione con cui si sceglie una applicazione di IA è particolarmente delicata: da un lato, nella procedura di gara occorre scongiurare il rischio di asimmetrie informative (tra amministrazione e *provider* privato), ciò che implica adeguate conoscenze specialistiche in capo alla parte pubblica che negozia il contratto; dall'altro, ci sono rischi legati alla sicurezza e alla privacy dei dati, in ragione sia della eventualità di uno scambio di dati (di natura pubblica) necessario per poter addestrare e testare il sistema realizzato dal provider privato, sia per la necessità per l'amministrazione pubblica di conoscere i dati che sono stati utilizzati dal fornitore (nel caso opposto in cui la società che ha sviluppato il sistema si sia avvalsa di altri dati) per l'addestramento, in ragione degli obblighi previsti in capo al *deployer* dall'art 26 del regolamento europeo.

Ciò rende il momento dell'acquisto del sistema di intelligenza artificiale un'occasione importante per adottare le misure volte ad assicurare il buon funzionamento del sistema, vincolare il *provider* al rispetto di specifiche obbligazioni sul trattamento dei dati, richiedere la necessaria attività di assistenza per tutto il ciclo di vita dei contratti e regolare eventuali profili di responsabilità. Non è pensabile che in questa fase la controparte pubblica non sia rappresentata da personale con la necessaria *expertise* tecnica.

## *V. IA e amministrazione: una sfida complessa*

Per le considerazioni sopra esposte, auspicherei un atteggiamento di "apertura con cautela" per l'uso di intelligenza artificiale nella sfera pubblica. Mi pare difficile pensare che l'amministrazione non si debba avvalere di applicazioni che possono aumentare la propria capacità amministrativa, ad esempio, indirizzando l'attività di vigilanza o migliorando la conoscenza dei fatti su cui l'amministrazione va ad operare. Tuttavia, occorre accogliere tale tecnologia con tre avvertenze: prima di tutto, vanno salvaguardate le garanzie del cittadino di fronte al potere. L'uso di algoritmi non deve erodere i diritti a conoscere le decisioni e le ragioni per cui sono prese, né può compromettere il diritto ad una tutela giurisdizionale effettiva. Fintanto che gli algoritmi di apprendimento automatico non sono spiegabili, non possono costituire la decisione che entra in diretta collisione con i diritti del cittadino, pena l'azzeramento di tutte e tre queste garanzie.

In secondo luogo, l'amministrazione deve fornire adeguate informazioni sull'uso che fa dei sistemi di IA, spiegare quale ruolo svolgono nella propria azione amministrativa e con quali effetti, indicare quali dati vengono utilizzati per addestrare gli algoritmi. Deve trattarsi di un'informazione comprensibile anche ai non esperti e facilmente rinvenibile sui siti istituzionali delle amministrazioni e nelle sezioni espressamente dedicate ai singoli procedimenti in cui sono in uso.

Infine, l'uso da parte della PA di tali applicazioni impone una formazione adeguata non solo dei funzionari chiamati ad utilizzare tali sistemi, ma anche di quelli chiamati a guidare le procedure di acquisto. Si tratta di una condizione necessaria per assicurare l'*accountability* dell'azione pubblica e la sorveglianza umana sui processi automatizzati.

# Legislating in the Age of AI: Key Challenges in Implementing Large Language Models within Legislative Assemblies

*Erik Longo*

**Abstract**

This study explores the application of Large Language Models within legislative assemblies, assessing both its potential benefits and inherent risks. These AI systems are increasingly used to enhance legislative research, streamline administrative functions, and improve public engagement, marking a significant evolution in the digitalisation of representative institutions. However, adopting AI in legislative assemblies raises critical legal, ethical, and institutional challenges. The study examines risks related to data protection, cybersecurity vulnerabilities, and algorithmic bias, emphasising the need for transparency, accountability, and democratic oversight. It also highlights the regulatory gaps surrounding AI use in legislative settings, assessing current legal frameworks such as the EU AI Act and recent international policy developments. In response to these challenges, the study advocates developing comprehensive governance frameworks to ensure AI's responsible implementation in legislative assemblies. It underscores the necessity of clear guidelines, robust regulatory instruments, and cross-institutional cooperation to safeguard democratic principles. The research concludes that a balanced approach is essential to preserving the legitimacy and resilience of democratic institutions in the digital era.

*Dieser Beitrag untersucht die Anwendung von Large Language Model in gesetzgebenden Versammlungen und bewertet sowohl die potenziellen Vorteile als auch die damit verbundenen Risiken. KI-gesteuerte Werkzeuge werden vermehrt dazu eingesetzt, die parlamentarische Recherchearbeit zu verbessern, Verwaltungsfunktionen zu rationalisieren und die öffentliche Teilnahme zu verbessern; sie stellen eine bedeutende Entwicklung hin zur Digitalisierung von repräsentativen Institutionen dar. Der Einsatz von KI in gesetzgebenden Versammlungen bringt jedoch kritische rechtliche, ethische und institutionelle Herausforderungen mit sich. Die Studie untersucht die Risiken in Bezug auf Datenschutz, Cybersicherheitsschwachstellen und algorithmische Verzerrung und unterstreicht die Notwendigkeit von Transparenz, Rechenschaftspflicht und demokratischer Aufsicht. Sie zeigt auch die Regulierungslücken im Zusammenhang mit der Nutzung von KI in rechtlichen Rahmenbedingungen auf und bewertet die aktuellen rechtlichen Rahmenbedingungen wie das KI-Gesetz der EU und die jüngsten internationalen politischen Entwicklungen. Als Antwort auf diese Herausforderungen befürwortet die Studie die Entwicklung eines umfassenden Governance-Rahmens, um eine KI im legislativen Umfeld verantwortungsvoll umzusetzen. Sie unterstreicht die Notwendigkeit klarer Richtlinien, robuster Regulierungsinstrumente und institutionenübergreifender Zusammenarbeit zur Wahrung demokratischer Grundsätze. Die Studie kommt zum Schluss, dass ein ausgewogener Ansatz unerlässlich ist, um die Legitimität und Widerstandsfähigkeit der demokratischen Institutionen im digitalen Zeitalter aufrechtzuerhalten.*

## I. Introduction

The integration of advanced software and computational techniques that can automate various aspects of the work done by members of elected assemblies and parliamentary bureaucracies – especially within the legislative process – has become an undeniable reality, drawing significant scholarly attention.[1]

As early as the late 1990s and the beginning of the twenty-first century, information and communication technologies (ICT) were already being utilised in elected assemblies to facilitate the flow of information within institutional structures,[2] strengthen representative-represented relations, and improve the formulation of public policies.[3]

1 See *Costa/Fitsilis*, Parliamentary Administration Facing the Digital Challenge, in: Christiansen/Griglio/Lupo (Hg), The Routledge Handbook of Parliamentary Administrations (2023), 105.

2 *Francesconi*, The Winter, the Summer and the Summer Dream of Artificial Intelligence in Law, Artificial Intelligence and law 30 (2022), 147.

3 On the use of ICT to achieve a better relationship between citizens and representatives, see *Leston-Bandeira*, The impact of the internet on parliaments: A legislative studies framework, Parliamentary Affairs 60 (2007), 655; *Williamson*, The effect of digital media on MPs' communication with constituents, Parliamentary Affairs 62 (2009), 514; *Griffith/Leston-Bandeira*, How Are Parliaments Using New Media to Engage with Citizens?, The Journal of Legislative Studies 18 (2012), 496; *Romanelli*, Designing e-Sustainable Parliaments, in: Torre/Braccini/Spinelli (Hg), Empowering organizations (2016), 29; *Wahl*, The Rise of Data and ai in Parliamentary Proceedings – The Norwegian Parliament, Stortinget, International Journal of Parliamentary Studies 4 (2024), 79; *Longo/Lorenzini*, Ict e parlamenti: oltre la mera diffusione dei contenuti, in: Conti/Milazzo (Hg), La crisi del Parlamento nelle regole della sua percezione (2017), 155. In general on the use of technology to make policies more transparent see *Harrison/Sayogo*, Transparency, participation, and accountability practices in open government: A comparative study, Government information quarterly 31 (2014), 513; *De Vries/Bekkers/Tummers*, Innovation in the public sector: A systematic review and future research agenda, Public Administration 94 (2016), 146; *Campos-Domínguez/Ramos-Vielba*, Parliaments and Key Transformations in Digital Communication, in: García-Orosa (Hg. Digital Political Communication Strategies Multidisciplinary Reflections (2022), 25. On the general transformation that parliaments are undergoing, in addition to the numerous bibliography that will be quoted from here on, see *Giddings*, The Future of Parliament: Issues for a New Century (2005); *Dai/Norton*, The Internet and Parliamentary Democracy in Europe, The Journal of Legislative Studies 13 (2007), 342; *Fallon/Allen/Williamson*, Parliament 2020: Visioning the Future Parliament: International Comparison: Australia, Canada, Chile and the United Kingdom, London (2010); *Fitsilis/Mikros*, Crowdsourcing the digital parliament, The Journal of Legislative Studies (2024), 1.

In recent years, the rapid advancement of artificial intelligence (AI) – driven by the proliferation of a data-driven economy and an increasing reliance on evidence-based decision-making – has enabled the development of sophisticated *e-government* mechanisms.[4] These innovations now allow for the partial automation of public decision-making processes, including certain aspects of assemblies' decision-making.

The COVID-19 pandemic further accelerated the adoption of digital solutions in legislative institutions, primarily due to the necessity of ensuring the continuity of parliamentary functions during periods when in-person activities were not possible.[5]

Currently, AI serves as a pivotal driver of change within policy-making institutions.[6] Worldwide, the emergence of "GovTech" marks a significant shift in governance, placing technological innovations at the heart of legislative and administrative processes.[7] This transformation has also facilitated

---

4 On this topic, see *De Lungo*, Le prospettive dell'AI generativa nell'esercizio delle funzioni parlamentari di controllo e indirizzo. Un primo inquadramento costituzionale, fra asimmetria informativa e forma di governo, Federalismi.it (2024), 68; *Alexopoulos et alii*, How Machine Learning is Changing e-Government, Proceedings of the 12th International Conference on Theory and Practice of Electronic Governance (2019), https://dx.doi.org/10.1145/3326365.3326412; *Maragno et alii*, The spread of Artificial Intelligence in the public sector: a worldwide overview, 14th International Conference on Theory and Practice of Electronic Governance (2021), https://dx.doi.org/10.1145/3494193.3494194; *Fitsilis*, Artificial Intelligence (AI) in parliaments – preliminary analysis of the Eduskunta experiment, The Journal of Legislative Studies 27 (2021), 621.

5 *Verrigno*, Il Parlamento italiano nel tempo della tecnica: quale rapporto tra regolamenti parlamentari e nuove tecnologie digitali?, Osservatorio sulle fonti (2023), 365.

6 *Cardone*, "Decisione algoritmica" *vs* decisione politica? A.I. Legge Democrazia (2021); *Novelli et alii*, Artificial Intelligence for the Internal Democracy of Political Parties, Minds and Machines 34 (2024), 1.

7 *GovTech* refers to technologically sophisticated solutions resulting from the involvement of public sector organisations with start-ups and small companies. Different approaches related to government modernisation and efficiency have been mapped in the literature: solutions developed by start-ups to transform public services, government technology transformation processes and government strategy to incorporate technology tools. *de Magalhães Santos*, Dynamic Capabilities in the Public Sector to Deal with GovTech, in: Janssen et alii (Hg), Electronic Government: 23rd IFIP WG 8.5 International Conference, EGOV 2024, Ghent-Leuven, Belgium, September 3–5, 2024, Proceedings (2024), 470; *Eom/Lee*, Digital government transformation in turbulent times: Responses, challenges, and future direction, Government Information Quarterly 2 (2022) 101690; *Mergel et alii*, Scoping GovTech dynamics in the EU, Luxembourg (2022).

the establishment of standardised frameworks for the digital drafting of legal documents.[8]

The introduction of the Resource Description Framework (RDF) – a standard model for data exchange on the web, issued as a set of recommendations by the World Wide Web Consortium[9] (W3C) – was soon followed by the OASIS standard *Akoma Ntoso*[10] (AKN), specifically designed for use in parliamentary contexts.

Within the European Union, AKN has received significant institutional backing, particularly through its application to the markup of EU legislation.[11] Furthermore, the creation of the European Interoperability Framework (EIF) and its funding via the ISA (Interoperability Solutions for Public Administrations)[12] programme have further strengthened the adoption of legal document standardisation in legislative assemblies.

Implementing AI in these processes requires technical advancements and a reconfiguration of organisational structures and legal frameworks.[13] Legislative institutions must establish new rules, guidelines, and procedural mechanisms to leverage these technologies' transformative potential fully. Cutting-edge AI tools present a range of possibilities, including en-

8 *Sartor et alii*, Legislative XML for the semantic web: principles, models, standards for document management (2011).

9 See W3C "RDF", available at https://www.w3.org/RDF/ (25.02.2025).

10 The AKN is routinely used by the European Parliament, the Senate of Italy, the Senate of Brazil, the Parliament of Uruguay, the Chamber of Deputies of Argentina, the Chamber of Deputies of Chile, the institutions of the United Kingdom and the House of Representatives of the United States. *Palmirani/Vitali*, Akoma-Ntoso for legal documents, in: Sartor et alii (Hg), Legislative XML for the Semantic Web: Principles, Models, Standards for Document Management (2011), 75; *Palmirani*, Lexdatafication: Italian legal knowledge modelling in Akoma Ntoso, in: Rodríguez-Doncel et alii (Hg), AI Approaches to the Complexity of Legal Systems XI-XII: AICOL International Workshops 2018 and 2020: AICOL-XI@ JURIX 2018, AICOL-XII@ JURIX 2020, XAILA@ JURIX 2020, Revised Selected Papers XII (2021), 31. Il sito di Akoma Ntoso è al seguente URL: http://akomantoso.info/ (25.02.2025).

11 AKN4EU (Akoma Ntoso for European Union) AKN4EUA *Common Structured Format for EU Legislative Documents*, https://op.europa.eu/en/web/eu-vocabularies/akn4eu (25.02.2025).

12 *Campmas/Iacob/Simonelli*, How can interoperability stimulate the use of digital public services? An analysis of national interoperability frameworks and e-Government in the European Union, Data & Policy 4 (2022), 1.

13 *Fitsilis et alii* (Hg), Guidelines for AI in Parliaments, Westminster Foundation for Democracy (2024).

hanced legislative research and analysis,[14] improved support for legislative functions, automation of administrative tasks, increased transparency, and greater public engagement.

The use of digital technologies in the activities of legislative assemblies falls within the emerging field of the *constitutional law of technology*.[15] This burgeoning area of legal scholarship highlights the growing importance of "calculability" within the law and indicates a potential paradigm shift in our understanding of constitutionalism.[16]

Against this background, the article will examine the critical issues of data protection and security concerning generative AI (GenAI) use in parliaments. We will analyse and comment on two key documents recently produced by expert organisations that have long studied the impact of technological advancements on parliamentary institutions.[17]

## *II. Leveraging Large Language Models in legislative assemblies: Key Considerations*

Over the past decade, remarkable advancements in artificial intelligence (AI) techniques – particularly in machine learning, deep learning, and neural networks – have significantly improved our capacity to process vast volumes of data with unprecedented speed and efficiency. This technological revolution has enabled new private and public power forms, reshaping decision-making processes across various domains. The advent of genera-

---

14 Artificial intelligence systems can assist parliamentary staff in conducting comprehensive legislative research and analysis. Machine learning algorithms can analyse vast volumes of legislative documents, identifying patterns, trends and relevant ideas. Furthermore, AI-driven data analysis platforms can facilitate evidence-based policy-making, synthesising disparate sources of information and highlighting key findings for decision-makers. See *Inter-Parliamentary Union*, Guidelines for AI in parliaments, (2024).

15 *Simoncini*, Il linguaggio dell'Intelligenza Artificiale e la tutela costituzionale dei diritti, Rivista AIC 14 (2023), 1.

16 See *Simoncini/Longo*, Fundamental Rights and the Rule of Law in the Algorithmic Society, in: Micklitz et alii (Hg), Constitutional Challenges in the Algorithmic Society (2021), 27; *Longo/Pin*, Oltre il costituzionalismo? Nuovi principi e regole costituzionali per l'era digitale, DPCE (2023), 103; *Santosuosso/Sartor*, Decidere con l'IA. Intelligenze artificiali e naturali nel diritto (2024); *De Gregorio*, Digital Constitutionalism in Europe: Reframing Rights and Powers in the Algorithmic Society (2022).

17 See *Inter-Parliamentary Union*, Guidelines for AI in parliaments, and *Fitsilis et alii* (Hg), Guidelines for AI in Parliaments.

tive artificial intelligence (hereafter GenAI) marks a further extraordinary leap forward, fundamentally transforming how information is collected, managed, and utilised.[18]

The application of Large Language Models (LLMs), a subset of GenAI systems, to legislature procedures is one of the most compelling developments in the ongoing digital transformation of representative institutions. However, a comprehensive analysis of this shift – encompassing both procedural aspects, such as drafting legislative texts and behavioural dynamics within and beyond legislative assemblies – reveals that modernising representative institutions is not merely a technocratic exercise.[19] Instead, it involves complex socio-political variables that must be carefully considered. Enhancing institutional efficiency must not overshadow the fundamental democratic principle of ensuring the broadest possible engagement of citizens in the political process. The very nature of an assembly system demands that technological innovations uphold and reinforce, rather than undermine, the participatory foundations of democracy.

Moreover, the inherent limitations of machine-based decision-making must be acknowledged.[20] Just as computational sciences have yet to fully explain the reasoning processes of AI systems operating through deep neural networks, so do the natural sciences struggle to predict the behaviour of

---

18 The most important advances in this technology are usually reported in the proceedings of the annual conferences on 'Neural Information Processing Systems' (NIPS) and 'Machine Learning' (ICML). Some of these papers form the basis of the advances made by OpenAI, Google, Meta, AWS: *Vaswani et alii*, Attention Is All You Need (2017); *Brown et alii*, Language models are few-shot learners (2020); *Ramesh et alii*, Zero-shot text-to-image generation (2021); *Arjovsky/Chintala/Bottou*, Wasserstein generative adversarial networks (2017). Una spiegazione molto efficace della GenAI è effettuata da *Feuerriegel et alii*, Generative AI, Business & Information Systems Engineering 66 (2024), 111; *Narayanan/Kapoor*, AI Snake Oil: What Artificial Intelligence Can Do, What it Can't, and How to Tell the Difference (2024). For an interesting evaluation of the first releases of ChatGPT, see *Ray*, ChatGPT: A comprehensive review on background, applications, key challenges, bias, ethics, limitations and future scope, Internet of Things and Cyber-Physical Systems 3 (2023), 121.

19 If we are to benefit from the revolution underway, then rethinking the relationship between humans and machines becomes essential, without forgetting that in the context of parliamentary procedures, the use of AI cannot be confined to a mere "technical variable". The collection and processing of vast amounts of data provide a new value to parliamentary activities and enable political choices and decision-making processes to be backed up by the most accurate predictions possible.

20 *Diurni/Riccio*, ChatGPT: Challenges and Legal Issues in Advanced Conversational AI, Italian LJ 9 (2023), 473.

complex physical systems.[21] This epistemic constraint renders it impossible to entrust such AI-driven models by formulating unequivocal legal choices. Furthermore, human societies are characterised by continuous evolution, unpredictability, and resilience – qualities that artificial systems, however sophisticated, cannot replicate independently. While AI can algorithmically analyse the correlations between the syntactic, semantic, and pragmatic dimensions of natural language,[22] it cannot supplant human agency without presupposing the outright elimination of humankind itself – a dystopian prospect.[23]

The use of digital technologies by legislatures must, therefore, be understood not merely as an instrument for enhancing procedural efficiency but as a catalyst for broader transformations in the fundamental elements that shape the production of law: time, space, and action.

However, AI-driven innovations do not simply accelerate legislative processes; they have the potential to redefine the temporal, spatial, and procedural dimensions of law-making, thereby altering long-standing institutional practices and rituals.[24] This process of technological disruption does not eliminate law *per se* but reshapes the social interactions that constitute legal systems. In particular, it reconfigures the internal dynamics of institutions such as parliaments and courts, redefining their symbolic and procedural structures. As scholars have recently observed, these changes entail a "profound transformation in the constitution of legal meaning, its symbolic redefinition, and its implications for the very formation of legal professionals."[25]

The next phase of digital evolution – encompassed by the anticipated transition to Web 4.0 – promises an even greater integration of autonomous AI systems within human decision-making processes.[26] This technological paradigm, often described as symbiotic, pragmatic, and ubiquitous, envisions software agents that not only communicate with one another au-

---

21 *Santosuosso/Sartor*, Decidere con l'IA. Intelligenze artificiali e naturali nel diritto.

22 *Cicconi*, Linguaggio giuridico e Intelligenza Artificiale, in: Alpa (Hg), Diritto e intelligenza artificiale (2020), 59.

23 *Revelli*, Umano Inumano Postumano. Le sfide del presente (2020).

24 *Garapon*, La despazializzazione della giustizia (2021), con riguardo alla giustizia.

25 *Garapon/Lassègue*, La giustizia digitale. Determinismo tecnologico e libertà (2021). Our translation.

26 *Casanovas/de Koker/Hashmi*, Law, Socio-Legal Governance, the Internet of Things, and Industry 4.0: A Middle-Out/Inside-Out Approach, J 5 (2022), 64.

tonomously (*machine-to-machine*) but also collaborate with human actors in increasingly sophisticated ways (*human-to-machine*).[27]

While LLMs are poised to facilitate progress along these lines, critical questions remain: What are the potential costs of such integration? What risks does it entail for democratic governance, legal interpretation, and the rule of law? These pressing concerns demand rigorous reflection as parliaments and legal scholars navigate the challenges and opportunities of the accelerating AI revolution.

### *III. LLMs in Parliaments: Implications and Challenges*

It is essential to examine the broader implications of employing LLMs within representative institutions before addressing the risks associated with integrating these tools into parliamentary activities.

AI is not a singular technology but an expansive domain encompassing a range of systems, methods, models, and approaches aimed at replicating and approximating human cognitive processes to solve complex problems.[28]

AI has rapidly developed and transformed in recent years, with profound implications for both the private and public sectors.[29] However, among the various domains impacted by this technological revolution, representative institutions have been among the slowest to embrace AI-driven transformations despite their central role in governance.[30]

Although parliaments are increasingly positioned within the broader digital evolution that has fostered integrated ecosystems of applications and

27 *Francesconi*, Artificial Intelligence and law 30 (2022), 156.

28 Today, a very clear definition can be found both in OECD documents and in Article 3 of Regulation (EU) No 2024/1689, known as the AI Act.

29 *Wirtz/Weyerer/Geyer*, Artificial Intelligence and the Public Sector—Applications and Challenges, International Journal of Public Administration 42 (2019), 596; *Madan/Ashok*, AI adoption and diffusion in public administration: A systematic literature review and future research agenda, Government Information Quarterly 40 (2023), 101774.

30 *Fitsilis/de Almeida*, Artificial intelligence and its regulation in representative institutions, in: Charalabidis/Medaglia/Van Noordt (Hg), Research Handbook on Public Management and Artificial Intelligence (2024), 151.

services based on open and interconnected legal information,[31] the awareness of AI's transformative potential within this domain remains relatively underdeveloped.[32]

Several factors contribute to this lag. On the one hand, there appears to be limited interest from technology companies in investing in AI-driven parliamentary technology — a sub-sector of *ParlTech* —[33] due to the relatively small number of potential clients worldwide, which results in an insufficiently attractive return on investment (ROI) for major firms.[34] On the other hand, the application of AI in legislature settings presents a unique set of challenges. Unlike other public and private sector domains, parliamentary institutions operate within a particular and tradition-bound environment, requiring significant adaptations in strategy, leadership, workforce skills, digital culture, and user engagement.

A key difficulty arises from the inherent complexity of these activities, which cannot be fully reduced to mere statistical or digital data points. AI applications often attempt to homogenise disparate phenomena, particularly the intricate relationship between legal texts and their extra-legal context.

However, given the multifaceted and evolving nature of lawmaking and deliberation, the capacity to mathematically or statistically capture the full complexity of legislative processes remains limited. Furthermore, as public institutions steeped in historical and procedural traditions, parliaments inherently resist rapid technological overhauls.[35] The erroneous or inappro-

31 Innovation Tracker of the Inter-Parliamentary Union: https://www.ipu.org/knowledge/ipu-innovation-tracker (25.02.2025). IPU, World e-Parliament Report 2020, Paris (2021).

32 *Fitsilis*, The Journal of Legislative Studies 27 (2021); *Fitsilis/Koryzis/Schefbeck, Legal Informatics Tools for Evidence-Based Policy Creation in Parliaments*, cit, 8 ff.

33 *Malaschini/Pandolfelli*, PARLTECH. Intelligenza Artificiale e Parlamenti: Una prima riflessione (2022).

34 *Williamson/Fallon*, Transforming the Future Parliament Through the Effective Use of Digital Media, Parliamentary Affairs 64 (2011), 781.

35 As recalled by *Fitsilis et alii*, Implementing Digital Parliament Innovative Concepts for Citizens and Policy Makers, in: Nah/Tan (Hg), HCI in Business, Government and Organizations. Interacting with Information Systems: 4th International Conference, HCIBGO 2017, Held as Part of HCI International 2017, Vancouver, BC, Canada, July 9-14, 2017, Proceedings, Part I (2017), 154, parliaments, as institutional structures of democracy, are traditional organisations in the sense that they rely heavily on tradition. As a direct consequence, parliaments have considerable "friction" to change. Their institutional identity, organisational structure and rules of procedure often remain stable for long periods of time. The recognition that new means of bottom-up

priate implementation of AI-based solutions in legislative processes could hinder their effectiveness, resulting in democratic deficits, reputational harm, and a loss of public trust.

For instance, if a legislative assembly were to mismanage AI-driven tools for citizen engagement, it could inadvertently generate misleading communications or create avenues for misinformation, thereby undermining public confidence in democratic processes. Consequently, before fully embracing AI, assemblies' administrations must ensure that certain foundational prerequisites are met. A transition from a predominantly paper-based institution to an AI-supported working environment cannot be achieved through mere technological implementation; rather, it necessitates a broader commitment to organisational and procedural innovation, coupled with the political will to drive these changes.[36]

Despite the abovementioned challenges, AI has already been deployed in various parliamentary functions.[37] Documented use cases range from AI-driven tools designed to assist legislators in research and representative duties to sophisticated platforms to facilitate citizen engagement in political debates and legislative processes.

In recent years, we have witnessed a proliferation of digital solutions designed to enhance transparency, accountability, and citizen interaction with parliaments. AI-driven services have also improved public access to legis-

or top-down political communication are crucial for parliamentary life and that political parties can no longer be the most effective channels for this communication has convinced political leaders, parliamentarians and parliamentary administrations of the need to find alternative means of interaction through digital technologies.

36 Interesting in this respect is the case of the initiative launched by the Chamber of Deputies between 2023 and 2024. See the Rapporto del Comitato di vigilanza sull'attività di documentazione della Camera dei deputati, Utilizzare l'intelligenza artificiale a supporto del lavoro parlamentare, Roma (2024).

37 A survey conducted in late 2022 - before the introduction of free basic services via OpenAI's ChatGPT - revealed the existence of 39 active Al solutions in 10 parliamentary chambers. The arrival of ChatGPT triggered a wave of interest in generative Al solutions with direct or indirect implications for legislation. Notably, in 2023, the US Congress purchased 40 ChatGPT Plus licences to explore generative Al within its ranks. These licences were distributed among Congressional offices, allowing legislators and staff to experiment with this transformative technology internally. In April 2024, the Committee on House Administration (CHA) of the US House of Representatives issued a set of general guidelines to be used for any Al tool or technology in use within the House. See *Fitsilis et alii*, Guidelines for AI in Parliaments; *Ziouvelou/Giannakopoulos/Giannakopoulos*, Artificial Intelligence in the Parliamentary Context, in: Mikros/Fitsilis (Hg), Smart Parliaments (2022), 43.

lative information, enabling more refined citizen feedback and preferences analysis.[38] Notably, however, among the cases examined in academic literature, there appear to be no AI systems explicitly dedicated to monitoring or directing governmental action – a gap that warrants further exploration.[39]

According to the *2018 World E-Parliament Report*, two of the most anticipated improvements in parliamentary technology are expanding open data publication capabilities and enhancing mechanisms for disseminating legislative information to the public.[40] These advancements are closely linked to the broader trend of *open-linked parliamentary data*, which enables seamless access to legislative documents and proceedings. In this context, adopting open standards—such as XML—has become a mature technological solution for parliaments. However, the practical design and implementation of parliamentary ICT systems based on open standards must also adhere to well-established criteria, including usability, adaptability, and certified software development.[41]

Integrating AI in parliamentary settings thus presents unprecedented opportunities and significant challenges. A key issue concerns the regulatory vacuum surrounding the phenomenon. There are no specific legal frameworks governing the use of AI in parliaments, creating uncertainties regarding oversight, accountability, and compliance. More critically, deploying AI in legislatures raises pressing concerns about data protection, system security, and institutional integrity. The potential exposure of parliamentary

38 The processes and tasks associated with legislative procedures were prioritised, especially with regard to the drafting and deliberation of laws, plenary sessions and committee meetings. Particular emphasis was placed on the digital transformation of the legislative process, which has become increasingly complex over the years. Many of these include the development of digital platforms that have similar design features and have in common that they are powered by AI. Due to the increase in digital inclusion and the strengthening of public sector accountability mechanisms, the general level of access to information has increased significantly. As a result, the mission of representing citizens has become more complex. Among other things, analyses of large data sets in shorter timeframes are necessary to keep up with society. AI-related tools and services have the potential to provide satisfactory answers to these challenges. *Wahl*, International Journal of Parliamentary Studies 4 (2024); *Fitsilis*, The Journal of Legislative Studies 27 (2021).

39 *Fitsilis/de Almeida*, Artificial 123; *De Lungo*, Federalismi.it (2024).

40 *Inter-Parliamentary Union*, World e-Parliament Report (2018).

41 To achieve legal and systemic interoperability when writing or editing bills, technical standards and open systems architectures must be used. *Koryzis et alii*, ParlTech: Transformation Framework for the Digital Parliament, Big Data and Cognitive Computing 5 (2021), 1.

AI systems to cybersecurity threats and data vulnerabilities necessitates the development of robust protective measures to safeguard parliamentary processes and sensitive information.

Given the novelty and complexity of AI integration, significant attention must be devoted to the training and capacity-building of parliamentary actors at the political level. A lack of adequate knowledge and preparedness could hinder the effective implementation of AI-driven procedures and expose parliamentary institutions to external manipulations or security threats.[42] Consequently, AI adoption within parliaments must be accompanied by the introduction of procedural safeguards, organisational frameworks, and regulatory standards designed to address concerns related to data privacy, IT security, and information access and ownership.

Several key considerations emerge in this regard. First, parliaments must carefully evaluate AI system hosting options, weighing the trade-offs between on-premises installations and cloud-based services, each presenting distinct risks and benefits. Additionally, the portability of AI-driven services and data must be ensured, while procurement policies should prioritise AI solutions from trusted suppliers with transparent ownership structures.

Furthermore, the non-partisanship and quality of AI training data must be safeguarded. AI algorithms used in parliamentary contexts must adhere to fundamental principles of transparency, explainability, and accountability, as these elements are essential for fostering public trust in AI-driven legislative tools. Moreover, AI systems should be designed to operate in multiple languages to accommodate the diverse linguistic needs of parliamentary institutions and their constituents. These principles should not only inform the technical development of AI algorithms and applications. Still, they must also be incorporated into the training of developers to ensure ethical and responsible AI deployment in legislative environments.

Concerning AI users – particularly legal professionals and parliamentary staff – upholding their autonomy in utilising AI tools is crucial. AI should serve as an assistive mechanism rather than a substitute for human expertise. Likewise, mechanisms for public participation must be preserved and strengthened to ensure that democratic values remain integral to parliamentary AI applications. Integrating AI into parliamentary workflows

42 Developing new skills and professionalism, as well as the ability to manage change, is a major challenge. Developing AI and data literacy among parliamentarians and staff is crucial for the effective use and supervision of these systems.

thus requires establishing standardised procedures and evaluative metrics to ensure the responsible and effective use of these technologies.[43]

These considerations also underscore the need for inter-institutional and inter-parliamentary cooperation in developing AI governance frameworks. Few parliamentary institutions possess the technical expertise or resources to address the multifaceted challenges posed by AI independently, so collaborative efforts at both national and international levels are essential. A balanced approach is required to maximise AI's transformative potential while safeguarding the institutional integrity, security, and democratic foundations of parliamentary systems.[44]

Implementing AI should be underpinned by broad-based, cross-party consensus to ensure continuity and legitimacy. Moreover, while AI offers significant efficiency gains in parliamentary processes, these technologies must not supplant the essential human elements of decision-making and democratic representation.[45] Human oversight remains crucial to maintaining institutional accountability, even for routine administrative tasks.[46]

A particularly salient area of AI's potential impact is citizen engagement.[47] AI-powered tools can facilitate more sophisticated analyses of public sentiment regarding legislative proposals, enabling real-time feedback mechanisms.[48] However, such advancements must complement – not replace – direct interactions between legislators and constituents. Preserving

---

43 For instance, rules and standards on data archiving and deletion, ethical supervision and continuous monitoring are needed to ensure that the AI systems in parliaments meet the highest standards.

44 To this end, a specific AI strategy should be developed for each individual representative institution - based on the national AI strategy - and accompanied by a set of operational rules that serve the purpose of ensuring that the adoption of AI does not interrupt the essential human elements of political discourse and decision-making. See *Inter-Parliamentary Union,* Guidelines for AI in parliaments and *Fitsilis et alii,* Guidelines for AI in Parliaments.

45 This is due not only to technical limitations but also to the fact that the subtle and often politically sensitive work of parliaments and parliamentary bureaucracies requires a level of judgement and ethical consideration that current AI systems cannot (yet) replicate.

46 *Inter-Parliamentary Union*, Guidelines for AI in parliaments, 18.

47 *De Lungo*, Federalismi.it (2024), 82 ff.

48 With the evolution of 'Natural Language Processing' (NLP) systems through Large Language Models (LLM), the most widely used functionalities are speech-to-text transformation, text classification and pattern recognition, which in turn includes voice, images, objects and facial recognition. *Surden*, ChatGPT, Artificial Intelligence (AI) Large Language Models, and Law, Fordham Law Review 92 (2024), 1942.

the human element of democratic representation remains paramount in an era of increasing automation.

The large-scale commercial deployment of LLMs has transformed AI applications in both the private and public sectors. These technologies provide significant capabilities in generating and analysing legislative texts, fact-checking, and enhancing public engagement.[49] Additionally, AI has been utilised in parliamentary administration for process automation, intelligent document retrieval, and policy research. However, AI systems – especially LLMs – must be trained on high-quality datasets to minimise the risk of bias or inaccuracy and operate effectively. Furthermore, given their management of sensitive legislative information, these systems must be reinforced against cybersecurity threats and vulnerabilities.

The following discussion will examine GenAI's general risks and drawbacks. It will then follow with an in-depth analysis of the specific data protection and cybersecurity risks linked to its implementation in parliamentary contexts.

### A. General Risks of LLMs Use in Parliaments

The extensive capabilities of LLMs introduce a complex array of risks, many of which compound existing challenges associated with digital governance. In response to these concerns, certain institutions have already instituted regulatory frameworks—most notably, the EU AI Act.[50] At the same time, academic researchers have proposed a variety of security metrics and comprehensive taxonomies to classify AI-related risks.

49 These systems have two major objectives. First, parliaments seem to prioritise AI systems to streamline processes associated with legislative procedures, including deliberations, plenary sessions and committee meetings. Second, the emphasis is on digital services for citizens, including access to information by citizens and analysis of feedback received from citizens through public consultation tools. The emerging trend is to use a multiplicity of techniques to mitigate the risks posed by a single method and to use symbolic, sub-symbolic and neuro-symbolic AI in a hybrid approach. See *Fitsilis/de Almeida*, Artificial intelligence and its regulation in representative institutions.

50 The first comprehensive piece of legislation that considers AI risks as a main element for AI regulation is the EU Regulation 'laying down harmonised rules on artificial intelligence', the so-called AI Act (Regulation (EU) No 2024/1689). See also the Executive Order issued by the President of the United States of America: *Biden*, Safe, Secure, and Trustworthy Development and Use of Artificial Intelligence (2023) repealed by President Trump in 2025.

Scholarly literature has identified a vast range of risks associated in general with LLMs, including "unethical use," "discrimination," "infringement of intellectual property rights," "information leakage," "malicious use," "security threats," "model illusion and pretence (the 'hallucination'[51])," "environmental, social, and regulatory risks," and "non-controllability of legal decisions".[52]

One of LLMs' most significant limitations is its tendency to generate fabricated or misleading outputs, commonly called *hallucinations*.[53] These inaccuracies arise from the model's inherent probabilistic nature and the potential for incorrect correlations between data points. Furthermore, the opacity of AI model architectures often exacerbates these risks, making it difficult to validate the accuracy and reliability of AI-generated legal content. The lack of clear transparency mechanisms in AI programming further complicates accountability, particularly when AI-generated recommendations influence legislative processes.

Intellectual property infringement remains another unresolved issue in the deployment of LLMs. Given the complex legal landscape governing copyright, it is currently impossible to determine with certainty whether AI-generated outputs violate existing intellectual property laws. Jurisdictional variations in copyright regulation exacerbate this ambiguity. However, parliamentary institutions must remain particularly vigilant in ensuring that AI-generated content does not inadvertently constitute plagiarism or unauthorized reproduction of protected works.

---

51 Hallucinations are a particular error whereby the generated output (eg a text) appears coherent on the surface but may be incorrect or completely made up. The term 'hallucination' refers to the generation of false, nonsensical or inaccurate information by large language models (LLM) or other generative artificial intelligence systems. For more information, see *Maleki/Padmanabhan/Dutta*, AI Hallucinations: A Misnomer Worth Clarifying, arXiv preprint arXiv:2401.06796 (2024).

52 Despite ongoing efforts, no unified categorisation of AI risks comprehensively covers all possible risks, taking into account the industry and government perspective. *Zeng et alii*, AI Risk Categorization Decoded (AIR 2024): From Government Regulations to Corporate Policies, arXiv preprint arXiv:2406.17864 (2024).

53 A typical example of ChatGPT's 'illusions and fictions' occurring in the legal profession occurred in *Mata v Avianca* in 2023 before a New York court. A lawyer submitted a pleading containing excerpts and quotes from fake cases. It turned out that the pleading had been created using ChatGPT. Unaware that ChatGPT can hallucinate, or perhaps trusting an inexperienced colleague, the lawyers did not check that the cited cases really existed. The consequences were disastrous. Once the error was discovered, the court dismissed their client's case and sanctioned the lawyers for acting in bad faith.

Like all machine learning-based technologies, LLMs inherit and may perpetuate existing biases embedded within their training data. If the datasets used to train AI systems contain structural biases – whether cultural, political, or demographic – these biases can become deeply entrenched within the AI's decision-making processes. This phenomenon can result in discriminatory or skewed legislative recommendations, undermining the principles of fairness, equality, and non-discrimination in parliamentary governance.[54]

Moreover, AI developers inevitably introduce subjective decisions into the training process by including or excluding specific data points or prioritising certain linguistic, legal, or cultural frameworks.[55] Such biases are particularly concerning in parliamentary settings, where algorithmic decision-making could inadvertently influence legislative deliberations in ways that are neither transparent nor subject to legal recourse.

To mitigate these risks, algorithmic systems used in parliaments should adhere to *ex-ante transparency* (ensuring openness at the time of implementation) and *ex-post* verifiability (allowing for auditing and oversight after results have been produced). However, achieving these objectives remains a significant challenge, as evidenced by the ongoing debate regarding *explainability* in AI ethics and legal interpretation.[56]

For this reason, algorithm-based systems should ensure transparency, *ex-ante*, at the time of their implementation. They should always be verifiable *ex-post*, when the result emerges. However, this is not always the case, as the 'explainability' debate applied to legal problems shows.

---

54 As was the case years ago with the COMPAS algorithm developed by Northpointe and used to assess the risk of recidivism, which came to light thanks to the Loomis case decided by the Wisconsin Supreme Court in 2016, which produced strong discrimination against certain sections of the American population. For a summary of the case see *Larson et alii*, How we analyzed the COMPAS recidivism algorithm (2016); *Kehl/Kessler*, Algorithms in the criminal justice system: Assessing the use of risk assessments in sentencing (2017); *Huq*, Racial equity in algorithmic criminal justice, Duke LJ 68 (2018), 1043; *Brennan/Dieterich*, Correctional offender management profiles for alternative sanctions (COMPAS), in: Singh et alii (Hg), Handbook of recidivism risk/needs assessment tools (2018), 49; *Sartor/Lagioia*, Il sistema COMPAS: algoritmi, previsioni, iniquità, in: Ruffolo (Hg), XXVI Lezioni di Diritto dell'Intelligenza Artificiale (2021), 226.

55 *Wachter/Mittelstadt/Russell*, Do large language models have a legal duty to tell the truth?, Royal Society Open Science 11 (2024), 1.

56 *Ződi*, Algorithmic explainability and legal reasoning, The Theory and Practice of Legislation 10 (2022), 67.

A fundamental issue of using LLMs in legal and parliamentary contexts concerns the legitimacy and authority of AI-generated legal reasoning. Legal scholars have long recognised that the complexity of law cannot be computationally reduced to mere statistical patterns.[57] Unlike mathematical models, legal norms are inherently interpretative, context-dependent, and often subject to ambiguity.

In contrast, AI models operate on inferential rather than causative reasoning. They lack empathy, normative judgment, and contextual awareness, rendering them ill-equipped to engage in deliberative reasoning that underpins democratic decision-making. While legal reasoning may share superficial similarities with algorithmic logic – both relying on structured sequences of rules – law is ultimately shaped by human values, ethical considerations, and social realities that cannot be quantified with absolute precision.

This distinction is crucial when considering the role of AI in legislative decision-making. Whereas algorithms rely on rigid, pre-defined logic, legal reasoning must remain adaptable and responsive to evolving social and political contexts. Therefore, applying AI to lawmaking risks imposing a false sense of determinism on inherently interpretative and dynamic processes.

Integrating AI in parliamentary settings necessitates balancing technological innovation and protecting fundamental rights.[58] While AI presents transformative opportunities to enhance efficiency and accessibility in legislative processes, its deployment must not compromise democratic accountability, human oversight, and individual freedoms.

Ensuring this balance requires a) transparency and accountability, b) independent oversight, c) non-discrimination and equality safeguards, and d) data protection and privacy compliance.

Subsequent sections will explore these considerations further. They underscore the urgent need for comprehensive legal and ethical frameworks to regulate the deployment of AI within legislative institutions. AI-driven governance must be designed to enhance procedural efficiency and uphold the core democratic principles of freedom, equality, and the rule of law.

The following section will explore the specific challenges associated with data protection and cybersecurity in implementing LLMs in parliaments.

---

57 *Garapon/Lassègue*, Justice digitale: Révolution Graphique et Rupture Anthropologique (2018).

58 *Bresciani/Palmirani*, Constitutional Opportunities and Risks of AI in the law-making process, Federalismi.it 2 (2024), 1.

### B. Risks and Mitigation Strategies for Data Protection and Cybersecurity

As highlighted in various expert analyses,[59] data protection and cybersecurity are fundamental concerns in the regulation of AI within parliamentary institutions. Given the nature of their functions, parliaments routinely process vast amounts of personal data, including information categorised under special protections – historically referred to as *sensitive data*. The failure to implement adequate safeguards when using AI for data analysis, policy research, or decision-making could lead to privacy breaches, unauthorised data access, or misuse, thereby compromising the confidentiality of citizens, parliamentarians, and other stakeholders. Such breaches not only pose individual privacy risks but also threaten public trust in parliamentary processes, potentially undermining the legitimacy of democratic institutions.

Moreover, parliamentary data often includes information of strategic relevance to national security, necessitating heightened vigilance in mitigating risks such as data breaches, identity theft, cyber espionage, and digital misinformation campaigns. The consequences of such threats extend beyond institutional damage to the broader democratic framework, as compromised parliamentary systems could serve as entry points for external interference in legislative processes and public discourse.

Several critical considerations must be addressed during LLMs implementation to ensure robust data protection and cybersecurity.

The first is data localisation. Training and implementing AI systems require substantial computing and storage resources, often necessitating the use of public *cloud* systems. Therefore, it is essential to focus on localising such IT equipment within the EU and ensure that certain types of data remain on their own servers (*on-premises*). The risk of losing effective control over the data used to train these AI systems highlights the need for appropriate risk mitigation strategies, such as encryption or data minimisation.

The second major aspect of interest concerns the quality and accuracy of the data. We have already addressed the issue of training data. Artificial intelligence systems learn from the data provided to them and subsequently apply models to aid in making decisions, generating new content, or performing other tasks.

59 See *Inter-Parliamentary Union,* Guidelines for AI in parliaments; *Fitsilis et alii,* Guidelines for AI in Parliaments.

In the context of legislative and other activities, incorrect data can easily be encountered, whether it has been entered incorrectly, is outdated and thus too old to reflect current events, or has been processed improperly.[60] A system not trained to identify such issues will likely yield inaccurate forecasts. When erroneous data are employed for testing, research, or policy analysis, this can result in ineffective legislation or unintended negative consequences.[61]

Data quality is closely linked to data security. Ensuring data security essentially refers to applying the three parameters of the CIA paradigm (or triad): *confidentiality*, *integrity*, and *availability*. These parameters are the basis for the security of information systems, ie, a proper approach to information security is planned and executed.

Given the increasing interconnectivity of parliamentary IT systems, AI-driven legislative tools are particularly vulnerable to cyber intrusions, digital espionage, and AI model poisoning – where malicious actors introduce corrupt data into AI training models to manipulate outputs. Such attacks could compromise parliamentary deliberations, alter legislative drafting processes, or distort public participation mechanisms.

Furthermore, parliaments implementing AI to handle large-scale public participation may attract groups intent on manipulating democratic processes. Therefore, effective cybersecurity management strategies are crucial for maintaining a secure digital environment that safeguards the integrity of parliamentary operations, particularly as AI adoption increases. Attacks might target the AI models themselves, potentially introducing bias or subtly altering decision-making processes. AI systems employed for analysing and disseminating information could be exploited to propagate disinformation within a state or to negatively affect information retrieval. Therefore, it is essential not only to ensure the integrity of the data but also to protect the adopted AI models,[62] guaranteeing that these models possess reliability features such as human oversight and robustness.[63]

---

60 Consider the case of duplicate, ambiguous or inconsistent data, on which see *Inter-Parliamentary Union*, Guidelines for AI in parliaments, 116 ff.

61 For example, an environmental protection law based on inaccurate pollution statistics could target the wrong industries or fail to address the most pressing problems.

62 *Inter-Parliamentary Union*, Guidelines for AI in parliaments.

63 In the absence of specific standards for AI cybersecurity, several government agencies have published voluntary AI security *frameworks* aimed at helping stakeholders secure their AI systems, operations and processes. For instance, the EU Cybersecurity Agency (ENISA) has published a multilevel security framework for AI cybersecurity

Cyber-attackers can exploit the vulnerabilities of these systems and the data on which they are trained.[64] AI can magnify the types of attacks currently seen,[65] such as adversarial attacks,[66] those resulting in data poisoning,[67] and the well-known DDoS (Distributed Denial of Service)[68] attacks.

Security and data protection issues also affect another aspect of AI usage. In the parliamentary context, ensuring the secure processing of personal identification services is vital. Data sovereignty (the principle that data are subject to the laws of the country in which they are collected or stored) must also be considered.

To mitigate all the risks highlighted above, the literature suggests establishing processes and utilising IT systems and infrastructures generally through 'by-design' implementation. In the case of AI, this essentially in-

---

best practices (FAICP). Similarly, the US National Institute of Standards and Technology (NIST) has published an AI risk management framework to help organisations involved in the design, development, implementation or use of AI systems better mitigate the risks associated with AI and contribute to its reliable and responsible development and use.

64 Sometimes attackers can target the system that receives user input and, other times, the data itself. Attacks can occur at any stage, from data preparation to the development, implementation and operation of the AI system. From this, it can be understood how the entire life cycle of the AI system must be properly supervised to minimise unexpected behaviour.

65 *NIST*, NIST Identifies Types of Cyberattacks That Manipulate Behavior of AI Systems (2024).

66 This type of attack involves an attacker manipulating an AI system's input data to produce inaccurate, unexpected or incorrect responses. This type of attack often targets AI systems capable of image recognition, causing the system to recognise an image incorrectly. One can have the example of an attacker targeting a voting system that uses facial recognition technology, causing it to allow the attacker to vote as an MP mistakenly.

67 In this type of attack (data poisoning), the attacker adds data to the dataset used to train an AI model. The model learns from incorrect information, leading it to make erroneous decisions. For example, a system might misdiagnose a healthy patient as having a deadly cancer, or worse, misdiagnose a patient with cancer as healthy, preventing the person from receiving the right treatment. In a parliamentary context, a proposal could be sent to the wrong committee for discussion, or misinformation could be used to create misinformation.

68 In this type of attack, the attacker can flood a system with excessive requests. The goal is to make the system stop working, preventing any response or, at least, making it so slow that users cannot get a response from the system. When there is an attack of this kind, the victim, often a large company or an administration that provides services, suffers financial losses or damage to its reputation. In a parliamentary context, an attacker could destroy the AI chatbot designed to answer citizens' questions during a plenary session where an issue requiring broad citizen support is being discussed.

volves constructing systems whose data is trained and fine-tuned before usage in the parliamentary context.

### *IV. The Need for New Rules Governing AI in Parliaments*

While AI offers numerous advantages in various aspects of parliamentary life, significant risks and concrete issues remain to be addressed. These include not only the inefficiencies of these tools but also concerns regarding IT security and compliance with data protection regulations.

Only recently has the issue of regulating the use of AI in the activities of elected assemblies been considered in political debate. However, the range of possible approaches, spanning from full integration of such systems to outright rejection of their effectiveness, is still under discussion.

The divergence emphasises that we are in the midst of an evolutionary process requiring the establishment of essential guidelines to direct parliaments in the use of AI responsibly.

A comprehensive investigation into the most effective rules for securing these systems could harness emerging strengths and opportunities. Two potential paths exist: non-binding documents (soft law), such as resolutions, codes of conduct, or guidelines, and legally binding instruments (hard law), such as regulations, directives, and rules. Institutions at the supranational and international levels have now pursued both paths.

Firstly, the European Union's AI Regulation (No 2024/1689), commonly called the AI Act, imposes several obligations on developers and distributors that adopt a risk-based approach. These obligations include conducting a fundamental rights impact assessment (FRIA) for high-risk applications in the public domain. The regulation also classifies certain applications of AI systems in the parliamentary domain as high-risk and specifies obligations related to those applications.

Secondly, the Council of Europe has finalised the 'Framework Convention on AI, Human Rights, Democracy and the Rule of Law'. This Convention represents the first legally binding instrument the Council of Europe issued on these matters. However, it does not impose additional obligations on parliaments regarding using AI technologies.[69]

69 The road to this convention was paved in 2020, when the Parliamentary Assembly of the Council of Europe (PACE) adopted resolutions and recommendations exploring the implications of the AI on human rights, democracy and the rule of law.

Thirdly, the UN General Assembly adopted a resolution in March 2024 to direct the use of AI for the global good. The resolution aims to promote safe, secure, and reliable AI systems, thus accelerating progress towards fully realising the 2030 Agenda for Sustainable Development. This resolution, like the Universal Declaration of Human Rights, is not legally binding, although regional and national normative documents can use it as a compass to achieve the overall goals.

Despite these significant measures, no comprehensive guidelines or binding legal instruments currently systematically regulate the uses and risks of AI implementation within legislative assemblies. However, various AI systems have been used within these institutions for several years, not merely on an experimental basis.

In anticipation of further integration of AI tools and services in the parliamentary workspace, numerous organisations are endeavouring to develop guidelines and regulations. In these pages, we primarily address the safeguards necessary to preserve not only the sovereignty of the infrastructure but also to prevent the intrusion of external actors, safeguarding data ownership to ensure the traceability and legitimacy of parliamentary activities.

However, these considerations necessitate further requirements from a holistic perspective regarding the proper implementation of these technologies in legislative work. Indeed, it must also be ensured that the AIs employed in parliaments align with democratic principles and social needs, remain free from any form of bias and error, are proprietary yet open systems characterised by technological neutrality, and that those implementing such systems do so by fostering awareness among all users, including both politicians and staff of representative institutions.

If the general objective is to prevent machines from replacing human beings, it is necessary not to make humans excessively dependent on machines, even allowing them to exercise a right to rethink the use of machines or even return to using traditional tools.

Finally, because of the typical structure of representative assembly activities and the specific limitations associated with LLMs, the unauthorised and amateurish use of these tools must be discouraged by limiting their use within a framework of strategies and guidelines drawn up by each institution. It is precisely the inappropriate use of these technologies that carries the most significant risks at all levels, from the individual to the public.

Autonomy, freedom, the ability to make informed choices, democracy, respect for the rule of law, and sustainability are some of the values that should guide parliaments' digital transformation, according to the guidelines that have now become the common heritage of European institutions thanks to the work carried out in constructing the "Digital Decade".[70]

## *V. Concluding remarks*

This study seeks to contribute to the expanding body of research on the impact of AI within legislative assemblies. Worldwide, AI is increasingly being deployed in various ways to enhance the efficiency and effectiveness of public administration. Legislatures are following this trend by adopting AI-driven tools to streamline legislative processes while maintaining the deliberative integrity of democratic debate. The goal is to accelerate democratic procedures without compromising the quality of democratic deliberation or undermining fundamental principles of representation and accountability.

In the near future, AI systems are likely to play an even greater role in parliamentary proceedings, assisting legislators in their work while preserving the primacy of human agency. AI-driven applications could include automated legislative analysis to ensure compliance with current legal frameworks, as well as AI-enhanced monitoring of political discourse on digital platforms. However, for these advancements to be realised, AI systems must be designed to support – not replace – human judgment, ensuring that decision-making processes remain transparent, reliable, and democratically accountable.

As AI use expands, so do the associated risks in parliamentary settings. These risks encompass threats to data security, vulnerabilities in cybersecurity, and institutional and reputational challenges. To tackle these concerns, comprehensive safeguards must be established before AI can be reliably integrated into legislative processes. This necessitates the adoption of robust governance frameworks, cybersecurity measures, and preliminary risk assessments.

Ultimately, the deployment of AI in legislative assemblies must align with democratic principles, institutional values, and fundamental rights.

70 One of the highlights of this transformation is the "European Declaration on Digital Rights and Principles for the Digital Decade (2023)".

If implemented responsibly, AI can strengthen legislative efficiency and foster greater citizen engagement. However, without adequate oversight and regulation, AI may pose significant threats to the integrity of democratic institutions. As AI evolves, legislative assemblies must proactively shape its governance, ensuring that these technologies serve democracy rather than undermine it.

# Fallstudien – casi studio

# Il fenomeno della digitalizzazione in Italia e il suo impatto sul rapporto tra Stato e Regioni

*Sara Parolari*

**Abstract**

The chapter delves into the phenomenon of digitalization in Italy and its impact on the relationship between the State and the Regions. Digitalization is portrayed as a complex and multi-layered process that affects various sectors. The primary aim of the contribution is to analyze how the digitalization of Public Administration (PA) influences the distribution of competences between the State and the Regions, evaluating the extent to which the process is centrally directed and the degree of autonomy left to the Regions.
The chapter begins by framing the phenomenon of digitalization, followed by an analysis of relevant constitutional and legislative provisions. It then examines key rulings of the Constitutional Court that have delineated the boundaries of state competence in the realm of digitalization. Additionally, the chapter discusses the role of the Regions in the implementation phase of state provisions, with examples such as the National Recovery and Resilience Plan (PNRR).
In conclusion, the chapter offers final reflections on the role of territorial autonomies in the digitalization process and provides suggestions for greater involvement of the Regions.

*Das Kapitel untersucht das Phänomen der Digitalisierung in Italien und deren Auswirkungen auf das Verhältnis zwischen Staat und Regionen. Die Digitalisierung wird als ein komplexer und vielschichtiger Prozess beschrieben, der verschiedene Bereiche betrifft. Das Hauptziel des Beitrags ist es zu analysieren, wie die Digitalisierung der öffentlichen Verwaltung die Kompetenzverteilung zwischen Staat und Regionen beeinflusst, und zu bewerten, inwieweit der Prozess vom Zentrum gesteuert wird und welcher Handlungsspielraum den Regionen verbleibt.*
*Das Kapitel ordnet zunächst das Phänomen der Digitalisierung ein, gefolgt von einer Analyse der relevanten verfassungsrechtlichen und gesetzlichen Bestimmungen. Im Anschluss werden die wichtigsten Urteile des Verfassungsgerichtshofes untersucht, die die Grenzen der staatlichen Zuständigkeit im Bereich der Digitalisierung definiert haben. Darüber hinaus wird die Rolle der Regionen in der Umsetzungsphase der staatlichen Bestimmungen diskutiert, mit Beispielen wie dem Nationalen Wiederaufbau- und Resilienzplan.*
*Abschließend beleuchtet das Kapitel die Rolle von Territorialautonomien im Digitalisierungsprozess und schlägt eine stärkere Einbindung der Regionen vor.*

## I. Introduzione

Il fenomeno, variamente descritto e definito della digitalizzazione, è un procedimento molto ampio, lungo, stratificato e complesso, tanto che risulta difficile da inquadrare nella sua interezza, anche in ragione delle sue mutevoli e rapidissime prospettive evolutive. La nozione stessa di digitalizzazione è estremamente trasversale e incide su ambiti materiali molto diversi, al suo interno coesistendo concetti diversificati che solo parzialmente vengono a toccarsi o a tratti si sovrappongono.

Ciò detto, il presente contributo ha l'obiettivo di inquadrare il fenomeno della digitalizzazione all'interno dell'ordinamento giuridico italiano prendendo le mosse dal dato costituzionale per poi soffermarsi sui principali interventi legislativi attraverso cui l'Italia sta realizzando il processo di transizione digitale dell'amministrazione pubblica. La prospettiva di analisi che si segue è quella dell'impatto di tale processo sul riparto di competenze tra Stato e Regioni.

In altre parole, l'obiettivo del contributo è quello di comprendere quanto il processo di digitalizzazione della Pubblica Amministrazione (d'ora innanzi PA), a prescindere dai suoi specifici contenuti, sia diretto dal centro, quali spazi di manovra siano lasciati alle Regioni e, di conseguenza, quali siano i possibili elementi di criticità derivanti dall'eventuale progressiva espansione di questa materia con particolare riferimento alla sua possibile incidenza sull'autonomia regionale in senso ampio.

## II. Il quadro costituzionale e la legislazione ordinaria in materia di digitalizzazione dell'amministrazione pubblica

Per effettuare tale inquadramento, si deve partire dall'esame dal testo costituzionale, laddove si può notare come non si rinvenga alcun riferimento esplicito al fenomeno della digitalizzazione così come sopra descritto.

L'unico riferimento costituzionale che possa in qualche modo essere ricondotto a questo ambito è rinvenibile nell'articolo 117, comma 2, lett r), che affida alla competenza legislativa esclusiva statale la materia del "coordinamento informativo, statistico e informatico dei dati dell'amministrazione statale, regionale e locale".

Ebbene, è sulla base di tale previsione che si è giunti di fatto ad affermare la competenza esclusiva statale nella materia della transizione digitale della pubblica amministrazione. Alla luce della formulazione piuttosto generica di cui a tale articolo vi è, tuttavia, da chiedersi in cosa si sostanzi tale competenza, fino a che punto possa estendersi e fino a che punto lo Stato, nell'esercizio della stessa, possa andare ad incidere sulle competenze regionali costituzionalmente garantite.

Gli effettivi contorni della competenza in materia di digitalizzazione non sono, tuttavia, desumibili dal testo costituzionale che utilizza il termine piuttosto generico "coordinamento informativo e statistico", lasciando solamente intendere che la transizione digitale della PA sia un obiettivo della Repubblica, che deve garantire uniformità e interoperabilità tra i sistemi informatici delle diverse amministrazioni pubbliche ai vari livelli di governo, ma senza fornire maggiori dettagli.[1]

Allo stesso modo non permette di chiarire definitivamente la questione neppure la disciplina legislativa ordinaria più rilevante in materia ovvero in primis il Decreto legislativo n 82/2005 (cd CAD - Codice dell'Amministrazione Digitale), aggiornato più volte, da ultimo dalla Legge n 41/2023, di conversione del DL 24 febbraio 2023, n 13[2] che non si discosta di molto dal testo costituzionale.

Il CAD contiene molte delle più importanti norme indirizzate a regolare il fenomeno della digitalizzazione della Pubblica Amministrazione a tutti i livelli di governo, compreso quello regionale.

Di particolare interesse è l'art 14, dedicato ai rapporti tra Stato, Regioni e autonomie locali nella transizione digitale. La norma ribadisce la competenza statale in materia laddove afferma, al comma 1, il potere dello Stato di dettare la disciplina del coordinamento informatico dei dati dell'amministrazione statale, regionale e locale.

Allo stesso tempo, al comma 2, la disposizione riconosce l'importanza di una collaborazione virtuosa tra Stato, Regioni e autonomie locali attraverso la promozione di intese e accordi e l'adozione, attraverso la Conferenza unificata, degli indirizzi utili per realizzare gli obiettivi dell'Agenda digitale europea e nazionale e realizzare un processo di digitalizzazione dell'azione amministrativa coordinato e condiviso.

Infine, ai commi 2-bis e 2-ter sancisce un ruolo in capo alle Regioni di promozione sul territorio di azioni tese a realizzare la digitalizzazione dell'azione amministrativa.

---

1 *D'Orlando/Coppola*, La dimensione digitale dell'autonomia speciale, tra uniformità e differenziazione, federalismi.it 32 (2023), 213.

2 "Disposizioni urgenti per l'attuazione del Piano nazionale di ripresa e resilienza (PNRR) e del Piano nazionale degli investimenti complementari (PNC), nonché per l'attuazione delle politiche di coesione e della politica agricola commune".

Da queste disposizioni si evince nuovamente il ruolo decisivo della Repubblica nella promozione della transizione digitale della PA, seppur con il necessario coinvolgimento degli enti regionali che tuttavia sembrano mantenere una funzione prevalentemente attuativa di politiche decise altrove. In ogni modo, a fronte di questo impianto generale, non emerge neppure dal CAD una chiara definizione del riparto di competenze tra i vari livelli di governo nella materia digitalizzazione.

Il riparto di competenze tra i diversi livelli di governo in tema di digitalizzazione non viene definito quindi in termini puntuali né sotto il profilo costituzionale, né sotto quello legislativo, rimettendo di fatto alla Corte Costituzionale la sua concreta individuazione.

## *III. La giurisprudenza costituzionale in materia*

Per comprendere quale sia l'effettiva estensione della competenza esclusiva statale in materia occorre dunque fare riferimento alla giurisprudenza della Corte Costituzionale, che - come ormai è prassi diffusa - è intervenuta per definire meglio i contorni del potere statale vs quello regionale.

L'evoluzione della giurisprudenza costituzionale (peraltro esigua) in materia di "coordinamento informativo e statistico" ha visto la graduale affermazione da parte della Corte della legittimità di un ruolo statale piuttosto invasivo che sembra andare al di là della mera disciplina degli aspetti strettamente tecnici.

Nella prima sentenza in cui si è trovata a cimentarsi con la materia (la sent n 17/2004), la Corte ha dapprima affermato che la competenza statale è limitata a "un coordinamento meramente tecnico, per assicurare una comunanza di linguaggi, di procedure e di standard omogenei, in modo da permettere la comunicabilità tra i sistemi informatici della pubblica amministrazione". Senonché nella stessa pronuncia la Corte, da un lato, non chiarisce del tutto quali siano i limiti di tale potere statale; dall'altro, afferma che attengono al coordinamento informativo in capo allo Stato anche i profili della qualità dei servizi e della razionalizzazione della spesa in materia informatica in quanto necessari per garantire l'omogeneità nella elaborazione e trasmissione dei dati, aspetti che a ben vedere sembrano esulare da un coordinamento meramente tecnico.[3]

3 *Grazzi*, La potestà normativa nella materia dell'informatica pubblica tra coordinamento statale ed autonomia delle Regioni nella giurisprudenza della Corte e nel Codice

Nella successiva sentenza, la n 31/2005, la Corte ha ribadito la natura tecnica del potere di coordinamento, ma allo stesso tempo ha affermato che lo stesso può andare ad investire anche aspetti di carattere organizzativo laddove gli stessi siano considerati necessari per garantire omogeneità e uniformità nella elaborazione e trasmissione dei dati. In altre parole, gli interventi statali disciplinati nella legge impugnata hanno un contenuto precettivo che viene ad incidere su competenze regionali, relative, alla "materia dell'organizzazione amministrativa delle Regioni", ma sono considerati legittimi in quanto ascrivibili alla materia di competenza esclusiva dello Stato di cui alla lettera r) del secondo comma dell'art 117 Cost.

In questa sentenza, la Corte ha poi introdotto un altro elemento importante, dichiarando l'illegittimità costituzionale della norma di legge statale impugnata laddove prevedeva che in tutti i casi in cui i progetti statali in materia di digitalizzazione riguardassero l'organizzazione e la dotazione tecnologica delle Regioni e degli enti territoriali fosse sentita la Conferenza unificata, senza che tuttavia dovesse essere raggiunta l'intesa.

Lungo la linea tracciata dalla giurisprudenza innanzi citata si colloca anche la sentenza n 133 del 2008.

La Corte ha rilevato ancora una volta come l'attribuzione a livello centrale della potestà legislativa esclusiva nella materia del coordinamento informativo corrisponda alla necessità di "assicurare una comunanza di linguaggi, di procedure e di standard omogenei, in modo da permettere la comunicabilità tra i sistemi informatici della pubblica amministrazione" (cit sentenze n 31 del 2005 e n 17 del 2004). Ha ribadito poi che la disposizione impugnata deve essere interpretata nel senso che lo Stato disciplina il coordinamento informatico, oltre che per mezzo di regole tecniche, anche quando sussistano esigenze di omogeneità ovvero anche "profili di qualità dei servizi" e di "razionalizzazione della stessa", funzionali a realizzare l'intercomunicabilità tra i sistemi informatici delle amministrazioni (cit sentenza n 17 del 2004).

Ha, infine, osservato come "nel caso attualmente in esame, in cui le disposizioni legislative [statali] censurate non incidono su specifiche competenze delle Regioni, ma individuano queste ultime semplicemente come aree territoriali su cui può svolgersi la sperimentazione e come possibili soggetti interlocutori dei progetti per i quali viene autorizzata una spesa

---

dell'amministrazione digitale, in: Costanzo/Deminico/ Zaccaria (Hg), I tre codici della società dell'informazione: amministrazione digitale, comunicazioni elettroniche, contenuti audiovisivi (2006) 130 (134 ff).

d'importo non particolarmente significativo... non si ravvisano esigenze che rendano necessarie forme di coinvolgimento [regionali]".

Da ultimo, vale la pena menzionare anche la pronuncia n 251/2016 in cui la Corte ha fondato la competenza statale in materia di digitalizzazione su parametri costituzionali ulteriori rispetto all'art 117, co 2, lett r), Cost. laddove ha collegato l'intervento statale "all'esigenza primaria di offrire ai cittadini garanzie uniformi su tutto il territorio nazionale, nell'accesso ai dati personali, come pure ai servizi, esigenza che confina anche con la determinazione dei livelli essenziali delle prestazioni" (art 117, co 2, lett m), Cost); e "tanto basta per confermare la piena competenza dello Stato, coerente con l'impegno, dallo stesso assunto, di uniformarsi alle indicazioni provenienti dall'Unione europea" (art 117, co 1 Cost). Lo Stato ha quindi ampia possibilità di intervenire in questo campo anche in ragione dell'esigenza di corrispondere alle "indicazioni sancite a livello europeo" in materia di Agenda digitale.

In definitiva, ciò che emerge dalla giurisprudenza costituzionale in materia è che il coordinamento informativo è una competenza trasversale e di scopo, che può in certi casi anche trascendere il mero dato strettamente tecnico andando ad incidere anche su aspetti organizzativi della PA a tutti i livelli di governo e quindi, in definitiva, sull'autonomia regionale. Ciò trova giustificazione, da un lato, nella trasversalità della materia per la sua capacità di intersecare o incidere su una pluralità di altre materie, dall'altro, nella necessità di garantire omogeneità sul territorio nazionale, nonché di adeguarsi agli standard imposti agli Stati membri dall'UE.

Interessante notare come, per bilanciare in qualche modo il potere statale, la Corte abbia più volte affermato la necessità di assicurare il coinvolgimento degli enti autonomi territoriali in base al principio di leale collaborazione (art 120, c 2 Cost), realizzando un modello partecipato per la definizione delle politiche nazionali di digitalizzazione da concretizzare tramite il sistema delle Conferenze. Ciò peraltro come previsto esplicitamente anche dal CAD e, in particolare, dal citato art 14 che fa riferimento allo stesso concetto di partecipazione richiamato dalla Corte.

Tuttavia, dalla stessa giurisprudenza emerge chiaramente come non esista un unico modello di partecipazione valido in generale, ma più opzioni di coinvolgimento del livello substatale rimesse a una valutazione, da effettuare caso per caso, sulla base del grado di incidenza degli atti statali di coordinamento sull'organizzazione amministrativa degli enti autonomi territoriali.

Nell'un caso si dichiara l'illegittimità di una norma di legge perché non prevede il previo raggiungimento dell'intesa in Conferenza unificata (sent 31/2005); nell'altro (sent n 133/2018) si nega che il rispetto del principio di leale collaborazione imponga allo Stato di garantire alle Regioni, quando esso regoli attività di queste ultime, una forma di codeterminazione paritaria del contenuto dell'atto, cosicché la previsione di un parere (e non di una intesa) della Conferenza unificata appare del tutto idonea ad assicurare il necessario coinvolgimento delle Regioni e degli enti locali, tanto più in considerazione della natura eminentemente tecnica della disciplina di coordinamento statale.

L'effettiva partecipazione delle Regioni alla formazione delle politiche di digitalizzazione resta dunque un'eventualità e la stessa si concretizza in forme dal diverso grado di incisività per le Regioni nella consapevolezza che lo strumento istituzionale scelto, quello delle Conferenze, come è noto, non gode in generale di particolare forza politico-giuridica.

## *IV. La partecipazione regionale nella fase attuativa*

Se nella fase di elaborazione della normativa nazionale in materia il ruolo delle Regioni è variabile con gradi di incidenza diversificati ma comunque mai tali da incidere significativamente sui contenuti degli atti, nella fase di attuazione di disposizioni di livello statale il margine di manovra regionale è più ampio.

Un esempio eclatante è quello del PNRR (Piano Nazionale di Ripresa e Resilienza)[4] la cui Missione 1 è dedicata proprio al tema "Digitalizzazione, innovazione, competitività, cultura e turismo". Nella fase di definizione dei contenuti del Piano le Regioni hanno offerto un contributo minimo, non avendo avuto modo di interagire in maniera efficace tanto con le istituzioni statali, quanto con quelle dell'UE. Il coinvolgimento regionale nella predisposizione del Piano si è limitato alla possibilità, per queste, di avanzare proposte circa elementi da inserire al suo interno di cui, peraltro,

---

4 Regolamento (UE) 2021/241 del Parlamento europeo e del Consiglio, del 12 febbraio 2021, che istituisce il dispositivo per la ripresa e la resilienza.

nella larga maggioranza dei casi, non si trova alcun riscontro all'interno del testo definitivo.[5]

Un ruolo più incisivo le amministrazioni regionali lo hanno avuto, invece, nelle fasi successive, ossia quelle di proposta dei singoli progetti attuativi, della loro implementazione e monitoraggio. Sebbene all'interno della cornice generale definita dal Piano, dunque, alle Regioni è stato in questo caso riconosciuto un certo margine di indirizzo e soprattutto di esecuzione nella fase attuativa. Ciò rappresenta senza dubbio un forte incentivo per le Regioni ad investire sul proprio territorio e consegna alle autonomie territoriali una posizione molto importante nella determinazione del successo complessivo del Piano a livello nazionale.

Per quanto riguarda lo specifico ambito della digitalizzazione della PA, la possibilità di intervento regionale in fase attuativa avviene anche attraverso i piani regionali per la transizione digitale. In questo senso, alle amministrazioni regionali è riservato un ruolo per nulla secondario nella fase esecutiva delle strategie di digitalizzazione; per questo motivo esse si sono dotate di propri piani di investimento digitale, volti soprattutto all'attuazione delle strategie nazionali ed europee. In questo caso, rimane un certo margine di manovra in capo alle Regioni per definire il contenuto dei propri piani di transizione digitale rispetto ai piani nazionali, anche se di norma essi rimangono tendenzialmente all'interno degli obiettivi definiti in via statale (ad esempio, dai piani triennali AGID). Ciò nonostante, gli strumenti individuati, o l'entità e la distribuzione dei finanziamenti per ciascun intervento da realizzare variano molto da Regione a Regione, a dimostrazione che non si tratta di un'attività vincolata in tutti i suoi aspetti.[6]

## *V. La transizione digitale e l'impatto sulla materia "tutela della salute"*

Quanto detto sinora dimostra dunque come Unione Europea e Stato siano i soggetti propulsori del processo di digitalizzazione della PA avviato da alcuni anni in Italia, mentre agli enti territoriali sub-statali non siano riconosciuti margini di manovra apprezzabili, essendo alle Regioni demandata più che altro l'implementazione di provvedimenti adottati in altre sedi. Per

5 *Trapani*, Il sistema delle Conferenze e il regionalismo dimezzato: il difficile rapporto tra PNRR e Regioni alla luce delle recenti evoluzioni normative, Rivista AIC 4 (2021), 179.

6 Cfr Trentino Distretto Digitale 2026 e Alto Adige Digitale 2022-2026; Lombardia ed Emilia-Romagna, rispettivamente al secondo e terzo posto della classifica DESI 2022.

certi versi ciò risulta del tutto naturale in quanto le decisioni di natura tecnica necessitano inevitabilmente, da un lato, di specifiche competenze difficilmente rinvenibili nel contesto sub-statale, dall'altro di un'applicazione omogenea sul territorio nazionale. D'altro canto, è del tutto evidente che ciò non dovrebbe tradursi in un'indebita ingerenza statale nelle sfere di competenza regionale.

Queste considerazioni di natura generale che descrivono sinteticamente il rapporto tra Stato e Regioni con riferimento alla gestione della transizione digitale della PA, trovano conferma laddove si vada ad analizzare specifiche politiche pubbliche che, più o meno direttamente, sono state interessate dal fenomeno digitale, permettendo così di rinvenire nell'ambito delle stesse un riscontro concreto di quanto appare evidente a livello teorico.

In questo senso, esempio emblematico è quello della politica sanitaria. È noto come l'emergenza sanitaria da Covid-19 abbia accentuato in modo dirompente la spinta verso livelli sempre più avanzati di innovazione tecnologica e di digitalizzazione dei sistemi sanitari.

Si tratta di quel pacchetto di misure che viene comunemente denominato "sanità digitale" o "e-health", ovvero l'uso delle tecnologie dell'informazione e della comunicazione (ICT) a sostegno della salute e dei settori ad essa correlati. Si spazia dalle attività diagnostiche e terapeutiche (come, ad esempio, la telemedicina o il ricorso all'intelligenza artificiale per la progettazione di dispositivi medici) sino all'uso di supporti per l'archiviazione e consultazione delle informazioni cliniche dei pazienti. Questo insieme tanto variegato si fonda su una visione omogenea in base alla quale l'applicazione della tecnologia al campo medico consente il miglioramento delle prestazioni sanitarie e, al contempo, la velocizzazione dei tempi di diagnosi ed intervento, così come il contenimento della spesa sanitaria. In altre parole, qualità dell'assistenza sanitaria, ma anche efficienza ed economicità nell'erogazione delle prestazioni.

Uno dei pilastri della "sanità digitale" è certamente il Fascicolo Sanitario Elettronico (FSE) quale strumento destinato a consentire un accesso unitario alla storia clinica di ciascun utente del Servizio sanitario nazionale e a favorire così il coordinamento tra le diverse strutture sanitarie nell'assistenza individualizzata al paziente. Principio cardine di tutto ciò è l'interoperabilità dei dati ovvero la possibilità della loro consultazione su tutto il territorio nazionale e, forse, un domani, su tutto il territorio europeo, previo consenso del paziente. Quest'ultimo è proprio l'obiettivo ultimo dell'Unione Europea che punta alla realizzazione della rete informatica necessaria per garantire l'assistenza sanitaria transfrontaliera tra gli Stati Membri anche attraverso strumenti digitali.

La sanità è dunque uno dei comparti interessati dal processo di digitalizzazione avviato nel Paese ed è un settore in cui assistiamo ad un coinvolgimento di tutti i livelli di governo a partire da quello europeo sino a quello regionale e comunale, ma con margini di autonomia e profili di intervento diversificati.

Dal punto di vista costituzionale, sono due gli ambiti competenziali che vengono in rilievo: da un lato, il già menzionato "coordinamento informativo, statistico e informatico dei dati dell'amministrazione statale, regionale e locale" e dall'altro, la "tutela della salute".

Si è già detto del "coordinamento informativo, statistico e informatico dei dati dell'amministrazione statale, regionale e locale", e di come questa materia, per le sue caratteristiche e per la rapidissima espansione delle sue declinazioni pratiche, sia di fatto qualificabile come trasversale per la sua tendenza a incidere in modo fisiologico su altri ambiti, anche di competenza regionale o concorrente.

Quanto invece alla materia "tutela della salute" occorre innanzitutto ricordare come, seppur non abbia una competenza diretta, l'Unione Europea eserciti un'influenza molto forte sulle politiche sanitarie nazionali e, di conseguenza, subnazionali, tant'è che lo Stato tende ad adeguarsi in toto alle richieste provenienti dalle istituzioni europee.

Se si guarda poi alla materia "tutela della salute" all'interno del quadro costituzionale italiano si evince facilmente che la materia rientra tra quelle di competenza concorrente ex art 117, comma 3, Cost.

La disciplina della sanità digitale risulta dunque piuttosto complessa: la digitalizzazione della sanità, a livello costituzionale, da un lato, ha a che fare con la materia di competenza esclusiva statale "coordinamento informativo", ma anche con la materia di competenza concorrente "tutela della salute" e con la materia sempre di competenza concorrente, ad essa strettamente legata, del "coordinamento finanziario" ex art 117, comma 3, ma anche con i livelli essenziali delle prestazioni di cui all'art 117, co 2, lett m), Cost.

Si tratta dunque di un intreccio di competenze tale per cui le Regioni detengono la competenza concorrente in materia di tutela della salute, ma questa competenza viene spesso schiacciata dal potere di intervento statale in forza delle proprie competenze esclusive e, tra queste, anche in forza della competenza esclusiva in materia di coordinamento informativo che incide sulla prima riducendone la portata. Questo perché lo Stato in forza di questa competenza non solo interviene sempre più spesso ma lo fa anche disciplinando i dettagli, cioè non fa solo "coordinamento", ma va spesso oltre il dato tecnico (non si tratta solo di introdurre una banca dati comune per intenderci).

In definitiva, in questo panorama alle Regioni resta frequentemente un mero ruolo attuativo che si traduce prevalentemente nel dare esecuzione a dettami statali: si pensi proprio al caso del FSE in cui lo Stato norma compiutamente la materia, accentrando verso di sé le scelte e lascia la sola attuazione alle singole Regioni, riservandosi di intervenire in forza del potere sostitutivo ex art 120 Cost.

## *VI. Quale margine per l'autonomia regionale nel processo di digitalizzazione della PA: alcune riflessioni conclusive*

Una prima riflessione conclusiva sul tema della transizione digitale nell'ordinamento italiano riguarda il ruolo di secondaria importanza rivestito dalle autonomie territoriali nel processo di digitalizzazione della società e della Pubblica Amministrazione, specialmente dal punto di vista della produzione legislativa.

Nonostante questa materia abbia ormai una grande importanza nelle politiche pubbliche e incida in molti casi anche sulle amministrazioni regionali, queste ultime non hanno modo di intervenire in maniera sufficiente nella fase di elaborazione delle leggi e dei piani di riforma e investimento.

Si ritiene tuttavia necessario segnalare il fatto che questo "dominio statale" in materia legislativa non sembra trovare un appiglio certo né nel testo costituzionale, né nella giurisprudenza della Corte, in quanto l'espansione del contenuto del "coordinamento" affidato in via esclusiva allo Stato in materia di transizione digitale sembra sia avvenuto soprattutto in via di prassi. Pertanto, le Regioni rimarrebbero, formalmente, dotate di un certo margine di intervento anche legislativo in materia, potendo disciplinare nel dettaglio gli interventi di digitalizzazione nel rispetto degli atti statali di coordinamento.

In verità, il margine di intervento regionale nel determinare le politiche nazionali si limita nella maggior parte dei casi alla consultazione all'interno del sistema delle Conferenze, elemento certamente rilevante, ma che in molti casi non è sufficiente a garantire un effettivo potere di influenza delle stesse in questa materia, specialmente qualora lo strumento richiesto sia quello del parere, invece che dell'intesa.

Il ruolo regionale è invece ben più marcato con riferimento alla fase esecutiva delle leggi e attuativa dei piani di riforma e investimento. Alle amministrazioni regionali è riconosciuta una posizione di rilievo con riferimento alla concreta determinazione e realizzazione degli interventi locali in materia di digitalizzazione; anche nel caso del PNRR, come si è visto, le Regioni non hanno avuto modo di incidere nella fase di stesura del Piano, ma rivestono un ruolo importante nella sua realizzazione effettiva, sempre nel rispetto dei principi e degli obiettivi ivi sanciti a livello statale.

Sebbene sia importante operare in maniera uniforme con riferimento al procedimento di raccolta, conservazione, trattamento ed elaborazione dei dati, così come sia importante garantire una prestazione di servizi digitali che rispetti gli standard previsti per legge, al contempo è necessario tutelare la specialità e valorizzare le specificità regionali. Non può essere accettabile un sistema in cui il contenuto e gli obiettivi delle norme sulla transizione siano decisi a livello statale ed europeo, mentre alle amministrazioni regionali residua quasi esclusivamente il compito di adottare misure esecutive per raggiungere tali obiettivi.

Il risultato da raggiungere è quindi quello di contemperare i ragionevoli fattori che depongono in favore di una centralizzazione delle politiche sulla transizione digitale e una maggiore valorizzazione del ruolo delle autonomie regionali, specialmente in tutti quei casi in cui tali politiche vadano ad incidere anche su materie riservate dalla Costituzione alla competenza esclusiva o concorrente delle Regioni.

Sarebbe allora opportuno potenziare il ruolo del sistema delle Conferenze nella fase istruttoria dei provvedimenti normativi in tema di transizione digitale, specialmente qualora essi possano interessare anche materie di competenza regionale. Le Regioni dovrebbero avere modo di incidere in maniera efficace sul contenuto normativo di tali provvedimenti mediante un confronto attivo e costruttivo tra le parti.

Una strategia ambiziosa in questo senso potrebbe consistere nel richiedere più frequentemente lo strumento dell'intesa durante la fase istruttoria degli atti legislativi e dei regolamenti del Governo concernenti la transizione digitale. Un approccio di questo genere potrebbe garantire una maggiore rappresentanza delle esigenze territoriali (in quanto, come detto, le intese, ove previste, sono obbligatorie e vincolanti, a differenza del parere).

Se a ciò si accompagnassero più ampi margini di intervento legislativo regionale, finalizzati a migliorare ulteriormente il livello dei servizi digitali offerti (qualora una Regione avesse già raggiunto gli obiettivi posti a livello nazionale) mediante investimenti regionali che implementino misure ancor più innovative rispetto a quelle previste dai piani nazionali, si potrebbe allora parlare compiutamente di "Regioni digitali" come co-legislatori, e non solo co-amministratori.

# Die Digitalisierung und Südtirols Autonomie

*Philipp Rossi*

**Abstract**

This contribution aims to analyze the effects of digitalization on South Tyrol's special autonomy. Therefore, at the outset, a reconstruction of the competences on which the Autonomous Province can base an autonomous regulation of the digital transition is proposed. Although the Autonomy Statute does not contain any express reference to this area, the Province does have primary competence in the matter of the "organization of provincial offices and personnel" (Art 8, no 1 of the Autonomy Statute), to which the Constitutional Court has in the past also referred the regulation of administrative procedure.

The analysis will, therefore, focus on the effects of the 2001 reform of Title V of the Constitution on the special autonomy. Within that reform, the exclusive legislative competence of the State on the subject of the 'statistical and computerized coordination of data of the state, regional and local administration' (Article 117, paragraph 2, letter r) of the Constitution) was introduced.

The analysis will then focus on certain areas – statistical surveys, administrative procedures, data management, infrastructure, and databases – that are particularly relevant in the context of the digital transition. Finally, several proposals for the implementation of a digital autonomy will be reviewed, consisting of the inclusion of a special digitization competence in the Statute of Autonomy or the issuance of an enactment decree.

*Il presente contributo si propone di analizzare gli effetti della digitalizzazione sull'autonomia speciale dell'Alto Adige/*Südtirol. *Viene pertanto anzitutto proposta una ricostruzione delle competenze sulle quali la Provincia autonoma può fondare una disciplina autonoma della transizione digitale. Sebbene lo Statuto speciale non contenga alcun riferimento espresso a tale ambito, la Provincia dispone di competenza primaria in materia di "ordinamento degli uffici provinciali e del personale ad essi addetto" (art 8, nr 1 dello Statuto speciale), a cui la Corte costituzionale ha in passato ricondotto altresì la disciplina del procedimento amministrativo.*

*L'analisi verterà quindi sugli effetti della riforma del Titolo V della Costituzione del 2001, nell'ambito della quale è stata in particolare introdotta la competenza legislativa esclusiva dello Stato in materia di "coordinamento informativo statistico e informatico dei dati dell'amministrazione statale, regionale e locale" (art 117, comma secondo, lit r) Cost), sull'autonomia speciale.*

*La disamina si concentrerà quindi su alcuni ambiti – le rilevazioni statistiche, il procedimento amministrativo, la gestione dei dati, le infrastrutture e la banca dati – che assumono particolare rilevanza nell'ambito della transizione digitale. Infine, saranno passate in rassegna alcune proposte per l'attuazione di una autonomia digitale, che consistono nell'inserimento di un'apposita competenza in materia di digitalizzazione nello Statuto di autonomia ovvero nell'emanazione di una norma di attuazione* ad hoc.

## I. Einführung

Der Begriff Digitalisierung beschreibt den Einsatz der Informations- und Kommunikationstechnologien in den verschiedenen Lebens-, Arbeits- und Wirtschaftsbereichen.[1] Bereits frühzeitig wurde erkannt, dass ein solcher Wandlungsprozess eine Neudefinition der gewohnten politischen, wirtschaftlichen und sozialen Strukturen erfordert.[2] Informations- und Kommunikationstechnologien sind mittlerweile weit mehr als rein operative Hilfsmittel,[3] sondern bedingen vielmehr eine neue Herangehensweise an die umgebende Wirklichkeit.[4]

Im Mehrebenensystem, in welchem Gesetzgebungs- und Verwaltungsbefugnisse auf mehreren Ebenen verteilt sind, und insbesondere in Zusammenhang mit der völkerrechtlich und verfassungsrechtlich verankerten Sonderautonomie Südtirols stellt sich die Frage, wie sich die digitale Transformation mit dem Grundsatz der Differenzierung in Einklang bringen lässt. Im vorliegenden Beitrag soll insbesondere erörtert werden, wie sich die Digitalisierung aus verfassungsrechtlicher bzw innerstaatlicher Perspektive[5] auf die autonomen Befugnisse des Landes Südtirol auswirkt und insbesondere ob dadurch eine Erweiterung oder eine Eingrenzung der Gestaltungsspielräume des Landes einhergeht.

Im Folgenden wird zunächst untersucht, welche Kompetenzgrundlagen für eine eigenständige Regelung der Digitalisierung durch das Land im Autonomiestatut bestehen. Anschließend werden die Auswirkungen der Verfassungsreform von 2001 und insbesondere die mögliche Anwendung der ausschließlich staatlichen Gesetzgebungsbefugnis auf dem Gebiet der „Koordinierung der statistischen Information und informatischen Koordinierung der Daten der staatlichen, regionalen und örtlichen Verwaltung" (Art 117 Abs 2 lit r Verf) auf die Südtiroler Sonderautonomie beleuchtet. In weiterer Folge werden die Auswirkungen der Digitalisierung auf den

1 Für eine umfangreichere Begriffsdefinition wird auf den Beitrag von *Elia Aureli* in diesem Band verwiesen.

2 In diesem Sinne etwa *Warasin/Ortino*, Die europäische Informationsgesellschaft. La società dell'informazione europea (2001) 16.

3 *D'Orlando/Orsoni*, La digitalizzazione e l'organizzazione della pubblica amministrazione, Istituzioni del Federalismo 2 (2023) 279 (279).

4 *Marongiu* spricht insbesondere von einem neuen „*modus operandi*" (*Marongiu*, Digitalizzazione e rapporti tra livelli di governo, in: Cammarota/Zuddas (Hg), Amministrazione elettronica. Caratteri, finalità, limiti (2020) 115 (119).

5 Bzgl der unionsrechtlichen Rahmenbedingungen und deren Auswirkungen auf die Autonomie Südtirols wird auf den Beitrag von *Walter Obwexer* in diesem Band verwiesen.

Minderheitenschutz in Südtirol erörtert. Sodann wird die Gestaltung der digitalen Transformation in den ausgewählten Bereichen Verwaltungsverfahren, Datenverarbeitung und Statistik sowie Infrastruktur und Breitband untersucht. Auf dieser Grundlage werden anschließend im Ausblick mögliche Lösungen für eine zukünftige Absicherung einer digitalen Landesautonomie behandelt.

## *II. Digitalisierung im Autonomiestatut*

Im Autonomiestatut[6] findet sich keine ausdrückliche Zuständigkeit des Landes Südtirol im Bereich der Digitalisierung bzw der Informatisierung oder des Einsatzes der Informations- und Kommunikationstechnologien. Dieser Umstand ist mit hoher Wahrscheinlichkeit darauf zurückzuführen, dass diesem Bereich zum Zeitpunkt des Entstehens des Autonomiestatuts noch keine eigenständige Bedeutung zugesprochen wurde.

Nichtsdestotrotz finden sich im Autonomiestatut (ASt) eine Reihe von Kompetenztatbeständen,[7] anhand deren die Zuständigkeit des Landesgesetzgebers zum Erlass von Bestimmungen in Zusammenhang mit der Digitalisierung begründet werden kann. Es handelt sich zunächst um die primäre Kompetenz im Bereich der „Ordnung der Landesämter und des zugeordneten Personals" (Art 8 Nr 1 ASt). Auf den Kompetenztatbestand der Ämterordnung führte der Verfassungsgerichtshof auch die Regelung des Verwaltungsverfahrens in jenen Bereichen zurück, in denen das Land Südtirol über Gesetzgebungs- bzw Verwaltungsbefugnis verfügt, da seiner Ansicht nach ein „natürlicher Zusammenhang zwischen der Regelung des Verwaltungsverfahrens und der Zuständigkeit auf dem Gebiet der Ämterordnung besteht".[8] Geht man weiters davon aus, dass es sich bei der Digitalisierung um ein transversales Phänomen handelt, das sich auf eine Vielzahl von Materien auswirkt, finden sich weitere Kompetenzgrundlagen, anhand derer das Land Gesetzesbestimmungen zur Regelung des digitalen Wandels erlassen darf, in den einzelnen Sachgebieten bzw Materien, in denen der

6 Dekret des Präsidenten der Republik (DPR) Nr 670 vom 31.08.1972, GA Nr 301 vom 20.11.1972.

7 Zur Gesetzgebungskompetenz des Landes vgl insb *Cosulich/Happacher*, Le materie di competenza legislativa provinciale, in: Casonato/Happacher/Rossi/Toniatti (Hg), Lineamenti di diritto costituzionale della Regione autonoma Trentino-Alto Adige/*Südtirol* e delle Province autonome di Trento e di Bolzano/*Südtirol* (2024) 217.

8 VfGH Urteil Nr 465/1991, RE Pkt 2.

Landesgesetzgeber nach dem Autonomiestatut über Gesetzgebungsbefugnis verfügt.

Auch in den Durchführungsbestimmungen[9] zum Autonomiestatut findet sich keine Übertragung einer Zuständigkeit im Bereich der Digitalisierung an das Land Südtirol. Allerdings finden sich punktuelle Regelungen über den Austausch von Daten und die Verwendung von Informationssystemen, etwa im Bereich der Volkszählung,[10] der Kreditanstalten regionalen Charakters,[11] der Energie,[12] des Rechnungshofes,[13] des Kraftfahrzeugwesens,[14] der Lohnausgleichskasse, Arbeitslosigkeit und Mobilität[15] sowie der telematischen Sprachgruppenerhebung.[16] Diese auf das konkrete Sachgebiet bezogenen Regelungen verdeutlichen, dass zum Teil bereits vor dem Aufkommen der digitalen Transformation ein Bewusstsein über die Bedeutung der Datenverwaltung und der Hoheit über Daten und Datenbanken bestand.

## *III. Auswirkungen der Verfassungsreform von 2001*

Das Verfassungsgesetz vom 18. Oktober 2001, Nr 3[17] änderte das Kompetenzverteilungsgefüge bekanntlich dahingehend, dass der Staat nunmehr über die ausschließliche Gesetzgebungsbefugnis in den von Art 117 Abs 2 Verf aufgezählten Bereichen verfügt.[18] Darunter findet sich die „Koordinierung der statistischen Information und informatische Koordinierung der Daten der staatlichen, regionalen und örtlichen Verwaltung" (Art 117 Abs 2 lit r Verf). Dieser Kompetenztatbestand beschränkte der Verfassungsgerichtshof in seiner frühen Rechtsprechung auf „eine rein technische Koordinierung, um eine Gemeinsamkeit der Sprachen, Verfahren und homo-

---

9 Dazu insb *Cosulich*, Il decreto legislativo di attuazione statutaria nelle regioni ad autonomia speciale (2017).

10 DPR vom 26. Juli 1976, Nr 752, GA Nr 304 vom 15.11.1976.

11 DPR vom 26. März 1977, Nr 234, GA Nr 146 vom 31.05.1977.

12 DPR vom 26. März 1977, Nr 235, GA Nr 146 vom 31.05.1977.

13 DPR vom 15. Juli 1988, Nr 305, GA Nr 178 vom 30.07.1988.

14 Gesetzesvertretendes Dekret (GvD) vom 21. September 1995, Nr. 429, GA Nr 245 vom 19.10.1995, und GvD vom 3. März 2016, Nr. 43, GA Nr 73 vom 29.03.2016.

15 GvD vom 5. März 2013, Nr. 28, GA Nr 28 vom 03.04.2013.

16 GvD vom 4. Oktober 2021, Nr 150, GA Nr 263 vom 04.01.2021.

17 GA Nr 248 vom 24.10.2001.

18 Zur ausschließlichen Gesetzgebungskompetenz des Staates nach Art 117 Abs 2 Verf vgl insbesondere *Olivetti*, Rilievi sparsi sulle funzioni legislative statali e regionali nel nuovo titolo V, vent'anni dopo, federalismi.it 20 (2022).

genen Standards zu gewährleisten, sodass die Kommunikation zwischen den Informationssystemen der öffentlichen Verwaltung möglich ist".[19] Nach und nach dehnte der Verfassungsgerichtshof den Anwendungsbereich von Art 117 Abs 2 lit r Verf aus – etwa bzgl der verpflichtenden Verwendung einheitlicher staatlicher Datenbanken und Informationssysteme, der Regelung des Einheitsschalters für wirtschaftliche Tätigkeiten und der Übermittlung von Daten –,[20] ehe auch die Neuordnung von Verwaltungsverfahren, die auch Sachgebiete regionaler Zuständigkeit betreffen, auf die staatliche IT-Koordinierungskompetenz zurückgeführt wurde, zumal gemäß dem Verfassungsgerichtshof die Notwendigkeit besteht „den Bürgern auf dem gesamten Staatsgebiet einheitliche Garantien für den Zugang zu personenbezogenen Daten und zu Dienstleistungen zu bieten, eine Anforderung, die auf die Festlegung der wesentlichen Standards der Leistungen zurückzuführen ist".[21]

Gemäß Art 10 VerfG Nr 3/2001 „finden die Bestimmungen dieses Verfassungsgesetztes auch in den Regionen mit Sonderstatut und in den Autonomen Provinzen Trient und Bozen Anwendung, und zwar für die Teile, in denen Formen der Autonomie vorgesehen werden, welche über die bereits zuerkannten hinausgehen". Dabei handelt es sich um eine Schutz- bzw Günstigkeitsklausel,[22] wonach das Land auch nach dem Inkrafttreten des VerfG Nr 3/2001 über die ihm bereits im Rahmen der Sonderautonomie übertragenen Gesetzgebungs- und Verwaltungsbefugnisse weiterhin verfügt.[23] Diese interpretierte der Verfassungsgerichtshof im Sinne eines Grundsatzes der Einheitlichkeit der Institute;[24] demnach sind auf die statu-

---

19 VfGH Urteil Nr 17/2004, RE Pkt 9.1. Dazzi *Costantino*, Autonomia dell'amministrazione e innovazione digitale (2012) 50, *D'Orlando*, Profili costituzionali dell'amministrazione digitale, Il Diritto dell'informazione e dell'informatica 2 (2011) 213 (223) und *Marongiu*, Digitalizzazione 124.

20 Dazu insb *Lazzaro*, Coordinamento informativo e pubbliche amministrazioni, Istituzioni del federalismo 3 (2011) 659.

21 VfGH Urteil Nr 251/2016 RE Pkt 4.1.1. Dazu *Pesce*, Digital first. Amministrazione digitale: genesi, sviluppo, prospettive (2018) 125.

22 Dazu insb *Haller*, Südtirols Minderheitenschutzsystem. Grundlagen, Entwicklungen und aktuelle Herausforderungen aus völker- und verfassungsrechtlicher Sicht (2021) 325 ff.

23 Dazu *Happacher/Palermo/Parolari*, Die autonomen Gesetzgebungs- und Verwaltungskompetenzen des Landes Südtirol, in: Obwexer/Happacher/Baroncelli (Hg), EU-Mitgliedschaft und Südtirols Autonomie (2015) 45 (69).

24 Dazu *Pajno*, La sostituzione tra gli enti territoriali nel sistema costituzionale italiano (2007) 239.

tarischen Sachgebiete, sofern diese umfangreicher als die neuen regionalen Befugnisse nach Art 117 Verf sind, weiterhin die statutarischen Schranken anzuwenden.[25]

Einschränkungen der Sonderautonomie ergeben sich jedoch durch die Ausdehnung der staatlichen Gesetzgebung im Bereich der ausschließlichen Gesetzgebungsbefugnisse des Staates nach Art 117 Abs 2 Verf auf die Sonderautonomie; bisweilen setzt der Verfassungsgerichtshof diese Gesetzgebung den statutarischen Schranken und insbesondere den grundlegenden Bestimmungen der wirtschaftlich-sozialen Reformen der Republik gleich,[26] bisweilen bestätigt der Verfassungsgerichtshof die direkte Anwendbarkeit der ausschließlich staatlichen Gesetzgebungsbefugnisse auf die Sonderautonomie,[27] was jedoch einer faktischen Aushöhlung der Schutzklausel gleichkommt. Im Urteil Nr 119/2019 beharrte der Verfassungsgerichtshof wiederum auf der Trennung zwischen dem System des Sonderstatuts und dem von Art 117 Verf definierten Kompetenzverteilungssystem und erachtete die Voraussetzungen als nicht gegeben, um „auf die Region mit Sonderstatut den V. Titel der Verfassung an der Stelle des Sonderstatuts anzuwenden".[28]

Im Zusammenhang mit der Digitalisierung stellt sich insbesondere die Frage, ob die ausschließliche Gesetzgebungskompetenz des Staates auf dem Gebiet der „Koordinierung der statistischen Information und informatischen Koordinierung der Daten der staatlichen, regionalen und örtlichen Verwaltung" gemäß Art 117 Abs 2 lit r Verf auf die Sonderautonomien und insbesondere auf Südtirol anwendbar ist oder nicht. Diese Frage wird vom Verfassungsgerichtshof unterschiedlich beantwortet. So erachtet er im Urteil Nr 398/2006 eine mögliche Anwendung des fraglichen Kompetenztatbestandes auf die Sonderautonomien als „nicht vom Rekurssteller begründet".[29] In mehreren Urteilen befindet der Verfassungsgerichtshof hingegen, Art 117 Abs 2 lit r Verf sei auf sämtliche Regionen anwendbar, und nimmt

25 VfGH Urteil Nr 370/2003 RE Pkt 3.2.

26 Etwa VfGH Urteil Nr 536/2002 RE Pkt 5 und VfGH Urteil Nr 112/2011 RE Pkt 3. Dazu *Parisi*, La competenza residuale, Le Regioni 2-3 (2011) 341.

27 Etwa VfGH Urteil Nr 387/2008 RE Pkt 5.1 und VfGH Urteil Nr 299/2012 RE Pkt 6.1. Dazu *Ruggiu*, Le nuove materie spettanti alle Regioni speciali in virtù dell'art. 10, legge costituzionale 3/2001, Le Regioni 5 (2011) 775 (813).

28 VfGH Urteil Nr 119/2019 RE Pkt 2. Dazu *Haller*, Südtirols Minderheitenschutzsystem 339.

29 VfGH Urteil Nr 398/2006 RE Pkt 5.3.

keine Unterscheidung hinsichtlich der Sonderautonomien vor.[30] So vertritt der Verfassungsgerichtshof im Urteil Nr 159/2008 die Auffassung, die fragliche Koordinierungskompetenz sei „auch auf die regionalen Sonderautonomien anwendbar",[31] ohne jedoch eine weitere Begründung anzuführen. Besonders hervorzuheben ist hingegen die Überlegung, anhand derer der Verfassungsgerichtshof im Urteil Nr 54/2014, das die Autonome Region Friaul-Julisch Venetien betrifft, die Ausdehnung der ausschließlich staatlichen Gesetzgebungskompetenz nach Art 117 Abs 2 lit r Verf begründet. Demnach falle das Sachgebiet der statistischen und informatischen Koordinierung in die ausschließliche Zuständigkeit des Staates, da diese Materie im Sonderstatut nicht als primäre oder sekundäre regionale Kompetenz aufgezählt ist.[32] Eine solche Begründung steht allerdings im Widerspruch zur Schutzklausel nach Art 10 VerfG Nr 3/2001, da in diesem Sachverhalt durch den neuen Kompetenztatbestand der IT-Koordinierungsbefugnis eine bloße Einschränkung der Regional- bzw Landeskompetenzen entsteht. Diese Einschränkung lässt sich zudem nicht mit dem vom Verfassungsgerichtshof entwickelten Grundsatz der Einheitlichkeit der Institute vereinbaren, da im vorliegenden Fall auch nicht im Gegenzug etwaige für die Region bzw für das Land vorteilhafte Aspekte der Reform zur Anwendung kommen.

Hinsichtlich der Anwendung der IT-Koordinierungskompetenz nach Art 117 Abs 2 lit r Verf auf die Südtiroler Sonderautonomie äußerte sich der Verfassungsgerichtshof im Zusammenhang mit einem vom Land Südtirol erhobenen Befugniskonflikt gegen einen Beschluss des Gesundheitsministeriums,[33] der die verpflichtende Verwendung einer staatlichen Datenbank über die Tierzucht vorsieht. Das Land sah dabei ua die primäre Kompetenz im Sachbereich „Landwirtschaft, Forstwirtschaft und Forstpersonal, Vieh- und Fischbestand, Pflanzenschutzanstalten, landwirtschaftliche Konsortien und landwirtschaftliche Versuchsanstalten, Hagelabwehr, Bodenverbesserung" (Art 8 Nr 21 ASt) verletzt. Der Verfassungsgerichtshof begründete in diesem Zusammenhang die staatliche Zuständigkeit auch unter Bezugnahme auf die IT-Koordinierungskompetenz.[34]

---

30 Etwa VfGH Urteil Nr 35/2005 RE Pkt 4; 240/2007 RE Pkt 7; 159/2008 RE Pkt 9; 54/2014 RE Pkt 6.2; 270/2016 RE Pkt 3.12.

31 VfGH Urteil Nr 159/2008 RE Pkt 9.

32 VfGH Urteil Nr 54/2014 RE Pkt 6.2.

33 Beschluss des Gesundheitsministeriums vom 28. Mai 2015 (GA Nr 144 vom 24.06.2015).

34 VfGH Urteil Nr 270/2016 RE Pkt 3.6.

Da der Verfassungsgerichtshof die Verwaltungstätigkeit in ihrer Gesamtheit als Leistung definiert, „wobei der Staat dafür zuständig ist, die entsprechenden ‚wesentlichen Leistungen' festzulegen",[35] ergeben sich Einschränkungen der Landeskompetenzen auch durch die ausschließliche staatliche Zuständigkeit auf dem Gebiet der „Festsetzung der wesentlichen Leistungen im Rahmen der bürgerlichen und sozialen Grundrechte, die im ganzen Staatsgebiet gewährleistet sein müssen" (Art 117 Abs 2 lit m Verf), die laut dem Verfassungsgerichtshof auch auf die Sonderautonomien anwendbar ist.[36] Dies bedeutet, dass der Landesgesetzgeber das von der Staatsgesetzgebung insbesondere im Gesetz über die Verwaltungstätigkeit und das Verwaltungsverfahren (Gesetz vom 7. August 1990, Nr 241)[37] vorgegebene Mindestniveau keinesfalls unterschreiten, sondern allenfalls höhere Standards festlegen darf. Hinsichtlich der Digitalisierung ist vor allem festzuhalten, dass der Verfassungsgerichtshof die Verfassungsmäßigkeit einer einheitlichen staatlichen Regelung des digitalen Verwaltungsverfahrens auch in Sachgebieten von regionaler bzw Landeszuständigkeit unter Berufung auf Art 117 Abs 2 lit m Verf begründet, da „eine vorrangige Notwendigkeit besteht, den Bürgern auf dem gesamten Staatsgebiet einheitliche Garantien für den Zugang zu personenbezogenen Daten sowie zu den (digitalen) Dienstleistungen"[38] zu gewährleisten.

Einschränkungen der Landeskompetenz ergeben sich weiters auch dadurch, dass in der ordentlichen staatlichen Gesetzgebung auf dem Gebiet der Digitalisierung – etwa im Kodex der digitalen Verwaltung (Gesetzesvertretendes Dekret vom 7. März 2005, Nr 82)[39], in den Bestimmungen über die Transparenz der öffentlichen Verwaltungen (Gesetzesvertretendes

---

35 VfGH Urteil Nr 207/2012 RE Pkt 4.4.

36 Etwa VfGH Nr 88/2003 RE Pkt 4. Dazu *Belletti*, I "livelli essenziali delle prestazioni concernenti i diritti civili e sociali..." alla prova della giurisprudenza costituzionale. Alla ricerca del parametro plausibile..., Istituzioni del federalismo 3-4 (2003) 613 (633). Zu den konkreten Auswirkungen auf die Sonderautonomie Südtirols vgl *Haller*, Südtirols Minderheitenschutzsystem 522.

37 GA Nr 192 vom 18.08.1990. Nach dem Inkrafttreten des VerfG Nr 3/2001 hat der Verfassungsgerichtshof mehrere Bestimmungen des Gesetzes als wesentliche Leistungen nach Art 117 Abs 2 lit m Verf eingeordnet (dazu VfGH Urteil Nr 207/2012 RE Pkt 4.4.1).

38 VfGH Urteil Nr 251/2016 RE Pkt 4.1.1.

39 GA Nr 112 vom 16.05.2005, Ord Beiblatt 93. Zur in Art 14 GvD Nr 82/2005 enthaltenen Regelung der Verhältnisse zwischen Staat, Regionen und örtlichen Autonomien wird auf den Beitrag von *Sara Parolari* in diesem Band verwiesen.

Dekret vom 14. März 2013, Nr 33)[40] oder neuerlich im Bereich der Cybersicherheit (Gesetzesdekret vom 14. Juni 2021, Nr 82)[41] – kaum zwischen Regionen mit Normal- und Sonderstatut unterschieden wird.

Konkrete Zentralisierungstendenzen, die nicht nur Südtirol bzw die Sonderautonomien als solche, sondern vielmehr die Regionen in ihrer Gesamtheit betreffen,[42] ergeben sich insbesondere durch die Pflicht zur Verwendung einheitlicher Datenbanken, Anwendungen und Plattformen sowie durch die Festlegung technischer Regelungen auf staatlicher Ebene. Bei letzteren handelt es sich vielfach um Regelungen, die zwar formal rein technische bzw informatische Aspekte betreffen, sich aber in Wahrheit auf die Ausübung der einschlägigen Kompetenztatbestände, die in die Zuständigkeit des Landes fallen, auswirken. Ein Beispiel hierfür bilden die mit Ministerialdekret vom 20. Mai 2022[43] erlassenen Richtlinien zur Umsetzung der Elektronischen Gesundheitsakte.[44]

## *IV. Digitalisierung und Minderheitenschutz*

Für Südtirol stellt sich in Anbetracht der mit dem Pariser Vertrag eingegangenen völkerrechtlichen Verpflichtungen auf dem Gebiet des Minderheitenschutzes[45] sowie des entsprechenden, in Art 6 Verf verankerten Verfassungsgrundsatzes[46] in Zusammenhang mit der Digitalisierung die Frage nach der Zweisprachigkeit gesamtstaatlicher Datenbanken, Software und Anwendungen, sofern deren Nutzung auch für Südtirol von der Staatsgesetzgebung verpflichtend vorgeschrieben ist. Gemäß Art 100 Abs 1 ASt haben die deutschsprachigen BürgerInnen Südtirols bekanntlich das Recht,

---

40 GA Nr 80 vom 05.04.2013.

41 GA Nr 140 vom 14.06.2021.

42 Zur Kompetenzverteilung hinsichtlich der Regionen mit Normalstatut wird auf den Beitrag von *Sara Parolari* in diesem Band verwiesen.

43 GA Nr 160 vom 11.07.2022.

44 Dazu *Maccabiani,* Tra coordinamento informativo e livelli essenziali delle prestazioni: il caso del Fascicolo Sanitario Elettronico, federalismi.it 12 (2023) 250 (255 ff.). Zur Auswirkung der Digitalisierung auf die Kompetenzverteilung zwischen Staat und Regionen im Gesundheitsbereich wird auch auf den Beitrag von *Sara Parolari* in diesem Band verwiesen.

45 Dazu *D'Atena*, Der verfassungsrechtliche Minderheitenschutz und die Rolle des Pariser Vertrags, in: Obwexer/Pfanzelter (Hg), 70 Jahre Pariser Vertrag (2017) 155.

46 Dazu *Panzeri*, La tutela dei diritti linguistici nella Repubblica delle autonomie (2016) 39 ff.

„im Verkehr mit den Gerichtsämtern und mit den Organen und Ämtern der öffentlichen Verwaltung, die ihren Sitz in der Provinz haben oder regionale Zuständigkeit besitzen, sowie mit den Konzessionsunternehmen, die in der Provinz öffentliche Dienste versehen, ihre Sprache zu gebrauchen".[47] Mit der Durchführungsbestimmung DPR vom 15. Juli 1998, Nr 574[48] wurde dieses Recht in weiterer Folge konkretisiert.[49] In der Bestimmung wird nicht ausdrücklich auf die damals noch weniger im Fokus stehende Frage der Ausgestaltung von Informationssystemen, Webseiten oÄ Bezug genommen. Jedoch ist auf der Grundlage einer teleologischen Auslegung, die die seit dem Erlass des DPR Nr 574/1988 erfolgte technologische Entwicklung berücksichtigt, anzunehmen, dass das Recht auf Gebrauch der Sprache ein Zurverfügungstellen einer auch deutschsprachigen Version erfordert.

Mit der Frage nach der Zweisprachigkeit einer gesamtstaatlichen Datenbank befasste sich der Verfassungsgerichtshof bisher im Zusammenhang mit einem vom Land Südtirol angestrebten Befugniskonflikt gegen einen Beschluss des Gesundheitsministeriums,[50] der die verpflichtende Verwendung der nur in italienischer Sprache verfügbaren sog Staatlichen Datenbank des Viehzuchtregisters (*Banca dati nazionale dell'anagrafe zootecnica*) vorsah. Das Land beanstandete neben der Verletzung der eigenen primären Kompetenz auf dem Sachgebiet der „Landwirtschaft, Forstwirtschaft und Forstpersonal, Vieh- und Fischbestand, Pflanzenschutzanstalten, landwirtschaftliche Konsortien und landwirtschaftliche Versuchsanstalten, Hagelabwehr, Bodenverbesserung" (Art 8 Nr 21 ASt)[51] eine Nichteinhaltung des in Art 99 ASt verankerten Rechts auf Gebrauch der Muttersprache. Im Urteil Nr 270/2016 stellte der Verfassungsgerichtshof allerdings lediglich fest, dass „der Schutz der Zweisprachigkeit Gegenstand eines äußerst komplexen Regelungswerkes ist"[52], ohne jedoch auf die Beschwerde des Landes konkret einzugehen. Vielmehr begründete der Verfassungsgerichts-

---

47 Dazu *Volgger*, L'uso della lingua tedesca nei servizi pubblici, in: Baroncelli (Hg), Regioni a statuto speciale e tutela della lingua. Quale apporto per l'integrazione sociale e politica (2017) 111 (111 f.).

48 GA Nr 105 vom 08.05.1989. Deutsche Übersetzung im Ord Beibl zum ABl Nr 41 vom 19.09.1989.

49 Dazu *Zeller*, Der Gebrauch der Sprachen in der öffentlichen Verwaltung, bei Gericht sowie in der Ortsnamengebung, in: Obwexer/Happacher (Hg), Südtirols Autonomie gestern, heute und morgen. 50 Jahre Zweites Autonomiestatut: Rück-, Ein- und Ausblicke (2023) 73.

50 Beschluss des Gesundheitsministeriums vom 28. Mai 2015. Vgl oben Kap. 3.

51 Dazu oben Kap. III.

52 VfGH Urteil Nr 270/2016 RE Pkt 5.1.

hof die Rechtmäßigkeit des fraglichen Ministerialbeschlusses damit, dass alle Regionen und Autonomen Provinzen an der Regelung der staatlichen Datenbank mitgewirkt hätten, zumal ein entsprechendes Einvernehmen in der Staat-Regionen-Konferenz eingeholt worden war. Da im vom Land erhobenen Befugniskonflikt kein Verweis auf das Einvernehmen und auf etwaige nachträglich hinzugetretene Hinderungsgründe enthalten waren, befand der Verfassungsgerichtshof die Beschwerde für unzulässig.[53]

Dem Verfassungsgerichtshof zufolge hätte das Land Südtirol folglich die Beschwerde über die fehlende Einhaltung von insbesondere Art 100 ASt im Rahmen der Staat-Regionen-Konferenz vorbringen müssen. Diese Argumentation berücksichtigt jedoch nicht die Tatsache, dass das Land mit diesem Beschwerdegrund nicht eine Kompetenzfrage aufgeworfen, sondern die Verletzung eines Grundsatzes im Verfassungsrange vermutet hatte. Eine Verletzung von Art 100 ASt kann nicht durch ein Einvernehmen in der Staat-Regionen-Konferenz überwunden werden; vielmehr bindet das Recht auf Gebrauch der Muttersprache im Verkehr mit den Ämtern der öffentlichen Verwaltung die staatliche sowie die Landesverwaltung in gleicher Weise, und zwar unabhängig von der Zuerkennung der konkreten Verwaltungsbefugnis.

## *V. Digitalisierung in ausgewählten Sachgebieten*

### A. Datenverarbeitung und Statistik

Im Bereich der Digitalisierung stellt die Verfügbarkeit von Daten ein zentrales Element zur Umsetzung eigener Lösungen sowohl auf gesetzlicher als auch auf Verwaltungsebene dar. Das Autonomiestatut selbst sieht zwar keinen ausdrücklichen Kompetenztatbestand im Bereich der statistischen Erhebungen vor, allerdings ist die entsprechende Gesetzgebungs- und Verwaltungsbefugnis auf die primäre Kompetenz im Bereich der „Ordnung der Landesämter und des zugeordneten Personals" (Art 8 Nr 1 ASt) sowie auf die einzelnen Kompetenztatbestände, über die der Landesgesetzgeber verfügt, zurückzuführen, da ja – wie vom Verfassungsgerichtshof festgestellt – „die statistische Information eine implizite Befugnis in den materiellen

53 VfGH Urteil Nr 270/2016 RE Pkt 5.2.

Kompetenzbereichen, die den verschiedenen öffentlichen Subjekten und Einrichtungen übertragen wurden, darstellt".[54]

Bereits nach Inkrafttreten des Autonomiestatuts von 1972 stellte sich in Anbetracht der umfangreichen Gesetzgebungs- und Verwaltungskompetenzen, die dem Land Südtirol übertragen wurden, die Frage nach der Befugnis über die Erstellung von Datenflüssen und statistischen Erhebungen; insbesondere wurde die Notwendigkeit erkannt, ein autonomes statistisches System zu entwickeln, um die von den örtlichen Körperschaften gesammelten Daten auf Landesebene erfassen zu können.[55] So wurden die Beziehungen zwischen dem nationalen Statistikinstitut ISTAT, der Region und den Provinzen zwecks Zählungen und statistischen Erhebungen bereits mit Gesetz vom 11. März 1972, Nr 118[56] geregelt. Insbesondere sah Art 13 Abs 1 G Nr 118/1972 vor, dass die beiden Autonomen Provinzen, „wenn sie eigene Sonderzählungen, statistische Untersuchungen und Erhebungen auf Sachgebieten durchführen wollen, deren Gesetzgebungs- und Verwaltungszuständigkeit ihnen vom Sonderstatut zuerkannt ist, mit dem Zentralinstitut für Statistik die Art und Weise der Durchführung vereinbaren".

Mit Art 10 Durchführungsbestimmung DPR vom 31. Juli 1978, Nr 1017[57] wurden dem Land die staatlichen Funktionen im Bereich der Statistik übertragen, darunter die Koordinierung der statistischen Tätigkeiten der örtlichen Körperschaften in den Bereichen, die in die Kompetenz des Landes fallen. In letztere Kategorie fallen die Landesentwicklungspläne, die Ausübung der delegierten Befugnisse über die mit Landesgesetz eingerichteten Landesämter, die das Zentralinstitut für Statistik in Anspruch nimmt, sowie die Organisation der genannten Ämter, deren Unabhängigkeit gegenüber den Landesorganen gewährleistet werden muss. Mit der Durchführungsbestimmung DPR vom 24. März 1981, Nr 228[58] wurden das Ausmaß der staatlichen Befugnis, Richtlinien im Bereich der statistischen Erhebungen zu erlassen, genauer definiert sowie die regionale Auskunftsstelle des Zentralinstitutes für Statistik mit dem Sitz in Trient aufgelassen.

---

54 VfGH Urteil Nr 242/1989 RE Pkt 11.

55 Vgl dazu *Stuflesser*, Sistema statistico provinciale, in: Regione Autonoma Trentino-Alto Adige/Università degli Studi di Trento (Hg), Commentario delle norme di attuazione dello Statuto speciale di autonomia (1995) 625 (625 f).

56 GA Nr 95 vom 11.04.1972.

57 GA Nr 70 vom 12.03.1979.

58 GA Nr 139 vom 22.05.1981.

Mit dem Gesetzesvertretenden Dekret vom 6. September 1989, Nr 322[59] wurde das statistische System auf staatlicher Ebene neu geregelt. Mehrere Regionen sowie das Land Südtirol hegten Zweifel an der Verfassungsmäßigkeit einer Reihe von Bestimmungen des GvD Nr 322/1989, darunter Art 15 Abs 1 lit c, wonach dem nationalen Statistikinstitut ISTAT die Befugnis zur Ausrichtung und Koordinierung der statistischen Tätigkeiten der Körperschaften und Ämter, die dem staatlichen Statistiksystem SISTAN – darunter das Land Südtirol – angehören, zusteht. Diese Befugnis ist jedoch laut dem Verfassungsgerichtshof auch auf das Land Südtirol anwendbar, zumal „deren Grundlage direkt in der Verfassung liegt".[60]

Mit der Durchführungsbestimmung GvD vom 6. Juli 1993, Nr 290[61] wurde schließlich die Kompetenzgrundlage für die statistische Autonomie des Landes nach Art 10 DPR Nr 1017/1978 dahingehend erweitert, dass für die Ausübung der Ausrichtungs- und Koordinierungsbefugnis des Ministerrates nach Art 5 Abs 2 GvD Nr 322/1989 die Bestimmungen gemäß der Durchführungsbestimmung GvD vom 16. März 1992, Nr 266[62] Anwendung finden. Weiters nimmt das Amt für Statistik des Landes „im Rahmen des gesamtstaatlichen Statistiksystems die Zählungen und die anderen im gesamtstaatlichen Statistikprogramm vorgesehenen Erhebungen in Übereinstimmung mit den technischen Richtlinien vor, die vom ISTAT und von den mit den Erhebungen betrauten Organen bestimmt worden sind" und sorgt „im besonderen für die Überprüfung, Verbesserung und Speicherung der erhobenen Daten, indem sie auch die anderen auf dem Gebiet der jeweiligen Provinz tätigen Ämter des gesamtstaatlichen Statistiksystems in Anspruch nehmen" (Art 10 Abs 3 DPR Nr 1017/1978 igF). Das Landesamt vereinbart „mit dem ISTAT oder mit den anderen Organen, die mit den Erhebungen betraut sind, technische Einzelheiten, um unter Berücksichtigung der besonderen örtlichen Erfordernisse organisatorische Einzelvorschriften festzulegen, welche die Zählungen und die anderen vom ISTAT auf dem Gebiet der autonomen Provinz verfügten Erhebungen sowie jene Erhebungen betreffen, die von anderen Ämtern des gesamtstaatlichen Statistiksystems direkt oder in Zusammenarbeit mit dem ISTAT angeordnet werden" (Art 10 Abs 4 DPR Nr 1017/1978 igF). Weiters werden „die Ergebnisse der von den Ämtern für Statistik der autonomen Provinzen

59 GA Nr 222 vom 22.09.1989.
60 VfGH Urteil Nr 242/1989 RE Pkt 8.
61 GA Nr 186 vom 10.08.1993.
62 Ord Beibl zu GA Nr 94 vom 22.04.1992.

durchgeführten und im gesamtstaatlichen Statistikprogramm vorgesehenen statistischen Erhebungen innerhalb der vorgesehenen Fristen an das ISTAT oder an die anderen mit diesen Erhebungen betrauten Ämter des gesamtstaatlichen Statistiksystems übermittelt" (Art 10 Abs 5 DPR Nr 1017/1978 igF). Das Landesamt sichert zudem „auf Landesebene die Koordinierung, den Anschluß und die gegenseitige Verbindung aller vom ISTAT bestimmten öffentlichen Stellen, die mit der Sammlung und Auswertung der statistischen Daten beauftragt sind" (Art 10 Abs 6 DPR Nr 1017/1978 igF) und übt auf dem Landesgebiet die Funktionen der regionalen Ämter des ISTAT aus. Schließlich sieht Art 10 DPR Nr 1017/1978 igF die Ersatzbefugnis des ISTAT bei schwerer Nichterfüllung oder bei zeitweiliger Unmöglichkeit einer ordnungsgemäßen Durchführung der im gesamtstaatlichen Statistikprogramm vorgesehenen Erhebungen vonseiten des Landesamtes (Abs 7) sowie eine entsprechende Ersatzbefugnis des Landesamtes gegenüber den Ämtern für Statistik der subprovinzialen Körperschaften vor (Abs 8).

Mit Landesgesetz vom 20. Juni 1980, Nr 23[63] sah der Landesgesetzgeber die Errichtung des Landesinstituts für Statistik vor. Mit Landesgesetz vom 22. Mai 1996, Nr 12[64] erfolgte eine Neuordnung des Landesstatistiksystems. Dieses wurde insbesondere eingerichtet, „um landesweit die Koordinierung, die Verbindung und die Vernetzung aller öffentlichen Informationsquellen zu gewährleisten, die für die Sammlung und Ausarbeitung von statistischen Daten zur amtlichen statistischen Information zuständig sind" (Art 1 Abs 1 LG Nr 12/1996).

Insgesamt ist festzuhalten, dass das vom Autonomiestatut und den einschlägigen Durchführungsbestimmungen definierte Kompetenzverteilungssystem im Bereich der Statistik auch nach der Verfassungsreform von 2001 unverändert geblieben ist, mit Ausnahme der vom staatlichen Gesetzgeber in Ausübung der ausschließlich staatlichen Gesetzgebungsbefugnis auf dem Sachgebiet der „Koordinierung der statistischen Information und informatischen Koordinierung der Daten der Staats-, Regional- und Lokalverwaltung" (Art 117 Abs 2 lit r Verf) erlassenen Vorgaben.

63 ABl Nr 36 vom 08.07.1980.
64 ABl Nr 26 vom 04.06.1996, Ord Beiblatt Nr 1.

## B. Verwaltungsverfahren und Ämterordnung

Auf dem Gebiet des Verwaltungsverfahrens kann das Land Südtirol auf der Grundlage der primären Kompetenz auf dem Sachgebiet der „Ordnung der Landesämter und des zugeordneten Personals" (Art 8 Nr 1 ASt) Gesetzesbestimmungen erlassen, da ja der Verfassungsgerichtshof vor der Verfassungsreform von 2001 diese Befugnis auf das Sachgebiet der Ämterordnung zurückgeführt hatte.[65] Hinsichtlich der Regelung des digitalen Verwaltungsverfahrens wird die Landeskompetenz jedoch eingeschränkt durch die ausschließlich staatliche Gesetzgebungsbefugnis auf den Sachgebieten der „Koordinierung der statistischen Information und informatischen Koordinierung der Daten der staatlichen, regionalen und lokalen Vverwaltung" (Art 117 Abs 2 lit r Verf) sowie der „Festsetzung der wesentlichen Leistungen im Rahmen der bürgerlichen und sozialen Grundrechte, die im ganzen Staatsgebiet gewährleistet sein müssen" (Art 117 Abs 2 lit m Verf). Die der Landeskompetenz auferlegten Schranken wurden im Gesetz über die Verwaltungstätigkeit und das Verwaltungsverfahren (G Nr 241/1990) sowie im Kodex der digitalen Verwaltung (GvD Nr 82/2005) genauer erläutert.

Einzelne Bestimmungen zum digitalen Verwaltungsverfahren wurden nachträglich in das Landesgesetz vom 22. Oktober 1993, Nr 17[66] eingefügt – etwa jene zur Planung und Realisierung einer digitalen Plattform, die für alle Kategorien nutzerfreundlich, leicht zugänglich und verständlich ist (Art 1 Abs 1/*quater* LG Nr 17/1993 igF) oder jene zur Verwendung digitaler Technologien im Verwaltungsverfahren. Allerdings wurden hierbei im Wesentlichen bereits bestehende staatliche Regelungen und Lösungen übernommen.

Etwas größere Gestaltungsspielräume ergeben sich hingegen auf Verwaltungsebene. So hat das Land – wie der Großteil der Regionen und die Autonome Provinz Trient[67] – seit den 2000er-Jahren eine Reihe von Strategiepapieren[68] beschlossen, in denen die Leitlinien der eigenen Digitalisierungspolitik gezeichnet werden. Erwähnenswert sind insbesondere

65 VfGH Urteil Nr 465/1991, RE Pkt 2. Vgl oben Kap 2.

66 ABl Nr 55 vom 09.11.1993.

67 Zur Autonomen Provinz Trient siehe den entsprechenden Beitrag in diesem Band.

68 Dazu *Coletti*, L'innovazione digitale nella amministrazione pubblica: le azioni delle Regioni, Amministrare 3 (2013) 463 (467 f).

die Dokumente „eGovernment Südtirol 2014",[69] „Südtirol Digital 2020"[70] sowie „Südtirol Digital 2022-2026".[71] Dafür wurden bisweilen innovative, landeseigene Lösungen entwickelt, allen voran im Bereich der digitalen öffentlichen Dienstleistungen. So kann vor allem auf die Einführung einer digitalen Authentifizierung mit der Bezeichnung eGov.-Account Südtirol noch vor Erlass der eIDAS-Verordnung[72] sowie auf das Portal myCIVIS,[73] das Zugang zu den digitalen öffentlichen Dienstleistungen in Südtirol verschafft, verwiesen werden.

### C. Datenverarbeitung, Infrastruktur und Breitband

Auf dem Gebiet der Datenverarbeitung, der digitalen Infrastruktur und des Breitbandes definiert das Autonomiestatut keinen ausdrücklichen Kompetenztatbestand. Das Land verfügt jedoch über primäre Gesetzgebungsbefugnis auf dem Sachgebiet „Kommunikations- und Transportwesens im Interessenbereich der Provinz einschließlich der technischen Vorschriften für Seilbahnanlagen und ihren Betrieb" (Art 8 Nr 18 ASt). Deren Anwendungsbereich bezieht sich jedoch laut dem Verfassungsgerichtshof „eindeutig auf die Beförderung von Personen oder Gütern (...), einen Bereich, der auch in anderen Sonderstatuten und deren Durchführungsbestimmungen von der Telekommunikation abgegrenzt wird".[74]

Infolge der Verfassungsreform von 2001 und der in Art 10 VerfG Nr 3/2001 enthaltenen Günstigkeitsklausel[75] ist auch die konkurrierende Kompetenz der Regionen mit Normalstatut auf dem Gebiet der „Regelung des Kommunikationswesens" (Art 117 Abs 3 Verf) auf das Land Südtirol

---

69 Verfügbar unter https://civis.bz.it/downloads/e-gov_documento_strategico_DE_1_0.pdf (28.01.2025).

70 Verfügbar unter https://issuu.com/landsuedtirol-provinciabolzano/docs/sudtirol_digital_2020_de_neu (28.01.2025).

71 Das Dokument wurde mit Beschluss der LReg Nr 202 vom 29.03.2022 genehmigt, ist aber nicht öffentlich verfügbar.

72 Verordnung (EU) Nr 910/2014 des Europäischen Parlaments und des Rates vom 23. Juli 2014 über elektronische Identifizierung und Vertrauensdienste für elektronische Transaktionen im Binnenmarkt und zur Aufhebung der Richtlinie 1999/93/EG, ABl 2014 L 257. Zu den unionsrechtlichen Rahmenbedingungen siehe den Beitrag von *Walter Obwexer* in diesem Band.

73 Dazu https://my.civis.bz.it/public/de/default.htm (28.01.2025).

74 VfGH Urteil Nr 206/1985 RE Pkt 2.

75 Vgl oben Kap III.

anwendbar.[76] Weiters kann das Land – genauso wie die Regionen mit Normalstatut – in Ausübung der Kompetenz im Bereich der Ämterordnung in den Sachgebieten eigener Zuständigkeit ein eigenes Informationssystem einrichten und führen.[77]

Das LG Nr 23/1980 sah erstmals die Entwicklung eines Landesinformationssystems vor. Dieses hatte die Aufgabe „alle Daten und Informationen, die für die Statistik, für die Planung auf Landes-, Bezirk- und Gemeindeebene und für die verschiedenen Landesdienststellen von Interesse sind, systematisch zu sammeln, auf den letzten Stand zu bringen und auszuarbeiten" (Art 3 LG Nr 23/1980). Dies sollte durch den Aufbau und den Betrieb eines elektronischen Informationssystems einschließlich einer Datenbank mit Anschluss an die EDV-Anlagen erfolgen.

Kurz danach erließ der Südtiroler Landesgesetzgeber ein Gesetz über die Informatisierung der Landesverwaltung, und zwar das Landesgesetz vom 8. November 1982, Nr 33[78] („Maßnahmen im Zusammenhang mit der Datenverarbeitung in der Provinz Bozen"). Das Land Südtirol erkannte folglich bereits früh – genauso wie etwa die Autonome Provinz Trient[79] oder die Region Lombardei[80] – die Notwendigkeit einer Regelung über die Datenverarbeitung und setzte sich zum Ziel, „die Ermittlung und die Anwendung der fortschrittlichsten Datenverarbeitungstechniken in der Landesverwaltung und bei anderen öffentlichen Körperschaften und Anstalten in der Provinz zu fördern" (Art 1 Abs 1 lit a LG Nr 33/1982) sowie „dafür zu sorgen, daß die Informationen sowohl innerhalb der Landesverwaltung als auch in Zusammenarbeit mit anderen öffentlichen Verwaltungen verbreitet und ausgetauscht werden" (Art 1 Abs 1 lit b LG Nr 33/1982). Gleichzeitig beabsichtigte das Land nach Art 1 Abs 2 LG Nr 33/1982, automatisierte Verfahren zu entwickeln und durchzuführen sowie das Personal auf dem Gebiet der Datenverarbeitung aus- und fortzubilden. Um die genannten Ziele durchzuführen, sieht das LG Nr 33/1982 eine Reihe von Maßnahmen vor, und zwar die Schaffung der organisatorischen, fachlichen und personellen Voraussetzungen für einen Ausbau der Automatisation bei der Abwicklung der Verwaltungsverfahren im Rahmen der Landesverwaltung (Art 2 Abs 1 lit a LG Nr 33/1982), die Einsetzung eines EDV-Koordinierungskomitees (Art 2 Abs 1 lit b LG Nr 33/1982), die Gründung einer fachlich kompetenten

76 In diesem Sinne insb VfGH Urteil Nr 312/2003 RE Pkt 5.1.

77 Vgl VfGH Urteiil Nr 271/2005 RE Pkt 3.

78 ABl Nr 53 vom 16.11.1982.

79 LG vom 6. Mai 1980, Nr 10 (ABl Nr 25 vom 13.05.1980).

80 RG vom 16. März 1981, Nr 15 (Beiblatt Nr 1 zu ABl Nr 11 vom 18.03.1981).

Einrichtung (Art 2 Abs 1 lit c LG Nr 33/1982) sowie die Förderung des direkten Informationsaustausches zwischen den verschiedenen Körperschaften und Anstalten durch entsprechende Vereinbarungen mit dem Land (Art 2 Abs 1 lit d LG Nr 33/1982). Art 4 LG Nr 33/1982 sieht die Gründung einer eigenen Landesinformatikgesellschaft mit vorwiegend öffentlicher Beteiligung vor, die die Bezeichnung „Südtiroler Datenverarbeitungs-AG" trägt und die die fachlich kompetente Einrichtung nach Art 2 Abs 1 lit c LG Nr 33/1982 darstellt. Schließlich wird durch Art 10 LG Nr 33/1982 das Amt für Statistik und Studien des Landes mit der Umsetzung des Landesinformationssystem nach Art 3 LG Nr 23/1980 beauftragt.

Durch das Landesgesetz vom 9. August 1999, Nr 7[81] schuf der Landesgesetzgeber für das Land die Möglichkeit, „Infrastrukturen für ein Breitbandnetz innerhalb von Südtirol zu verwirklichen, einschließlich dessen Anbindung an nationale und internationale Telekommunikationsanbieter" (Art 2/*bis* Abs 1 LG Nr 23/1980 igF), wobei „der Einsatz und die Betreuung dieser Infrastrukturen vom Land selbst sichergestellt werden oder über Vereinbarungen anderen öffentlichen oder privaten Einrichtungen übertragen werden können" (Art 2/*bis* Abs 2 LG Nr 23/1980 igF). Durch das Landesgesetz vom 22. Juli 2005, Nr 5[82] wurde die Landesregierung ferner ermächtigt, „die Verbreitung der Breitbandtechnologie zu fördern, um die Gesamteinbindung der Gebiete mit schwacher technologischer Infrastruktur in die wirtschaftliche, soziale und kulturelle Entwicklung des Landesgebietes zu fördern" (Art 2/*ter* Abs 1 LG Nr 23/1980 igF). Zu diesem Zweck sollte die Landesregierung Entwicklungsprogramme für die betroffenen Gebiete ausarbeiten.

Zur Förderung und Erschließung des Landes mit Breitband erließ der Landesgesetzgeber 2012 das Landesgesetz vom 19. Januar 2012, Nr 2[83] mit dem Ziel „im Sinne der Digitalen Agenda der Europäischen Union, einer lückenlosen und flächendeckenden Anbindung aller Landesteile, Gemeinden und Fraktionen an das Glasfasernetz zur hundertprozentigen Versorgung der Industrie-, Handwerks-, Dienstleistungs- und Handelsunternehmen sowie der Privathaushalte (...)"an das Breitbandnetz (Art 1 Abs 1 LG Nr 2/2012). Dieses Ziel sollte ua durch die gemeinsame Umsetzung eines Planes zwischen Gemeinden und Landesverwaltung sowie durch einen Masterplan erreicht werden, wobei die entsprechenden Richtlinien mit

---

81 Beiblatt Nr 4 zu ABl Nr 40 vom 31.08.1999.
82 Beiblatt Nr 2 zu ABl Nr 31 vom 2.08.2005.
83 ABl Nr 4 vom 24.01.2012.

Dekret des Landeshauptmanns vom 13. November 2012, Nr 38[84] genehmigt wurden.

Mit Art 33 Landesgesetz vom 23. Juli 2021, Nr 5[85] wurden mehrere Änderungen des LG Nr 2/2012 beschlossen. In erster Linie sah der Landesgesetzgeber vor, dass die Breitbandförderung in Südtirol die von der Landesregierung gemäß Art 22 RL (EU) 2018/1972[86] durchgeführte geografische Kartierung des Landesgebietes berücksichtigen sollte. Weiters sollte die Breitbandförderung „ausgehend von einem Protokoll, das einer Programmvereinbarung vorausgeht und von der Landesregierung im Einvernehmen mit dem Rat der Gemeinden sowie im Einklang mit den Richtlinien der Europäischen Union und den gesetzlichen Bestimmungen im Bereich Telekommunikation genehmigt wird" (Art 1 Abs 3 LG Nr 2/2012 idf LG Nr 5/2021) vorangetrieben werden. Der Staat sah durch die vorgenannten Bestimmungen die eigene ausschließliche Gesetzgebungsbefugnis im Bereich der „Beziehungen des Staates mit der Europäischen Union" (Art 117 Abs 2 lit a Verf) sowie der „Festsetzung der wesentlichen Leistungen im Rahmen der bürgerlichen und sozialen Grundrechte, die im ganzen Staatsgebiet gewährleistet sein müssen" (Art 117 Abs 2 lit m Verf) verletzt, zumal bereits auf staatlicher Ebene im Rahmen des Staatlichen Aufbau- und Resilienzplanes die Entwicklung des Breitbandnetzes vorgesehen und eine einschlägige einheitliche Strategie erforderlich sei, und erhob eine direkte Verfassungsbeschwerde gegen Art 33 LG Nr 5/2021.[87] Gleichzeitig verwies der Staat im Rahmen des Rekurses auf die Notwendigkeit einer „einheitlichen Ausübung der Verwaltungsbefugnisse"[88] in der konkurrierenden Gesetzgebungsbefugnis im Bereich der „Ordnung des Kommunikationswesens" (Art 117 Abs 3 Verf). Mit Art 9 Landesgesetz vom 9. Januar 2023, Nr 1[89] wurden die mit Art 33 LG Nr 5/2021 beschlossenen Änderungen an Art 1 LG Nr 1/2012 schließlich rückwirkend abgeschafft; Art 1 Abs 1/*bis* LG Nr 2012 idf LG Nr 1/2023 sieht nunmehr vor, dass „bei der Breitbandförderung im Landesgebiet die Bestimmungen des gesetzesvertretenden Dekretes vom 1. August 2003, Nr. 259, in geltender Fassung, sowie die zur Umsetzung

---

84 ABl Nr 44 vom 30.10.2012.

85 Beiblatt Nr 2 zu ABl Nr 30 vom 29.07.2021.

86 Richtlinie (EU) 2018/1972 des Europäischen Parlaments und des Rates vom 11. Dezember 2018 über den europäischen Kodex für die elektronische Kommunikation, ABl 2018 L 321, 36.

87 Vgl den in GA Nr 42 vom 20.10.2021 veröffentlichten Rekurs.

88 Vgl VfGH Urteil Nr 163/2012 RE Pkt 2.1.

89 Beiblatt Nr 2 zu ABl Nr 2 vom 12.1.2023.

des Staatlichen Aufbau- und Resilienzplanes festgelegten Maßnahmen und Eingriffspläne berücksichtigt werden". Der Verfassungsgerichtshof hat sich folglich bisher nicht mit der Frage befasst, ob die Regelung des Breitbandnetzes in unter die primäre Landeskompetenz auf dem Sachgebiet des Kommunikations- und Transportwesens nach Art 8 Nr 18 ASt fällt oder nicht.

In Bezug auf die Datenverarbeitung hat das Land im Rahmen der Ausübung der Verwaltungsbefugnisse einige Lösungen entwickelt. So hat das Land beispielsweise das sog Open Data Portal Südtirol, einen Katalog, der Suche, Zugriff, Download- und Vorschau auf die Open Data in Südtirol zentral ermöglicht,[90] sowie ein eigenes *Data center* zur Aufbewahrung der digitalen Daten der öffentlichen Verwaltung[91] eingerichtet. Während auf diesem Wege sehr wohl *Best-Practice*-Lösungen entwickeln werden können, die den besonderen Bedürfnissen des Landes – insbesondere hinsichtlich des Minderheitenschutzes – Rechnung tragen, wird deren Rechtsgrundlage jedoch durch den staatlichen Gesetzgeber vorgeben. Die Umsetzung erfolgt im Sinne eines Verwaltungsföderalismus auf Regional- bzw Landesebene ohne Unterscheidung zwischen Regionen mit Normal- und Sonderstatut.[92]

## *VI. Ausblick*

Im Autonomiestatut selbst ist keine ausdrückliche Kompetenz des Landes im Bereich der Digitalisierung verankert. Nichtdestotrotz können entsprechende Regelungen auf unterschiedliche Kompetenzgrundlagen zurückgeführt werden. Dabei handelt es sich einerseits – insbesondere hinsichtlich der Verwaltungstätigkeit des Landes und des Verwaltungsverfahrens – um die primäre Befugnis im Bereich der Ämterordnung (Art 8 Nr 1 ASt). Andererseits liegt die Kompetenzgrundlage in den einzelnen Materien, die im Zuständigkeitsbereich des Landes liegen. Die Ausübung der jeweiligen Kompetenz kann auch durch den Einsatz der Informations- und Kommunikationstechnologien erfolgen.

---

90 Dazu https://digitalnow.provinz.bz.it/de/open-data (28.01.2025).

91 Dazu https://news.provinz.bz.it/de/news/einheitliches-data-center-fur-sudtirol-sicherheit-im-fokus (28.01.2025).

92 Bzgl der regionalen Beteiligung bei der Umsetzung der Bestimmungen über die Digitalisierung wird auf den Beitrag von *Sara Parolari* in diesem Band verwiesen.

Wesentliche Einschränkungen der Landeskompetenz ergeben sich auch durch die ausschließliche Gesetzgebungsbefugnis des Staates im Bereich der „Koordinierung der statistischen Information und informatischen Koordinierung der Daten der staatlichen, regionalen und lokalen Verwaltung" gemäß Art 117 Abs 2 lit r Verf und deren Auslegung durch den Verfassungsgerichtshof, der diesen Kompetenztatbestand extensiv interpretiert[93] und trotz der Schutzklausel nach Art 10 VerfG Nr 3/2001 auf die Sonderautonomien ausdehnt.[94]

Zur Umsetzung einer digitalen Sonderautonomie sind folglich *de lege ferenda* mehrere Lösungen denkbar. Zum einen ist eine Änderung des Kompetenzrahmens im System des Sonderstatuts vorstellbar, etwa durch die Einführung einer neuen primären Kompetenz auf dem Sachgebiet der Digitalisierung. Beispielsweise könnte die Bezeichnung „Digitalisierung, einschließlich der Informationssysteme, der Infrastrukturen und der digitalen Plattformen" verwendet werden, um direkt im Statut vor allem jene Bereiche zu erwähnen, in denen die Landesbefugnisse bisher am stärksten durch die staatliche Gesetzgebung eingeschränkt wurden. Offen bliebe jedoch die Frage nach den Schranken der Gesetzgebungsbefugnis des Landes. Die Einschränkungen erfolgten nämlich insbesondere durch die extensive Auslegung der Schranken der „grundlegenden Bestimmungen der wirtschaftlich-sozialen Reformen der Republik" durch den Verfassungsgerichtshof.[95] Eine Lösung hierfür könnte der Vorschlag darstellen, der Ende 2023 im Verfassungsgesetzentwurf zur Autonomiereform vorgelegt wurde: nämlich Art 4 Abs 1 ASt neu zu verfassen, womit die fragliche Schranke wegfallen würde.[96]

Entweder zusätzlich oder als Alternative zu einer Reform des Autonomiestatuts ist der Erlass einer eigenen Durchführungsbestimmung zur Digitalisierung denkbar. Diese könnte entweder auf eine neue primäre Kompetenz im Bereich der Digitalisierung oder auf die bereits bestehende

---

93 Zu den gesamtstaatlichen Rahmenbedingungen wird auf den Beitrag von *Sara Parolari* in diesem Band verwiesen.

94 Vgl oben Kap III.

95 Vgl oben Kap III.

96 Hier kann auf den von Landeshauptmann Kompatscher vorgelegten „Bericht für den Südtiroler Landtag über den aktuellen Stand der Reform des Autonomiestatuts (ASt) für die Region Trentino Südtirol" verweisen werden, verfügbar unter https://assets-eu-01.kc-usercontent.com/f6962ad0-581f-014c-d417-008ef1986434/84d9c8c2-52c0-424c-b146-0e53072e2f61/LandtagsBericht%20LH%20zur%20%20Autonomiereform%2020240319_de.pdf (28.1.2025).

Kompetenz auf dem Sachgebiet der Ämterordnung (Art 8 Nr 1 ASt) gestützt werden. Eine eigene Durchführungsbestimmung könnte eine zweifache Funktion erfüllen: Zum einen den vom Autonomiestatut selbst definierten Kompetenzrahmen in Anbetracht der digitalen Transformation ergänzen – dh als *prateter-statutum*-Bestimmungen –,[97] zum anderen die Landeskompetenz von den staatlichen Zuständigkeiten abgrenzen, insbesondere zur IT-Koordinierungskompetenz nach Art 117 Abs 2 lit r Verf. Als Vorbild könnte in diesem Zusammenhang die punktuelle Regelung der Verhältnisse zwischen Staat und Land im Bereich der Statistik dienen.[98] Zudem böte eine Durchführungsbestimmung, die – wie vom Verfassungsgerichtshof erkannt – ein „hervorragendes Mittel zur Flexibilisierung des Kompetenzrahmens"[99] darstellt, die Möglichkeit zur ständigen Anpassung an die sich rasch verändernden technologischen Rahmenbedingungen.

Da der Landesgesetzgeber bisher unterschiedliche Bestimmungen zur Digitalisierung innerhalb verschiedener Rechtsrahmen beschlossen hat, ist schließlich auch der Erlass eines Landesgesetzes zur Digitalisierung denkbar, um das Phänomen ganzeinheitlich zu regeln. Dieses würde die rechtliche Grundlage bilden, um dann auf Verwaltungsebene spezifische Lösungen zu entwickeln, die den Südtiroler Bedürfnissen Rechnung tragen, insbesondere hinsichtlich des Minderheitenschutzes. Ein Datenaustausch zu den staatlichen Stellen und Einrichtungen wäre bei solchen Lösungen immer noch dank der Interoperabilität, dh der „Fähigkeit der nahtlosen Zusammenarbeit zwischen Systemen, Organisationen oder Techniken",[100] möglich.

Insgesamt stellt die Digitalisierung die Landesautonomie zwar vor neue Herausforderungen, vor allem in Bezug auf die Absicherung der entsprechenden Kompetenzgrundlagen, stellt aber gleichzeitig eine Chance dar, durch *Best-Practice*-Lösungen den Herausforderungen Südtirols zu begegnen sowie insbesondere die Verwaltungskooperation mit den Nachbarge-

97 Dazu etwa *Carli*, Diritto regionale. Le autonomie regionali, speciali e ordinarie[4] (2024) 180 ff.

98 Vgl oben Kap.V.A.

99 VfGH Urteil Nr 65/2019 RE Pkt 1.2.

100 *Weber/Heitmann*, Interoperabilität im Gesundheitswesen: auch für digitale Gesundheitsanwendungen (DiGA) verordnet, Bundesgesundheitsblatt 64 (2021) 1262 (1262). Zum Begriff der Interoperabilität vgl auch *Carullo*, Dati, banche dati, blockchain e interoperabilità dei sistemi informatici nel settore pubblico, in: Cavallo Perin/Galetta (Hg), Il diritto dell'amministrazione pubblica digitale, Torino (2020) 191 (210).

bieten – etwa im Rahmen des Europäischer Verbundes für territoriale Zusammenarbeit (EVTZ) Europaregion Tirol-Südtirol-Trentino –[101] auszuweiten.

101 Dazu insb *Haller/Eisendle*, Il GECT "Euregio Tirolo-Alto Adige/Südtirol-Trentino", in: Casonato/Happacher/Rossi/Toniatti (Hg), Lineamenti di diritto costituzionale della Regione autonoma Trentino-Alto Adige/*Südtirol* e delle Province autonome di Trento e di Bolzano/*Südtirol* (2024) 589 (595 ff.) und der Beitrag von Esther Happacher in diesem Band.

# Regionale Autonomie in der digitalen Transformation: Fallbeispiele, Herausforderungen und Chancen aus der praktischen Sicht der öffentlichen Verwaltung

*Mathias Stuflesser*

## *I. Abgrenzung*

Dieser Beitrag präsentiert Überlegungen zur Frage: Wie gestalten wir eine der Landesautonomie förderliche digitale Transformation? Die Beispiele und Vorschläge in diesem Beitrag münden aus zwei Perspektiven: meiner früheren Erfahrung in der Landesinformatik, und meiner derzeitigen Praxis in einer Verwaltungsabteilung des Landes.

Ich bringe Fallbeispiele, gehe dann auf Herausforderungen und Chancen ein. Anschließend skizziere ich Gedanken dazu, was eine Durchführungsbestimmung zum Autonomiestatut zu „Digitaler Autonomie“ beinhalten könnte. Schließlich lege ich dar, welche Handlungsspielräume auch unabhängig von einer Durchführungsbestimmung bestehen.

## *II. Fallbeispiel: Die IT-Systeme zur Verwaltung des Lehrpersonals*

Die Verwaltung des *Lehrpersonals staatlicher Art* unterliegt einem komplexen Regelwerk an staatlichen Normen und Kollektivverträgen, welches die IT-Systeme des Landes Südtirol abbilden müssen. Dazu gesellt sich die Komplexität der landeseigenen Regelungen und Kollektivverträge.

Informationstechnisch bestehen darüber hinaus große Abhängigkeiten von anderen IT-Systemen, wie denjenigen zur Verwaltung des übrigen Personals, zur Lohnbuchhaltung, zur Hauptbuchhaltung: Diese Abhängigkeiten können die Weiterentwicklung oder Erneuerung von IT-Diensten zur Verwaltung des Lehrpersonals stark verlangsamen.

In der Praxis dauerte die Erstellung einer umfassenden Roadmap für den ganzen Bereich ein Jahr, die Detailanalyse eines einzelnen zu digitalisierenden Unterbereichs mehr als ein halbes Jahr, die Einholung und Genehmigung des Kostenvoranschlags ein weiteres halbes Jahr, dann die Umsetzung des ersten Teilbereichs – infolge einer Neuentscheidung der

Abteilung Informatik für eine andere Umsetzungslösung – wieder ein Jahr. Nach mittlerweile über 4 Jahren ist ein erster Teilbereich umgesetzt, ein weiterer in Analyse, ein Abschluss des Gesamtprojektes noch in weiter Ferne.

Nun besteht zwar bei den staatlichen Normen und Kollektivverträgen im Bereich Lehrpersonal kaum Spielraum für das Land. Durch die Behäbigkeit der großen monolithischen IT-Systeme und durch die Abhängigkeiten von anderen Projekten zur allgemeinen Personalverwaltung ergibt sich jedoch eine *selbstverursachte Einschränkung der Handlungsspielräume.* Diese verunmöglicht es, in angemessenen Zeiten auf Bedürfnisse zu reagieren und die Effizienz zu steigern.

## *III. Fallbeispiel: Digitalisierung der Kulturförderung*

Bei der Digitalisierung der Kulturförderung liegt die erste Herausforderung in der Landesverwaltung selbst: in der großen Fragmentierung in eine Vielzahl von verschiedenen Förderungen. Die drei Kulturabteilungen des Landes sind ihr durch die Übereinkunft begegnet, dass die Beitragsverfahren weitgehend aneinander angepasst werden. Ende 2024 ging das erste digitalisierte Beitragsverfahren im Bereich Kultur online, parallel für alle drei Kulturabteilungen. Die übrigen noch zu digitalisierenden Kulturförderungen sollen sich in der Folge sehr eng am Beispiel des ersten digitalisierten Verfahrens orientieren. Da die Materie Kultur eine primäre Zuständigkeit des Landes darstellt, gibt es Spielräume für weitere Vereinfachungen.

Bei den Schnittstellen zu Buchhaltung und Finanzen spielen staatliche Vorgaben eine große Rolle. Daher kommen Abhängigkeiten zum Tragen, was sich in der Umsetzung zeitlich auswirkt.

Die Übereinkunft der drei Kulturabteilungen ist ein Beispiel dafür, dass die Landesverwaltung dort, wo sie den Spielraum hat, eigene Vorgaben vereinheitlichen und wo möglich vereinfachen kann. Nach diesem Beispiel ließen sich weitere Synergien generieren.

Eine Herausforderung bleibt die Notwendigkeit, flexibel Anpassungen vornehmen zu können. Inwiefern die derzeit angewandten großen monolithischen Systeme dies leisten können, bleibe dahingestellt. Vielleicht wären schnittstellenbasierte IT-Systeme in Komponentenbauweise eher imstande, rasch und flexibel auf neue Bedürfnisse aus Verwaltung und Politik reagieren zu können.

## *IV. Fallbeispiel: Zentrale Systeme des Staates in Bereichen autonomer Zuständigkeit*

Das Unterrichtsministerium in Rom hat in den letzten Jahren, auch unter Einsatz von Geldern aus dem Recovery Fund (PNRR), die *Piattaforma Unica* geschaffen: ein zentrales staatliches Portal, das für Lehrpersonen, Familien, Schülerinnen und Schüler Dienste über ein einziges Portal anbietet. Das Land Südtirol hat für diese Bereiche autonome Zuständigkeit, gestaltet die Dienste also anders als das Unterrichtsministerium. Es öffnen sich nun mehrere Optionen, nach welcher Strategie das Land diese Dienste anbieten soll:

- *Option 1:* Das Land Südtirol könnte einfach das staatliche Portal mit eigenen Daten beliefern und nach den Vorgaben des Unterrichtsministeriums nutzen, so als ob es keine autonomen Gestaltungsspielräume hätte. Dafür würde sprechen, dass ein modernes und benutzerfreundliches System bereits vorliegt. Klare Nachteile wären ein Verlust an Entscheidungsmöglichkeiten, sowie der Verlust an Sichtbarkeit des Landes, welches hinter dem staatlichen Portal verschwinden würde.
- *Option 2:* Nutzung des staatlichen Systems oder einer Kopie des staatlichen Systems, unter Übersetzung ins Deutsche und Ladinische und Erwähnung des Landes, aber ohne die Südtiroler Besonderheiten ins System einzubauen – dies würde die Aufgabe autonomer Handlungsspielräume bedeuten.
- *Option 3:* Das staatliche System übernehmen und auch inhaltliche Anpassungen vornehmen. Diese Anpassungen müsste das Land selbst bezahlen, wobei man höchstwahrscheinlich mit einer Monopolstellung des Dienstleisters konfrontiert wäre, der im Auftrag des Unterrichtsministeriums arbeitet, was mit hohen Kosten einhergehen könnte.
- *Option 4:* Im Baukastenprinzip nur Teile des staatlichen Systems übernehmen, und selbst ein System aus Komponenten zusammenbauen. Die Umsetzbarkeit eines solchen Konzepts hängt von den Verträgen des Unterrichtsministeriums mit seinem Dienstleister und von der Architektur des Portals ab, und erfordert auf Südtiroler Seite starke IT-Kompetenzen und das nötige Personal. Die Kosten sind nur schwer abzuschätzen.
- *Option 5:* Aufbau eigener Systeme. Um die Besonderheiten der autonomen Regelwerke abbilden zu können, wäre dies unter Umständen wünschenswert. Zeit- und Kostenfaktoren können aber dagegensprechen.

Dieses Beispiel illustriert sehr gut die Schwierigkeiten, in derartigen Situationen Entscheidungen zu treffen, da jede Option Vor- und Nachteile mit sich bringt.

## *V. Herausforderungen durch die digitale Transformation*

Digitalisierung ist ein globaler Trend, sie macht uns gleicher. Einer eigenständigen Gestaltung der Digitalisierung stehen verschiedene Einschränkungen gegenüber. Selbst wenn die beiden Autonomen Provinzen Südtirol und Trentino in einer Durchführungsbestimmung eine wie immer geartete „Digitale Autonomie" erlangen, so werden folgende Einschränkungen parallel weiterwirken:

a) rechtliche Regelung der Verwaltungs-IT auf europäischer und auf gesamtstaatlicher Ebene, niederrangige staatliche technische Vorschriften zB durch die AGID (Agenzia per l'Italia Digitale),
b) zentralisierte IT-Systeme des Staates lassen in der Regel keinen autonomen Handlungsspielraum,
c) Kosten- und Kapazitätseinschränkungen (sollte zB das Land Südtirol aus Sichtbarkeitsgründen eine eigene Südtiroler digitale Identität anbieten wollen, wäre dies eine Frage nicht nur der Kosten, sondern auch der Humanressourcen)
d) Marktmechanismen (so kaufen wir zB aus Marktgründen Leistungen der Künstlichen Intelligenz bei großen Anbietern an, die nur geschlossene Systeme anbieten, während für flexible und erweiterbare IT-Services grundsätzlich offene Systeme besser wären),
e) Beschränkungen durch IT-Architektur und IT-Strategie.

In der Folge führe ich einzelne Punkte näher aus:

### A. Herausforderung Europäische und staatliche Regelung der Digitalisierung

Auf Europäischer Ebene werden beständig Regelungen im IT-Bereich harmonisiert. Ebenso erlässt der Staat Italien zunehmend engere Regeln für die Ausgestaltung von öffentlichen IT-Systemen und IT-Dienstleistungen. Diese höheren Regelungen sind oft sinnvoll, gut durchdacht und ermöglichen den gemeinsamen Europäischen Markt. Jedenfalls sind sie als gegebener Rahmen zu akzeptieren.

Die Chancen innerhalb dieses Rahmens lägen zum einen darin, diese Entwicklungen frühzeitig zu beobachten und gut vorbereitet zu sein, um Vorreiter bei der Umsetzung zu sein. Eine frühe Umsetzung eröffnet nicht an sich autonome Spielräume. Sie kann aber verhindern, dass technische Schulden angehäuft werden, die die Landesverwaltung unter Zugzwang setzen.

Zum anderen böte sich die Chance, in Zukunftsbereichen Fachkompetenz aufzubauen und schon vorneweg bei der Ausarbeitung der Bestimmungen mitzuarbeiten. Zumindest auf gesamtstaatlicher Ebene ist diese Mitsprache eine reale Möglichkeit, die es zu nutzen gälte. Voraussetzung dafür wäre, in der Landesverwaltung diese Kompetenzen aufzubauen.

## B. Herausforderung technologische Entwicklung

Die Herausforderung besteht darin, die IT-Dienste veränderungsresilient aufzustellen, dh derart, dass sie die autonomen Bedürfnisse abdecken, und technisch so aufgebaut sind, dass einzelne Komponenten auch durch neuere ersetzt werden können, ohne das ganze System ersetzen zu müssen.

Chancen bestünden darin, IT-Dienste systematisch derart aufzubauen bzw einzukaufen, dass sie untereinander über Schnittstellen flexibel verbunden und gleichzeitig entkoppelt sind. Der Wechsel eines Lieferanten, der Austausch einer Softwarekomponente kann dadurch ohne negative Auswirkungen auf den Rest des Systems erfolgen.

## C. Herausforderung: Selbstgewählte Abhängigkeit von Marktakteuren

Die Marktmacht großer Technologiekonzerne ist eine Tatsache. Was wir in der Hand haben, ist, wie stark wir uns dieser aussetzen wollen. Die Südtiroler Landes-IT setzt sich einerseits *technologisch* aus durch die Investition in monolithische Systeme, bei denen ein Umstieg oder Umbau langsam und kostenaufwändig ist, andererseits *ökonomisch*, da wir je länger, desto tiefer von einzelnen IT-Dienstleistern abhängig sind, und diese Abhängigkeiten teils so groß sind, dass nur eingeschränkt Möglichkeiten zur Verhandlung bestehen. Im Sinne der Kostenwahrheit müsste die Kostenberechnung eines IT-Systems den gesamten Lebenszyklus berücksichtigen, inklusive Transitionskosten auf ein Nachfolgesystem.

### D. Herausforderung: Delokalisierung des Leistungsangebots und Verlust von Sichtbarkeit

Das Leistungsangebot der Verwaltungen wird durch die Digitalisierung de-lokalisiert, passiert nicht mehr an einem bestimmten Ort, sondern online. Treiber dafür sind die technologische Entwicklung sowie europäische und staatliche Regelungen, aber auch die Nachfrage der *digital natives*. Ein Beispiel dafür ist die App *Io*, welche in Italien alle digitalen Dienste nicht nur der Zentralverwaltung, sondern auch aller Gebietskörperschaften anbieten soll. Dies würde in letzter Konsequenz für das Land Südtirol bedeuten, dass der Zugang zu allen seinen Leistungen in dieser staatlichen App aufgehen würde. Es steht die Frage im Raum, ob das Land nicht einen autonomen derartigen Kontaktpunkt mit seinen Bürgerinnen, Bürgern und Leistungsempfängern aufbauen sollte.

## *VI. Überlegungen zu einer Durchführungsbestimmung zur Digitalen Autonomie*

Wie könnte man Regeln in einer Durchführungsbestimmung zur Digitalisierung allgemein genug formulieren, sodass sie über die Jahre tragfähig bleiben? Hier nachfolgend ein paar Versuche:

### A. Normenvorschlag: Primäre Gültigkeit von Landes-IT-Systemen

Eine Durchführungsbestimmung könnte festlegen, dass in gewissen Feldern, zB in Bereichen primärer und sekundärer Zuständigkeit der Länder, die Landes-IT-Systeme primäre Gültigkeit haben, und dass staatliche Organe bei Bedarf auf diese über Schnittstellen zugreifen. Organisatorisch wäre das nicht einfach zu regeln, es könnte aber den Problemen vorbeugen, die bei Doppelgleisigkeit zwischen parallelen Systemen auf staatlicher und Landesebene bestehen. In der Praxis gibt es dies zB schon in den Bereichen Kultur und Schule, dort bleiben gewisse staatliche Systeme, was Südtirol betrifft, leer, und die Bereiche werden nur in Landesdatenbanken verwaltet. Was dabei derzeit fehlt, sind klare Regelungen zu Schnittstellen bei jenen Bereichen, wo dennoch Doppelgleisigkeiten bestehen.

## B. Normenvorschlag: Recht auf Daten

Die beiden Länder Südtirol und Trentino, insbesondere ihre Landes-Statistikinstitute, sollten grundsätzlich Anrecht haben auf Zugang zu jeglichen auf ihr Gebiet bezogenen statistischen Daten in Feldern ihrer Zuständigkeiten, die bei staatlichen oder überregionalen öffentlichen Institutionen, jedweder Rechtsform, auch außerhalb Südtirols, gesammelt bzw verwaltet werden. Dies sollte sowohl statistische Rohdaten und Sensordaten als auch aggregierte und aufbereitete Daten einschließen.

## C. Normenvorschlag: Recht auf Schnittstellen

Eine Durchführungsbestimmung könnte festlegen, dass die beiden Länder und staatliche Stellen verpflichtet sind, einander ihre Daten über standardisierte leistungsstarke Schnittstellen in Echtzeit zur Verfügung zu stellen. Sollte eine Seite säumig sein, die Schnittstellen einzurichten, braucht es *Fallback*-Regelungen, dass die Daten zB auf Anfrage in kurzer Frist und vollständig auf anderem Weg geliefert werden. Die Datenzugänge müssen zu mindestens ebenso guten Bedingungen zur Verfügung gestellt werden wie eigenen oder anderen Dienststellen.

## D. Normenvorschlag: Delegierung zu Daten und Systemen für EU-Kontrollen

In allen Fällen, wo EU-Stellen Daten und Systeme zu Kontrollzwecken benötigen, könnte überprüft werden, ob die beiden Länder bevollmächtigt werden können, die Daten für ihren Zuständigkeitsbereich direkt zu liefern, dh dass die Daten nicht an die gesamtstaatlichen Datenbanken geliefert werden müssen.

Die Durchführungsbestimmung könnte vorsehen, gewisse Datenbanksysteme, mit denen der Staat Daten für EU-Kontrollen zur Verfügung stellt, für den territorialen Zuständigkeitsbereich an die beiden Länder zu delegieren. Ebenso könnte überprüft werden, ob es möglich ist, dass die EU-Kontroll- und Genehmigungsverfahren über diese Daten dann direkt und ausschließlich mit den beiden Ländern erfolgen. Besonders interessant könnte dies in Bereichen primärer Landeszuständigkeit sein.

## *VII. Handlungsspielräume und Chancen innerhalb des derzeitigen Rechtsrahmens*

Potentiale zur Nutzung und Vergrößerung von Handlungsspielräumen bestehen auch unabhängig von einer Durchführungsbestimmung:

### A. Handlungsspielraum: Digitale Schutzklauseln in Staatsgesetzen

Zu überprüfen wäre die Möglichkeit, spezifische *digitale Schutzklauseln* in Staatsgesetze einzubauen (ähnlich den *clausole di salvaguardia* zur Autonomie allgemein), welche zB die rechtliche Stellung von landeseigenen IT-Systemen absichern oder staatliche Stellen zu leistungsfähigen Schnittstellen verpflichten.

### B. Handlungsspielraum: *Technische Autonomie* durch *modulare IT-Architektur*

Beträchtliche Handlungsspielräume nicht rechtlicher, sondern praktischer Natur ließen sich über eine modulare IT-Architektur eröffnen: IT-Systeme im Baukastensystem mit standardisierten Modulen und Schnittstellen bieten Gewähr, rasch und flexibel auf neue Bedürfnisse aus Verwaltung und Politik reagieren zu können.

Zugleich machen Systeme in Komponentenbauweise, bei welchen die Teile voneinander entkoppelt sind, unabhängiger von einzelnen Marktanbietern, da der Austausch eines Moduls den Rest des Systems nicht antastet. Eine derartige *Technische Autonomie* vergrößert die Anzahl der Entscheidungsoptionen, erhöht die Verhandlungsmacht auf dem Markt und verringert somit die Abhängigkeit von alten Verträgen oder Monopolisten.

Eine solche Strategie setzt voraus, innerhalb der Landes-IT die Kompetenzen und Humanressourcen dafür aufzubauen.

### C. Handlungsspielraum: Aufbau fachlicher Autorität

Die staatliche und selbst die Europäische Regulierung im IT-Bereich wird vor allem in Expertengremien vorangetrieben, in denen weniger das politische Gewicht, sondern vielmehr Fachkompetenz ausschlaggebend ist. Auch

Vertreter einer kleinen Autonomen Provinz könnten sich dort durch fachliche Autorität Gehör verschaffen. Südtirol ist also gut beraten, den Aufbau von IT-Kompetenz im Land stark voranzutreiben.

### D. Handlungsspielraum: Landesdienste-App

Die staatliche App *Io* ist so konzipiert, dass sie langfristig zum einzigen Zugangspunkt für sämtliche öffentlichen hoheitlichen Dienstleistungen auf dem Staatsgebiet werden soll. Die App ist gut gemacht und benutzerfreundlich. Ein schleichendes Unsichtbarwerden der Landesverwaltung hinter einer staatlichen App wäre autonomiepolitisch nicht wünschenswert.

Es wäre daher anzustreben, diese App auf Landesebene als Landes-App zu lokalisieren, um der Landesverwaltung weiterhin die primäre Sichtbarkeit zu gewährleisten, gegebenenfalls umgekehrt wie bei der staatlichen App, sodass nach außen in der Bezeichnung und im Erscheinungsbild vor allem das Land in Erscheinung tritt, während in der Landes-App dann auch staatliche Dienste erreichbar sind. Möglicherweise ist dies auch ohne den Schutzschirm einer Durchführungsbestimmung auf dem Wege technischer Verhandlungen zu erreichen.

### E. Handlungsspielraum: Nutzung von liberalisierten Diensten zur Steigerung der digitalen Sichtbarkeit

Die digitale Identität wird in Italien von privaten, vom Staat lizensierten Dienstleistern angeboten. Es wäre möglich, einen eigenen Südtiroler Dienst aufzubauen. Vielleicht ist der Zeitpunkt schon verpasst, vielleicht gibt es Dringlicheres – den Dienst gibt es auch so auf dem italienischen Markt – dem Aufwand gegenüber stünde ein Gewinn an Sichtbarkeit. Aus der Sicht des Projektmanagements ließe sich dies parallel zu anderen Südtiroler IT-Projekten abwickeln, es gäbe keine Projektabhängigkeiten.

## *VIII. Fazit*

Zusammengefasst sehe ich gewisse Handlungsspielräume für größere *digitale Autonomie* im weitesten Sinne auch ohne eine eigene Durchführungsbestimmung, wenn a) auf eine flexiblere, auf modularen IT-Diensten aufgebaute IT-Architektur gesetzt wird, und wenn b) der Grad der Abhängigkeit von einzelnen Technologien und Anbietern verringert wird.

Eine Durchführungsbestimmung könnte zwar nicht unsere allgemeinen Abhängigkeiten zum Verschwinden bringen, sie könnte aber die rechtlichen Fundamente legen für eine Landes-IT, welche in Bezug auf staatliche und europäische IT-Systeme gleichzeitig entkoppelt und verbunden ist.

Notwendige Voraussetzungen für beides sind

a) der Aufbau von hoher interner IT-Steuerungs-Fachkompetenz;
b) der Aufbau von hoher interner Kompetenz im Bereich Schnittstellen und modulare IT-Service-Architektur;
c) die gezielte Entwicklung auch eines IT-Arbeitsmarktes in Südtirol, welcher für die hierfür nötigen Personalressourcen attraktiv ist.

# La digitalizzazione e l'autonomia trentina

*Philipp Rossi*

**Abstract**

This chapter examines the effects of digitalization on the special autonomy of Trentino. Firstly, an overall outlook on the competences of the Autonomous Province will be provided. Then, a closer look at the legislative provisions enacted by the provincial legislator with reference to digital transformation will be taken.
Subsequently, the autonomous implementation of digitalization policies by the Autonomous Province of Trento at the administrative level – in connection with the digital strategy adopted by the provincial government – will be examined in more detail. The role of digital transformation within the National Recovery and Resilience Plan and the problems that this poses for special autonomy will also be considered.
Finally, possible options for implementing a special digital autonomy are discussed. Regarding the competence framework in particular, this article only presents basic considerations; for detailed explanations, please refer to the article on South Tyrol in this volume.

*Der vorliegende Beitrag untersucht die Auswirkungen der Digitalisierung auf die Sonderautonomie des Trentino. Hierfür soll zunächst der Kompetenzrahmen des Landes umrissen werden, um dann auf die vom Landesgesetzgeber im Bereich der digitalen Transformation erlassenen Bestimmungen näher einzugehen.*
*In weiterer Folge soll die eigenständige Umsetzung von Digitalisierungspolitiken durch das Land Trentino auf Verwaltungsebene – insbesondere in Zusammenhang mit der von der Landesregierung beschlossenen Digitalstrategie – näher beleuchtet werden. Berücksichtigt werden ebenso die Rolle der digitalen Transformation innerhalb des Nationalen Aufbau- und Resilienzplanes und die Problemstellungen, die sich dadurch für die Sonderautonomie ergeben.*
*Abschließend werden etwaige Möglichkeiten zur Umsetzung einer digitalen Sonderautonomie erörtert. Insbesondere hinsichtlich der Kompetenzgrundlagen werden im vorliegenden Beitrag nur grundlegende Überlegungen dargestellt; für umfangreiche Ausführungen wird auf den Beitrag zu Südtirol in diesem Band verwiesen.*

## *I. Introduzione*

La digitalizzazione costituisce indubbiamente una delle principali sfide che l'autonomia trentina è chiamata ad affrontare. Trattandosi di un fenomeno che per sua natura è trasversale, in quanto impone un profondo mutamento dei modelli organizzativi, configurandosi come "rivoluzione di portata generale"[1], appare pacifico che l'autonomia speciale non può rimanere insensibile dinanzi a tale trasformazione, *a fortiori* se si considera il complesso sistema multilivello nel quale l'autonomia è incardinata[2].

Il presente contributo si propone pertanto di esaminare gli effetti della digitalizzazione sull'autonomia speciale del Trentino. Premesso il quadro d'insieme delle competenze di cui dispone la Provincia Autonoma nell'ambito della digitalizzazione[3], la trattazione si soffermerà sulla disciplina che il legislatore trentino ha finora adottato, per poi concentrarsi sull'attuazione delle politiche relative alla transizione digitale dal punto di vista amministrativo. Seguiranno quindi alcune considerazioni sul ruolo del Piano Nazionale di Ripresa e Resilienza (PNRR) in particolare, per poi riassumere i principali risultati della disamina nelle conclusioni.

## *II. Una ricognizione delle competenze provinciali nell'ambito della digitalizzazione*

Lo Statuto di autonomia[4] non contiene alcun riferimento esplicito alla digitalizzazione né a strumenti quali le tecnologie dell'informazione ovvero alla gestione dei dati. Tuttavia, tale assenza, verosimilmente legata alla circostanza che al momento dell'approvazione del cd secondo Statuto nel 1972[5] la transizione digitale non costituiva un ambito al quale veniva attribuita rilevanza autonoma, non esclude che la Provincia Autonoma di Trento possa esercitare proprie funzioni legislative ed amministrative in ambiti che attengono alla funzione digitale. In particolare, stante la natura trasversale del fenomeno, la competenza può essere riscontrata, sulla base di un legame di accessorietà, nelle singole materie sostanziali in cui la Provincia dispone

1 *Auby*, La digitalizzazione come motore dell'evoluzione dell'organizzazione della pubblica amministrazione, Istituzioni del federalismo 2 (2023) 389 (394).

2 Per un quadro d'insieme si rinvia in particolare a *Toniatti*, Il fondamento, le fonti e le manifestazioni della specialità nella specialità, in: Casonato/Happacher/Rossi/Toniatti (Hg), Lineamenti di diritto costituzionale della Regione autonoma Trentino-Alto Adige/*Südtirol* e delle Province autonome di Trento e di Bolzano/*Südtirol* (2024) 49.

3 Nel presente contributo sarà proposta una ricognizione generale del quadro giuridico in argomento. Per una trattazione maggiormente approfondita si rinvia al contributo dedicato all'Alto Adige/*Südtirol* all'interno del presente volume.

4 DPR n 670 del 31.08.1972, GU n 301 del 20.11.1972.

5 Per un riepilogo cfr in particolare *Postal*, L'attuazione del Pacchetto e il nuovo Statuto, in: Marcantoni/Postal/Toniatti (Hg), Trent'anni di autonomia, vol. I. Riflessioni sull'assetto della Provincia autonoma di Trento dal 1972 al 2002 (2005) 105.

di un titolo competenziale. *In secundis*, l'adozione di proprie disposizioni in materia può essere fondata altresì sulla competenza primaria in materia di "ordinamento degli uffici provinciali e del personale ad essi addetto" di cui all'art 8, num 1 dello Statuto speciale; alla materia dell'organizzazione amministrativa la Corte costituzionale aveva infatti ricondotto la disciplina del procedimento amministrativo, riconoscendo la "connessione naturale esistente tra la disciplina del procedimento e la materia dell'organizzazione, connessione che conduce a individuare nella regolamentazione ad opera della Regione dei procedimenti amministrativi di propria spettanza un corollario della competenza regionale"[6].

Neppure nelle norme di attuazione allo Statuto speciale[7] sono riscontrabili riferimenti espressi alla materia *de qua*. Tuttavia, nell'ambito della normativa di attuazione si può rinvenire una disciplina organica del riparto di competenze tra lo Stato e la Provincia Autonoma in ambito statistico, parimenti fondata sulla competenza primaria in materia di ordinamento degli uffici (art 8, num 1 dello Statuto speciale). Sono altresì presenti riferimenti puntuali all'utilizzo di banche dati, allo scambio di dati tra strutture statali e provinciali ed all'utilizzo di sistemi informativi.

La riforma del Titolo V della II parte della Costituzione introdotta con la legge costituzionale 18 ottobre 2001, n 3[8] inverte, come noto, il principio informatore del riparto della potestà legislativa tra lo Stato e le Regioni ordinarie, enumerando puntualmente le materie che rientrano nella competenza, esclusiva o concorrente, del legislatore statale. Allo Stato è in particolare riconosciuta competenza legislativa esclusiva in materia di "coordinamento informativo statistico e informatico dei dati dell'amministrazione statale, regionale e locale" (art 117, comma secondo, lett r) Cost); la Corte

---

6 C cost N 465/1991, Considerato in diritto, pto 2. Sul punto cfr *D'Orlando*, Profili costituzionali dell'amministrazione digitale, Il Diritto dell'informazione e dell'informatica 2 (2011) 213 (221).

7 Sulle norme di attuazione cfr. in particolare *Cosulich*, Il decreto legislativo di attuazione statutaria nelle regioni ad autonomia speciale (2017), *Postal*, L'evoluzione bi-provinciale dell'autonomia e la gestione delle competenze regionali, in: Toniatti (Hg), La specialità nella specialità (2022) 83 (101 ff) e *Sias*, Le norme di attuazione degli Statuti speciali. Dall'autonomia differenziata all'autonomia speciale (2012).

8 GU n 248 del 24.10.2001. Sugli effetti della l Cost n 3/2001 sull'autonomia speciale del Trentino-Alto Adige/Südtirol cfr. in particolare *Happacher*, L'evoluzione istituzionale più recente e la valorizzazione del metodo pattizio, in: Casonato/Happacher/Rossi/Toniatti (Hg), Lineamenti di diritto costituzionale della Regione autonoma Trentino-Alto Adige/*Südtirol* e delle Province autonome di Trento e di Bolzano/*Südtirol* (2024) 43 (45 s.).

costituzionale, pur avendo inizialmente affermato che allo Stato compete un "coordinamento meramente tecnico"[9], ha progressivamente esteso la portata di tale competenza[10].

Alla luce della cd clausola di salvaguardia[11] di cui all'art 10 l Cost n 3/2001, in base al quale "sino all'adeguamento dei rispettivi statuti, le disposizioni della presente legge costituzionale si applicano anche alle Regioni a statuto speciale ed alle province autonome di Trento e di Bolzano per le parti in cui prevedono forme di autonomia più ampie rispetto a quelle già attribuite", si pone la questione dell'applicabilità della funzione di coordinamento informativo alle autonomie speciali. La Corte costituzionale ha finora proposto soluzioni in parte discordanti. Nella sentenza n 398/2006, la Corte non ritiene che tale titolo competenziale possa essere applicato ad una Regione speciale, ma solo in quanto tale soluzione non appare "motivata dal ricorrente"[12]. Implicitamente, la Corte ritiene dunque che, ai fini dell'applicazione della potestà in oggetto, debba essere contestualmente riconosciuta alla Regione speciale una forma di autonomia più ampia rispetto a quelle già riconosciute, e che quindi dall'art 117 Cost derivi un *quid pluris* di autonomia rispetto a quanto previsto dal sistema dell'autonomia speciale. In altre occasioni la Corte non apprezza invece la differenza tra autonomie ordinarie e speciali, ritenendo il coordinamento applicabile *tout court* a tutte le Regioni[13]. Merita infine di essere approfondito lo schema argomentativo proposto dalla Corte nella sentenza n 54/2014, relativa al Friuli-Venezia Giulia. Secondo la Corte, il coordinamento informativo è applicabile alla Regione speciale poiché tale materia non è ricompresa "tra le materie di potestà legislativa regionale"[14] enumerate dallo Statuto. Un ragionamento di tal guisa non tiene tuttavia conto del fatto che il criterio di enumerazione delle materie degli statuti speciali è opposto rispetto a

---

9 C cost n 17/2004, Considerato in diritto, pto 9.1. Cfr. *Pietrangelo*, Brevi note sul "coordinamento informativo informatico e statistico dei dati dell'amministrazione statale, regionale e locale", Informatica e diritto 1 (2004) 35 (46).

10 Per una trattazione maggiormente dettagliata si rinvia al contributo di *Sara Parolari* all'interno del presente volume.

11 A tal proposito cfr in particolare *Happacher/Palermo/Parolari*, Die autonomen Gesetzgebungs- und Verwaltungskompetenzen des Landes Südtirol, in: Obwexer/Happacher/Baroncelli (Hg), EU-Mitgliedschaft und Südtirols Autonomie (2015) 45 (69).

12 C cost n 398/2006, Considerato in diritto, pto 5.3.

13 C cost n 35/2005, Considerato in diritto, pto 4; C cost n 240/2007, Considerato in diritto, pto 7; C cost n 159/2008, Considerato in diritto, pto 9.; C cost n 54/2014, Considerato in diritto, pto 6.2.

14 C cost n 54/2014, Considerato in diritto, pto 6.2.

quello introdotto dal "nuovo" art 117 Cost. e rappresenta un sostanziale aggiramento della clausola di salvaguardia di cui all'art 10 l cost n 3/2001.

In seguito alla riforma del Titolo V del 2001 la Provincia dispone inoltre, analogamente alle Regioni ordinarie, della competenza concorrente in materia di "ordinamento della comunicazione" (art 117, comma terzo Cost)[15].

Una limitazione della potestà provinciale deriva infine dalla mancata differenziazione tra autonomie speciali e ordinarie nell'ambito della legislazione dello Stato, spesso finalizzata all'emanazione di discipline omnicomprensive – si pensi in particolare al "Codice dell'amministrazione digitale" (decreto legislativo 7 marzo 2005, n 82[16]) – anziché al coordinamento informativo in senso stretto.

## *III. La disciplina della materia da parte del legislatore trentino*

Analogamente alla Provincia Autonoma di Bolzano[17], anche il legislatore trentino non ha finora adottato una disciplina legislativa organica in materia di digitalizzazione, bensì una serie di disposizioni puntuali che fanno riferimento al fenomeno della transizione digitale *lato sensu*.

In primo luogo, appare necessario menzionare la legge provinciale 6 maggio 1980, n 10[18] con la quale è stato istituito un sistema informativo elettronico provinciale. L'art 1, comma primo lp n 10/1980, poi abrogato dall'art 24, comma primo della legge provinciale 27 luglio 2012, n 16[19], considerava in particolare "servizio d'interesse provinciale l'impianto, lo sviluppo e la gestione di un sistema informativo elettronico, sia per la raccolta e l'elaborazione di dati socio-economici nell'ambito provinciale, sia per il soddisfacimento delle esigenze di automazione della Provincia autonoma di Trento e di altri enti che operano nel territorio provinciale e che chiedono di giovarsi di tale servizio".

---

15 A proposito dell'estensione di tale competenza e degli ambiti ad essa riconducibili, in particolare con riferimento alle comunicazioni elettroniche, cfr *Timiani*, Comunicazioni elettroniche: le Regioni non chiedono, la Corte non risponde, Le Regioni 5 (2010) 1102.

16 GU n 112 del 16.05.2005, supplemento ordinario 93.

17 Per una trattazione maggiormente dettagliata si rinvia al contributo dedicato all'Alto Adige/*Südtirol* all'interno del presente volume.

18 BU n 25 del 13.05.1980.

19 BU n 31 del 31.07.2012.

Il legislatore ha poi previsto una disciplina relativa al servizio statistico della Provincia Autonoma di Trento, dapprima introdotta con legge provinciale 13 aprile 1981, n 6[20] e successivamente riformata con legge provinciale 23 ottobre 2014, n 9[21].

Ai fini della promozione della società dell'informazione e dell'amministrazione digitale e per la diffusione del software libero e dei formati di dati aperti il legislatore trentino ha quindi adottato la legge provinciale 27 luglio 2012, n 16[22]. Con tale *corpus* normativo la Provincia Autonoma riconosce in particolare "la centralità dei dati pubblici, la loro accessibilità completa e permanente, la sicurezza e trasparenza del loro trattamento come valori inderogabili, nonché riconosce le elevate potenzialità delle tecnologie dell'informazione e della comunicazione (ICT) nel produrre: a) il miglioramento della qualità della vita dei cittadini; b) la maggiore competitività del sistema economico trentino; c) lo sviluppo sostenibile del territorio; d) la maggiore efficienza, economicità e trasparenza dell'azione amministrativa; e) la crescita della partecipazione democratica e della cultura digitale e il superamento del divario digitale" (art 1, comma primo lp n 16/2012). Tra gli strumenti annoverati dall'art 3 lp n 16/2012 rientrano in particolare la realizzazione sul territorio di una infrastruttura per l'accesso alla banda larga, la formazione di un sistema territoriale di amministrazione digitale, che realizzi l'integrazione e l'uniformazione dei servizi resi dal sistema pubblico, l'adozione e l'utilizzo da parte della Provincia e la promozione e il sostegno sul territorio del software libero e a codice sorgente aperto, di dati, protocolli di comunicazione e scambio dati basati su standard aperti, l'istituzione del polo archivistico digitale territoriale del Trentino e l'individuazione di misure per il coinvolgimento degli utenti nello sviluppo dei processi di innovazione e nelle attività della pubblica amministrazione, nonché per lo sviluppo della cultura digitale. La lp n 16/2012 istituisce inoltre il "sistema informativo elettronico trentino (SINET) quale complesso dei dati e delle informazioni che supportano le attività di tutte le pubbliche amministrazioni del Trentino e dei sistemi per la loro elaborazione, trasmissione e archiviazione" (art 5, comma primo lp n 16/2012).

20 BU n 21 del 21.04.1981.
21 BU n 43 del 28.10.2014.
22 BU n 31 del 31.07.2012.

Nell'ambito dello sviluppo e della promozione della banda larga[23] il legislatore trentino ha disposto con l'art 19, comma secondo della legge provinciale 15 dicembre 2004, n 10[24] che "la Provincia realizza l'infrastruttura funzionale alla creazione di una rete di comunicazione elettronica finalizzata all'erogazione di servizi ad alto contenuto tecnologico". Tale infrastruttura "può essere utilizzata dalla Provincia per lo sviluppo della propria rete di comunicazione elettronica privata finalizzata all'erogazione di servizi ad alto contenuto tecnologico destinati a soddisfare le esigenze di comunicazione della Provincia medesima e dei soggetti aderenti al sistema informativo elettronico provinciale (SIEP)" (art 19, comma sesto lp n 10/2004). Nell'ottica di favorire la diffusione delle telecomunicazioni, in particolare nelle zone periferiche, il legislatore trentino ha successivamente introdotto l'art 34 della legge provinciale 30 dicembre 2024, n 13[25], il quale prevede al primo comma che "per garantire idonei standard di connettività e digitalizzazione su tutto il territorio provinciale assicurando, in relazione ad esigenze di pubblica sicurezza, la tempestività delle operazioni di emergenza e soccorso, la Provincia può promuovere, anche mediante la concessione di contributi, la realizzazione di strutture destinate a ospitare impianti fissi di telecomunicazione in zone in cui, per la loro dislocazione e scarsa attrattività, la copertura di rete del segnale mobile è assente o gravemente carente".

In relazione alla digitalizzazione dell'attività amministrativa ed al procedimento digitale sono state introdotte alcune disposizioni nella legge provinciale 30 novembre 1992, n 23[26], tra cui in particolare un riferimento al domicilio digitale, alle comunicazioni telematiche ed allo sportello unico per le attività produttive[27]. Le relative discipline riprendono tuttavia per larga parte quanto previsto dalle disposizioni statali in materia di amministrazione digitale, a cui l'art 8, comma secondo lp n 23/1992 peraltro rinvia.

---

23 Sulla questione relativa all'estensione della competenza provinciale in materia di banda larga si rinvia al contributo dedicato all'Alto Adige/*Südtirol* all'interno del presente volume.

24 BU straordinario n 50 *bis* del 17.12.2004.

25 BU n 52 del 31.12.2024, straord n 1.

26 BU n 50 del 09.12.1992.

27 Secondo la Corte la disciplina dello Sportello unico per le attività produttive (SUAP) è di competenza statale (C cost n 376/2002, Considerato in diritto, pto 8 e C cost n 15/2010, Considerato in diritto, pto 4.2). Cfr *Cappelletti*, Sportello unico per le imprese, in: Vandelli/Bassanini (Hg), Il federalismo alla prova: regole, politiche, diritti nelle Regioni (2012) 157.

Infine, puntuali riferimenti relativi all'impiego delle tecnologie digitali sono contenuti nelle singole normative di settore; per esempio, in ambito scolastico, gli art 109 *bis* ss della legge provinciale 7 agosto 2006, n 5[28] disciplinano l'utilizzo e l'accesso alle tecnologie informatiche, tra cui in particolare il c.d. piano provinciale per la scuola digitale, il sistema informativo e l'anagrafe degli studenti.

### *IV. L'attuazione autonoma di politiche di digitalizzazione*

Meritevole di attenzione è anche l'attuazione autonoma delle politiche di digitalizzazione a livello amministrativo. Analogamente alla gran parte delle Regioni ed alla Provincia autonoma di Bolzano[29], anche la Provincia Autonoma di Trento si è dotata di una propria strategia per la digitalizzazione. Tali strategie sono contenute in documenti di pianificazione mediante i quali la Regione o la Provincia Autonoma tenta di pianificare il procedimento di transizione digitale della propria organizzazione in maniera complessiva e coerente con le politiche adottate da parte degli ulteriori soggetti del sistema multilivello[30]. Con deliberazione della Giunta provinciale n 1160 del 30 giugno 2022 la Provincia Autonoma di Trento ha adottato il documento "Verso il Trentino Distretto Digitale 2026. Agenda digitale e per la semplificazione della Provincia Autonoma di Trento 2022-2024"[31]. Premessa un'analisi del contesto europeo e nazionale di riferimento, tale documento definisce le principali politiche provinciali per la digitalizzazione e la semplificazione, le iniziative che l'amministrazione provinciale si propone di adottare a tal fine nonché i relativi strumenti di monitoraggio. Nel complesso, la strategia provinciale contiene da un lato una concezione d'insieme delle politiche di digitalizzazione della Provincia Autonoma, delineando una visione ambiziosa e consapevole delle potenzialità che dalla transizione digitale possono scaturire per il territorio trentino. Di contro, gli interventi proposti sono in larga parte attuativi delle politiche adottate

28 BU n 33 del 16.08.2006, suppl n 2.

29 Per una trattazione maggiormente approfondita si rinvia al contributo dedicato all'Alto Adige/Südtirol all'interno del presente volume.

30 Per approfondire la questione delle strategie regionali/provinciali nell'ambito della digitalizzazione cfr *Coletti*, L'innovazione digitale nella amministrazione pubblica: le azioni delle Regioni, Amministrare 3 (2013) 463 (467 f).

31 Disponibile su https://www.calameo.com/read/000195356d54296966fe2 (28.01.2025).

a livello europeo[32] e statale *in primis*; il ruolo che la Provincia Autonoma assume è di conseguenza prevalentemente attuativo[33].

## V. Il PNRR e la digitalizzazione in Trentino

All'interno del Piano Nazionale di Ripresa e Resilienza (PNRR) la digitalizzazione svolge un ruolo decisivo, rappresentando sia uno dei tre assi strategici condivisi a livello europeo, sia la prima delle sei misure previste dal piano. Le autonomie regionali e provinciali, sia ordinarie che speciali, hanno tuttavia svolto un ruolo limitato sia nella fase di sviluppo del piano che nella sua attuazione, in quanto l'art 2 del decreto legge 31 maggio 2021, n 77[34] ha affidato i poteri di indirizzo, impulso e coordinamento generale sull'attuazione degli interventi del PNRR ad una Cabina di regia istituita presso la Presidenza del Consiglio dei ministri. Di tale organo i Presidenti delle Regioni e delle Province autonome possono fare parte solo quando si esaminano questioni locali[35].

Anche la Provincia Autonoma di Trento ha istituito una propria Cabina di regia ed una *task force* PNRR. Nell'ambito della missione 1 "Digitalizzazione, innovazione, competitività, cultura e turismo" al Trentino sono state attribuite risorse per un valore di 179,58 milioni di euro; all'interno di tale missione la Provincia ha inoltre presentato un progetto bandiera per la digitalizzazione della pubblica amministrazione del territorio, del valore di circa 20 milioni di euro[36]. Sebbene il PNRR costituisca indubbiamente un'occasione preziosa per recuperare risorse cospicue in particolare nel settore della transizione digitale, la *governance* del Piano, definita a livello statale, determina due criticità per l'autonomia speciale. Anzitutto, la

32 Per una trattazione maggiormente dettagliata si rinvia al contributo dedicato a tale tematica di *Walter Obwexer* all'interno del presente volume.

33 Sulla questione della partecipazione regionale nella fase attuativa si rinvia al contributo di *Sara Parolari* all'interno del presente volume.

34 GU n 129 del 31.05.2021, edizione straordinaria.

35 Per approfondire la questione della *governance* del PNRR ed il coinvolgimento delle autonomie regionali e provinciali cfr. *D'Orlando/Coppola*, La dimensione digitale dell'autonomia speciale, tra uniformità e differenziazione, federalismi.it 32 (2023) 213 (214 ff). Relativamente al ruolo delle Regioni nell'attuazione del PNRR con riferimento alla digitalizzazione si rinvia anche al contributo di *Sara Parolari* all'interno del presente volume.

36 Dati aggiornati a dicembre 2024 e disponibili su https://www.provincia.tn.it/content/download/107190/2160830/file/Infografiche_PNRR_a_dicembre_2024.pdf (28.01.2025).

Provincia Autonoma non ha la possibilità di condizionare direttamente il contenuto dei bandi e delle misure PNRR, limitandosi alla presentazione di progetti attuativi, al pari degli enti locali. In secondo luogo, la Provincia non può condizionare la partecipazione ai bandi PNRR da parte degli enti locali del proprio territorio, i quali ottengono dallo Stato fondi e finanziamenti con destinazione vincolata, benché lo Statuto attribuisca alla Provincia autonoma la competenza legislativa in materia di finanza locale (art 80, comma primo dello Statuto) nonché la funzione di coordinamento della finanza pubblica provinciale (art 79, comma terzo dello Statuto).

## *VI. Conclusioni*

Dall'analisi del quadro giuridico relativo alla disciplina della digitalizzazione emerge in primo luogo che da un lato la Provincia Autonoma può adottare proprie disposizioni legislative afferenti alla digitalizzazione, fondate in particolare sulla competenza primaria in materia di ordinamento degli uffici (art 8, num 1 Statuto). Al contempo, in seguito alla riforma del Titolo V della Costituzione ed all'introduzione della potestà legislativa esclusiva dello Stato in materia di "coordinamento informativo statistico e informatico dei dati dell'amministrazione statale, regionale e locale" (art 117, comma secondo, lett r) Cost), a cui la Corte ha ricondotto anche aspetti che fuoriescono dai profili prettamente tecnici, il margine di manovra della Provincia si è ridotto, anche alla luce di una legislazione ordinaria dello Stato che tende a disciplinare la digitalizzazione come fenomeno complessivo, scarsamente apprezzando le differenze tra autonomie ordinarie e speciali. Per tale ragione, analogamente a quanto ipotizzato per l'Alto Adige/*Südtirol*[37], appare utile ragionare sulla previsione di una competenza *ad hoc* relativa alla digitalizzazione direttamente nello Statuto o per mezzo di una normativa di attuazione di tipo *praeter statutum*[38].

Il legislatore provinciale trentino ha finora adottato talune disposizioni relative alla digitalizzazione, in particolare una legge dedicata alla promozione della società dell'informazione e dell'amministrazione digitale. Più recentemente, l'attenzione della Provincia Autonoma si è poi concentrata sull'attuazione di politiche di digitalizzazione a livello amministrativo, in

37 Per una trattazione maggiormente dettagliata si rinvia al contributo dedicato all'Alto Adige/*Südtirol* all'interno del presente volume.

38 A proposito delle norme di attuazione cd *praeter statutum* cfr *Carli*, Diritto regionale. Le autonomie regionali, speciali e ordinarie[4] (2024) 180 ff.

particolare con l'adozione di una propria strategia digitale e nel quadro del PNRR, in cui alla Provincia è tuttavia riconosciuto un ruolo eminentemente attuativo, rimanendo la definizione delle strategie complessive prerogativa del livello statale ed ancora prima di quello europeo.

# La Provincia Autonoma di Trento di fronte alle sfide della sanità pubblica

*Giancarlo Ruscitti*

L'invecchiamento progressivo della popolazione e la riduzione simultanea dei professionisti sanitari nelle "Aree interne", ovvero quei territori più distanti dai servizi essenziali (tra cui quelli sanitari), hanno condotto negli ultimi anni ad un ridisegno della capacità erogativa dei sistemi sanitari sia nella parte ospedaliera che in quella territoriale. Questo vale anche per il Servizio Sanitario della Provincia Autonoma di Bolzano.

Un esempio interessante è quello sperimentato nell'area del Tesino. Al fine di evitare lo spostamento di chi abita nelle valli meno densamente popolate, come appunto quella del Tesino, verso i maggiori centri urbani, già nel 2019 con appositi finanziamenti si è sviluppata una progettualità che mirava allo svolgimento di attività di prevenzione primaria e secondaria. L'attività prevedeva cicli formativi rivolti alla popolazione nell'ambito di una visione tridimensionale dei singoli abitanti responsabilizzandoli con riferimento agli stili di vita ed alimentari, con particolare attenzione all'ambito diabetologico e delle patologie cardiovascolari. Ai soggetti potenzialmente a rischio venivano fornite strumentazioni tecnologiche ed informatiche di facile utilizzo che consentivano un'autovalutazione quotidiana e la trasmissione dei dati notturna ai Centri di Riferimento Provinciali. A queste attività è stata affiancata l'introduzione dell'Infermiere di Comunità (IFOC) con lo scopo di occuparsi direttamente delle persone "fragili" e delle "cronicità" ben conosciute nello specifico territorio.

Questo complesso di attività ha riscontrato un buon livello di gradimento e partecipazione della popolazione interessata che ha particolarmente apprezzato questa modalità di erogazione del servizio attraverso la quale si è riusciti ad ovviare alla carenza oggettiva di medici di medicina generale che assistono un numero consistente di pazienti per professionista.

Nel periodo Covid questa soluzione organizzativa e tecnologica si è diffusa ancor più tra la popolazione che in queste aree durante i periodi di lock down e nei diversi momenti di isolamento è rimasta costantemente in contatto con gli specialisti sanitari provinciali ricevendo quindi l'attenzione dovuta in rapporto alle diverse patologie seguite. Terminata la fase più impegnativa relativa al Covid è stata introdotta nella Provincia Autonoma di Trento la metodologia ACG che ha permesso di realizzare una stratificazione della popolazione in termini di patologie di origine genetica, ambientale e lavorativa, attività che oramai ha raggiunto il quarto anno di attività. Tramite questa metodologia sono state individuate le patologie prevalenti nei diversi ambiti provinciali e programmare in maniera sistematica un'attività di Prevenzione Primaria e Secondaria più aderente alle specifiche situazioni, così come realizzato precedentemente nel Tesino.

Tramite iniziativa della Giunta Provinciale si è quindi selezionata la Val di Sole come nuova area interna in cui testare le strategie di comunicazione ed organizzazione del servizio sanitario, oltre che le tecnologie mediche, con particolare attenzione alla patologia diabetica. Dopo aver svolto una serie di incontri con la popolazione e un percorso di formazione dei diversi professionisti coinvolti nel territorio è iniziata così un'attività capillare basata su stili di vita e comportamenti alimentari corretti nei confronti di coloro che potenzialmente sono soggetti maggiormente a rischio nel manifestare la patologia.

Contemporaneamente son stati distribuiti *device* personalizzati alle persone identificate quali oggetto di Prevenzione Secondaria che consentono un controllo personale della glicemia ed un riscontro quotidiano al Centro Diabetologico Provinciale di riferimento. I risultati al momento sono molto positivi sia in termini di soddisfazione della popolazione che con riferimento al controllo della patologia diabetica in tutte le fasce di età interessate.

È quindi intenzione della Azienda Sanitaria di proseguire con questa attività estendendola ad altre aree interne della Provincia affrontando anche altre patologie prevalenti nella popolazione (i.e. cardiovascolari ed endocrine) utilizzando la stessa metodologia accompagnata da *device* specifici per ciascuna di esse. Infine, tramite il finanziamento PNRR della Missione 5 si stanno sperimentando soluzioni di "domotica" specifiche per le situazioni di fragilità individuale che si auspica possano utilmente accompagnare quanto illustrato in precedenza.

# Digitalisierung in Österreich und Tirol: Bundesstaat – Kompetenzen – Strategien

*Christoph Müller*

**Abstract**

The term "digitalization" is neither explicitly defined in the Austrian Federal Constitution nor in the state constitutions. The fragmentation of the allocation of competences between the federal government and the states (Articles 10–15 B-VG) results in cross-cutting issues such as spatial planning, environmental protection, disaster management, national defense, and now also digitalization, needing to be assigned to various competence categories of the federal government and the states. This leads to relevant provisions and policies being embedded in a multitude of laws, regulations, and strategy documents. As a result, there is a need for cooperative approaches, such as through federal-state agreements according to Article 15a B-VG, informal institutions like the Governors' Conference and the Austrian Conference on Spatial Planning, as well as in the area of digitalization, the federal-state-cities-municipalities cooperation and the Digital Austria platform.

At the federal level, a separate State Secretariat in the Federal Chancellery consolidates the agendas of digitalization. E-government initiatives build on a federal-state agreement for IT cooperation concluded as early as 1998. Additionally, strategies and action plans for individual ministries have emerged. Milestones include the 2024 Information Freedom Reform, including the abolition of official secrecy, and the E-Government Strategy 2023, developed by the federal government and the states. Internationally, Austria ranks in the middle of digitalization rankings (DESI, eGovernment Benchmark, UN-EGDI), with particular strength in e-government services.

At the state level in Tyrol, the responsibility for digitalization lies with the Regional Minister for Economic Affairs, focusing on tourism, broadband expansion, and funding initiatives for the digital transformation of SMEs. Projects such as the "Service Platform Tyrol (SEPL)" or the "Digital Family Pass" illustrate the advancing e-government practices. The Tyrolean Economic and Innovation Strategy adopted in 2022, and the Digitalization Act passed in 2023 emphasize the goal of making Tyrol a digital pioneer.

Austria's federal structure presents opportunities, such as innovation, and challenges, such as the risk of divergent regulations. Central issues include data sovereignty, data protection, technological resilience, and ensuring equal access for all citizens. Overall, it is evident that a long-term digitalization strategy coordinated between the federal government, the states, and municipalities could help realize efficiency gains while safeguarding democratic and rule-of-law principles.

*Il termine "digitalizzazione" non è definito esplicitamente né nella Costituzione federale austriaca né nelle costituzioni statali. La frammentazione della distribuzione delle competenze tra il governo federale e gli stati (Articoli 10–15 B-VG) comporta che questioni trasversali come la pianificazione territoriale, la protezione dell'ambiente, la gestione del-*

*le catastrofi, la difesa nazionale e ora anche la digitalizzazione debbano essere assegnate a diverse categorie di competenza del governo federale e degli stati. Questo porta alla necessità che disposizioni e politiche pertinenti siano integrate in una moltitudine di leggi, regolamenti e documenti strategici. Di conseguenza, emerge la necessità di approcci cooperativi, come ad esempio tramite gli accordi federale-statali ai sensi dell'Articolo 15a B-VG, istituzioni informali come la Conferenza dei Governatori e la Conferenza austriaca sulla pianificazione territoriale, nonché, nell'ambito della digitalizzazione, la cooperazione tra governo federale, stati, città e comuni e la piattaforma Digital Austria.*
*A livello federale, un segretariato di stato separato nella Cancelleria federale raccoglie le agende della digitalizzazione. Le iniziative di e-government si basano su un accordo federale-statale per la cooperazione IT concluso già nel 1998. Inoltre, sono emerse strategie e piani d'azione per i singoli ministeri. Alcune tappe importanti sono la riforma della libertà di informazione del 2024, che include l'abolizione del segreto d'ufficio, e la Strategia E-Government 2023 sviluppata dal governo federale e dagli stati. A livello internazionale, l'Austria si colloca nella parte centrale delle classifiche di digitalizzazione (DESI, eGovernment Benchmark, UN-EGDI), con una particolare forza nei servizi di e-government.*
*A livello statale, in Tirolo, la responsabilità per la digitalizzazione è affidata all'Assessore regionale all'economia, con un focus sul turismo, sull'espansione della banda larga e sulle iniziative di finanziamento per la trasformazione digitale delle PMI. Progetti come la "Piattaforma dei Servizi Tirolesi (SEPL)" o il "Pass Digitale per le Famiglie" evidenziano l'avanzamento della pratica dell'e-government. La Strategia economica e dell'innovazione del Tirolo adottata nel 2022 e la Legge sulla digitalizzazione adottata nel 2023 sottolineano l'ambizione di fare del Tirolo un pioniere digitale.*
*La struttura federale dell'Austria offre opportunità, come l'innovazione, e sfide, come il rischio di normative divergenti. Tra i temi centrali ci sono la sovranità dei dati, la protezione dei dati, la resilienza tecnologica e la garanzia di accessi equi per tutti i cittadini. In generale, risulta evidente che una strategia di digitalizzazione a lungo termine coordinata tra governo federale, stati e comuni potrebbe aiutare a realizzare guadagni di efficienza, mantenendo al contempo i principi democratici e dello stato di diritto.*

## *I. Österreich*

### A. Digitalisierung als verfassungsrechtliche Querschnittsmaterie

Da es im österreichischen Recht keine Definition des Begriffs „Digitalisierung" bzw „Digitale Transformation" gibt, erscheint folgende Definition hilfreich: "Die Digitalisierung bzw digitale Transformation der öffentlichen Verwaltung umfasst ein Set von spezifischen Informations- und Digitaltechnologien, die neue Politiken, Rechtsvorschriften, Prozesse, Standards, Richtlinien, Instrumente und Werkzeuge induzieren und erfordern. Diese dienen insgesamt der Innovation, Entwicklung, Management und Integration der Funktionen und Leistungen von öffentlichen Verwaltungen und betreffen sowohl deren interne Organisation und Leistungen als auch die Kommunikation und Interaktion mit Bürger:innen und Unternehmen."

Auch die Bundesverfassung enthält den Begriff bzw Kompetenztatbestand Digitalisierung nicht. Die starke Zersplitterung der Kompetenzverteilung zwischen Bund und Ländern hat zur Folge, dass Querschnittsmaterien wie Raumordnung, Umweltschutz, Katastrophenschutz, Landesverteidigung und eben Digitalisierung verschiedenen Kompetenztatbeständen des Bundes und der Länder zugeordnet werden (müssen).

## B. Die Kompetenzverteilung der bundesstaatlichen Verfassung

Laut Art 1 Bundes-Verfassungsgesetz (B-VG) ist Österreich eine demokratische Republik, gemäß Art 2 ein Bundesstaat. Als vier tragende Elemente des bundesstaatlichen Prinzips hat der Verfassungsgerichtshof (VfGH) die Verteilung der Staatsfunktionen Gesetzgebung und Vollziehung zwischen dem Bund und den Ländern, die Mitwirkung der Länder an der Bundesgesetzgebung, die begrenzte Verfassungsautonomie der Länder sowie deren Mitwirkung an der Bundesverwaltung bezeichnet. Die Kompetenz-Kompetenz, die Zuständigkeit zur (Änderung der) Verteilung der Zuständigkeiten, hat der Bundesverfassungsgesetzgeber, vereinzelt auch der einfache Bundesgesetzgeber (Finanzverfassungsrecht, Verkehrsinfrastruktur, Bedarfsgesetzgebung). Die Verteilung der Gesetzgebungs- und Vollziehungszuständigkeiten erfolgt im Kern in den Art 10 bis 15 B-VG. Weitere Kompetenzregelungen finden sich in anderen Bestimmungen des B-VG und Bundesverfassungsgesetzen sowie in vielen Verfassungsbestimmungen einfacher Gesetze. Ein Spezialfall sind Kompetenzdeckungsklauseln in einem einfachen Bundesgesetz, welche dem Bund eine sonst nicht vorhandene Gesetzgebungs- und Vollziehungskompetenz für das konkrete Gesetz einräumen.[1]

Zugunsten der Länder sind diese Klauseln in der Minderheit.[2] Insgesamt ist festzustellen, dass die Kompetenzverteilung extrem kasuistisch ist, was historisch bedingt ist und mit der traditionellen österreichischen Verfassungsinterpretation zusammenhängt. Der kompetenzrechtliche Begriff der Vollziehung umfasst die Hoheitsverwaltung, nicht jedoch das Handeln als

---

1 Vgl *Neudorfer*, Kompetenzdeckungsklauseln außerhalb des B-VG, in: Schmid et alii (Hg), Auf dem Weg zum hypomodernen Rechtsstaat (2011) 111, 113.

2 *Wiederin*, Die Kompetenzverteilung hinter der Kompetenzverteilung, ZÖR 66 (2011) 215, 220.

Träger von Privatrechten, welches auch typische Staatsaufgaben wie Förderungen umfasst. Diese auch für den Bereich Digitalisierung bedeutsame[3] Form der Verwaltung ist nicht an die Kompetenzverteilung gebunden (Art 17 B-VG).

Das B-VG kennt vier Haupttypen der Kompetenzverteilung:

- Gesetzgebung und Vollziehung Bundessache – Art 10 B-VG
- Gesetzgebung Bundessache, Vollziehung Landessache – Art 11 B-VG
- Grundsatzgesetzgebung Bundessache, Ausführungsgesetzgebung und Vollziehung Landessache – Art 12 B-VG
- Gesetzgebung und Vollziehung Landessache – Art 15 Abs 1 B-VG

Die dem Bund übertragenen Kompetenzen sind am umfangreichsten und bewirken, dass vor allem in der Gesetzgebung das Schwergewicht eindeutig beim Bund liegt. Im Kontext der Digitalisierung ist neben dem 2019 geschaffenen Kompetenztatbestand „Allgemeine Angelegenheiten des Schutzes personenbezogener Daten" vor allem die Telekommunikation zu erwähnen. Bezüglich der Länder enthält Art 15 B-VG eine Generalklausel.[4] Diese haben jedoch aufgrund der umfang- und zahlreichen Bundeskompetenzen nur wenig legislative Zuständigkeiten, nämlich Baurecht einschließlich gewisser Aspekte der Raumordnung, Dienstrecht der Landesbediensteten, Gemeinderecht, Jagd und Fischerei, Grundverkehrsrecht, Jugendschutz und Jugendfürsorge, Naturschutz, Sport, Schi- und Bergschulen.

Der VfGH hat für die Kompetenzverteilung besondere Auslegungsregeln entwickelt, die deren extremen Zersplitterung samt der Gefahr von Überschneidungen geschuldet ist. Die Kompetenzverteilung beruht auf dem Prinzip der strikten Kompetenztrennung im Sinne einer Exklusivität: Jedes hoheitliche Handeln muss einem bestimmten Tatbestand zugeordnet werden, weshalb es prinzipiell keine konkurrierenden Kompetenzen gibt. Die Kompetenzverteilung ist als Ganzes lückenlos. In der Praxis führt die Zersplitterung der Kompetenzen dazu, dass sachlich wünschenswerte Regelungseinheiten mitunter verschiedenen Kompetenztatbeständen zugeordnet werden müssen.

---

3 *Polzer/Meyer*, Österreich: Digitalisierungsstrategie der Bundesebene, in: Klenk et alii (Hg), Handbuch Digitalisierung in Staat und Verwaltung (2023) 3.

4 Art 15 B-VG: Soweit eine Angelegenheit nicht ausdrücklich durch die Bundesverfassung der Gesetzgebung oder auch der Vollziehung des Bundes übertragen ist, verbleibt sie im selbständigen Wirkungsbereich der Länder.

Die wichtigste Interpretationsregel ist die Versteinerungstheorie[5] bzw objektiv-historische Interpretation. Demnach haben die Kompetenztatbestände jene Bedeutung, die ihnen im Zeitpunkt ihrer Schaffung (in der Regel 1925) zugekommen ist. Neue Regelungen sind zulässig, sofern sie sich – auf Basis des Grundsatzes der intrasystematischen Fortentwicklung – systematisch der jeweiligen Materie zuordnen lassen. Sehr weit ging der VfGH, als er das Rundfunkrecht als Fortentwicklung des Telegraphenrechts qualifizierte.[6] Gewisse Regelungen folgen der Hauptmaterie, somit sind sie von einem Sachbereich auch ohne ausdrückliche Nennung umfasst wie etwa verwaltungsstrafrechtliche Reglungen und Enteignungsregelungen sowie Verwaltungsverfahren, sofern der Bund nicht seine Bedarfskompetenz in Anspruch nimmt.

Die kasuistische enge Verzahnung der Kompetenzen von Bund und Ländern erfordert es, dass der jeweils zuständige Gesetzgeber auch die Kompetenzen des anderen Trägers von Gesetzgebungshoheit berücksichtigt. Verwehrt sind all jene Regelungen, die ohne sachliche Rechtfertigung die Effektivität der Regelungen der jeweils anderen Gebietskörperschaft beeinträchtigen. Diese Rücksichtnahmepflicht verlangt eine Abwägung der eigenen Interessen mit jenen der anderen Gebietskörperschaft.[7]

## C. Bundesverfassung und Digitalisierung

Die Bundesverfassung enthält den Begriff Digitalisierung nicht. Dies bedeutet jedoch nicht, dass es in die Residualkompetenz der Länder gemäß Art 15 Abs 1 B-VG fällt. Die Zersplitterung der Kompetenzverteilung hat zur Folge, dass traditionelle Querschnittsmaterien wie Raumordnung, Umweltschutz, Katastrophenschutz und Landesverteidigung verschiedenen Kompetenztatbeständen zugeordnet werden (müssen), was der VfGH 1954 zur Raumordnung wegweisend ausführte.[8] Auch die Digitalisierung ist eine Querschnittsmaterie, weshalb sich die Zuständigkeiten zur Gesetzgebung

5 *Wiederin*, Anmerkungen zu Versteinerungstheorie, Festschrift Winkler (1997) 1231.

6 VfSlg 2721/1954, Oberösterreichisches Raumordnungsgesetz 1972; §2 Abs 6 Z3 zweiter Satz idF LGBl 15/1977 ist unter den Kompetenztatbestand der Angelegenheiten des Gewerbes zu subsumieren und daher verfassungswidrig.

7 Vgl *Öhlinger/Eberhard*, Verfassungsrecht (2022) Rz 287 ff, mit einer Reflexion zentraler VfGH-Judikate.

8 VfSlg 2674/1954 – „Ein besonderer Kompetenztatbestand Raumordnung, der gemäß Art 15 Abs 1 B-VG in die Zuständigkeit der Länder fallen würde und aus dieser generellen Zuständigkeit herausgeschält werden könnte, besteht nicht. (...) Die

und Vollziehung einzelner Aspekte der Digitalisierung aus den in der Folge dargestellten Kompetenztatbeständen ergeben.

Der Bund hat mit Art 10 Abs 1 Ziffer 9 B-VG die Gesetzgebungs- und Vollziehungskompetenz bezüglich Post- und Fernmeldewesen, was unter anderem das Internet und Mobilfunkdienste miteinschließt. Die Bundesverfassung sieht gemäß Artikel 102 Abs 1 B-VG die Mitwirkung der Länder an der Vollziehung des Bundes als Regel in Form der mittelbaren Bundesverwaltung vor. Als Ausnahme ist gemäß Artikel 102 Absatz 2 B-VG – ohne Zustimmung der Länder – die Errichtung eigener Bundesbehörden unter anderem im Bereich Post- und Fernmeldewesen möglich. Weitere Bundeskompetenzen sind Verkehr und Industrie (Art 10 Absatz 1 Z 9 B-VG), die im Rahmen der mittelbaren Bundesverwaltung vollzogen werden. Der Landeshauptmann als Träger und zentrales Organ der mittelbaren Bundesverwaltung ist gemäß Art 103 Absatz 1 B-VG an die Weisungen der Bundesregierung und der einzelnen Bundesminister gebunden. Dies ist im Sinne des bundesstaatlichen Gedankens problematisch, wobei die mittelbare Bundesverwaltung aufgrund ihres beträchtlichen Umfangs den Ländern einen erheblichen Einfluss auf die Praxis der Verwaltungsaufgaben gewährt. Die Einrichtung eigener Behörden fällt gemäß Art 10 Abs 1 Z 16 B-VG in die Organisationsautonomie des Bundes[9] und gemäß Art 15 Abs 1 B-VG in die der Länder, die gemäß Art 115 Abs 2 B-VG[10] auch zuständig sind, diese Angelegenheiten für die Gemeinden zu regeln.[11]

---

Zuständigkeit zu dieser raumordnenden Tätigkeit ergibt sich als Ausfluss der Zuständigkeit zur Regelung der Verwaltungsmaterie überhaupt. Es können daher sowohl der Bund als auch die Länder raumordnende Tätigkeiten entfalten, jede dieser Autoritäten jedoch immer nur auf Gebieten, die nach der Kompetenzverteilung der Bundesverfassung in ihre Zuständigkeiten fallen. Dass sich hiebei in einem Bundessstaat, der sowohl dem Oberstaat als auch den Gliedstaaten Befugnisse hinsichtlich des gleichen, weil eben nur einmal vorhandenen Raumes einräumt, Schwierigkeiten und Reibungen ergeben können, ist in der Natur des Bundesstaates begründet."

9 Art 10 Abs 1 Z 16 B-VG: Einrichtung der Bundesbehörden und sonstigen Bundesämter; Dienstrecht und Personalvertretungsrecht der Bundesbediensteten.

10 Artikel 115 Abs 2 B-VG: Soweit nicht ausdrücklich eine Zuständigkeit des Bundes festgesetzt ist, hat die Landesgesetzgebung das Gemeinderecht nach den Grundsätzen der folgenden Artikel dieses Abschnittes zu regeln. Die Zuständigkeit zur Regelung der gemäß den Art 118, 118a und 119 von den Gemeinden zu besorgenden Angelegenheiten einschließlich eines allfälligen Ausschlusses des Instanzenzuges bestimmt sich nach den allgemeinen Vorschriften dieses Bundesverfassungsgesetzes.

11 *Wirthumer*, Aspekte der (Teil-)Automatisierbarkeit des Verwaltungsverfahrens und der oberösterreichische Weg zum digitalen Amt, in: Braun Binder/Bußjäger/Eller

Bei der Bedarfsgesetzgebung ist die Kompetenz des Bundes an einen Bedarf einer einheitlichen Regelung geknüpft. Zentral ist hier Art 11 Absatz 2 B-VG als kompetenzrechtliche Grundlage der einheitlichen Verwaltungsverfahrensgesetze auch in den Angelegenheiten, in denen die Gesetzgebung den Ländern zusteht. So basiert das E-Government-Gesetz des Bundes (2004) auf dieser Kompetenzgrundlage. Die Organisation der Landesverwaltungsgerichte fällt in Gesetzgebungs- und Vollziehungskompetenz der Bundesländer, während die Verwaltungsverfahrensgesetze sowie die Verfahrensgesetze aller Verwaltungsgerichte eine Bundeskompetenz darstellen.

Die Tabelle zeigt die Kompetenzverteilung in für die Digitalisierung wichtigen Bereichen.

| Materien | Zuständigkeit | |
|---|---|---|
| | Gesetzgebung | Vollziehung |
| Zivil- und Unternehmensrecht | Bund (Art 10 Aba 1 Z 6 B-VG) | Bund (ordentliche Gerichtsbarkeit) |
| Post- und Fernmeldewesen | Bund (Art 10 Abs 1 Z 9 B-VG) | Bund |
| Zivilgerichtliches Verfahrensrecht | Bund (Art 10 Abs 1 Z 6 B-VG) | Bund |
| Strafverfahrensrecht | Bund (Art 10 Abs 1 Z 6 B-VG) | Bund |
| Verwaltungsverfahren (samt Verwaltungsstrafverfahren) | Bund (mit einzelnen Zuständigkeiten der Länder) (Art 11 Abs 2 B-VG) | Bund/Länder abhängig von Materien |
| Verfahren der Verwaltungsgerichte | Bund (mit einzelnen Zuständigkeiten der Länder) | Siehe oben |

(Hg), Auswirkungen der Digitalisierung auf die Erlassung und Zuordnung behördlicher Entscheidungen (2021) 83.

| Materien | Zuständigkeit | |
|---|---|---|
| | Gesetzgebung | Vollziehung |
| | (Art 136 Ab 2s B-VG) | |
| Einrichtung der Verwaltungsbehörden einschließlich E-Government | Bund/Länder (Bund/ Länder je nachdem ob es sich um eine Bundes- oder Landesbehörde handelt) (Art 10 Abs 1 Z 16/Art 15 Abs 1 B-VG) | Bund/Länder je nachdem ob es sich um eine Bundes- oder Landesbehörde handelt |
| Informationspolitik | Die Amtsverschwiegenheit ist in Art 20 Abs 3 B-VG normiert, wird aber 2025 aufgehoben werden (siehe unten). Bundes-/Landesgesetzgeber können davon abweichen. Bezüglich der Länderbehörden ist der Bund gemäß Art 20 Abs 4 B-VG Grundsatzgesetzgeber. | Bund/Länder je nach Materie. |
| Öffentliche Gesundheit | Bund ausgenommen Krankenhäuser, wo die Länder gem Art 10 Abs 1 Z 12 B-VG Ausführungsgesetzgeber sind. | Bund durch mittelbare Bundesverwaltung |
| Verkehr | Bund (Art 10 Abs 1 Z 9 B-VG) | Bund durch mittelbare Bundesverwaltung |
| Allgemeine Angelegenheiten des Datenschutzes | Bund (Art 10 Abs 1 Z 13 B-VG) | Bund durch mittelbare Bundesverwaltung |

## D. Transparenz – Neues Informationsfreiheitsgesetz

Ein Bereich, in dem Österreich Nachzügler war, ist der Zugang zu amtlichen Informationen nach dem Vorbild des deutschen Informationsfreiheitsgesetzes bzw des schweizerischen Öffentlichkeitsgesetzes. Diese Thematik ist eng verzahnt mit der Frage nach offenen Verwaltungsdaten.[12] Nach vielen gescheiterten Versuchen und jahrelangen Verhandlungen hat die Bundesregierung dem Nationalrat den Entwurf für ein Informationsfreiheitsgesetz samt Verfassungsänderungen vorgelegt. Das 2024 beschlossene Gesetz tritt am 1. September 2025 in Kraft.[13] Damit wird die bisher in Art 20 Abs 3 B-VG normierte Amtsverschwiegenheit endgültig aus der Verfassung gestrichen und ein grundsätzliches Informationsrecht für Bürger eingeführt. Auch werden Informationen von allgemeinem Interesse proaktiv zu veröffentlichen sein. Staatliche Transparenz soll die Regel, Geheimhaltung die Ausnahme werden. Künftige Änderungen des Informationsfreiheitsgesetzes bedürfen der Zustimmung der Bundesländer, da es auch ihren Zuständigkeitsbereich betrifft.

Trotz einiger Kritikpunkte überwiegen die positiven Aspekte, insbesondere wird ein neues Grundrecht geschaffen. Die Verpflichtung zur proaktiven Veröffentlichung von Informationen ist zu begrüßen, die Ausnahme von Gemeinden von unter 5.000 Einwohnern von dieser Pflicht ist ein Schwachpunkt, da in Österreich viele Gemeinden unter diese Schwelle fallen. Es ist davon auszugehen, dass mangels proaktiver Veröffentlichung eine Vielzahl an individuellen Anfragen gestellt werden, die Ressourcen binden, weshalb eine proaktive Veröffentlichungspflicht effizienter und effektiver erscheint. Bedauerlich ist, dass nur Unternehmen ab einem Staatsanteil von 50% von der Veröffentlichungspflicht erfasst sein sollen. Weiters könnte jedes Bundesland aus beliebigem Grund eine zukünftige Änderung des Gesetzes verhindern. Kritisch kann gesehen werden, dass Verträge bis zu €100.000 nicht unter „Informationen von allgemeinem Interesse“ fallen. Positiv ist eine Verbesserung im Bereich Datenqualität, so insbesondere die barrierefreie Veröffentlichung und bezüglich der Metadaten. Die Geheimhaltungsbestimmungen sind wie bisher sehr umfangreich, insbesondere ist der Sicherheitsbereich nach wie vor pauschal ausgenommen.

---

12 *Polzer/Meyer,* Österreich: Digitalisierungsstrategie 3.

13 BGBl I 5/2024; vgl *Bußjäger/Dworschak* (Hg), Kommentar zum IFG Informationsfreiheitsgesetz (2024).

## E. Der rechtliche Rahmen der Digitalisierung in Österreich

Der rechtliche Rahmen der gegenständlichen Querschnittsmaterie ist nicht auf ein einziges Gesetz oder Verordnung beschränkt, sondern wesentlich umfassender gesteckt. Neben dem zentralen E-Government-Gesetz finden sich in vielen Bundes- und Landesgesetzen relevante Bestimmungen, die durch entsprechende Verordnungen weiter konkretisiert werden.[14] Neben dem nationalen Rahmen sind auch die unmittelbar anwendbaren EU-Verordnungen zu beachten.

## F. Bundesministeriengesetz und Digitalisierung

Im Gegensatz zum deutschen Bundeskanzler (Art 65 Grundgesetz) verfügt der österreichische über keine Richtlinienkompetenz, sondern als Vorsitzender der Bundesregierung gemäß Art 69 B-VG nur über eine allgemeine Koordinationskompetenz. Entsprechend sieht das Bundesministeriengesetz (BMG) unter „Bundeskanzleramt" die folgende Regelung vor: „Angelegenheiten der allgemeinen Regierungspolitik einschließlich der Koordination der gesamten Verwaltung des Bundes, soweit sie nicht in den Wirkungsbereich eines anderen Bundesministeriums fällt. Dazu gehören insbesondere auch (...) „Koordination in Angelegenheiten der Telekommunikation, Informationstechnologien und Medien" sowie „Angelegenheiten der strategischen Netz- und Informationssicherheit", was die Cybersecurity umfasst.

2024 wanderten die Digitalisierungsagenden vom Finanzministerium (BMF) in das Bundeskanzleramt (BKA). Dort ist ein Staatssekretär zuständig für die Angelegenheiten der Digitalisierung einschließlich der staatlichen Verwaltung für das Service und die Interaktion mit Bürgern und Unternehmen. Dazu gehört insbesondere auch:

- Allgemeine Digitalisierungsstrategie.
- Angelegenheiten des *E-Governments.*
- Koordination und zusammenfassende Behandlung in Angelegenheiten der Informationstechnologien.
- Allgemeine Angelegenheiten einschließlich der Koordination, der Planung und des Einsatzes der automationsunterstützten Datenverarbeitung

14 Einen Überblick bietet https://www.digitalaustria.gv.at/WissensWert/E-Gov-A-Z/Was-bedeutet-digitale-Verwaltung/Rechtlicher-Rahmen-der-Digitalen-Verwaltung.html (27.01.2025).

sowie der Beurteilung von Anwendungen der automationsunterstützten Datenverarbeitung unter Gesichtspunkten der Wirtschaftlichkeit, Zweckmäßigkeit und Sparsamkeit und des ressortübergreifenden Wirkungscontrollings sowie der Verwaltungsreform und des Datenschutzes.
- Koordination in Angelegenheiten der elektronischen Informationsübermittlung.
- Bereitstellung eines ressortübergreifenden elektronischen Bürgerinformationssystems. Bereitstellung des Rechtsinformationssystems und des E-Rechts.

Die Bündelung der Themen Digitalisierung, Informations- und Kommunikationstechnologien (IKT) und Telekommunikation in einem eigenen Staatssekretariat im Bundeskanzleramt bedeutet deren politische Aufwertung. Insgesamt hängt die strategische und inhaltliche Qualität der Koordination einer Querschnittsmaterie von den beteiligten Akteuren ab, wobei generell gilt, dass die Koordination möglichst früh einsetzen sollte. Nach wie vor gibt es keine ganzheitliche Digitalisierungsstrategie des Bundes bzw des Gesamtstaates.

Auch die Digitalisierung als Querschnittsmaterie bedarf der Koordination bzw innovativen Gestaltung und Abstimmung der beteiligten Akteure, laut Verfassungsdienst „bedeutet Abstimmung nicht nur das Herstellen eines gewissermaßen mathematisch errechenbaren gemeinsamen Nenners (Herstellung einer Resultante aus den Aktionen der anderen beteiligten Bundesministerien), sondern schließt auch eine gestaltende Komponente in sich. Die Koordinierungsfunktionen des Kompetenzkataloges des BMG 1973 stehen nicht unter dem Gedanken der Neutralität gegenüber den koordinativ zu erfassenden arbeitsteiligen Aufgabenträgern, das Hinwirken auf die Wahrung der allen Verwaltungszweigen gemeinsamen Interessen schließt somit auch ein dynamisches Vorgehen in sich ein."[15]

## G. Der kooperative Bundesstaat

In Österreich ist als Folge der zersplitterten und kasuistischen Kompetenzaufteilung das Bedürfnis nach Kooperation zwischen den Gebietskörper-

15 Rundschreiben des Bundeskanzleramt-Verfassungsdienst vom 7. Juli 1976 an alle Bundesministerien: Bundesministeriengesetz 1973, Begriff der Koordination, GZ 600652/2-VI/2/76.

schaften besonders groß[16] und umfasst sowohl spezielle formalisiert-rechtliche Instrumentarien als auch informalisierte Typen auf der Grundlage rechtlich wenig determinierter Vorgänge.[17] Entsprechend lautet Art 22 B-VG: „Alle Organe des Bundes, der Länder, der Gemeinden und der Gemeindeverbände sowie der sonstigen Selbstverwaltungskörper sind im Rahmen ihres gesetzmäßigen Wirkungsbereiches zur wechselseitigen Hilfeleistung verpflichtet." Der große Stellenwert des kooperativen Föderalismus[18] für den österreichischen Bundesstaat wurde im Föderalismusbericht 2022 erneut untermauert.[19]

Ein wesentlicher Teil der Kooperation zwischen Bund und Ländern findet in (verfassungs)rechtlich nicht institutionalisierten Formen und Foren statt. Diese wurzeln in den Länderkonferenzen des Jahres 1945, die wesentlich zum Aufbau der Zweiten Republik beigetragen haben. Von besonderer Bedeutung sind die Landeshauptleute- und Landesamtsdirektorenkonferenz. Diese haben in den vergangenen Jahrzehnten maßgeblich zur Weiterentwicklung des österreichischen Föderalismus beigetragen und sind auch für die Wahrung der Länderrechte im Zuge der europäischen Integration treibende Kräfte.

Daneben gibt es im Rahmen der „prinzipiell kooperationsfreundlichen Bundesverfassung"[20] die rechtlichen Formen der Kooperation. Die vielfältigen Formen der wechselseitigen Beteiligungen an Gesetzgebung und Vollziehung umfassen vor allem auch die mittelbare Bundesverwaltung sowie die häufig genutzte Bund-Länder-Vereinbarung gemäß Art 15a B-VG sowie die funktional gemeinsamen Organe, neben dem Bundespräsident und dem Nationalrat vor allem VfGH, Verwaltungsgerichtshof, Rechnungshof und Volksanwaltschaft.[21]

---

16 *Öhlinger/Eberhard*, Verfassungsrecht Rz 316.

17 *Bußjäger*, Horizontale und vertikale Verwaltungskooperation in Österreich, in: Bußjäger/Happacher/Obwexer (Hg), Verwaltungskooperation in der Europaregion. Potenziale ohne Grenzen? (2019) 35 (37).

18 *Bußjäger* (Hg), Kooperativer Föderalismus in Österreich. Beiträge zur Verflechtung von Bund und Ländern (2010); *Gamper*, Koordination im Bundesstaat – ein "ungeschriebenes" Verfassungsprinzip?, in: Rosner/ Bußjäger (Hg), Im Dienste der Länder – im Interesse des Gesamtstaates – FS 60 Jahre Verbindungsstelle der Bundesländer (2011) 257 ff.

19 *Institut für Föderalismus*, 47. Bericht über den Föderalismus in Österreich (2022) 3.

20 *Bußjäger*, Verwaltungskooperation 35.

21 *Öhlinger/Eberhard* Verfassungsrecht Rz 317 ff.

Bei den informalisierten Strukturen ist an erster Stelle zu nennen die als „Macht im Schatten"[22] bezeichnete Landeshauptleute-Konferenz (LHK), laut Website „ein informelles – in der Bundesverfassung nicht vorgesehenes – Treffen der neun österreichischen Landeshauptleute. Seit 1970 tagt sie zweimal pro Jahr, der Vorsitz wechselt halbjährlich. Zur Vertretung der Bundesländerinteressen legt die Konferenz gemeinsame Positionen fest und verhandelt diese mit dem Bund. Die einstimmig zu fassenden Beschlüsse sind zwar rechtlich unverbindlich, können aber beachtliche politische Wirkung entfalten. Vorbereitet werden die halbjährlichen Konferenzen von den Landesamtsdirektor:innen, die gemeinsam mit den Landeshauptleuten und meist auch Vertreter:innen der Bundesregierung daran teilnehmen. Auch Gespräche mit dem Bundespräsidenten finden wiederholt statt. Bei dringenden Anliegen werden außerordentliche Sitzungen einberufen."[23] Unbestritten gilt die LHK als Korrektiv des nur unzureichend die Interessen der Länder vertretenden Bundesrates, wobei ihre Bedeutung in der Praxis auch maßgeblich von den politischen Rahmenbedingungen abhängt.[24]

Ein weiteres wichtiges Gremium ist die 1971 gegründete Österreichische Raumordnungskonferenz (ÖROK). Den Vorsitz führt der Bundeskanzler bzw aktuell der Bundesminister für Land- und Forstwirtschaft, Regionen und Wasserwirtschaft. Erster Stellvertretender Vorsitzender ist der LHK-Vorsitzende, den Zweiten Stellvertretenden Vorsitzenden stellen abwechselnd Gemeindebund und Städtebund. Die ÖROK umfasst alle Bundesminister und Landeshauptleute, die Präsidenten des Städte- bzw Gemeindebundes sowie beratend auch die Sozialpartner. Beschlüsse sind einstimmig zu fassen. Zu erwähnen ist die ÖROK-Studie „Räumliche Dimensionen der Digitalisierung – Fachliche Empfehlungen und Materialienband".[25] Al-

22 *Weber,* Macht im Schatten? (Landeshauptmänner-, Landesamtsdirektoren- und andere Landesreferentenkonferenzen), in: Österreichische Zeitschrift für Politikwissenschaft (1992) 405.

23 https://lh-konferenz.ktn.gv.at/ (27.01.2025).

24 *Bußjäger/Eller,* Föderalismus, in: Praprotnik/Perlot (Hg), Das Politische System Österreichs – Basiswissen und Forschungseinblicke (2023) 47 (54).

25 *Österreichische Raumordnungskonferenz,* Räumliche Dimensionen der Digitalisierung. Fachliche Empfehlungen & Materialienband, ÖROK-Schriftenreihe 213 (2022); die Zusammenfassung startet mit: „Der digitale Wandel vollzieht sich in allen gesellschaftlichen Sphären, in allen Sektoren, in allen Regionen. Doch die Frage, ob und wie raumplanerisch damit umzugehen ist, löst häufig Unbehagen und Skepsis aus. Zumal Unklarheit darüber vorherrscht, in welchem Verhältnis Digitalisierung zu räumlichen Entwicklungsprozessen steht. Handelt es sich um baulich-räumliche Wechselwirkungen? Um den Wandel von Lebensstilen, Nutzungsweisen und Interak-

lerdings besteht wenig bis keine Kooperation der ÖROK mit den für die Digitalisierung der Verwaltung zuständigen Organisationseinheiten im Finanzministerium bzw in den Ämtern der Landesregierung.

## H. Koordinationsgremien der Digitalen Verwaltung

Bei organisationsrechtlichen Kooperationen geht es primär darum, dass Dienststellen bestimmte Ressourcen (Personalressourcen und Sachmittel) gemeinsam nutzen, wobei solche Kooperationen durch Gesetz oder Verwaltungsakt angeordnet oder freiwillig sein können.[26] Der Bereich Digitalisierung ist von den folgenden informalisierten Gremien Bund, Länder, Städte und Gemeinden (BLSG), Plattform Digitales Österreich (PDÖ) und IKT-Bund geprägt.

Bereits im Jahr 2000 richteten die Landesamtsdirektoren eine Arbeitsgruppe mit dem Ziel ein, eine gemeinsame, länderübergreifend abgestimmte Vorgangsweise im Bereich *E-Government* zu erarbeiten. Städte- und Gemeindebund nehmen an den Sitzungen teil. Der Vorsitz liegt alternierend bei Tirol und Niederösterreich. Die Schwerpunkte liegen im Austausch über länderspezifische Anwendungen, Kooperationsmöglichkeiten und länderspezifische Fragenstellungen im *E-Government.*

Nach der Einladung zur Mitarbeit an den Bund, Städte und Gemeinden tagte 2005 erstmalig die Arbeitsgruppe Kooperation Bund-Länder-Städte-Gemeinden (BLSG). Sie entwickelte und vereinbarte Standards zu technischen Lösungen, Formularwesen und organisatorischen Themen. Der Informationsaustausch erfolgt über den sogenannten Referenz-Server E-Government. Auf der Plattform werden die von den verschiedenen Arbeitsgruppen erarbeiteten Vorschläge (auf Basis des Kooperationspapiers) in Form von Konventionen, Erläuterungen, Informationen, Best Practices, White Papers und Use Cases entweder als Ergebnis der Arbeitsgruppe, Empfehlung oder Standard publiziert. Die Organisationsform der Arbeitsgruppen kennt neben individuell eingerichteten Projektgruppen die vier (permanenten) Arbeitsgruppen Infrastruktur/Interoperabilität (AG-II), Integration/Zugänge (AG-IZ), Recht/Sicherheit (AG-RS) und Präsentation/Standarddaten (AG-PS).

---

tionsformen? Oder um die Gestaltung von Politik- und Planungsprozessen, Verwaltungsabläufen und Formen der Beteiligung?"

26 *Bußjäger,* Verwaltungskooperation 48.

Im Jahr 2005 wurde die Plattform Digitales Österreich (PDÖ) geschaffen, in der das E-Cooperation-Board und das IKT-Board zusammengeführt wurden. Die PDÖ-Gremienstruktur wird wie bisher weitergeführt. Die Plattform koordiniert die Zusammenarbeit aller Kooperationspartner – Bund, Länder, Städte, Gemeinden und Wirtschaft – und stellt so ein abgestimmtes Vorgehen sicher. Das Gremium IKT-Bund (Informations- und Kommunikationstechnologie) berät das BKA in allgemeinen IKT-Angelegenheiten bei der Besorgung ressortübergreifender IKT-Koordinationsaufgaben und bereitet die Durchführung von strategischen Initiativen, Erarbeitung/Beurteilung von Projektansätzen, Definition und Festlegung von Standards, Schnittstellen, Spezifikationen vor. Die Aufgabenstellung orientiert sich an den strategischen Zielvorgaben der PDÖ.

## I. Initiativen im Bereich *E-Government* und Digitalisierung 1998 – 2017

Bereits 1997 veröffentlichte das BKA einen Bericht zur Informationsgesellschaft und einen darauf aufbauenden Aktionsplan Öffentliche Verwaltung.[27] Die Initiativen und Bund-Länder-Vereinbarungen im Bereich *E-Government* bauen auf einem 1998 zwischen Bund und Ländern für den Bereich IT-Kooperation geschlossenen Vertrag auf. Darin heißt es eingangs sehr grundsätzlich: „Der Bund und die Länder stellen übereinstimmend fest, dass zwischen ihnen im Bereich der Informationstechnologie (IT) eine verstärkte Kooperation erforderlich ist, um den steigenden Anforderungen an die öffentliche Verwaltung bei der Informationsverarbeitung gerecht zu werden und sich bei unterschiedlichen IT-Verfahren dem Bürger und der Wirtschaft gegenüber einheitlich zu präsentieren".[28]

Ziel der um 2000 gestarteten *E-Government* Bestrebungen der Bundesregierung war es ua, Österreich in das europäische Spitzenfeld im *E-Government* zu führen. Dazu wurden folgende Initiativen gesetzt: Das Regierungsprogramm 2003 leitete eine *E-Government* Offensive ein. Das Gremium Kooperation Bund, Länder, Städte und Gemeinden (BLSG) schuf den Rahmen für eine Koordination der IKT-Aktivitäten im Bund,

27 *Steiner/Sturm-Aichhorn*, Digitalisierung in der Verwaltung, in: Leitl-Staudinger/Pabel/Steiner (Hg)$^4$, Österreichische Verwaltungslehre (2023) 243 (259).

28 IT-Kooperation zwischen Bund und Ländern, Juni 1998, https://ref.gv.at/ag-resi-common-audit-trail/-/document_library/9mDlQxAIAgwy/view_file/27741250 (27.01.2025).

den Ländern, Städten und Gemeinden. Das E-Government-Gesetz (2004) setzte die rechtliche Grundlage für den elektronischen Verkehr mit öffentlichen Stellen, für bereichsspezifische Personenkennzeichen sowie für die elektronische Zustellung. Festzustellen ist, dass in Österreich die Mehrzahl öffentlicher Leistungen auf der lokalen Ebene erbracht werden.[29]

In der Verwaltungsreform II – Politische Vereinbarung zwischen Bund, Ländern und Gemeinden aus 2005 ist zum Bereich *E-Government* das (inzwischen in der Version Oktober 2018) vorliegende Dokument „Erarbeitung, Dokumentation und Vereinbarung von *E-Government*-Konventionen und weiteren Kooperationsdokumenten" übernommen worden. Im Jahr 2008 beschloss der Ministerrat die Umsetzung des Bürgerkartenkonzepts, um für alle IT-Verfahren und IT-Portale einen gesicherten elektronischen Zugang zu ermöglichen.

Mit der *E-Government* Vision 2020 erarbeiteten die Mitglieder der Plattform Digitales Österreich im Dezember 2009 gemeinsam Grundsätze der österreichischen *E-Government* Strategie. Die wesentlichen Grundsätze betrafen die Effizienzsteigerung, Vertrauenswürdigkeit und Sicherheit, die Annehmlichkeit und Einfachheit bei der Kommunikation durch elektronische und barrierefreie Verwaltungsverfahren sowie die Nutzung der IKT in der Verwaltung als Wirtschaftsfaktor. 2010 leitete die Bundesregierung die Entwicklung des Unternehmensserviceportals ein, das alle für Unternehmen relevanten Informationen der öffentlichen Verwaltung bereitstellt (www.usp.gv.at). Insgesamt gelang es Österreich im *E-Government* in den Jahren 2006, 2007, 2009 und 2010 den ersten Platz im entsprechenden EU-Benchmark zu erringen.

Mit der Ausarbeitung der Digital Roadmap Austria ab 2015 versuchte die Bundesregierung, neben der öffentlichen Verwaltung auch die Bürger:innen sowie die Unternehmen miteinzubeziehen. Auf der Plattform zur Onlinekonsultation zeigten 556 Beteiligte mit über 2300 Kommentaren, dass die Bevölkerung starkes Interesse hatte. Im Regierungsprogramm 2017–2022 plante die Bundesregierung eine Reihe von Digitalisierungsmaßnahmen. Ergänzend wurde die Chief Digital Officer Task Force eingerichtet, deren Mitglieder innerhalb des Wirkungsbereichs ihres jeweiligen Ministeriums Aspekte der Digitalisierung über die Verwaltung hinaus in Wirtschaft und Gesellschaft unterstützen sollten.

---

29 Vgl *Polzer/Meyer,* Österreich: Digitalisierungsstrategie 1.

## J. Rechnungshofbericht 2020 zur Digitalisierungsstrategie des Bundes

Der Rechnungshof ist ein parlamentarisches Kontrollorgan mit der Aufgabe, die Gebarung (Haushaltsführung) des Bundes, der Länder und der Gemeinden mit über 10.000 Einwohnern zu prüfen. Er veröffentlichte im Februar 2020 den Bericht zur Digitalisierungsstrategie des Bundes.[30] Ziel der Überprüfung war es, die Vorarbeiten zur digitalen Weiterentwicklung (E-Government, digitale Roadmap, Deregulierung und Entbürokratisierung) und die Entwicklung einer Digitalisierungsstrategie der Bundesverwaltung zu beurteilen. Die zentralen Empfehlungen lauteten damals:

1. Die Einhaltung und Umsetzung künftiger Digitalisierungsstrategien bzw *E-Government* Konzepte wären durch Ministerratsvorträge innerhalb der Bundesregierung zu vereinbaren.
2. Das Bundesministerium für Digitalisierung und Wirtschaftsstandort sollte umgehend die Verantwortung für die Gestaltung und Koordination der Ausarbeitung der Digitalisierungsstrategie übernehmen.
3. Es wäre umgehend ein Projektplan zur Entwicklung einer Digitalisierungsstrategie auszuarbeiten.
4. Die gebietskörperschaftsübergreifende Umsetzung wesentlicher digitaler Vorhaben wäre ua durch Überlegungen hinsichtlich einer gemeinschaftlichen Infrastruktur und durch gemeinsame technische Konventionen und Standards zu unterstützen.
5. Die europäischen Vorgaben betreffend das „Recht auf elektronischen Verkehr“, die „elektronische Identifizierung“ und den „Single Digital Gateway“ wären mit hoher Priorität umzusetzen.

## K. Digitalisierungsstrategien in Österreich

Strategien sind politische Beschlüsse der Bundesregierung, einzelner Ministerien bzw der Landesregierungen und der Landeshauptleute-Konferenz. Sie werden ohne Beteiligung der Parlamente erarbeitet, sind rechtlich nicht verbindlich, entfalten aber politische Verbindlichkeit. Die Bundesregierung legte 2020 den Digitalen Aktionsplan Austria mit Grundsätzen, Zielen und Aktionsfeldern für die Digitalisierung vor, in dem die wesentli-

30 Bericht des Rechnungshofes 2020, Digitalisierungsstrategie des Bundes, Reihe BUND 2020/11, online zugänglich unter https://www.rechnungshof.gv.at/rh/home/home/004.671_Digitalisierungsstrategie_Bundes.pdf (27.01.2025).

chen mittelfristigen Digitalisierungsmaßnahmen und -projekte vorgestellt werden. Im Juni 2023 präsentierte die Bundesregierung den „Digital Austria Act für mehr Wohlstand, Sicherheit und neue Chancen durch Innovation" mit generellen Zielen und Grundsätzen sowie einer umfassenden Darstellung von geplanten Maßnahmen zur Digitalisierung nach unterschiedlichen Kategorien. Am 7. Juni 2023 beschlossen Bundesregierung und LHK zeitgleich die „E-Government Strategie 2023". Am 7. Juli 2023 hat die Bundesregierung die „Strategie Digitale Kompetenzen und Nationaler Referenzrahmen für digitale Kompetenzen" beschlossen.

Neben diesen generellen strategischen Dokumenten liegen für die einzelnen Bundesministerien bzw Fachbereiche Digitalisierungsstrategien vor oder die Digitalisierung ist in die Ressort- bzw Sektorstrategien eingebettet. Einige Ministerien haben darüber hinaus hinsichtlich der Digitalisierungsaktivitäten in ihren Aufgabenfeldern auch auf allgemeine Dokumente oder Budgetunterlagen verwiesen, wie etwa auf das Regierungsprogramm, das Bundesministeriengesetz oder den Strategiebericht.[31] Im Folgenden wird ein Überblick über die für das Thema Digitalisierung der Verwaltung, Gesellschaft und Wirtschaft relevanten Dokumente auf Bundesebene gegeben:

- Digitaler Aktionsplan Austria 2020 (Bundesregierung)
- Digital Austria Act 2023 (Bundesregierung)
- Österreichische Strategie für Cybersicherheit 2021 (BKA)
- Strategie der Bundesregierung für Künstliche Intelligenz und Annex 2021 (Bundesministerium für Klimaschutz, Umwelt, Energie, Mobilität, Innovation und Technologie [BMK], Bundesministerium für Arbeit und Wirtschaft [BMAW])
- Artificial Intelligence Mission Austria 2030 – 2018 (BMK, BMAW)
- Digitalisierung Teil der Strategie Sicher.Österreich 2020 (Bundesministerium für Inneres)
- eJustiz-Strategie 2013 (Bundesministerium für Justiz)
- Masterplan für die Digitalisierung im Bildungswesen (Bundesministerium für Bildung, Wissenschaft und Forschung 2018 [BMBWF])
- 8-Punkte-Plan für den digitalen Unterricht 2020 (BMBWF)
- Digitalisierung und Hochschulen 2020 (BMBWF)
- Digitalisierung in und aus Wissenschaft und Forschung 2020 (BMBWF)
- Digitalisierung Landwirtschaft 2018 (Bundesministerium für Landwirtschaft, Regionen und Tourismus)

31 Parlament Österreich, Budgetdienst 2023, Budgetmittel für Digitalisierung – Anfragebeantwortung, 14 ff.

- Digitalstrategie – Gemeinsam digitale Werte schöpfen 2023 (BMAW)
- Aktionsplan digitale Transformation in der Mobilität 2022 (BMK)
- Digitalisierung als Teil der FTI-Strategie 2030 – 2020 (Bundesregierung)
- Strategie digitale Kompetenzen Österreich 2023 (digital austria)
- Digitalisierung als Teil des Landesverteidigungsberichts 2022 (Bundesministerium für Landesverteidigung)

Die Bundesregierung führt in ihrem Beschluss (Juni 2023) des sehr breit angelegten Digital Austria Act für mehr Wohlstand, Sicherheit und neue Chancen durch Innovation[32] aus: „Die Anwendungen, Möglichkeiten und Technologien, die die Digitalisierung bietet, haben sich rasant entwickelt. Durch die 2015 beschlossenen 17 Sustainable Development Goals (SDGs), die sich in allen Vorhaben bzw Projekten wiederfinden, werden wir in der Digitalisierung niemanden zurückzulassen [sic]." Dazu werden in den Bereichen *Smart-Government* der Zukunft, Digitale Konnektivität, *Cyber Security* und *Cyber Defense*, Digitale Transformation der Wirtschaft, Digitalisierung für den Klimaschutz, Digitale Innovation, Digitales Gesundheitswesen, Digitale Kompetenz, Digitale Medien, Kunst und Kultur, Digitale Universitäten und Hochschulen sowie Technologiefolgenabschätzung Schwerpunkte gesetzt.

Von zentraler Bedeutung für das Thema Digitalisierung der Verwaltung ist die am 7. Juni 2023 zeitgleich von Bundesregierung und Landeshauptleute-Konferenz beschlossene E-Government Strategie Österreich 2023. Die Bundesregierung führt in ihrem Beschluss aus: „Auf der Ebene der EU wurden mit der Digitalen Dekade ambitionierte europäische Zielsetzungen für alle Dimensionen der Digitalisierung und auch für die Digitalisierung der Verwaltung definiert. Es war daher wichtig und notwendig, auch die Ziele auf nationaler Ebene noch deutlicher auf die europäische Dimension auszurichten, die Strategien sowie die konkreten Umsetzungsmaßnahmen gebietskörperschaftsübergreifend zu diskutieren und gemeinsam zu definieren. Eine langjährige intensive Kooperation zwischen Bund, Ländern, Städten und Gemeinden verfolgt das Ziel, eine einheitliche, vernetzte und abgestimmte Vorgehensweise im *E-Government* zu etablieren."[33]

---

32 MRV (Ministerratsvortrag) 61/10 Digital Austria Act für mehr Wohlstand, Sicherheit und neue Chancen durch Innovation vom 1. Juni 2023 https://www.bundeskanzleramt.gv.at/medien/ministerraete/ministerraete-seit-dezember-2021/61-mr-1-jun.html (27.01.2025).

33 MRV 62/11 E-Government Strategie Österreich 2023 vom 7. Juni 2023, https://www.bundeskanzleramt.gv.at/medien/ministerraete/ministerraete-seit-dezember-202

Im Landeshauptleute-Beschluss „Verbesserung der Zusammenarbeit im Bereich der Digitalisierung“ wird ausgeführt: „Die LHK bekennt sich zu einer zügigen und umfassenden Forcierung und Weiterentwicklung der Digitalisierung auf allen Verwaltungsebenen“ und ersucht daher den Bund, gemeinsam mit den Ländern den begonnenen Strategieprozess zum „Digitalen Amt“ fortzusetzen. Darüber hinaus beauftragt die LHK die aus Vertretern aller Länder bestehende *E-Government*-Länder-AG, ein dringliches Maßnahmenpaket zur Verbesserung der Zusammenarbeit zwischen Bund, Ländern, Städten und Gemeinden zu erarbeiten.[34]

## L. Österreich in Digitalisierungs-Rankings

Österreich kann im deutschsprachigen Raum – mit gewissen Einschränkungen über den Zeitverlauf hinweg – als Vorreiter bei der Digitalisierung charakterisiert werden kann. Ein entsprechender Indikator ist, dass es relativ erfolgreich in verschiedenen *E-Government* Rankings und Ratings abschneidet:[35] Es lag im Digital Economy and Society Index (DESI) der Europäischen Kommission 2022 auf Rang 10 von 27 EU-Mitgliedstaaten, der in seiner aktuellen Form den Status Quo in den Bereichen Netzabdeckung, digitale Kompetenzen der Bevölkerung, Internetnutzung der Bevölkerung, Digitalisierungsgrad der Wirtschaft sowie Digitalisierungsgrad elektronischer Behördendienste misst. Bei der Erstauflage des DESI im Jahr 2017 lag Österreich noch auf Rang 12 (Deutschland: Rang 17). In der

1/62-mr-7-jun.html (27.01.2025), in der E-Government Strategie 2023 ist zu lesen: „Im Zentrum der Governance des österreichischen E-Governments steht die Bund-Länder-Städte-Gemeinden-Kooperation (kurz: BLSG) mit ihren organisatorischen, rechtlichen und technischen Standards, die in einem gemeinsamen Entwicklungsprozess entstehen und die Grundlage für die Umsetzung von generischen Basisdiensten sowie spezifischen E-Government-Lösungen bilden. Die BLSG-Kooperation gewährleistet eine organisationsübergreifende, partnerschaftliche Zusammenarbeit im E-Government-Bereich. Sie arbeitet nach gemeinsam definierten Strukturen und Abläufen. Gemeinsam definierte Gremien tagen regelmäßig, gemeinsame anzuwendende Standards werden verschriftlicht und auf dem Referenzserver veröffentlicht. Input, der in Gremien außerhalb der Kooperationen generiert und als relevant beurteilt wird, findet zusätzlich Berücksichtigung.“

34 Die Verbindungsstelle der Bundesländer legte den unveröffentlichten Beschluss dem Bundeskanzler mit dem Ersuchen um Berücksichtigung vor und informierte davon das BKA-Verfassungsdienst, das BMF und das BMI.

35 *Polzer/Meyer*, Österreich: Digitalisierungsstrategie 3.

*E-Government*-Komponente des DESI lag Österreich 2022 ebenfalls auf Rang 12 (keine Veränderung zu 2017, Deutschland: Rang 18 bzw Rang 17).

Der eGovernment Benchmark der Europäischen Kommission (eine Auswahl von Kriterien dieses Benchmarks fließt in den DESI ein) stellt dezidiert auf den Digitalisierungsgrad elektronischer Behördendienste ab. 2022 lag Österreich hier auf Rang 13 (Deutschland: Rang 21; Schweiz: Rang 28). Im Jahr 2004 nahm Österreich in einem Vorläuferranking des eGovernment Benchmark (European Commission/Capgemini Benchmark) in der Kategorie „Online-Reifegrad von elektronischen öffentlichen Dienstleistungen" allerdings noch Rang 2 ein (Deutschland: Rang 18).

Im E-Government Development Index (EGDI) der UN schließlich lag Österreich im Jahr 2022 auf Rang 20 (2003: Rang 21) von 193 Mitgliedsstaaten. Deutschland belegte in diesem Ranking 2022 Rang 22 (2003: Rang 9), während die Schweiz auf Platz 8 (2003) bzw 23 (2022) lag. Das BMF teilte 2023 mit, dass Österreich in den Bereichen Nutzung und Bekanntheit von Verwaltungsportalen Österreich mit oesterreich.gv.at weiterhin deutlich vorne liegt. Bei der Zufriedenheit des *E-Government*-Angebotes liegen die Schweiz mit 78 Prozent und Österreich mit 75 Prozent vor Deutschland mit 58 Prozent.[36]

## *II. Tirol*

### A. Digitalisierung in den Rechtsordnungen der Länder

Auch die neun Landesverfassungen kennen den Begriff bzw Kompetenztatbestand Digitalisierung nicht. Jedoch findet er sich in den organisationsrechtlichen Bestimmungen betreffend die Zuständigkeiten der einzelnen Mitglieder der Landesregierungen bzw innerhalb der Ämter der Landesregierungen. Abgesehen von unmittelbar geltenden bzw umsetzungspflichtigen EU-Rechtsakten können die Länder selbst festzulegen, welche Themen sie unter dem Titel Digitalisierung bzw digitale Transformation behandeln. Vorgaben seitens des Bundes bestehen diesbezüglich nicht. In einigen Ländern wird stärker zwischen der Digitalisierung der Verwaltung und der Digitalisierung der Gesellschaft und Wirtschaft bzw einzelnen Politikbereichen unterschieden, weshalb in einigen Ländern zwei oder mehrere

---

36 BMF Pressemitteilung 17. Oktober 2023, eGovernment Monitor 2023: Österreich weiterhin top im D-A-C-H-Vergleich https://www.bmf.gv.at/presse/pressemeldungen/2023/oktober/egovernment-monitor-2023.html (27.01.2025).

Mitglieder der Landesregierung bzw Organisationseinheiten für die unterschiedlichen Bereiche zuständig sind.

Interessant ist, dass das Thema Digitalisierung in den meisten Ländern (auch) beim Landeshauptmann bzw bei der Landeshauptfrau angesiedelt ist. Unabhängig davon, wohin das Thema ressortiert, ist es von zentraler Bedeutung, dass die Länder trotz regionaler Unterschiede – untereinander (zB Walddatenbank), gegenüber dem Bund und im europäischen Kontext – im Rahmen der existierenden Prozesse und Gremien abgestimmte und kohärente Digitalisierungspolitiken und -strategien betreiben sowie interoperable Standards und Lösungen anstreben. Teilweise gibt es auch Kooperationen und Abstimmungen, an denen ausschließlich die Länder beteiligt sind, da keinerlei Bezug zu Angelegenheiten des Bundes besteht.

In einigen Ländern wird stärker zwischen der Digitalisierung der Verwaltung und der Digitalisierung der Gesellschaft und Wirtschaft bzw einzelnen Politikbereichen unterschieden, weshalb in einigen Ländern zwei oder mehrere Mitglieder der Landesregierung bzw Organisationseinheiten für die unterschiedlichen Bereiche zuständig sind.

## B. Digitalisierung in der Tiroler Landesregierung

In Tirol ist der Wirtschaftslandesrat auch zuständig für Tourismus und Digitalisierung. In der Geschäftsordnung der Landesregierung finden sich neben der Digitalisierung die Zuständigkeiten Technologieförderung, Breitbandausbau, *E-Government*, Datenschutz und Informationsweiterverwendung.[37] Der Wirtschaftslandesrat ist auch für die Umsetzung der 2022 von der Landesregierung beschlossenen und vom Landtag genehmigten Tiroler Wirtschafts- und Innovationsstrategie 2022-2030[38] zuständig. Diese umfasst die Handlungsfelder Wirtschaftsstandort, Fachkräfte und berufliche Qualifizierung, Wissenschaft, Forschung und Innovation, Digitalisierung sowie Nachhaltigkeit und Ökologisierung (siehe unten).

Als Teil der Plattform Digitales Österreich (PDÖ) tagen die IT-Expert:innen der Länder regelmäßig in Form der IT Länder-Arbeitsgruppe.

37 Siehe Verordnung der Landesregierung vom 25. Oktober 2022, mit der die Verordnung über die Geschäftsordnung der Tiroler Landesregierung geändert wird, https://www.tirol.gv.at/fileadmin/bilder/navigation/regierung/2022/Landesgesetzblatt.pdf (27.01.2025).

38 Tiroler Wirtschafts- und Innovationsstrategie, https://www.tirol.gv.at/arbeit-wirtschaft/wirtschaft-und-arbeit/tiroler-wirtschafts-und-innovationsstrategie/ (27.01.2025).

Der Vorsitz liegt alternierend bei Tirol und Niederösterreich. Darüber hinaus tagt das Gremium einmal im Jahr bei einer IKT-Expert:innenkonferenz. Ausgewählte Ländervertreter:innen nehmen zudem in Arbeitsgruppen des Bundes teil – die Informationen darüber werden wiederum bei der Länder-Arbeitsgruppe gebündelt.

Das Kooperationsmodell zur Erstellung von gemeinsam genutzten IT-Lösungen wurde über die Jahre standardisiert. Bei der technischen Umsetzung ist stets auf die Einhaltung der seit 2004 bzw seit der Novelle 2018 gültigen *E-Government*-Standards zu achten. Diese Standards stellen sicher, dass *E-Government*-Dienste vom Neusiedlersee bis zum Bodensee für jede Bürgerin und jeden Bürger einheitlich, barrierefrei und sicher gestaltet werden und durch diesen Wiedererkennungseffekt höchstmögliche Akzeptanz entsteht. Sie wirken auch auf die Bearbeiter:innen der Anwendungen sowie die Vereinheitlichung von Behördenprozessen. Sie nehmen dabei dennoch Rücksicht auf die Organisationshoheit der betroffenen Gebietskörperschaften. Somit sind diese *E-Government*-Standards sowohl das Rückgrat für eine moderne Verwaltung als auch stabiles Fundament für alle neuen und darauf aufbauenden innovativen Digitalisierungsprojekte.

Auf Basis dieser Rahmenbedingungen zählt das Kooperations-Projektportfolio mittlerweile 33 Themen – einige davon in bilateraler Kooperation einzelner Länder, andere als breit angelegte Zusammenarbeit der Länder mit Fachbereichen des Bundes.[39]

---

39 Kooperationsprojekte aller Länder mit dem Bund: PORTALVERBUND – Standards für Zugriff auf behördenübergreifende Webanwendungen und die Verwaltung der zugehörigen Rechte; GISA – das Gewerbeinformationssystem Austria; BASEMAP – die einheitlicheVerwaltungskarte für Österreich; DATA.GV.AT – die österreichweite Open Data Plattform; A n N a – die Plattform zur Abwicklung von Verfahren auf Basis des Niederlassungs- und Aufenthaltsgesetzes; Ausgewählte Länder kooperieren mit dem Bund in folgenden Projekten: V S T V – das System zur Abwicklung von Verwaltungsstrafverfahren – Wien, Steiermark, Oberösterreich, Burgenland, Vorarlberg, Tirol, Salzburg; CLOUDSTORAGE – das System für den Verbund von Cloudspeichern – Wien, Niederösterreich, Oberösterreich; LIFERAY – die Wiener Kollaborationsplattform – dient auch als Reference Server für die Bund-Länder Kooperation – Wien; Projektzusammenarbeit aller Länder: GEOLAND.AT – die Kooperation der GIS-Expert:innen der Länder; GIP.GV.AT – die Kooperation für einheitliche Straßengraphen; DIENSTLEISTUNGSRICHTLINIE – Portal für einheitliche Ansprechpartner:innen auf Basis der EU-Dienstleistungsrichtlinie; FGS – das Fahrzeuggenehmigungssystem; Kooperationsprojekte einzelner Länder: GEMFIN – das System für Gemeindefinanzen – Steiermark, Burgenland; ELEFANT – Kontaktpersonenverfolgung meldepflichtiger Krankheiten – Steiermark, Kärnten.

## C. Tiroler Leuchtturmprojekte

Laut dem zweiten Digitalisierungsbericht[40] hat Tirol hat 2018 die Tiroler Digitalisierungsoffensive gestartet. Zur Unterstützung der digitalen Transformation in der Tiroler Wirtschaft bietet das Land verschiedene Förderinstrumente an. Im Rahmen der Digitalisierungsförderungen wurden 168 Projekte mit einer Fördersumme von € 9,2 Mio genehmigt. Mit dem Breitband Masterplan hat Tirol eine aktive Rolle beim Ausbau von Breitband-Infrastrukturen übernommen.

Mit der Service Plattform Tirol SEPL erhalten Bürger:innen und Unternehmen einen Zugang zu digitalen Leistungen der Verwaltung. Es werden zB vorausgefüllte Anträge angeboten, Daten für die Tourismusabgaben erfasst oder vorliegende Genehmigungsbescheide abgefragt. SEPL wird sukzessive um weitere Services, auch von Gemeinden, ergänzt. Darüber hinaus werden Verlinkungen zu relevanten Portalen und Services von Bund, Ländern und Gemeinden geschaffen. 2019 hat das Land Tirol sein Serviceangebot um die Land Tirol App ergänzt. Damit können Informationen zu Behördengängen, Pressemitteilungen oder News gefunden, aktuelle Videobeiträge und Verkehrs-Webcams angesehen sowie Formulare direkt aus der App abgesendet werden. Wichtig sind Push-Benachrichtigungen zur bezirksweisen Information über außerordentliche Ereignisse, wie zB Straßensperren, Lawinen- oder Hochwassergefahren.

Laut dem dritten Digitalisierungsbericht 2022[41] hat Tirol mit der App „Digitaler Familienpass“ das bestehende Gutscheinheft für Familienpass-Inhaber digital weiterentwickelt. Gutscheine können bei Vorteilsgebern einfach via Smartphone eingelöst werden. Besonders praktisch sind die Suchfunktionen: Alle Vorteilsgeber werden auf einer interaktiven Landkarte dargestellt. Man kann sie nach unterschiedlichen Kriterien suchen und finden. Änderungen, Aktualisierungen und Korrekturen (zB bei Kontaktdaten oder bei Informationstexten) können jederzeit vorgenommen werden. Der Digitale Familienpass ist damit stets top-aktuell. Der aufwendige und kostenintensive Druck des Gutscheinheftes ist nicht mehr nötig. Die 2022 entwickelte App-Lösung war im Sommer 2023 bereits auf mehr als 40.000 Endgeräten.

---

40 Digitalisierungsbericht 2021: Better Together – Gemeinsam für ein digital erfolgreiches Österreich, https://www.digitalaustria.gv.at/digitalisierungsberichte/2021.html (27.01.2025).

41 Digitalisierungsbericht 2022: Ready for the Future – Smart verwalten Zukunft gestalten, https://www.digitalaustria.gv.at/digitalisierungsberichte/2022.html (27.01.2025).

## D. Tiroler Wirtschafts- und Innovationsstrategie 2022-2030

Die bereits erwähnte Tiroler Wirtschafts- und Innovationsstrategie wurde 2021 von mehr als 100 Stakeholdern, Praktiker:innen und Expert:innen erarbeitet. Ziel ist es, Tirol bis 2030 noch stärker als attraktiven Wirtschaftsstandort für Industrie, Gewerbe und Tourismus mit weltweit führenden Unternehmen, moderner Infrastruktur und anerkannten Bildungs- und Forschungseinrichtungen zu positionieren. Unter anderem sollen die digitale Transformation in der Wirtschaft weiter vorangetrieben, die Dateninfrastruktur ausgebaut sowie die digitalen Kompetenzen in der Bevölkerung gestärkt werden. Die Ziele für das Handlungsfeld Digitalisierung sind:

1. Stärkung des Bewusstseins für die Wirkungen und Potenziale der digitalen Transformation
2. Vorantreiben der umfassenden digitalen Transformation der Wirtschaft, insb von KMU
3. Anstreben einer Vorreiterrolle des Landes Tirol im *E-Government*
4. Flächendeckender Ausbau der IKT- und Dateninfrastrukturen in Tirol
5. Erhöhung der Anzahl an verfügbaren Fachkräften mit digitalen Kompetenzen
6. Breitflächige Stärkung der digitalen Kompetenzen der Tiroler Bevölkerung
7. Tiroler Hochschulen und digitale Technologien: Fokus auf Sichtbarkeit, Infrastrukturen und Partnerschaften

Die Umsetzung der Strategie erfolgt durch drei Maßnahmenprogramme, die jeweils einen Umsetzungszeitraum von drei Jahren umschließen. Das erste Maßnahmenprogramm umfasst den Zeitraum 2022 bis 2024 wurde im November 2023 von der Tiroler Landesregierung beschlossen.[42] 2024 stellten der Landeshauptmann und der Landesrat für Wirtschaft, Tourismus und Digitalisierung die über 80 Maßnahmen in den sechs Handlungsfeldern vor. Die 13 Maßnahmen im Handlungsfeld Digitalisierung konkretisieren die Bereiche digitale Transformation der Wirtschaft, Infrastrukturen und Verwaltung sowie digitale Kompetenzen und IKT-Forschung. So soll ein „Datenmarktplatz" für den Standort Tirol, insbesondere für die Bereiche Energie, Mobilität und Tourismus, geschaffen werden, um Daten regio-

42 Tiroler Wirtschafts- und Innovationsstrategie – Maßnahmenprogramm bis 2024, https://www.tirol.gv.at/fileadmin/themen/arbeit-wirtschaft/wirtschaft-und-arbeit/downloads/Tiroler_Wirtschafts-_und_Innovationsstrategie_Massnahmenprogramm_bis_2024.pdf (27.01.2025).

nal, national und international zu nützen und verknüpfen. Im Datenraum Lienz etwa ist ein regionaler *Data Space* geplant, wo durch Sensorik, Infrastruktur- und Wetterdaten festgestellt werden soll, wann Straßen mit Salz bestreut werden müssen. Die Abwicklung des datahub.tirol übernimmt die Standortagentur Tirol im Rahmen von digital.tirol.

Zahlreiche Maßnahmen des Maßnahmenprogramms bis 2024 betreffen die Bereiche Bildung, Gesundheit, Landwirtschaft, Umwelt, Tourismus. In konzentrierter Form beziehen sie sich auf die Handlungsfelder Nachhaltigkeit und Ökologisierung, Fachkräfte und berufliche Qualifikation sowie Wissenschaft, Forschung und Innovation. Das Handlungsfeld Wirtschaftsstandort enthält einen Unterpunkt Gesundheitsstandort Tirol. Auch das Handlungsfeld Digitalisierung behandelt im Unterpunkt Transformation der Wirtschaft das Thema Digitalisierung im Tourismus als Chance. Weiters lautet ein Unterpunkt Digitale Kompetenzen und IKT-Forschung.

## E. Tirol in den Föderalismusberichten 2021 und 2022

Die Änderung des Kundmachungswesens durch das Landes-Verlautbarungsgesetz 2021, LGBl 160/2021, in Tirol weist innovativen Charakter auf. Mit diesem Gesetz wurde von der Ermächtigung des Art 15 Abs 7 B-VG Gebrauch gemacht, die es ermöglicht, dass neben der Kundmachung der im Landesgesetzblatt zu verlautbarenden Rechtsvorschriften (Art 97 Abs 1 B-VG) auch die Kundmachung der Rechtsvorschriften der Gemeinden, der Gemeindeverbände und der sonstigen im Bereich der Vollziehung der Länder eingerichteten Behörden im Rahmen des Rechtsinformationssystems der Republik Österreich (RIS) erfolgen kann. Durch die Konzentration der Verlautbarung genereller Rechtsnormen auf Landes- und Bezirksebene auf das RIS wird die Übersichtlichkeit und Zugänglichkeit der Rechtsordnung verbessert.[43]

Von den mehreren aus föderalistischer Sicht einschlägigen Novellierungen der Tiroler Landesgesetze im Berichtszeitraum ist zunächst die Novelle des Tiroler Fördertransparenzgesetzes (LGBl 63/2022) besonders hervorzuheben. So ist im Sinne der Transparenzerhöhung anstatt des bisher nicht maschinenlesbaren Förderberichtes nunmehr eine eigene digitale Förderanwendung geplant. Diese soll eine zeitnähere sowie maschinell auslesba-

43 *Institut für Föderalismus*, 46. Bericht über den Föderalismus in Österreich (2021) 63 f.

re Abfrage von Förderdaten ermöglichen. Zudem wird zur detaillierteren Darstellung der Förderungen ein Fördergegenstand in die Abfrage mitaufgenommen. Ferner wurde auf die vor der Novelle geltende Bagatellgrenze von 2.000,00 Euro verzichtet.[44]

## F. Digitalisierungsnovelle 2023

Mit dem Tiroler Digitalisierungsgesetz 2023 wurden insgesamt 67 Landesgesetze modernisiert.[45] In der Regierungsvorlage wird dazu ausgeführt: „Die Bestrebungen zur Digitalisierung der Tiroler Landesverwaltung wurden bereits während der vergangenen Gesetzgebungsperioden forciert. So wurden etwa in der Digitalisierungsstrategie des Landes Tirol folgende Prinzipien aufgestellt: Alle Leistungen sollen standardmäßig digital angeboten werden, Daten tunlichst einmalig erfasst und bei der Gestaltung von Abläufen und Prozessen die Aspekte Inklusion und Barrierefreiheit sowie ganzheitliche Serviceorientierung berücksichtigt werden."[46]

Auch laut dem aktuellen Regierungsprogramm 2022-2027 „Stabilität in der Krise. Erneuerung für Tirol" ist es ein erklärtes Ziel, Tirol als einen Vorreiter der digitalen Transformation zu etablieren und einen Spitzenplatz im Wettbewerb der digitalen Regionen zu sichern. Amtswege sollen künftig weitestgehend digital erledigt werden können.

## G. Bewertung der Rolle Tirols

In ihrem Regierungsprogramm hat sich die Tiroler Landesregierung das Ziel gesetzt, Vorreiter der digitalen Transformation zu werden und einen Spitzenplatz im Wettbewerb digitaler Regionen einzunehmen. Eine Studie der EcoAustria[47] zeigte bereits 2018, dass Tirol das Bundesland mit dem effizientesten Input/Output-Verhältnis bei Verwaltungsprozessen ist. Wür-

---

44 *Institut für Föderalismus*, 47. Bericht über den Föderalismus in Österreich (2022) 58 f.
45 LGBl 85/2023.
46 Erläuternde Bemerkungen zum Entwurf eines Gesetzes über Anpassungen der Tiroler Landesrechtsordnung zum Zweck der Digitalisierung von Verwaltungsabläufen (Tiroler Digitalisierungsgesetz 2023), https://www.tirol.gv.at/fileadmin/buergerservice/gesetzbegutachtung/downloads/Digitalisierungsgesetz2023EB.pdf (27.01.2025).
47 *Graf et alii*, Policy Note 28, Effizienzpotenziale im Bereich der Länder und Gemeinden heben – Ergebnisse des EcoAustria Bundesländer-Benchmarking, EcoAustria – Institut für Wirtschaftsforschung (2018).

den sämtliche Bundesländer so effizient arbeiten wie der Benchmark Tirol in diesem Bereich, ergäbe sich österreichweit ein Effizienzpotenzial von jährlich rund 1.050 Mio Euro. Während in Tirol die Kosten je Indexpunkt an Verwaltungsqualität 411 Euro betragen, streuen die Vergleichswerte der weiteren Bundesländer von 454 Euro bis 633 Euro.

Im Bereich der stationären Gesundheitsversorgung wurden die Aufwendungen mit den Gesundheitsleistungen in Beziehung gesetzt. Auch hier findet die effizienteste Leistungserstellung in Tirol statt. Das berechnete Effizienzpotenzial beträgt hier österreichweit etwa 2.390 Mio. Euro. Dieses bezieht sich auf die gesamtstaatlichen Ausgaben, inklusive Bund, Länder, Gemeinden sowie Sozialversicherung. Insgesamt kann festgestellt werden, dass Tirol nicht nur bei digitalen Infrastrukturen, sondern auch bei *E-Government* und digitalen Services innovative digitale Projekte umsetzt. Tirol verfügt insgesamt über eine sehr gute Ausgangsbasis für eine digitale Transformation der Verwaltung.

## H. Zusammenfassende föderalistische Perspektive

„Die Explikation von Freiheitsräumen, die Vielfalt der Entfaltung, die Offenheit für Möglichkeiten und die Kraft für die Gestaltung – zentrale Kriterien für Freiheit – kennzeichnen eine föderale Grundstruktur, die das neue digitaltechnologische Wissen mit seinen Veränderungspotenzialen produktiv und kreativ aufnehmen kann. Insofern besitzt der Föderalismus mit seinen Akzenten auf Dezentralität, Subsidiarität, Regionalität als kleineren Zugangs- und Entfaltungsräumen gerade in dieser Hinsicht entscheidende Vorteile für eigenständige wie eigensinnige, zugleich aber kooperativ und kollaborativ eingefasst digitale Gestaltungsmacht.“[48]

Die Verwaltung ist nur dann effizient, wenn die Digitalisierung flächendeckend und standardisiert eingeführt und von den Bürgern angenommen wird. Eine zentrale Herausforderung wird sein, ob und wie es dem Staat gelingen wird, auf die durch die Digitalisierung hervorgerufene erodierende bzw fehlende Raumbeherrschung adäquat zu reagieren. Der Verlust dieser am Bundes-, Landes- und Gemeindegebiet orientierten Raumbezogenheit vieler, aber nicht aller digitaler Verwaltungsleistungen – mit dem auch ein

48 *Härtel*, Kooperativer Föderalismus: Digitalisierung der öffentlichen Verwaltung – Erfahrungen aus dem deutschen föderalen Raum, in: Bußjäger/Keuschnigg/Schramek (Hg), Raum neu denken – Von der Digitalisierung zur Dezentralisierung, Schriftenreihe des Instituts für Föderalismus 127 (2019) 22.

klarer Verantwortungs- und Zurechnungszusammenhang zu Behörden und Organen verbunden ist – bietet auch Chancen und Risiken in Richtung einer vernetzten Gesamtzuständigkeit.

Zu fragen ist daher, ob mittel- und langfristig „eine ganzheitliche Strategie, über alle Verwaltungsebenen hinweg – vor allem ressort- und gebietskörperschaftübergreifend – unumgänglich scheint, da die föderale Struktur der Gebietskörperschaften Bund, Länder und Gemeinden einer einseitig oktroyierten Harmonisierung entgegensteht."[49]

## I. Zentrale Herausforderungen für Demokratie und Rechtsstaat

Für den weiteren Weg der digitalen Transformation eines demokratisch liberalen Rechtsstaates haben Peter Bußjäger und Wolfgang Steiner sechs Hauptpunkte (Thesen) formuliert: [50]

(Wie) gelingt es dem Staat auf die durch die Digitalisierung hervorgerufene fehlende Raumbeherrschung adäquat zu reagieren? Der am Staats-(Landes-, Gemeinde-)Gebiet orientierte Raumbezug im Sinne von „örtlicher Zuständigkeit" (mit dem auch ein klarer Verantwortungs- und Zurechnungszusammenhang zu Behörden und Organen verbunden ist) fehlt aufgrund der technischen Möglichkeiten vielfach (zum Beispiel bei Verleumdungen im Netz), bietet andererseits auch Chancen und Risiken in Richtung einer vernetzten Gesamtzuständigkeit (zum Beispiel in Österreich neuerdings die Konzentration der Zuständigkeit beim „Finanzamt Österreich").

(Wie) behält der Staat die Datenhoheit, also die Hoheit über die als Grundlagen für die behördlichen Entscheidungen benötigten und erhobenen Daten (zum Beispiel durch staatliche Regulierung der diversen Plattformen) einschließlich der Verfahrenshoheit (im Sinne von Nachvollziehbarkeit der in einem Programm verwendeten Algorithmen), ohne dabei auf (externe) Dritte angewiesen zu sein.

(Wie) können Fragen der informationellen Selbstbestimmung (des Datenschutzes) der einzelnen von behördlichen Entscheidungen potenziell betroffenen Personen bei gleichzeitig optimaler Nutzung der vorhandenen

49 *Steiner/Sturm-Aichhorn*, Digitalisierung 296.

50 *Bußjäger/Steiner*, Auswirkungen der Digitalisierung auf die Erlassung und Zuordnung behördlicher Entscheidungen – Zusammenfassende Bewertung der Tagungsergebnisse, in: *Braun Binder/Bußjäger/Eller* (Hg): Auswirkungen der Digitalisierung auf die Erlassung und Zuordnung behördlicher Entscheidungen (2021) 238 ff.

Daten (zur Vermeidung von Mehrfacherhebungen) hinreichend sichergestellt werden?

(Wie) gelingt es, die Systeme so zu gestalten, dass auch Personen, die sich der Technologien nicht bedienen können (zum Beispiel wegen mangelnder technischer Zugänge und Beeinträchtigungen) oder möchten (zum Beispiel, weil sie der (vermuteten) Datensammlung kritisch gegenüberstehen) ohne Diskriminierungen die behördlichen Leistungen in Anspruch nehmen können? Der Staat hat zweifellos die Verpflichtung, auch Personen nicht zu diskriminieren, die auf diese Technologien verzichten wollen (vergleiche dazu etwa die Diskussion im Zusammenhang mit einem elektronischen Impfpass oder den Bezug von Gratis-COVID-19-Antigentest (zunächst nur) für Personen, die in der elektronischen Gesundheitsakte ELGA registriert waren).

(Wie) behält das Recht und behalten damit die demokratisch legitimierten Organe die „Oberhoheit" im „Wechselspiel" mit der technischen Ebene? Muss also alles, was technisch grundsätzlich möglich ist (etwa die automatische Meldung des Fahrzeugs an die Behörde, dass sich der Lenker womöglich auf einer „Amokfahrt" befindet), auch für die Zwecke behördlicher Tätigkeiten und Entscheidungen eingesetzt werden? Was ist zu tun, um sicherzustellen, dass im Ergebnis nicht womöglich letztlich die technischen Möglichkeiten die Struktur behördlicher Entscheidungen (zB unter Außerachtlassung rechtsstaatlicher Grundsätze) vorgeben?

(Wie) kann sichergestellt werden, dass behördlichen Entscheidungen auch dann getroffen werden können, wenn sämtliche elektronischen Unterstützungssysteme (zum Beispiel wegen eines „Blackouts" oder der Zerstörung der elektronischen Systeme) nicht mehr verfügbar sind? Die damit gestellte Frage nach der Resilienz behördlicher Entscheidungssysteme scheint eine ganz wesentliche, wird doch gerade von der öffentlichen Verwaltung in Krisen- und Katastrophenfällen erwartet, dass sie gerade dann auch die staatlichen Kernleistungen sicherstellt.

Dabei ist nicht nur die „technische" Seite (im Sinne von „IT-Datenback-up") zu beachten, sondern auch die Tatsache, dass Ideen und Fertigkeiten, die der älteren Generation noch aus früheren Tagen bekannt sind, für die Generation der „digital natives" gar keine Option mehr darstellen, weil sie womöglich gar nicht mehr gelernt hat oder auch nicht weiß, wie aus mehreren Novellen eines Gesetzes ohne Rechtsinformationssystem eine konsolidierte Fassung hergestellt werden oder wie zum Beispiel ohne einem Multifunktionsgerät Vervielfältigungen für Kundmachungen oder Verlautbarungen hergestellt werden können, ganz zu schweigen davon, dass es womöglich dafür auch an den nötigen „analogen“ Geräten fehlen könnte – wer hat heute noch eine Schreibmaschine, das dafür benötigte Farbband oder Durchschlagpapier?

# Deutschland: Auswirkung der Digitalisierung auf die Kompetenzverteilung im bundesstaatlichen Mehrebenensystem

*Cristina Fraenkel-Haeberle*

**Abstract**

The article analyzes the impact of digitalization on the distribution of powers in the multilevel federal system in Germany, highlighting the challenges and opportunities associated with this process. The situation in the German legal system still appears to be characterized by a predominantly analog administration, with a strong preference for paper documents. The two main obstacles to digitalization are the eminent value placed on personal data protection, which is deeply rooted in German legal and administrative culture, and the federal structure of the state with the resulting regulatory and competency fragmentation, which is a brake on cooperation between the various levels of government. The 2017 constitutional reform gave the federal level exclusive legislative power over digital access to administrative services. This led to the introduction of a unified portal, which gave considerable impetus to digital administration. The contribution highlights the structural and legal challenges Germany faces in its digital transition, emphasizing the need for better intra-federal cooperation and regulatory harmonization.

*L'articolo analizza l'impatto della digitalizzazione sulla distribuzione delle competenze nel sistema federale multilivello in Germania, evidenziando le sfide e le opportunità associate a questo processo. La situazione nell'ordinamento tedesco appare ancora caratterizzata da un'amministrazione prevalentemente analogica, con una forte predilezione per i documenti cartacei. I due principali ostacoli alla digitalizzazione sono l'eminente valore attribuito alla protezione dei dati personali, profondamente radicato nella cultura giuridica e amministrativa tedesca, e la struttura federale dello Stato con la conseguente frammentazione normativa e delle competenze, che rappresenta un freno alla cooperazione tra i vari livelli di governo. Con la riforma costituzionale del 2017 è stata attribuita al livello federale la potestà legislativa esclusiva in materia di accesso digitale ai servizi amministrativi. Si è così giunti all'introduzione di un portale unificato, con cui si è dato notevole slancio all'amministrazione digitale. Il contributo evidenzia le sfide strutturali e giuridiche che la Germania si trova ad affrontare nella propria transizione digitale, sottolineando la necessità di una migliore cooperazione intra-federale e di una maggiore armonizzazione normativa.*

## *I. Einführung*

Die klassische Erscheinungsform der Verwaltungstätigkeit in Deutschland ist derzeit noch immer die „analoge", also diejenige von Behörden, die überwiegend mit Papierdokumenten agieren.[1] Diese Einstellung hat die Schriftform zum „Rückgrat der Verwaltung", aber auch zum „Hemmschuh der Digitalisierung" erhoben.[2] 2017 habe die damalige Kanzlerin Angela Merkel Deutschland als Entwicklungsland in Sachen *E-Government* bezeichnet.[3]

Allgemein wird bemängelt, dass Deutschland in internationalen Rangordnungen nicht besonders gut aufgestellt sei. Im Jahre 2022 belegte die Bundesrepublik im Index für die digitale Wirtschaft und Gesellschaft (DESI) der Europäischen Kommission bzgl der digitalen öffentlichen Dienste den 18. Platz.[4] DESI 2022 bescheinigte Deutschland ebenfalls in Sachen Glasfaserverkabelung einen der letzten Plätze mit einer erheblichen Kluft zwischen ländlichen und städtischen Gebieten.[5] Des Weiteren rangierte die Bundesrepublik im „E-Government Development Index 2020" der UN-Mitgliedstaaten an 25. Stelle.[6]

Auch innerhalb Deutschlands führt der „eGovernment Monitor" seit über einem Jahrzehnt einen Vergleich der digitalen Entwicklungen in Deutschland, Österreich und der Schweiz sowie zuletzt zwischen den einzelnen deutschen Bundesländern durch. 2022 wurde anhand von Onlinebefragungen festgestellt, dass in Deutschland das Vertrauen in die digitale Leistungsfähigkeit des Staates im internationalen Vergleich zu wünschen übrig lässt.[7]

Die schleppende Digitalisierung in Deutschland wird allgemein auf zwei Hauptursachen zurückgeführt. Einerseits wird der hohe dem Datenschutz beigemessene Stellenwert als Hindernis angesehen, was Gegenstand eini-

---

1 *Prell*, E-Government: Paradigmenwechsel in der Verwaltung und Verwaltungsrecht, NVwZ (2018), 1255 (1255).

2 *Prell*, NVwZ (2018), 1256.

3 *Botta*, „Digital First" und „Digital Only" in der öffentlichen Verwaltung. Über die grundrechtlichen Zulässigkeitsgrenzen der digitalen Verwaltungstransformation und ein „Recht auf analogen Zugang", NVwZ (2022), 1247 (1247).

4 DESI Deutschland, 15.

5 DESI Deutschland, 3; Vgl *Guckelberger*, Deutschlands E-Government-Performance im Vergleich zu Österreich und der Schweiz, DÖV (2023), 317 (322) mit Hinweis auf § 161, § 157 Abs 3 Satz 1 Telekommunikationsgesetz in Verbindung mit § 2 Verordnung über die Mindestanforderungen für das Recht auf Versorgung mit Telekommunikationsdiensten.

6 *Botta*, NVwZ (2022), 1247.

7 *Guckelberger*, DÖV (2023), 317 ff.

ger einführender Bemerkungen sein wird. Andererseits wird der föderale Staatsaufbau für diesen Zustand verantwortlich gemacht. Diese Frage wird den Hauptgegenstand der vorliegenden Untersuchung darstellen: Aus der Rechtzersplitterung infolge der autonomen Gesetzgebungsbefugnisse der Länder ergibt sich ein heterogenes Bild, das den Digitalisierungsprozess bremst und hemmt.

### *II. Das Mantra des Datenschutzes*

Deutschland kann zurecht mit dem Hessischen Datenschutzgesetz aus dem Jahre 1970,[8] als Wiege des Datenschutzes bezeichnet werden. In der Tat sind Datenschutzfragen in der deutschen Rechts- und Verwaltungskultur auch infolge der langjährigen Tradition mit dem „Recht auf informationelle Selbstbestimmung", also dem Recht über personenbezogene Daten selbst zu entscheiden, in der Wahrnehmung der allgemeinen Bevölkerung besonders präsent.[9]

Demnach beruhen noch immer die meisten *E-Government*-Gesetze in Deutschland auf der freiwilligen Nutzung elektronischer Verfahren. Es besteht kein subjektives Recht auf eine elektronische Verfahrensabwicklung.[10] Tatsache ist, dass normativ in Bund und Ländern noch keine Nutzungspflicht (*digital only*), sondern nur eine Nutzungsmöglichkeit besteht. Diese zusätzliche Möglichkeit wird einfach als digitale Ergänzung bereits bestehender analoger Verfahren angesehen (zB laut § 2 Abs 1 des *E-Government* Bund[11] müssen Behörden „auch" einen digitalen Zugang vorhalten).[12] Nur in Ausnahmefällen wurde ein rein digitales Verfahren erprobt. Das ist ua aufgrund der pandemischen Zwangslage im Rahmen der Überbrückungshilfen (Corona-Soforthilfe) sowie anlässlich der Grundsteuerreform geschehen, was auf massive Kritik in der Bevölkerung gestoßen ist.[13]

---

8 Datenschutzgesetz (Gesetz- und Verordnungsblatt II 300-10) v 07.10.1970.

9 BVerfG v 15.12.1983 - 1 BvR 209/83, 1 BvR 484/83, 1 BvR 440/83, 1 BvR 420/83, 1 BvR 362/83, 1 BvR 269/83; vgl ex multis *Franzius*, Das Recht auf informationelle Selbstbestimmung, ZJS (2015), 259 ff.

10 *Guckelberger*, DÖV (2023), 388.

11 *E-Government*-Gesetz v 25.07.2013 (BGBl I S 2749), das zuletzt durch Artikel 1 des Gesetzes vom 16.07.2021 (BGBl I S 2941) geändert worden ist.

12 *Botta*, NVwZ (2022), 1247.

13 *Botta*, NVwZ (2022), 1248.

In letzter Zeit setzt sich jedoch wie etwa im Falle des Bayerischen Digitalisierungsgesetzes das *Digital-First*-Prinzip zunehmend durch, laut dem die Durchführung digitaler Verwaltungsverfahren die Regel darstellen soll.[14] Gleichzeitig beginnt ein subjektives Recht auf elektronische Kommunikation bzw Verfahrensabwicklung als Hebel für den Erfolg der administrativen Digitalisierung Fuß zu fassen.[15] So gewährleistet seit 2014 die Verfassung des Landes Schleswig-Holstein in Art 14 Abs 1, die Weiterentwicklung und den Schutz digitaler Basisdienste sowie die Teilhabe der Bürger an diesen, was als eine Art „E-Government-Pflicht für den Staat" bezeichnet wurde.[16] Gleichzeitig wird jedoch im nachfolgenden Abs 2 das subjektive Recht verbürgt, nicht wegen der Art des Zugangs benachteiligt zu werden, was wiederum als Bekenntnis für das *Digital First*-Prinzip angesehen werden kann.[17]

Als konkretes Beispiel für eine weitere Hürde, die sich aus der föderalen Vielfalt ergibt, ist die „Registermodernisierung" von Bund und Ländern zu erwähnen. Unter Registern versteht man die Datenbestände im Besitz öffentlicher Behörden, die in den jeweiligen Verwaltungsverfahren eingesetzt werden. Gegenwärtig werden in Deutschland hunderte von Registertypen gezählt. Dabei stellt der zwischenbehördliche Austausch die Ausnahme und die Mehrfacherhebung die Regel dar.[18] Mit dem Registermodernisierungsgesetz beabsichtigt der Gesetzgeber daher, zumindest die wichtigsten Registertypen bis 2025 zu verknüpfen.[19]

Dreh- und Angelpunkt der Registermodernisierung ist das Identifikationsnummerngesetz (IDNrG), das eine einheitliche Identifikationsnummer zur Verhinderung von Personenverwechslungen vorschreibt.[20] Das Gesetz sieht die Verwendung der steuerlichen Identifikationsnummer zur eindeutigen Identifizierung vor.[21] Neben der Steuer-ID sollen weitere Basisdaten wie Name, Vorname, Geschlecht, Geburtsdatum, Staatsangehörigkeit usw.

---

14 Gesetz über die Digitalisierung im Freistaat Bayern v 22.07.2022 (Gesetz- und Verordnungsblatt 2022, S 374), Art 20 Abs 1; vgl *Botta*, NVwZ (2022), 1248.

15 *Guckelberger*, DÖV (2023), 328.

16 *Botta* NVwZ (2022), 1252.

17 *Botta* NVwZ (2022), 1252.

18 *Botta*, Der digitale Staat als gläserner Staat – Transparenz als Bedingung verfassungskonformer Registermodernisierung, DÖV (2023), 421 (422).

19 Registermodernisierungsgesetz v 28.03.2021 (BGBl I S 591).

20 Identifikationsnummerngesetz v 28.03.2021 (BGBl I S 591), das durch Artikel 15 des Gesetzes v 28.06.2021 (BGBl I S 2250) geändert worden ist.

21 *Botta*, NVwZ (2022), 1250.

gespeichert werden. Die Einführung der Identifikationsnummer ist ebenfalls wegen einer möglichen Profilbildung durch den Staat aus datenschutzrechtlichen Gründen umstritten.[22]

Neben datenschutzrechtlichen Bedenken lässt sich eine geringe Bereitschaft zur Nutzung der *eID*-Funktion feststellen. Im Bundesvergleich zeigt sich, dass die *eID*-Funktion derzeit nur von 10 % der Deutschen genutzt wird, was auf das geringe Bürgervertrauen aufgrund schlechter Erfahrungen im Umgang mit Online-Diensten zurückgeführt wird.[23] Inzwischen wird jedoch hervorgehoben, dass die Möglichkeiten des digitalen Personalausweises unter Nutzung des Smartphones anstelle eines externen Lesegeräts zunehmend in Anspruch genommen werden.[24]

Außerdem konnte sich infolge der verwaltungskulturellen Zurückhaltung in Bezug auf die Digitalisierung das von der *Tallinn Declaration on E-Government* der EU-Mitgliedstaaten vom 6. Oktober 2017 verkündete *Once-Only*-Prinzip nicht durchsetzen.[25] Dieses Prinzip soll den Bürgern zukünftig ermöglichen, Daten und Nachweise den Behörden nur einmal zu übermitteln, was schätzungsweise zu einer Aufwandsreduzierung für die Verwaltung von 47 % bis 60 % führen würde.[26] Nur vereinzelt wurde in Deutschland das *Once-Only*-Prinzip etwa im Bremer Pilotprojekt („Einfache Leistungen für Eltern – ELFE") für die Ausstellung von Geburtsurkunden und die Beantragung von Kinder- und Elterngeld erprobt. Diese können seit 2022 online beantragt werden.[27]

Allgemein lässt sich feststellen, dass in Deutschland lediglich 55 % der Internet-Nutzer Online-Dienste in Anspruch nehmen, wobei nur eine bescheidene Zufriedenheit mit diesen Leistungen etwa wegen schlechter Auffindbarkeit festzustellen ist.[28] Der Normenkontrollrat, der als unabhängiges Gremium der Bundesregierung den Erfüllungsaufwand von Gesetzen prüft, bemängelte in seinem Jahresbericht 2018 ein strukturelles Defizit im digitalen Bereich aufgrund der mangelnden Bekanntheit und Inanspruch-

---

22 *Botta*, Federalism, legal fragmentation and register modernisation: challenges for the digital transformation of public administration in Germany, CERIDAP (2022), 109 (121).

23 *Guckelberger* DÖV (2023), 323.

24 *Guckelberger* DÖV (2023), 328.

25 Ministerial Declaration on eGovernment - the Tallinn Declaration | Shaping Europe's digital future (europa.eu), (08.09.2024).

26 *Botta* DÖV (2023), 422.

27 *Botta* DÖV (2023), 422.

28 *Botta* NVwZ (2022), 1248.

nahme digitaler Angebote.[29] Eine wichtige Baustelle besteht also darin, die Nutzungszahlen zu erhöhen.

### *III. Verfassungsrechtlicher Hintergrund der Digitalisierungsstrategie*

Laut föderalem Trennungsprinzip sind gemäß dem Grundsatz der „eigenverantwortlichen Aufgabenwahrnehmung“[30] Bund und Länder für die digitale Transition ihrer jeweiligen Verwaltungsbehörden verantwortlich und haben diese mit eigenen Human- und Finanzressourcen zu leisten. Die digitale Kooperation im Mehrebenensystem darf nach deutschem Verfassungsrecht nicht zu einer unzulässigen Mischverwaltung, also zu einer Einmischung des Bundes in die bundesstaatlich garantierte Organisationshoheit der Länder führen. Dessen ungeachtet ist es Bund und Ländern erlaubt zu kooperieren, sofern ein triftiger Grund (wie etwa die digitale Interoperabilität) vorliegt und das Grundgesetz die Verwaltungszusammenarbeit ausnahmsweise zulässt.

Die entsprechende Ausnahmeregelung erforderte eine Verfassungsänderung, die dem Bund die entsprechende Gesetzgebungskompetenz zuwies. Diese wurde von der Zweiten Föderalismusreform vom 01.08.2009 vorgenommen.[31] Durch die Einführung von Art 91c Abs 1-4 GG wird Bund und Ländern die Möglichkeit (jedoch nicht die Pflicht) eingeräumt, im Bereich der Informationstechnologien bei der „Planung, Errichtung und dem Betrieb“ informationstechnischer Systeme zusammenzuarbeiten (Abs 1) sowie Vereinbarungen über gemeinsame Standards und Sicherheitsanforderungen zu verabschieden (Abs 2), die vom IT-Planungsrat (siehe zu diesem Organ weiter unten ausführlich) beschlossen werden.[32] Die Bestimmung wurde absichtlich in den Verfassungsabschnitt eingefügt, der den Gemeinschaftsaufgaben und der Verwaltungszusammenarbeit zwischen den verschiedenen Regierungsebenen gewidmet ist. Auf diese Weise wollte man die Möglichkeit der (vertikalen) Zusammenarbeit von Bund und Län-

29 *Seckelmann/Brunzel*, Das Onlinezugangsgesetz im Kontext einer digital vernetzten Gesellschaft und datengetriebenen Wirtschaft: Zur Einleitung, in: Seckelmann/Brunzel (Hg), Handbuch Onlinezugangsgesetz – Potentiale – Synergien – Herausforderungen (2021), 1 (6).

30 S Art 30, 70 und 83 GG; vgl BVerfG, Urteil v 20.12.2007, BVerfGE 119, 331.

31 Gesetz v 29.07.2009, BGBl I S 2248.

32 *Wischmeyer*, Art 91c GG, in: Mangoldt v/Klein/Starck (Hg), Grundgesetzkommentar (2018)[7], Rn 1 ff.

dern begründen, ohne eine Kooperationspflicht oder eine ausschließliche Gesetzgebungsbefugnis des Bundes vorzusehen. Im Unterschied dazu widmet sich Art 91c Abs 3 GG der (horizontalen) Länderkooperation zum „gemeinschaftlichen Betrieb informationsrechtlicher Systeme" sowie „zur Errichtung von dazu bestimmten Einrichtungen". Dieser Bestimmung wird ein deklaratorischer Charakter zugesprochen, da sie der Staatsqualität der Länder immanent sei.[33]

Erst in Bezug auf Art 91c Abs 4 GG kann eine „Hochzonung" (Zentralisierung) der Zuständigkeiten auf Bundesebene durch die Übertragung der ausschließlichen Gesetzgebungsbefugnis an den Bund hinsichtlich der Verbindung informationstechnischer Netze von Bund und Ländern zu einem Verbindungsnetz erblickt werden. Immerhin ist diese Kompetenz der Zustimmungspflicht des Bundesrates als Länderkammer unterworfen.[34] Hierzu wurde auch die Frage aufgeworfen, ob aus dieser Gesetzgebungsbefugnis ein vom Grundgesetz dem Bundesgesetzgeber übertragener Auftrag zur Förderung der Digitalisierung erkennbar sei. Diese Aufgabe ergäbe sich aus dem Rechtsstaatsprinzip (Art 20 Abs 3 GG), das implizit eine Verpflichtung zur Optimierung der Leistungen der öffentlichen Verwaltung vorschreibt.[35]

Der nächste Schritt erfolgte mit dem Verfassungsgesetz zur Änderung des Grundgesetzes vom 13.07.2017, das im Rahmen der Reform des Finanzföderalismus verabschiedet wurde.[36] Dadurch wurde in Art 91 GG ein neuer Absatz 5 eingefügt: „Der übergreifende informationstechnische Zugang zu den Verwaltungsleistungen von Bund und Ländern wird durch Bundesgesetz mit Zustimmung des Bundesrates geregelt". Dem Bund wird somit eine neue ausschließliche Gesetzgebungskompetenz (aber auch die Aufgabe) übertragen, den digitalen Zugang zu den Verwaltungsleistungen von Bund und Ländern zu regeln. Auf diesem Wege soll der Bund die Einrichtung eines Portals voranbringen, über das auf alle wichtigsten Verwaltungsdienste von Bund, Ländern und Kommunen zugegriffen werden kann.[37] Auch diesbezüglich wurde dem Bundesrat als Länderkammer ein Vetorecht eingeräumt. Damit wurde der Grundstein für das große *E-Government*-Projekt des Bundes gelegt, das die Verwaltungsbehörden verpflichtet, ihr Leistungs-

33 *Wischmeyer*, Art 91c GG, Rn 28.

34 *Wischmeyer*, Art 91c GG, Rn 11.

35 *Siegel*, Elektronisches Verwaltungshandeln – Zu den Auswirkungen der Digitalisierung auf das Verwaltungsrecht, JA (2020), 920 (921).

36 BGBl I S 2347.

37 *Siegel*, JA (2020), 921. Zum digitalen Fortschritt als Staatsaufgabe, vgl *Martini*, Transformation der Verwaltung durch Digitalisierung, DÖV (2017), 443 (443).

angebot digital auf IT-Portalen zu veröffentlichen. Der Anwendungsbereich des Art 91c GG erfasst Bund und Länder. Die Kommunen bleiben unerwähnt, da vom Standpunkt ausgegangen wird, dass sie staatsorganisationsrechtlich Teil der Länder seien. Letztere müssen dafür Sorge tragen, dass die getroffenen Vereinbarungen auch auf kommunaler Ebene umgesetzt werden.[38]

Die Einzelheiten der Zusammenarbeit wurden im Rahmen eines IT-Staatsvertrages geregelt, der von der Finanzföderalismusreformkommission zwischen Bund und Ländern ausgehandelt wurde.[39] Durch den Staatsvertrag wurde der IT-Planungsrat als zentrale Stelle zur Steuerung der IT-Kooperation eingerichtet.[40] Das Gremium setzt sich aus Sachverständigen des Bundes und der Länder auf dem Gebiet der Informationstechnik zusammen und nimmt eine Schnittstellenfunktion zwischen Politik und Verwaltung ein.[41] Nach dem IT-Staatsvertrag werden dem IT-Planungsrat vier Aufgabenbereiche eingeräumt: Koordinierung der Zusammenarbeit von Bund und Ländern in Sachen Informationstechnik; Beschlussfassung über IT-Interoperabilität und IT-Sicherheitsstandards; Steuerung von *E-Government*-Projekten sowie Übernahme von Aufgaben für das Bund-Länder-Verbindungsnetz. [42]

Durch den IT-Staatsvertrag und die Einrichtung des IT-Planungsrats ist es zu einer Verrechtlichung der föderalen Kooperation bei den IT-Aktivitäten des öffentlichen Sektors gekommen. Diese hatte sich wegen der schwierigen Bund-Länder-Koordinierung und der schleppenden Informatisierung der Verwaltung als notwendig erwiesen.[43] Allerdings vertritt die Lehre den Standpunkt, dass Art 91c GG und der IT-Staatsvertrag keine neue Kompetenz begründet hätten, da zahlreiche föderale Gremien und Initiativen bereits vorhanden waren und die neue Regelung diese Zusammenarbeit nur intensiviert, institutionalisiert und im IT-Planungsrat zusammengeführt habe.[44]

---

38 *Wischmeyer*, Art 91c GG, Rn. 15.

39 Vertrag über die Errichtung des IT-Planungsrates und über die Grundlagen der Zusammenarbeit beim Einsatz der Informationstechnologie in den Verwaltungen von Bund und Ländern, BMI - Homepage - IT-Staatsvertrag (bund.de) (08.09.2023).

40 *Wischmeyer*, Art 91c GG, Rn 17.

41 § 1 Abs 2 IT-Staatsvertrag; vgl *Guckelberger*, E-Government: Ein Paradigmenwechsel in Verwaltung und Verwaltungsrecht?, in: VVDStRL 78 (2019), 235 (259).

42 § 1 Abs 1 Satz 1, Nr 1 bis 4 IT-Staatsvertrag.

43 *Wischmeyer*, Art 91c GG, Rn 3.

44 *Wischmeyer*, Art 91c GG, Rn 2.

Die Verfassungsänderung ermöglichte am 14. August 2017[45] die Verabschiedung des Onlinezugangsgesetzes (OZG), mit dem Ziel, den Zugang zu den Verwaltungsleistungen frei von zeitlichen oder räumlichen Zwängen zu ermöglichen.[46] Dadurch wurden Bund und Länder verpflichtet, ihre jeweiligen Dienste bis zum 31. Dezember 2022 *auch* digital über ein Portal anzubieten und die jeweiligen Portale zu verlinken (§ 1a Abs 1 und 3 OZG). Es sollte die Grundlage für alle weiteren Maßnahmen zur Digitalisierung der öffentlichen Verwaltung darstellen.

### *IV.* E-Government *in Deutschland zwischen föderaler Vielfalt und Rechtzersplitterung*

Die fortschreitende Einführung elektronischer Verfahren hat eine Analyse der digitalen Kompatibilität der geltenden Rechtsvorschriften erforderlich gemacht. Vor diesem Hintergrund wurde mit dem erwähnten Bundesgesetz zum *E-Government* 2013 eine Überprüfung des gesamten Bundesverwaltungsrechts mit dem Zweck angeordnet, all jene Bestimmungen, welche Papierdokumente voraussetzten, zu beseitigen. Das Gesetz löste einen weitreichenden Prüfprozess aus und führte zum Erlass ähnlicher Regelungen auch auf Landesebene.[47]

Die Folge davon war ein ausgesprochener Digitalisierungsschub, auch wenn dieser Prozess inhomogen verlaufen ist. Aufgrund der bundesstaatlichen Vielfalt sind die in den einzelnen Bundesländern geltenden Regelungen zum Teil erheblich vom Bundesrecht abgewichen bis hin zur Anerkennung in einigen von ihnen eines echten individuellen Rechts der Bürger auf elektronische Kommunikation. Das Thüringer *E-Government*-Gesetz schreibt beispielsweise vor, dass die Verwaltung den Bürgern, die diesen

45 Gesetz zur Neuregelung des bundesstaatlichen Finanzausgleichs ab dem Jahr 2020 und zur Änderung haushaltsrechtlicher Vorschriften vom 14.08.2017 (BGBl I S 2787), Art 9.

46 Onlinezugangsgesetz vom 14. August 2017 (BGBl I S. 3122, 3138), das zuletzt durch Artikel 1 des Gesetzes vom 19. Juli 2024 (BGBl 2024 I Nr 245) geändert worden ist; vgl *Siegel*, Auf dem Weg zum Portalverbund – Das neue Onlinezugangsgesetz (OZG), DÖV (2018), 185 (185).

47 Dem Bundesgesetz war 2009 das gleichnamige Gesetz von Schleswig-Holstein vorausgegangen: Gesetz zur elektronischen Verwaltung für Schleswig-Holstein (*E-Government*-Gesetz) vom 08.07.2009, Gesetz- und Verordnungsblatt 2009, 398. Mittlerweile gibt es in den meisten Bundesländern *E-Government*-Gesetze; vgl *Guckelberger*, VVDStRL 78 (2019), 279.

Kommunikationsweg gewählt haben, in elektronischer Form antworten muss.[48] Zusätzlich sind zeitliche Abweichungen bei der allgemeinen Pflicht zur elektronischen Aktenführung festzustellen, die laut dem Bundesgesetz über *E-Government* seit 01.01.2020 besteht (sofern sich das elektronische Format für die Verwaltung auf Dauer nicht als unwirtschaftlich erweist),[49] im Saarland hingegen erst ab dem 01.01.2025 zum Tragen kommt.[50]

Aufgrund der Umwandlung von Papierdokumenten in ein elektronisches Format müssen diese zurückgegeben oder vernichtet werden, sofern ihre weitere Aufbewahrung nicht mehr erforderlich ist, während elektronische Dokumente in Bild und Inhalt den Papierdokumenten entsprechen müssen (sie müssen beispielsweise farbig eingescannt werden).[51] Die Festlegung der Zugangswege (per Aktenausdruck, Bildschirmwiedergabe oder elektronische Übermittlung) obliegt grundsätzlich der Verwaltung. Im Wesentlichen besteht die Pflicht zur elektronischen Dokumentenbereitstellung und -verwaltung durch die Behörden. Zuletzt wurde 2017 ein Gesetz mit dem Ziel erlassen, das Schriftformerfordernis im deutschen Verwaltungsrecht systematisch abzuschaffen.[52]

Diese Entwicklung wird als Ergänzung zur Digitalisierung des Verwaltungsverfahrens angesehen, bei dem 2017 ein vollautomatisierter Verwaltungsakt zunächst in das Finanzrecht und anschließend in das Sozialrecht und das allgemeine Verwaltungsverfahren eingeführt wurde.[53] Danach kann ein Verwaltungsakt vollständig durch automatische Einrichtungen erlassen werden, sofern dies durch Rechtsvorschrift zugelassen ist und weder ein Ermessen noch ein Beurteilungsspielraum besteht.[54] Aufgrund dieses Wortlauts können nur gebundene Verwaltungsentscheidungen den Algo-

48 Thüringer *E-Government*-Gesetz § 9 Abs 1; vgl *Guckelberger*, VVDStRL 78 (2019), 280.

49 § 6 2. Satz *E-Government*-Gesetz.

50 § 5 Abs 1 Satz 1 *E-Government*-Gesetz Saarland.

51 § 7 Abs 1 und 2 *E-Government*-Gesetz.

52 Gesetz zum Abbau verzichtbarer Anordnungen der Schriftform im Verwaltungsrecht des Bundes vom 29.03.2017 (BGBl I 2017 S 626).

53 § 155 Abs 4 AO, § 31 Sozialgesetzbuch X und § 35a VwVfG; Vgl *Buoso*, La pubblica Amministrazione in Germania nell'era dell'Intelligenza Artificiale: procedimenti completamente automatizzati e decisioni amministrative robotiche, Persona e Amministrazione (2021), 495 ff.; *Buoso*, Fully Automated Administrative Acts in the German legal System, ERDAL (2020), 113 ff.

54 § 35a Verwaltungsverfahrensgesetz (VwVfG) in der Fassung der Bekanntmachung vom 23.01.2003 (BGBl I S 102), das zuletzt durch Artikel 1 des Gesetzes vom 04.12.2023 (BGBl I S 344) geändert worden ist.

rithmen übertragen werden. Darüber hinaus hat die Notwendigkeit einer entsprechenden fachrechtlichen Regelung den Anwendungsbereich dieser Bestimmung bisher stark eingeschränkt. Das wesentlich später in Kraft getretene Bayerische Digitalgesetz aus dem Jahr 2022 enthält hingegen bei vollständig automatisierten Verwaltungsverfahren keine der erwähnten Einschränkungen, sondern bestimmt, dass die eingesetzten Entscheidungsalgorithmen „regelmäßig auf ihre Zweckmäßigkeit, Objektivität und Wirtschaftlichkeit hin zu überprüfen" sind. Außerdem soll der Einsatz von KI in der Verwaltung durch geeignete Kontroll- und Rechtsschutzmaßnahmen abgesichert werden.[55] Somit ist davon auszugehen, dass die Bayerische Regelung den Verwaltungsbehörden einen größeren Handlungsspielraum und mehr Flexibilität bietet, jedoch trotzdem die europarechtlichen Zwänge der Datenschutzgrundverordnung nicht aus den Augen verliert.

Die Verortung dieser Bestimmungen außerhalb des bayerischen Verwaltungsverfahrensgesetzes wurde als Anreiz für eine digitale Transformation der Verwaltung angesehen, ohne jedoch die allgemeine verfahrensrechtliche Regelung in Frage zu stellen. Allgemein hat die Rechtslehre die Neigung erkannt, die im Verwaltungsverfahrensrecht vorgesehene Regelung im *E-Government*-Gesetz „fortzusetzen" und zu ergänzen.[56] So wird beispielsweise der in § 3a VwVfG optional vorgesehene Zugang zur elektronischen Kommunikation durch § 2 *E-Government*-Gesetz zwingend vorgeschrieben. Gleiches gilt für die verfahrensinterne Akteneinsicht, bei der § 8 *E-Government*-Gesetz eine Ergänzung zu den Regelungen des § 29 VwVfG in Bezug auf elektronische Dokumente darstellt.

Aufgrund des Grundsatzes der Spezialität geht die *E-Government*-Gesetzgebung den allgemeinen Regeln des Verwaltungsverfahrens vor. Angesichts dieser Entwicklungen wird eine Einfügung dieser Regelung in das allgemeine Verwaltungsverfahrensrecht angestrebt. Somit sollen Unklarheiten ausgeräumt werden, die durch die Wahl des anzuwendenden Rechts, also des Bundes-*E-Government*-Gesetzes oder des jeweiligen *E-Government*- bzw Verwaltungsverfahrensrechts der Länder, aufkommen könnten.[57] Unter diesem Gesichtspunkt stellen die Gesetzgebung zum *E-Government* sowie ihre Auswirkungen auf das Verwaltungsverfahren eine Zäsur gegenüber der Tradition der Simultangesetzgebung dar, womit jede Änderung des Bundes-Verwaltungsverfahrensgesetzes durch die Landesgesetze mehr oder

---

55 § 5 Abs 2 Gesetz über die Digitalisierung im Freistaat Bayern.

56 *Siegel*, E-Government und das Verwaltungsverfahrensgesetz, DVBl (2020), 552 (556).

57 Vgl Guckelberger VVDStRL 78 (2019), 279 f.

weniger identisch übernommen wird.[58] Eine Koordinierung des Digitalisierungsprozesses trotz föderaler Vielfalt wurde durch das Onlinezugangsgesetz in Angriff genommen, was Gegenstand des nächsten Abschnittes sein wird.

## *V. Die „Digitalisierung des Föderalismus“[59] durch das Onlinezugangsgesetz*

Wie auch im internationalen Umfeld bestand in Deutschland erheblicher Handlungsbedarf im *E-Government*-Bereich. Dementsprechend hat die Gemeinsame Konferenz der Ministerpräsidenten des Bundes und der Länder am 14.10.2016 auf Vorschlag des IT-Planungsrats die Einrichtung eines „Portalverbundes“ beschlossen.[60] Bund und Länder werden demnach verpflichten, ihre Verwaltungsleistungen auch online sowie übergreifend also außerhalb des eigenen Verwaltungsportals bereitzustellen, einen zentralen informationstechnischen Zugang (Portalverbund) zu errichten sowie einheitliche Vorgaben für die genutzten IT-Anwendungen und die IT-Sicherheit zu entwickeln.[61] Das anschließend verabschiedete Onlinezugangsgesetz (OZG) dient der Umsetzung dieses Bund-Länder-Beschlusses sowie des grundgesetzlichen Regelungsauftrages aus Art 91c Abs 5 GG mit dem Hauptziel, den Gang zu den Behörden einfacher und sicherer zu gestalten.[62]

Eine wesentliche Voraussetzung für das Funktionieren des integrierten Portals stellt die Standardisierung der IT-Software dar, die im Verordnungswege einheitlich zu regeln ist.[63] Diese Standardisierungsbemühungen erfor-

---

58 *Kube*, E-Government: Ein Paradigmenwechsel in Verwaltung und Verwaltungsrecht?, VVDStRL 78 (2019), 289 (299).

59 Vgl *Schliesky*, Digitalisierung – Herausforderung für den demokratischen Verfassungsstaat, NVwZ (2019), 693 (695).

60 *Kube*, VDStRL 78 (2019), 295: vgl https://www.it-planungsrat.de/DE/Home/home_node.html (08.09.2024).

61 *Seckelmann*, Das Onlinezugangsgesetz als Danaergeschenk? Aktuelle deutsche Entwicklungen im Verhältnis Bund-Länder-Kommunen, in: Ferrari Zumbini/Wollenschläger (Hg), Sfide per il diritto pubblico nel confronto italo-tedesco: federalismo e governance economica (2023) 37 (38f).

62 *Seckelmann/Berger*, Die Nutzerkommune und das Bürgerkonto – partizipative Gestaltungsoptionen nach dem Onlinezugangsgesetz, in: Braun Binder/Feld/Huber/Poier/Wittreck (Hg), Jahrbuch für direkte Demokratie 2019 (2020) 38 (39).

63 OZG § 4 Abs 1 (IT-Komponenten); § 5 (Sicherheitsstandards); § 6 Abs 1 (Kommunikationsstandards).

dern zwangsläufig nicht nur eine (vertikale) Koordinierung zwischen Bund und Ländern, sondern auch eine übergreifende Abstimmung zwischen den jeweiligen Ministerien. Der Organisationsapparat der Reform wurde auf Bundesebene mit der Einrichtung des sogenannten „Digitalkabinetts" (einer Fachkommission mit beratender Funktion gegenüber dem Bund) umgesetzt, das im Juni 2018 erstmals tagte.[64]

Die Verknüpfung der Verwaltungsportale zum „Portalverbund" deutet darauf hin, dass die jeweiligen Zuständigkeiten von Bund und Ländern unverändert bleiben. Diese virtuelle Schnittstelle soll Dreh- und Angelpunkt einer zwischen Bund und Ländern abgestimmten Strategie zur Überwindung der digitalen Defizite Deutschlands sein. Es handelt sich um ein „Front-Office"-Portal, das die Kompetenzstruktur des „Back-Office" (also der Verwaltungsebenen von Bund, Ländern und Kommunen) nicht verändert.

Inzwischen ist das OZG zum zentralen Gesetz der Verwaltungsdigitalisierung in Deutschland geworden und hat somit das Thema *E-Government* in den Mittelpunkt des politischen Geschehens gerückt. Das Nationale Reformprogramm der Bundesregierung bezeichnet das OZG als Grundlage für alle weiteren Digitalisierungsmaßnahmen im öffentlichen Sektor.[65] Dementsprechend hat die Bundesregierung im Corona-Konjunkturpaket drei Milliarden Euro für die OZG-Umsetzung bereitgestellt.[66] Inzwischen lautet die Bezeichnung des zuständigen Bundesministeriums „Bundesministerium für Digitales und Verkehr".[67]

Die Umsetzung des OZG wird maßgeblich vom IT-Planungsrat, dem Bundesinnenministerium und der im Oktober 2020 gegründeten Föderalen IT-Kooperation (FITKO) gesteuert, welche als gemeinsame Bund- und Länderinstitution den organisatorischen Unterbau der Digitalisierungsstrategie darstellt.[68] Als weiterer Stakeholder kommt „govdigital" (eine Plattform öffentlicher IT-Dienstleistungserbringer zur Entwicklung digitaler Leistungen) ins Spiel.[69]

Der IT-Planungsrat hat am 5. Oktober 2017 die Richtlinien zur Umsetzung dieses Vorhabens verabschiedet. Die zwei Hauptvorhaben sind

---

64 *Guckelberger* VVDStRL 78 (2019), 258.
65 *Seckelmann/Brunzel*, Das Onlinezugangsgesetz 6.
66 *Botta*, NVwZ (2022), 1247.
67 *Botta*, NVwZ (2022), 1247.
68 *Seckelmann/Berger*, Die Nutzerkommune 54.
69 *Botta*, CERIDAP (2022), 115.

das „Digitalisierungsprogramm" und der „Portalverbund". Für letzteres ist eine Arbeitsgruppe von Bund und Ländern unter der Koordinierung des Bundesinnenministeriums zuständig, zumal die meisten Leistungen in die Regelungskompetenz der Länder und nicht in diejenige des Bundes fallen.[70] Insgesamt handelt es sich um 575 Dienstleistungsbündel, die von der Ausstellung von Geburtsurkunden, Familienbeihilfen, Baugenehmigungen, Kfz-Zulassungen bis hin zur Eintragung von Gewerbebetrieben reichen.[71]Ausgenommen sind lediglich Leistungen, die für das Online-Angebot tatsächlich (zB im Falle der Müllabfuhr oder einer Impfung) oder rechtlich (wenn das persönliche Erscheinen auf ein Amt gesetzlich vorgeschrieben ist) ungeeignet sind.[72]

Laut dem OZG mussten innerhalb Ende 2022 die 575 Leistungsbündel auch digital angeboten und über die Verwaltungsportale von Bund und Ländern zu einem Portalverbund verknüpft und somit portalübergreifend auffindbar werden. Diese Leistungsbündel ordnen sich in 14 Themenfeldern (Arbeit & Ruhestand, Bauen und Wohnen, Bildung, Ein- und Auswanderung, usw) ein.[73] Nach dem Konzept des Bundesinnenministeriums und des IT-Planungsrats wurde innerhalb eines partizipativen Prozesses eine enge Zusammenarbeit von Akteuren aller föderalen Ebenen sowie von Sachverständigen aus verschiedenen Bereichen in verschiedenen Digitalisierungslaboren vorgesehen.[74] Innerhalb der OZG-Digitalisierungslabore sind interaktive Teams tätig, die an der Entwicklung von Online-Anwendungen zusammenarbeiten. Nutzer wurden von Anfang an beteiligt, womit das Digitalisierungslabor vom Konzept her als „Realabor" (*real life lab*) bezeichnet wird.[75]

70 *Botta*, NVwZ (2022), 1251; *Voss*, Die Implementation der Europäischen Dienstleistungsrichtlinie – *lessons learned* im Hinblick auf das Wirksamwerden der Single Digital Gateway-Verordnung und des Onlinezugangsgesetzes, in: Seckelmann/Brunzel (Hg), Handbuch Onlinezugangsgesetz – Potentiale – Synergien – Herausforderungen (2021) 199 (214 f).

71 *Harbou v*, Abschied vom Einzelfall? Perspektiven der Digitalisierung von Verwaltungsverfahren, JZ (2020), 340 (340).

72 Vgl ausführlicher *Fraenkel-Haeberle*, Procedimenti amministrativi algoritmici: la risposta tedesca, Persona e Amministrazione (2021), 525 (542 f) und in englischer Sprache: *Fraenkel-Haeberle*, Fully Digitalized Administrative Procedures in the German Legal System, ERDAL (2020), 105 ff.

73 Vgl Onlinezugangsgesetz: OZG-Themenfelder (sachsen-anhalt.de) (11.12.2024).

74 *Seckelmann/Brunzel*, Das Onlinezugangsgesetz 7.

75 *Seckelmann/Berger*, Die Nutzerkommune 45.

Die Betonung der Nutzerperspektive bei der Themenfeldarbeit und den Digitalisierungslaboren wird damit begründet, dass sich diese Gremien mit besonders wichtigen Bürgeranliegen (BAFöG, Baugenehmigung, Wohngeld usw) gebündelt und vorbereitend befassen.[76] Jedem der 14 Themenfelder ist mindestens ein Digitalisierungslabor zugeordnet.[77] Das Hauptziel besteht darin, die einzelnen Verwaltungsebenen (Bund, Länder und Kommunen) in die Behandlung der Themenfelder miteinzubeziehen[78] und somit einen „informationstechnischen Verbund" im föderalen Mehrebenensystem zu schaffen.[79] Für jedes Themenfeld sind je ein Bundesministerium und ein Bundesland oder auch die kommunalen Spitzenverbände verantwortlich. Bei besonders wichtigen Themenfeldern werden sie durch weitere Bundesländer unterstützt.[80]

In Anlehnung an den Subsidiaritätsgrundsatz wird das „Einer für Alle-Prinzip" (Efa-Prinzip) in den Vordergrund gestellt, laut dem das OZG-Umsetzungskonzept darauf beruht, dass die jeweiligen Gebietskörperschaften aus den Erfahrungen profitieren können, die in anderen Gebietskörperschaften gemacht wurden. Es handelt sich bei diesem Kooperationsmodell einerseits um eine Form der Arbeitsteilung, laut der eine in einem Bundesland entwickelte Lösung von anderen Bundesländern übernommen werden kann.[81] Andererseits werden – ähnlich wie beim *open source* – die somit gewonnenen Erkenntnisse zur Nachnutzung bereitgestellt.[82]

Ebenfalls kooperativ und institutionell übergreifend soll die digitale Weiterbildung organisiert werden: Das vom IT-Planungsrat unterstütze Vorhaben „eGovCampus" stellt eines von drei wichtigen Projekten zur Förderung der digitalen Kompetenzen dar. Ergänzt wird dieses Projekt durch das vom IT-Planungsrat und dem Land Bremen initiierte Projekt „Qualifica Digitalis" sowie das von der Metropolregion Rhein-Neckar und dem Kreis Bergstraße durchgeführte Projekt „KommunalCampus".[83]

76 *Voss*, Die Implementation 219.
77 *Voss*, Die Implementation 215.
78 *Seckelmann/Brunzel*, Das Onlinezugangsgesetz 5.
79 *Seckelmann/Brunzel*, Das Onlinezugangsgesetz 7.
80 *Seckelmann/Brunzel*, Das Onlinezugangsgesetz 5.
81 *Richter*, Geleitwort, in: Seckelmann/Brunzel (Hg), Handbuch Onlinezugangsgesetz – Potentiale – Synergien – Herausforderungen (2021), V (VI).
82 *Seckelmann/Berger*, Die Nutzerkommune 54.
83 *Seckelmann/Brunzel*, Das Onlinezugangsgesetz 10; *Catacli*, Verwaltung im digitalen Zeitalter (2022) 71 ff.

Die Anwendbarkeit des OZG auf die Kommunen wird nur am Rande erwähnt. Da sie jedoch für die Bürger die erste Anlaufstelle bei Verwaltungsdienstleistungen darstellen, kommt ihnen eine Schlüsselrolle bei der Umsetzung des OZG zu.[84] Die Kommunen sind staatsorganisationsrechtlich Teil der Länder, weswegen sie implizit als Adressat des OZG angesehen werden und bei der Digitalisierung von Verwaltungsleistungen an vorderster Front stehen. Sie nehmen jedoch eine Zwitterstellung ein, da sie nach dem Grundgesetz auch Selbstverwaltungsaufgaben wahrnehmen.[85] Daher fühlten sich die Kommunen bei der Umsetzung des OZG benachteiligt, da viele Verwaltungsleistungen, wie zB das Meldewesen (dh die Ausstellung von Pässen und Personalausweisen) kommunale Pflichtaufgaben darstellen, die ihnen vom Bund über die Länder übertragen werden und nach dem OZG auch digital angeboten werden müssen.[86] Des Weiteren beanstandeten sie, dass das „Einer-für-alle-Prinzip" sich für die Kommunen als verhängnisvoll erwiesen hatte, da sie sich gezwungen sahen, *tools* zu nutzen, die gar nicht für sie entwickelt worden waren, was zuweilen als sachaufwändiger und kostspieliger als die Entwicklung eigener Lösungen ist.[87] Diese Beanstandungen haben die Gemeinden dazu bewogen, dem IT-Planungsrat, in dem sie nicht selbst, sondern nur über die kommunalen Spitzenverbände vertreten sind, die sog „Dresdner Forderungen" 2022 zu übermitteln. Darin haben sie vorgeschlagen, der Bund möge die Aufgaben im Zusammenhang mit dem Meldewesen selbst wahrnehmen, ohne die kommunalen Bürgerämter als Schalterstellen zu nutzen. Somit sollten die Kommunen den notwendigen Handlungsspielraum erhalten, um sich auf die traditionellen Kernaufgaben der „kommunalen Daseinsvorsorge"[88] zu konzentrieren und somit ua die Digitalisierung der Schulen, der Gas-, Wasser- und Stromversorgung, der Müllabfuhr sowie des ÖPNV voranzubringen.[89]

Noch ungelöst bleibt die Frage eines übergreifenden digitalen Zugangs zu den Verwaltungsleistungen, ähnlich dem italienischen SPID (*sistema pubblico di identità digitale*). Zur Verwirklichung des *Once-Only*-Prinzips soll eine bundesweite Identifizierung und Authentifizierung möglich sein.

84 *Seckelmann/Brunzel*, Das Onlinezugangsgesetz 7 f.
85 Art 28 Abs 2 GG.
86 *Seckelmann*, Das Onlinezugangsgesetz 44.
87 *Seckelmann*, Das Onlinezugangsgesetz 44.
88 *Forsthoff*, Die Daseinsvorsorge und die Kommunen. Ein Vortrag (1958).
89 *Seckelmann*, Das Onlinezugangsgesetz 45f.

In Deutschland ist der digitale Personalausweis bereits eingeführt worden. Er ermöglicht seit 2021 eine Authentifizierung über das Smartphone.[90] Neben diesem elektronischen Identitätsnachweis wird intensiv die Einführung eines Nutzerkontos zur bundesweiten Inanspruchnahme der Dienstleistungen der öffentlichen Verwaltung diskutiert, dessen Verwendung jedoch für den Bürger freiwillig bleiben soll.[91] Über dieses Nutzerkonto sollen sich die Nutzer identifizieren und somit das digitale Verwaltungsverfahren starten und abschließen können. Die Leistungen sind medienbruchfrei (*end-to-end*) anzubieten.[92] Des Weiteren sieht das OZG die Schaffung eines „elektronischen Postfachs" vor.[93] Hier wird der Nutzer digitale Dokumente hinterlegen können, die in Zukunft den zuständigen Behörden weitergeleitet werden, womit das *Once-Only*-Prinzip zur Geltung gelangt. Zur Gewährleistung der maximalen Interoperabilität sollen im Rahmen der Reform des OZG (OZG 2.0) die bestehenden Länder-ID durch den Bund-ID ersetzt werden.[94] Diese Standardisierung der Nutzerkonten sowie deren bundesweiten Inanspruchnahme können wiederum als Hochzonung der verfassungsrechtlich verbürgten „eigenverantwortlichen Aufgabenwahrnehmung" der Länder gewertet werden. Es handelt sich jedoch um eine von Art 91c Abs 5 GG ausnahmsweise gedeckte Gewichtsverlagerung, die an die Stelle des bundesstaatlichen Trennungsprinzips tritt und die landeseigene Zuständigkeit zur Dienstleistungserbringung unberührt lässt.

Des Weiteren wurde zur Ausräumung datenschutzrechtlicher Bedenken in das Onlinezugangsgesetz ein sogenannter „Datenschutzcockpit" eingefügt, dh eine IT-Komponente, die es natürlichen Personen ermöglicht, sich den sie betreffenden Datenaustausch zwischen öffentlichen Stellen anzeigen zu lassen.[95] Somit wird im Sinne der Transparenz gewährleistet, dass die Datenübertragung nicht heimlich erfolgt.[96]

90 S § 10a Gesetz über Personalausweise und den elektronischen Identitätsnachweis (Personalausweisgesetz – PauswG) v 18.06.2009 (BGBl I S 1346).

91 § 2 Abs 5; § 3 Abs 2 OZG.

92 § 1a Abs 3 OZG.

93 § 2 Abs 7 OZG.

94 § 3 Abs 1 OZG.

95 § 10 Abs 1 OZG.

96 *Botta*, DÖV (2023), 427.

### *VI. Die vermeintliche „Sogwirkung“[97] des Europarechts: Single Digital Gateway als europäischer Portalverbund*

Die Ursprünge der Digitalisierung und Verlinkung des Dienstleistungsangebots können europarechtlich auf die Dienstleistungsrichtlinie (in Italien besser bekannt als „Bolkenstein“-Richtlinie) 2006/123/EG[98] zurückgeführt werden, wobei insbesondere der einheitliche Ansprechpartner, das heißt eine einheitliche Kontaktstelle für ausländische Dienstleistungserbringer (Art 6) sowie die elektronische Verfahrensabwicklung auf Wunsch des Antragstellers (Art 8) für die vorliegende Untersuchung von Belang sind.[99]

Die Umsetzung der Dienstleistungsrichtlinie hatte mit dem sogenannten „Behördenportal“ (auch „Verwaltungsportal“ oder „Bürgerportal“ genannt) bereits den Weg für den Portalverbund geebnet und in der Verwaltungswirklichkeit einen institutionellen Bezugspunkt für Bürger und Zivilgesellschaft geschaffen.[100] Aufgrund der landesrechtlichen Zuständigkeit für das Verwaltungsverfahren wurde für die Umsetzung des Prinzips des „einheitlichen Ansprechpartners“ die Perspektive des Dienstleistungserbringers gewählt, dem jeweils eine einzige Anlaufstelle (*one-stop-shop*) geboten wurde. Aufgrund der föderalen Vielfalt ist ein Flickenteppich verschiedener Modelle (Kommunen, Kammern, Anstalt öffentlichen Rechts in Trägerschaft der Kommunen in Schleswig-Holstein) entstanden, wobei teilweise „Kooperationsmodelle“ gewählt wurden, die verschiedene Verwaltungsebenen (Länder, Kommunen und Kammern) zusammenführten.[101] Bezeichnend ist in diesem Sinne die verwaltungsverfahrensrechtliche Umsetzung, bei der die Überschrift „Verfahren über eine einheitliche Stelle“ und nicht „einheitlicher Ansprechpartner“, gewählt wurde.[102] Kritik wurde laut, dass es bei der Richtlinienumsetzung wegen des Verbots der Mischverwaltung an einer

97 *Siegel*, Der Europäische Portalverbund – Frischer Digitalisierungswind durch das einheitliche digitale Zugangstor («Single Digitale Gateway»), NVwZ (2019), 905 (908).

98 Richtlinie 2006/123/EG des Europäischen Parlaments und des Rates vom 12. Dezember 2006 über Dienstleistungen im Binnenmarkt, ABl L 376/36.

99 Vgl *Ziekow*, Die Umsetzung der Dienstleistungsrichtlinie im Verwaltungsverfahrensrecht, Wirtschaft und Verwaltung (2008), 176 (176); *Mirschberger*, Die Dienstleistungsrichtlinie, Wegweiser zu einem neuen Stadium des Europäischen Verwaltungsrechtsraums, in: Debus/Kruse/Peters/Schröder/Seifert/Sicko/Stirn (Hg), 51. Assistententagung Öffentlichen Rechts (2011) 17.

100 *Siegel*, DÖV (2018), 192.

101 *Voss*, Die Implementation, 201 f.

102 §§ 71a ff VwVfG.

einheitlichen Koordination gefehlt habe. Zusätzlich soll die enge Auslegung des Ressortprinzips nach Art 65 GG zu einer Zerlegung einheitlicher Aufgaben nach Zuständigkeitskriterien geführt haben.[103]

Die vielen dezentralen Einheitlichen Ansprechpartner haben sich bei der Richtlinienumsetzung als Hürde erwiesen. Außerdem sind die entsprechenden Nutzerzahlen wegen geringer Bekanntheit dieses Angebots und schwachem Interesse an Ländergrenzen überschreitenden Tätigkeiten eher bescheiden ausgefallen. Alles in allem wurde die Regelung in Deutschland minimalistisch durch Portale auf Landes- bzw Gemeindeebene umgesetzt, wobei keine wechselseitige Interoperabilität gegeben war und jeweils ein neues digitales Profil angelegt werden musste.[104] Unberührt davon ist die mitgliedstaatliche Kompetenzverteilung geblieben: Es wurde aus der Bürgerperspektive im „Front Office" das vernetzt, was im „Back Office" kompetenzmäßig unverändert geblieben war.[105]

Aufgrund der nicht nur in Deutschland festgestellten Unzulänglichkeiten bei der Umsetzung der Dienstleistungsrichtlinie wurde der Ruf nach einer verstärkten Koordinierung laut. So unternahm die Europäische Kommission mit der *Single Digital Way*-Verordnung (SDG-VO) einen Vorstoß zur Errichtung eines einheitlichen digitalen Zugangstors.[106] Dadurch sollte die Strategie der Dienstleistungsrichtlinie zu einem binnenmarktrelevanten Verwaltungsverfahren weiterentwickelt werden, von dem ein Modernisierungsschub für die öffentliche Verwaltung ausgehen sollte.[107]

Das einheitliche digitale Zugangstor soll unter der Federführung der europäischen Kommission als digitale Schnittstelle zu bestehenden Portalen gestaltet und in das Portal „Ihr Europa" integriert werden.[108] Durch Vernetzung mit den Portalen der Mitgliedstaaten soll ein Netzwerk aus Kommunal- und Länderportalen, nationalen Portalen sowie dem europäischen Portal entstehen, was infolgedessen als „Megaportalverbund" bezeichnet wurde.[109]

103 *Voss*, Die Implementation, 207 f.

104 *Voss*, Die Implementation, 203.

105 *Seckelmann/Berger*, Die Nutzerkommune 43.

106 Verordnung (EU) 2018/1724 des Europäischen Parlaments und des Rates vom 02.10.2018 über die Einrichtung eines einheitlichen digitalen Zugangstors zu Informationen, Verfahren, Hilfs- und Problemlösungsdiensten und zur Änderung der Verordnung (EU) Nr 1024/2012 (Text von Bedeutung für den EWR), ABL L 295/1.

107 *Seckelmann/Berger*, Die Nutzerkommune 40.

108 *Seckelmann/Berger*, Die Nutzerkommune 40.

109 *Siegel*, NVwZ (2019), 906.

Das digitale Zugangstor stellt ein herausragendes Element der digitalen Strategie der Europäischen Union dar. Erneut wird durch diese Neuregelung der Versuch unternommen, ein *One-Stop-Government* und einen einheitlichen Ansprechpartner zu schaffen, ohne die Kompetenzstruktur der einzelnen Verwaltungsebenen zu verändern. Dieses Metaportal wird von der Kommission mit einer *Front-Office*-Funktion eingerichtet und berührt daher nicht die *Back-Office*-Aufgaben der Mitgliedstaaten (Art 2). Diese werden weiterhin von ihnen autonom geregelt, wie aus den Erwägungsgründen 24-26 hervorgeht. Daher wurde der europäische Zugang mit einer „Suchmaschine" verglichen, die jedoch eine „bidirektionale Kommunikation über ein Nutzerkonto" vermissen lässt.[110] Genau wie beim OZG hat die Architektur des SDG auf das Prinzip der „Einheitlichkeit nach außen und Vielfalt nach innen" gesetzt, wenn auch – trotz der Gemeinsamkeiten – erhebliche Unterschiede zwischen beiden Normwerken festzustellen sind.

Gemeinsam ist die Idee der Verknüpfung bestehender Portale und der elektronischen Bereitstellung der Leistungen für die Bürger, ohne dass eine vorherige Ermittlung der zuständigen Behörde notwendig wäre.[111]

Unterschiedlich ist hingegen der Anwendungsbereich ausgefallen. Die SDG-VO sieht die Einrichtung des Portals zum Zweck des Zugangs zu Informationen, Verfahren und Hilfs- und Problemlösungsdiensten vor. Sachlich bezieht sich die Regelung auf Informationen und Verfahren, die für den Binnenmarkt relevant sind. Sie ist am 12.12.2020 hinsichtlich der Information- sowie der Hilfs- und Problemlösungsdienste in Kraft getreten, wohingegen die Regelung über das Online-Verfahren erst Ende 2023 Wirksamkeit erlangen wird. Im Unterschied dazu war die Umsetzungsfrist des OZG Ende 2022, eine Fälligkeit die sich jedoch inzwischen als unrealistisch herausstellte. Die im Juli 2024 verabschiedete Novelle des OZG sieht inzwischen von einer pauschalen Frist für die Bereitstellung aller Verwaltungsleistungen ab, da inzwischen die Digitalisierung als „Daueraufgabe der Verwaltung" angesehen wird.[112]

Auf europäischer Ebene umfasst der Zugang zu den Verwaltungsleistungen 21 ausgewählte im Anhang II angegebene Verwaltungsverfahren mit einem potentiell grenzüberschreitenden Bezug, etwa zum Thema Geburt, Studium, Arbeit und Ruhestand, weswegen der Anwendungsbereich der

110 *Seckelmann/Berger*, Die Nutzerkommune 41f.
111 *Seckelmann/Berger*, Die Nutzerkommune 41.
112 *Guckelberger*, Das Onlinegesetz 2.0, DÖV (2024), 849 (851).

SDG-VO im Verhältnis zum OZG begrenzter ausfällt.[113] Des Weiteren schreibt die SDG-VO explizit vor, dass sie von den Kommunen anzuwenden ist, wohingegen das OZG, wie dargelegt, diese Verwaltungsebene nur am Rande erwähnt, was die geschilderte Befürchtung einer Beeinträchtigung der kommunalen Selbstverwaltung sowie unzulässiger finanzieller Belastungen nach sich gezogen hat.

Schlussendlich wird der SDG-VO eine bescheidene Wirkung attestiert: Auch wenn das deutsche Bundesverwaltungsportal mit dem Portal „Ihr Europa" verknüpft wurde, sind derzeit nur sehr wenige öffentliche Dienstleistungen, darunter „BaföG Digital" (über staatliche Studienbeihilfen) grenzüberschreitend zugänglich.[114]

### *VII. Steuerung durch IT als Mittel zur „Hochzonung" der Zuständigkeiten im Mehrebenensystem?*

Die genannten Beispiele mit der Dienstleistungsrichtlinie und der SDG-VO führen den zunehmenden Einfluss der EU beim Digitalisierungsprozess klar vor Augen. Sie zeugen jedoch von einem Harmonisierungsdruck, der die nationalen Spielräume achtet und eher auf die Auffindbarkeit und Interoperabilität öffentlicher Leistungen fokussiert ist.

Wenn auch die EU über keine allgemeine Gesetzgebungskompetenz bei der Digitalisierung von Verwaltungsleistungen verfügt, wird innerhalb der Europäischen Union der Digitalisierungsprozess als Voraussetzung für die Vervollständigung des Europäischen Binnenmarkts angesehen. Demnach werden von der Europäischen Kommission seit 2014 *factsheets* mit auf Basisdaten von Eurostat beruhenden länderspezifischen Informationen zu allen Fragen der digitalen Transition der öffentlichen Verwaltung sowie über wichtige grenzüberschreitende Dienstleistungen erhoben.[115]

Darin sind erhebliche Abweichungen zwischen den Mitgliedstaaten festzustellen. Bei Heranziehung der weiteren in diesem Forschungsprojekt verglichenen ausländischen Staaten lässt sich bei Estland durchaus eine

113 *Botta*, NVwZ (2022), 1250.

114 *Botta*, CERIDAP (2022), 113.

115 *Guckelberger*, DÖV (2023), 317 f; *Guckelberger*, Internet and Digital Technologies as Essential Tools for the Civil Service, in: Sommermann/Krzywoń/Fraenkel-Haeberle (Hg), Transformation of Civil Service in Europe: A Research Companion, London (im Erscheinen).

„Volldigitalisierung“ feststellen, da dieses Land gemäß dem DESI-Index 2022 als Tabellenführer der digitalen Verwaltung sowohl hinsichtlich des Dienstleistungsangebots als auch bezüglich seiner Inanspruchnahme durch die Bürger angesehen wird.[116] Das hohe Digitalisierungsniveau wird ua auf den einheitsstaatlichen Aufbau zurückgeführt (im DESI-Index 2022 waren tatsächlich die drei erstplatzierten Staaten – Estland, Finnland und Malta – Einheitsstaaten).[117] Jedoch ist die Frage legitim, ob dieser Umstand oder eher die bescheidene Größe und Bevölkerungszahl (von 1,3 Millionen Menschen in Estland) dafür maßgeblich gewesen sei.[118]

In Bundesstaaten erfordert der Digitalisierungsprozess zusätzliche Koordinations- und Kooperationsbemühungen, weswegen sich die Ausgangsbedingungen in Einheitsstaaten institutionell günstiger gestalten. Allerdings ist auch hierzu eine differenziertere Haltung angebracht. Der zweite Staat im Ländervergleich, Österreich, ist ein Bundesstaat und belegte im DESI-Index 2022 der digitalen öffentlichen Dienste den 12. Platz.[119] In Österreich wird außerdem die Bereitschaft zur Nutzung der *eID*-Funktion sowie das Vertrauen in die digitale Leistungsfähigkeit des Staates als relativ hoch eingestuft.[120] Allerdings wird die österreichische Bundesstaatlichkeit im Verhältnis zur deutschen als relativ schwach und mit eindeutigen Zentralisierungstendenzen eingestuft: Dort gewährt ua die österreichische Bundesverfassung[121] – im Unterschied zu Deutschland – dem Bund die Regelungskompetenz für die allgemeinen Bestimmungen des Verwaltungsverfahrensrechts.[122]

Aufgrund des dezentralen Verwaltungsaufbaus und der kooperativen Tradition des deutschen Föderalismus wird der deutsche Portalverbund partizipatorisch gestaltet. Bei der Bewältigung dieser „Herkulesaufgabe“[123] wird ein diskursiver Prozess unter Einbeziehung aller beteiligten Akteure im Rahmen gemeinsamer Gremien (wie dem IT-Planungsrat) und den Bund-Länder-Vereinbarungen hervorgehoben. Des Weiteren lässt sich eine zunehmende Verrechtlichung beim *E-Government* feststellen, wobei der kooperative Ansatz auch beim Erlass von Zustimmungsgesetzen (mit Veto-

116 *Guckelberger*, E-Government in Estland und Frankreich, DÖV (2023), 381 (384).
117 *Guckelberger*, DÖV (2023), 385.
118 *Guckelberger*, DÖV (2023), 387.
119 DESI Österreich, 15,
120 *Guckelberger*, DÖV (2023), 325.
121 Art 11 Abs 2 B-VG.
122 *Guckelberger*, DÖV (2023), 324.
123 *Richter*, Geleitwort V.

recht des Bundesrates als Vertretung der Länderregierungen) zur Geltung kommt.[124] Trotzdem haben die neuen organisatorischen Anforderungen in Sachen Digitalisierung signifikante Auswirkungen auf das Verhältnis zwischen den verschiedenen Gesetzgebungs- und Verwaltungsebenen.

Die Digitalisierung verlangt als Querschnittsthema eine föderale Steuerung, die in den ausschließlichen Gesetzgebungsbefugnissen des Bundes in Sachen Informationsverbindungsnetze und Verwaltungsleistungen zum Ausdruck kommt. Allerdings kann nicht die Rede davon sein, dass zentral gesetzte Anforderungen an digitale Prozesse zwangsläufig zu einer Verlagerung von Kompetenzen von der Länder- auf die Bundesebene führen, sondern dass eher eine „Kompetenzverflechtung",[125] die man 2006 durch die 1. Föderalismusreform weitgehend beseitigt wollte, im IT-Bereich durch die Hintertür wieder eingeführt wird. Durch diese „Renaissance der Gemeinschaftsaufgaben" soll dem Grundgesetz die notwendige Flexibilität verliehen werden.[126]

Die bisher praktizierte, auf Länderebene differenzierte Digitalisierungspolitik und die digitale Autonomie subnationaler Einheiten im Rahmen des Vollzugsföderalismus haben dazu geführt, dass *E-Government* und elektronische Verwaltungsleistungen erst mit großer Verspätung umgesetzt werden konnten, wie der Beispielfall des erst Mitte 2022 verabschiedeten Bayerischen Digitalisierungsgesetzes gezeigt hat.[127] Auch die ursprünglich für Ende 2022 vorgesehene Umsetzung des OZG kommt schleppend voran: Nach Angaben des Bundesinnenministeriums waren an diesem Stichtag nur 33 Leistungen von 575 digital deutschlandweit verfügbar![128] Die allgemein festgestellte Zurückhaltung bei der Einführung des *Digital Only*-Prinzips sowie einer medienbruchfreien Digitalisierung (*end to end*) erhöhen den Aufwand der Behörden. Immerhin ist die Online-Zulassung von Kraftfahrzeugen seit dem 01.10.2019 möglich und dennoch statistisch eine Ausnahme geblieben![129]

---

124 *Guckelberger*, DÖV (2023), 328.

125 *Scharpf*, Die Föderalismusreform. Kein Ausweg aus der Politikverflechtungsfalle? (2009), 142; vgl auch *Kropp*, Kooperativer Föderalismus und Politikverflechtung (2010).

126 *Seckelmann*, Das Onlinezugangsgesetz (2023), 47.

127 *Guckelberger*, Deutschlands E-Government-Performance im Vergleich zu Österreich und der Schweiz, DÖV (2023), 317 (317).

128 *Guckelberger*, DÖV (2023), 322.

129 §§ 15a ff Fahrzeugzulassungsverordnung v 03.02.2011, BGBl I S 139.

Finanzielle Zwänge wirken sich zweifellos auf die Bewältigung des Digitalisierungsprozesses aus. Es wird beklagt, dass finanzielle Gründe dafür verantwortlich seien, dass viele Länder und Kommunen kostenintensive Digitalisierungsvorhaben nicht voranbringen. Dabei sind die von der Bundesregierung für die Umsetzung des OZG bereitgestellten zusätzlichen drei Milliarden als einen Tropfen auf den heißen Stein anzusehen.

Die Verwaltungsdigitalisierung darf nicht als „Quantensprung" betrachtet werden, sondern als Weiterentwicklung des Effizienzgedankens durch den technologischen Fortschritt.[130] In diesem Zusammenhang sollte in einem Bundesstaat das „Einer-für-alle-Prinzip" an die Stelle der Kleinstaaterei treten und diesen Fortschritt auch durch Elemente des Wettbewerbsföderalismus beflügeln.

130 *Eichenhofer*, Der vollständig automatisierte Verwaltungsakt zwischen Effizienz- und Rechtsschutzgebot, Die Öffentliche Verwaltung (2023), 93 (100).

# Der digitale Wandel in Estland

*Carolin Zwilling*

**Abstract**

The digital transformation in Estonia represents an internationally recognized success story. Immediately following independence from the Soviet Union, Estonia simultaneously pursued democratic and economic reforms while proactively embedding digital transformation as a key development strategy. This early integration of digital goals significantly contributed to Estonia's current status as one of Europe's leading e-government nations, consistently achieving top rankings in the European Commission's Digital Economy and Society Index (DESI), particularly in digital public services. Essential to this success were foundational legislative initiatives, including early regulations on personal data protection (Personal Data Protection Act 1996), transparency and information accessibility (Public Information Act 2000), and legally binding digital signatures (Digital Signatures Act 2000).

This contribution sheds light on the impact of digitalization on ethnic minorities, especially Estonia's Russian-speaking community, and reveals discrepancies between constitutional rights and practical implementation. Although the Estonian Constitution safeguards minority language rights, substantial gaps remain, especially in digital public service provision. Nonetheless, Estonia's digital strategy, including its pioneering X-Road interoperability platform and comprehensive policies such as e-Residency, digital education initiatives, and health data management, has set a global benchmark. Overall, Estonia offers valuable best practices and critical insights for broader European and international debates on digital governance structures.

*La trasformazione digitale in Estonia è considerata un modello di successo a livello internazionale. Subito dopo l'indipendenza dall'Unione Sovietica, parallelamente alle riforme democratiche e dell'economia questo Paese ha avviato un ampio processo di trasformazione digitale, venendo ad assumere oggi un ruolo di leadership a livello europeo nell'ambito dell'e-government e occupando posizioni di vertice anche nel Digital Economy and Society Index (DESI). Fondamentali per raggiungere questo obiettivo sono stati gli interventi legislativi, come la legge sulla protezione dei dati personali (Personal Data Protection Act 1996), sull'accesso alle informazioni (Public Information Act 2000) e sull'introduzione della firma digitale (Digital Signatures Act 2000).*

*Il presente contributo analizza criticamente l'impatto della digitalizzazione sulle minoranze etniche: sebbene le disposizioni costituzionali tutelino i diritti linguistici della minoranza russofona, la loro integrazione nel sistema amministrativo digitale risulta, nella pratica, incompleta. Nonostante ciò, la strategia digitale dell'Estonia, che comprende la pionieristica piattaforma di interoperabilità X-Road, la residenza elettronica, le iniziative per l'istruzione digitale e la gestione dei dati sanitari, ha costituito un punto di riferimento a livello mondiale. Nel complesso, l'Estonia offre preziose best practice e spunti critici per il più ampio dibattito a livello europeo e internazionale sulla trasformazione digitale e sulla governance digitale.*

## *I. Einleitung: Vorreiterrolle im digitalen Verwaltungsverfahren*

Estland gehört mit nur 1,4 Millionen Einwohnern und einer Fläche von 45.000 Quadratkilometern zu den kleinsten Mitgliedstaaten der Europäischen Union. Dennoch oder vielleicht auch gerade deshalb nimmt es bei der Frage nach der Umsetzung des digitalen Wandels in Europa eine besondere Vorreiterrolle[1] ein. Im folgenden Beitrag sollen anhand der wesentlichen Schritte auf dem estnischen Weg hin zu einem digitalen Vorzeigestaat die *best practices* aufgezeigt werden, die auch im gesamteuropäischen Kontext von Vorteil sein könnten. Gleichzeitig wird zudem kritisch hinterfragt, welche Auswirkungen die Digitalisierung auf bestimmte Bevölkerungsteile und insbesondere die russischsprachige Minderheit mit sich bringt.

In Estland fanden nach der Unabhängigkeit von der Sowjetunion drei bedeutende Transformationsprozesse gleichzeitig statt: der politische Übergang zur Demokratie, der ökonomische Übergang zur Marktwirtschaft und der internationale Übergang in Form der EU-Integration.[2] In den 1990er-Jahren konzentrierten sich die Reformen zunächst auf den Aufbau demokratischer Strukturen, während die Entwicklung administrativer und politischer Kapazitäten auf der Kommunalebene weniger Beachtung fand. Der Beitrag zeigt jedoch, dass von Beginn an und im Lichte dieser Umwälzungsprozesse die digitale Transformation als wichtiger Entwicklungsschritt mit einbezogen wurde, was zweifelsohne langfristig zum Erfolg des angestrebten „E-Estonia" entscheidend beigetragen hat. Mit der Verfassung von 1992 entsteht eine zentralistisch ausgerichtete parlamentarische Republik mit repräsentativer Demokratie und Mehrparteiensystem.[3] Eine Gliederung des Staatsgebietes in subnationale Einheiten ist nicht vorgesehen, jedoch erlaubt Artikel 2 Absatz 2 der Verfassung die Einführung von substaatlichen Verwaltungsbehörden mittels ordentlicher Gesetzgebung. Im Rahmen des digitalen Transformationsprozesses ist ein Blick auf die

1 *Kassen*, Open Data Politics in Estonia: Advancing Open Government in the Context of Ubiquitous Digital State, in: Open Data Politics (2019), 37.

2 *Tatar*, The impact of the European Union on sub-national mobilization in a unitary state: The case of Estonia, Journal of Baltic Studies 42 (2011), 379.

3 Für allgemeine Informationen siehe https://terri.cemr.eu/en/country-profiles/estonia.html (31.01.2025).

kommunale Ebene von besonderer Bedeutung. Die im Rahmen einer Kommunalreform 1989 eingerichteten Kreise wurden auch nach der Unabhängigkeit weiterhin als Machtzentren sowjetischer Funktionsträger angesehen, weshalb die neue politische Elite deren Einfluss zu verringern versuchte.[4] Außerdem ist Estland für eine zweistufige Kommunalverwaltung zu klein. 1993 wurden die Kreise daher zu regionalen Vertretungen der Zentralregierung umgewandelt und im Zuge einer grundlegenden Kommunalreform 2018 vollständig abgeschafft. Estland ist jedoch weiterhin in 15 geographische Regionen aufgeteilt, die aber weder Regierungsfunktionen ausüben noch als Selbstverwaltungseinheiten betrachtet werden können. Jede Region verfügt über einen eigenen kommunalen Interessensverband zur Koordinierung gemeinsamer Aktivitäten. Derzeit gibt es 79 Kommunalverwaltungsbezirke, die sich in 15 Städte und 64 Landgemeinden unterteilen. Die Kommunalreformen der ersten Hälfte der 1990er Jahre beabsichtigten, die Demokratisierung, Dezentralisierung und Effizienz schnellstmöglich voranzubringen.[5] Beeinflusst vom nordischen Modell autonomer Kommunalverwaltungen verlieh die Verfassung den estnischen Kommunen weitreichende Garantien für die kommunale Autonomie.[6] Außerdem sei im Rahmen dieses Beitrages darauf hingewiesen, dass die Verfassung jedem Bürger[7] das Recht erteilt, mit den lokalen Verwaltungsbehörden in estnischer Sprache oder in der Sprache einer ethnischen Minderheit zu kommunizieren, sofern in der jeweiligen Gemeinde mindestens die Hälfte der Einwohner dieser Minderheit angehört (Artikel 51 Verf).

Verfassungsanspruch und Umsetzung scheinen in Estland jedoch auseinander zu fallen, wie gerade auch das Beispiel des digitalen Transformationsprozesses deutlich werden lässt. Trotz der starken verfassungsrechtlichen Garantien der kommunalen Autonomie in der Verfassung von 1992 zeichneten sich die darauffolgenden drei Jahrzehnte durch eine zunehmen-

---

4 *Sootla/Kattai*, Institutionalization of subnational governance in Estonia: European impacts and domestic adaptations, Regional & Federal Studies 30 (2020), 283.

5 *Mäeltsemees/Lõhmus/Ratas*, Inter-Municipal Cooperation: Possibility for Advancing Local Democracy and Subsidiarity in Estonia, Halduskultuur – Administrative Culture 14 (2013), 73.

6 *Raudla*, Subnational governments and governance in Estonia - a paradoxical path of re-centralization, in: Avellaneda/Bello-Gómez (Hg), Handbook on Subnational Governments and Governance (2024) 286.

7 Nicht geschlechtsneutrale Begriffe werden einheitlich sowohl für Frauen als auch für Männer verwendet.

de Zentralisierung der Regierungsführung aus.[8] Die Zentralregierung hat schrittweise ihre Befugnisse gegenüber den Kommunalverwaltungen ausgebaut, während die Kommunalebene keine signifikante Gegengewichtsposition aufbauen konnte. Obwohl estnische Kommunalverwaltungen in internationalen Vergleichen hinsichtlich des rechtlichen Schutzes der politischen und administrativen Autonomie hohe Werte erzielen, rangieren sie bei der fiskalischen Autonomie im unteren Bereich.[9] Damit besteht also in Estland ein System kommunaler Verwaltung, in dem die Kommunen theoretisch stark gegen Eingriffe der Zentralregierung geschützt sind, in der Praxis aber in hohem Maße von staatlicher Finanzierung abhängig sind,[10] was zu einer stärker werdenden Beeinflussung in zentralen Politikfeldern führt. Besonders deutlich zeigten dies die Auswirkungen des *Administrative Reform Act*[11], der 2016/2017 *top-down* Gemeindezusammenschlüsse anordnete und den auch das Verfassungsgericht als verfassungskonform einstufte.[12]

Die Frage im Rahmen der vorliegenden Untersuchung lautet daher nicht, ob der digitale Transformationsprozess in Estland eventuell zu einem eingeschränkten autonomen Handlungsspielraum einer substaatlichen Ebene geführt habe. Vielmehr drängt sich die Vermutung auf, dass das ausgeprägte zentralstaatliche System mit dem deutlichen *top-down*-Ansatz die Intensität und Geschwindigkeit des digitalen Wandels unterstützt hat.

Ein wichtiger Faktor für die Beurteilung des Fortschrittsgrads des digitalen Wandels ist der Index für die digitale Wirtschaft und Gesellschaft (DESI), ein zentrales, von der Europäischen Kommission seit 2014 entwickeltes Monitoring-Instrument. In dem für diesen Beitrag wichtigen Bereich der Digitalisierung von Verwaltungsverfahren und -dienstleistungen platzieren die 2014 bis 2022 erhobenen Daten Estland durchgängig in den obersten Rängen. Von den zahlreichen Indikatoren, die den DESI-Index bilden, ist insbesondere jener zu den „Digital Public Services“ hervorzuheben, der sämtliche von der öffentlichen Verwaltung eines Landes bereitge-

8 *Sootla/Kattai*, Institutionalization 283 f.

9 *Gribanova/Sootla/Kersten*, Local government reforms in Estonia: Institutional context, intentions and outcomes, Baltic Regions 12 (2020), 32.

10 Committee on the Honouring of Obligations and Commitments by Member States of the European Charter of Local Self-Government, Monitoring of the application of the European Charter of Local Self-Government in Estonia, Report 2023, 1 ff, https://rm.coe.int/0900001680ace162 (31.01.2025).

11 https://www.riigiteataja.ee/en/eli/514072016004/consolide (31.01.2025).

12 *Raudla*, Subnational governments 291.

stellten digitalen Instrumente und Dienste umfasst. In diesem speziellen Bereich nimmt Estland europaweit eine Vorreiterrolle ein und belegte auch 2022 den ersten Platz.[13] Seit 2023 wird DESI im Einklang mit dem politischen Programm für die digitale Dekade 2030 nun in den Bericht über den Stand der digitalen Dekade integriert. Bei der Bewertung des jährlichen Fortschritts unterstreicht die Europäische Kommission im Länderbericht Estlands über die digitale Dekade 2024 wiederum die Vorreiterposition bei der digitalen Erbringung wichtiger öffentlicher Dienstleistungen.[14]

Allgemein kommt der Kohäsionspolitik der Europäischen Union eine Schlüsselrolle zu, um innerhalb der Mitgliedstaaten regionale Unterschiede zu reduzieren und die digitale Transformation anhand eines mehrstufigen *Governance*-Ansatzes zu fördern.[15] Diese theoretischen Vorteile könnten aber bei der praktischen Umsetzung aufgrund lokaler Rahmenbedingungen in den Hintergrund treten. In Ermangelung von regionalen Strukturen - im Unterschied zu anderen europäischen Mitgliedstaaten mit Mehrebenenstruktur - lastet in Estland somit auf den Kommunen ein besonderer Umsetzungsdruck, da sich ansonsten die Zentralisierungstendenz wie oben beschrieben weiter zu vertiefen droht.

### *II. Die staatliche Gesetzgebung zur Förderung der Digitalisierung in der öffentlichen Verwaltung*

Die Verfassung enthält keinen expliziten Hinweis auf die digitale Transformation. Eine Regelung der Kompetenzverteilung zwischen Staat und kommunaler Ebene fehlt in legislativer wie verwaltungsrechtlicher Hinsicht. Aufgrund des oben beschriebenen einheitsstaatlichen Verfassungssystems geht die zentralstaatliche Ebene von ihrer ausschließlichen Zuständigkeit aus. Sie hat bereits seit Beginn der 1990er Jahre erhebliche Ressourcen und Energie in den Aufbau eines telematischen und digitalisierten Verwaltungssystems investiert und langfristig angelegte Strategien entwickelt. Dabei stehen seitdem zwei Hauptziele im Vordergrund: einerseits die Moderni-

13 https://digital-strategy.ec.europa.eu/en/policies/desi-estonia (31.01.2025).

14 *Europäische Kommission*, Länderbericht Estlands über die digitale Dekade 2024, https://digital-strategy.ec.europa.eu/de/factpages/estonia-2024-digital-decade-country-report (31.01.2025).

15 *Pellegrin/Colnot*, Digitalisation in a Multilevel Governance Context: The Case of Cohesion Policy, in: Teles et alii (Hg), Territorial Innovation in Less Developed Regions (2023) 141.

sierung der öffentlichen Verwaltung sowohl in Bezug auf ihre internen Abläufe als auch auf die von ihr erbrachten Dienstleistungen für die Bürger, andererseits die Förderung digitaler Kompetenzen der Bevölkerung bereits ab der Schulzeit, um die Fähigkeiten im Umgang mit neuen Technologien zu verbessern.

In der ersten Phase der Digitalisierung wurden diese Ziele mithilfe gesetzgeberischer Maßnahmen verfolgt.[16] Unter den zahlreichen Gesetzen, welche die digitale Transformation in Gang setzten und gleichzeitig die Rechte der Bürger auf diesem Gebiet schützten, sind die folgenden von besonderer Bedeutung:

### A. Personal Data Protection Act (1996)[17]

Dieses Gesetz regelte erstmals die Verarbeitung personenbezogener Daten natürlicher Personen in Estland. Es bestätigte das Recht auf Privatsphäre sowie das Recht auf den Schutz persönlicher Daten und definierte die Bedingungen und Verfahren für die Datenverarbeitung sowohl durch private als auch durch öffentliche Stellen. Zu unterstreichen ist hier, dass diese Regelung bereits 20 Jahre vor der europäischen Datenschutz-Grundverordnung (GDPR, Nr 2016/679) erlassen wurde und Estland deutlich von anderen europäischen Staaten absetzte.

### B. Public Information Act (2000)[18]

Dieses Gesetz legt Grundsätze der Transparenz im Handeln der öffentlichen Verwaltung fest, das Recht der Bürger auf Zugang zu Verwaltungsakten auch in digitaler Form sowie das Recht, Informationen über die Abläufe und die Tätigkeiten der Behörden zu erhalten. Gleichzeitig wurden hier die ersten Schritte zur „*cross institutional connectivity*“ unternommen, indem man das Wissen und die Daten der öffentlichen Verwaltungen zunächst über ein Intranet und später über das Internet zusammenführte.

16 *Vassil*, Estonian E-Government Ecosystem: Foundation, Applications, Outcomes, Background paper for World Development Report 2016, 6, http://citis.ut.ee/articles/articles/estonian-e-government-ecosystem-foundation-applications-outc (31.01.2025).

17 https://www.riigiteataja.ee/en/eli/507032016001/consolide (31.01.2025).

18 https://www.riigiteataja.ee/en/eli/514112013001/consolide (31.01.2025).

## C. Population Register Act (2000)[19]

Anhand der Digitalisierung der Melderegister und der Meldebehördendienste konnten einheitliche Datenbanken geschaffen werden, die alle Meldedaten sowie Informationen zum Wohnsitz der Bürger enthalten. Dieses Gesetz brachte in Kombination mit der bereits 2002 eingeführten elektronischen Identitätskarte erhebliche Vorteile in Bezug auf die Effizienz des Meldesystems und erleichterte zugleich den Bürgerschaftszugang zu öffentlichen Dienstleistungen.

## D. Digital Signatures Act (2000)[20]

Diese Regelung führt das Konzept der digitalen Signatur ein, wonach diese denselben rechtlich bindenden Charakter wie die eigenhändige Unterschrift besitzt. Das Gesetz enthält gleichzeitig die erforderlichen Vorschriften für ihre Anwendung sowie technische Sicherheitsgarantien, die den Schutz der Daten der Nutzenden gewährleisten.

## E. Electronic Communications Act (2004)[21]

Seit der Regelung elektronischer Kommunikationsdienste wurde die Entwicklung digitaler Kommunikationsnetze entscheidend gefördert, sowohl für den Ausbau des Internetzugangs als auch für die damit verbundenen Dienste, mit dem Ziel, den freien Wettbewerb bei der Bereitstellung dieser Dienstleistungen zu schützen und gleichzeitig Vorschriften für die Nutzung öffentlicher Netze und Funkfrequenzen festzulegen.

Obwohl diese Gesetzesakte und ihre regelmäßigen Anpassungen sicherlich zur Entwicklung des *E-Government* beigetragen haben, ist als einer der Erfolgsfaktoren hervorzuheben, dass die estnische Zentralregierung seitdem auf parallelen Gleisen den digitalen Wandel vorantreibt: Sie erlässt nämlich nicht ausschließlich legislative Einzelmaßnahmen, sondern kombiniert sie mit allgemeinen Strategien und Prinzipien, die ihrerseits über

---

19 https://www.riigiteataja.ee/en/eli/523032017001/consolide (31.01.2025).
20 https://www.riigiteataja.ee/en/eli/530102013080/consolide (31.01.2025).
21 https://www.riigiteataja.ee/en/eli/501042015003/consolide (31.01.2025).

Verwaltungsakte und Investitions- bzw Reformpläne kontinuierlich lokal umgesetzt werden. Die besondere Bedeutung wird an der Ernennung eines „*Chief Information Officer*“ innerhalb der estnischen Regierung sichtbar. So hat 2013 *Taavi Kotka* die Sichtweise der Regierung dargestellt, indem er den „*Once-Only*“-Ansatz[22] zur Erhebung von Daten der Bürger nicht als Gesetz, sondern als ein übergeordnetes Handlungsprinzip beschrieb; ebenso verwies er auf die Interoperabilität aller ICT-gestützten Systeme, was dazu führe, dass es keinesfalls nur des einen spezifischen Gesetzes hierzu bedürfe.[23]

Neben dem Blick auf legislative Akte ist für den estnischen Weg der Digitalisierung daher ebenso wichtig, auch allgemeine Handlungsleitlinien für die öffentliche Verwaltung zu analysieren, siehe zB die siebenjährigen Aktionspläne *Development Plan for Information Society*[24] und allgemeine Reformprojekte, auf die im folgenden Abschnitt näher eingegangen wird.

### *III. Staatliche Strategien zur Förderung der Digitalisierung*

Die vielfältigen Reformen zur Digitalisierung umfassen verschiedene Aspekte der Verwaltungstätigkeit, sowohl deren interne Abläufe, als auch jene im Verhältnis zum Bürger. Alle Innovationen und Maßnahmen sind unter der Bezeichnung „*E-Estonia – The Digital Society*“[25] zusammengefasst. Im Folgenden zeigen die wichtigsten Beispiele dieses langjährigen Digitalisierungsprozesses den ganzheitlichen Ansatz, den Estland seit Beginn des digitalen Wandels konsequent verfolgt.[26]

---

22 Siehe hierzu auch den Beitrag von *Cristina Fraenkel-Haeberle* in diesem Band.

23 *Kattel/Mergel*, Estonia's Digital Transformation: Mission Mystique and the Hiding Hand, in: Hart/Compton (Hg), Great Policy Successes (2019) 143 (154).

24 *Kalvet*, The Estonian Information Society Developments Since the1990s, Praxis Working Paper No 29 (2007), https://www.praxis.ee/uploads/2014/03/2007-Estonian-information-society-developments.pdf (31.01.2025).

25 https://e-estonia.com (31.01.2025).

26 *Plantera*, The Four ages of digital transformation, in: Vihma (Hg), Twenty years of building Digital Societies: thinking about the past and future of Digital Transformation (2023), 23.

## A. *E-Governance*

Anhand einer Reihe von verwaltungsrechtlichen Reformen wurde die Arbeitsweise der öffentlichen Verwaltung in verschiedensten Bereichen digitalisiert. Durch den Einsatz der elektronischen Identitätskarte und die vernetzte Verwaltung sämtlicher öffentlicher Dienste über die Plattform *X-Road* (siehe nächster Absatz) finden nahezu alle Beziehungen zwischen Staat und Bürgern unter Zuhilfenahme digitaler Instrumente statt.[27] Zu den digitalisierten Diensten gehören das Melderegister, das Gesundheitsportal, das Amt für Steuern und Zoll sowie das Firmenregister. Zudem wurde das „*Once-Only*"-Prinzip durch die Verpflichtung zur Eingabe der erhobenen Daten in den *Catalog of the Interoperability Resources* (RIHA)[28] umgesetzt. Ziel von RIHA ist es, eine transparente und effiziente Verwaltung der staatlichen Informationssysteme zu gewährleisten. Von ebenso großer Bedeutung war 2014 die Einführung der *e-Residency*, einer virtuellen Niederlassung, die es auch den nicht in Estland ansässigen Personen und Nicht-Staatsangehörigen ermöglicht, eine Form digitaler Identität in Estland zu erhalten und damit Zugriff auf das gesamte Portfolio an Onlinediensten und damit wirtschaftlich tätig zu werden sowie digital im Land zu investieren. Fundamentale Auswirkungen der *e-Residency* auf das Konzept der Staatsbürgerschaft sind unbestreitbar.[29] Neben der erfolgreich genutzten *Estonian Government Cloud*[30] der estnischen Regierung ist auch auf die probeweise eingeführten digitalen Instrumente im Justizsystem hinzuweisen. Verfahren zur automatischen Entscheidungsfindung mithilfe von Algorithmen wurden erprobt, was jedoch sowohl inhaltliche Probleme bei der Ergebnisfindung als auch eine Debatte um die Legitimation eines Algorithmus bei solch sensiblen Entscheidungen aufwarf.[31] Eine als sehr

---

27 *Heller*, Estonia, the Digital Republic: Its Government is Virtual, Borderless, Blockchained, and Secure. Has this Tiny Post-Soviet Nation Found the Way of the Future? The New Yorker (2017), https://www.newyorker.com/magazine/2017/12/18/estonia-the-digital-republic (31.01.2025).

28 https://interoperable-europe.ec.europa.eu/collection/riha-estonian-catalogue-public-sector-information-systems (31.01.2025).

29 *Sciannella*, L'Estonian e-Residency: verso uno Stato sempre più "cross-border"?, MediaLaws (2018), 261, https://www.medialaws.eu/wp-content/uploads/2019/05/19.-Sciannella.pdf (31.01.2025).

30 https://e-estonia.com/government-cloud-infrastructure-service (31.01.2025).

31 Vgl *Nissan*, Digital technologies and artificial intelligence's present and foreseeable impact on lawyering, judging, policing and law enforcement, AI & Society 32 (2017), 441.

nützlich und effizient bewertete Reform innerhalb der öffentlichen Verwaltung ist das IT-System *e-File*. Dieses vernetzt die Datenbanken von Polizei, Gefängnissen und Gerichten und hat vollumfänglich die Verfahrensabläufe digitalisiert sowie die Kommunikation zwischen den Prozessparteien auf elektronische Wege umgestellt.

Die Zielsetzung dieser umfangreichen Einzelmaßnahmen gebündelt unter dem Begriff der *e-Governance* ist eine langfristige Entwicklungsstrategie und umfasst beide Ebenen, die nationale wie auch die internationale: Innerstaatlich soll durch Vertrauen in die sichere Anwendung Akzeptanz geschaffen und eine Anwendungsquote von möglichst 100% erreicht werden; gleichzeitig versucht sich das kleine Land international bestmöglich gegenüber Mitstreitern und Konkurrenten zu behaupten.[32]

## B. Datenverwaltung und Datenaustausch über die Plattform *X-Road*

Die digitale Plattform *X-Road*, deren Prototyp bereits aus dem Jahr 2001 stammt, gehört zu den international mit größter Beachtung verfolgten Instrumenten der estnischen Digitalarchitektur, da sie als innovative Koordination von Datenbanken und digitalen Diensten der öffentlichen Verwaltung gilt.[33] Es handelt sich um eine digitale Datenaustauschplattform, die alle *E-Government*-Anwendungen und -Dienste des Landes in einem sicheren Datenaustauschsystem miteinander verbindet, das auf *Blockchain*-Technologie beruht. So können die zahlreichen staatlichen Informationssysteme sicher miteinander kommunizieren und Daten austauschen, was entscheidend zur Steigerung des Vertrauens in digitale Dienste und in der Folge der Akzeptanz in der breiten Bevölkerung geführt hat. Denn diese Plattform ist nicht nur öffentlichen Verwaltungen vorbehalten, sondern steht auch für private Stellen offen, die ihre Anbindung an *X-Road* beantragen können. Damit profitieren sie von den bereitgestellten Diensten: automatische Authentifizierung der Kunden, Zugriff auf Register und digitale Staatsarchive, Sicherheit beim Datenaustausch und bei der Datenaufbewahrung sowie eine größere Reichweite, da dieselbe Plattform von sämtlichen

32 *Espinosa/Pino*, E-Government as a Development Strategy: The Case of Estonia, International Journal of Public Administration 48 (2024), 1, https://www.researchgate.net/publication/378274450_E-Government_as_a_Development_Strategy_The_Case_of_Estonia (31.01.2025).

33 *Vassil*, Estonian E-Government, 11 f.

öffentlichen Diensten genutzt wird. Auf diese Weise hat sich die Plattform zu einem zentralen Interaktionsknotenpunkt zwischen den Leistungsanbietern, also öffentliche Verwaltungen oder private Unternehmen, und den Leistungsempfängern entwickelt. Durch diese weitreichende Datenteilung können Dienstleistungen bürgerfreundlicher, unmittelbarer und effizienter angeboten werden, während gleichzeitig die Kosten für Datenerhebung, Datenhaltung und Datenverarbeitung reduziert wurden. Bürger können die öffentlichen und privaten Dienste über eine einzige Plattform in Anspruch nehmen, über die einmalige Anmeldung mit ihrer elektronischen Identitätskarte und ohne jemals dieselben Daten wiederholt eingeben zu müssen. Derartig komplexe Instrumente können national wie auch grenzüberschreitend einen Wendepunkt bei der Digitalisierung der öffentlichen Verwaltung und der Gesellschaft darstellen. Als Beispiel sei hier das länderübergreifende Interoperabilitätsabkommen für *E-Government*-Lösungen und -Plattformen „*NIIS X-Road*“[34] genannt, das 2017 zwischen den Wirtschafts- und Finanzministerien von Estland, Finnland und Island geschlossen wurde. Derzeit gewinnt die innovative Lösung *X-Road* international stetig wachsende Aufmerksamkeit. Auch die Färöerinseln und die Ålandinseln nehmen inzwischen an dem grenzüberschreitenden Kooperationsabkommen teil.[35]

## C. Einbeziehung der Bevölkerung

Nicht allein das Angebot einer digitalen öffentlichen Verwaltung reicht aus, um den digitalen Wandel vorbildhaft zu gestalten. Ebenso bedarf es einer breit angelegten Sensibilisierung der Bevölkerung für die Funktionsweise und die Möglichkeiten digitaler Technologien, um das notwendige Vertrauen in die Sicherheit der Technologien zu schaffen. Die Nutzung digitaler Instrumente im täglichen öffentlichen und privaten Leben hat über das Bildungswesen Eingang in die Gesellschaft gefunden. Bereits in den frühen 1990er Jahren starteten zahlreiche Bildungsprojekte, die ab dem Kindergartenalter aber auch als Erwachsenenfortbildung das Programmieren durch praktischen Unterricht vermittelten. Zahlreiche staatliche Programme zielen darauf ab, dass öffentliche Stellen, Universitäten, Berufsfachschulen

---

34 https://www.niis.org/governance (31.01.2025).

35 *Hardy*, Estonia's digital diplomacy: Nordic interoperability and the challenges of cross-border e-governance, Internet Policy Review 13 (2024), https://policyreview.info/articles/analysis/estonias-digital-diplomacy-nordic-interoperability (31.01.2025).

und IT-Unternehmen mithelfen, die Qualität der Ausbildung in digitalen Themenfeldern stetig zu verbessern sowie ICT-Kurse zur Weiterentwicklung der Fähigkeiten von Fachkräften im IT-Bereich zu fördern. Die internationale Wettbewerbsfähigkeit steht hierbei genauso im Fokus wie die innerstaatliche Effizienzsteigerung. Einer der wichtigsten Finanzierungskanäle bietet die *Estonian Lifelong Learning Strategy 2020*.[36] Darüber hinaus wurde auch das Bildungssystem selbst umfassend digitalisiert. Unabhängig von den einzelnen Reformmaßnahmen ist in diesem Zusammenhang hervorzuheben, dass die von den estnischen Regierungen verfolgte Politik die Aus- und Weiterbildung im IT-Bereich als entscheidenden Faktor für die Entwicklung des Landes betrachtet.[37] Bis zum Ausbruch der Pandemie investierte Estland rund 6 Prozent seines Bruttoinlandsprodukts in den Bildungssektor und damit einen der höchsten Werte in der EU. OECD-Daten zu den Kompetenzen der Schüler in verschiedenen Fächern bestätigten regelmäßig das sehr hohe Niveau in Naturwissenschaften, Mathematik und Informatik.[38]

Auch im Hinblick auf das digitale Management des Gesundheitssystems ist Estland ein Vorreiter. Im Rahmen des Programms *e-Health*[39] wurden bereits 2008 digitale Krankenakten geschaffen, die ein vollständiges Profil jedes Patienten mit Identifizierung über seine elektronische Identitätskarte enthalten. Das System gewährleistet Sicherheit und Vertraulichkeit der Gesundheitsdaten, da diese durch *Blockchain*-Technologie geschützt und nur für autorisierte Personen zugänglich sind. Es fungiert als zentrales nationales Datenbanksystem, in dem sowohl öffentliche als auch private Gesundheitsdienstleister eingebunden sind, und stellt allen Bürgern die eigenen Daten über das Portal *e-Patient* zur Verfügung, damit sie ihre Krankenakten, Befunde und alle Informationen zu ihrem Gesundheitszustand einsehen können. Schon seit 2010 wurde es durch das Programm *e-Prescription* für die Ausstellung und Verwaltung ärztlicher Verschreibungen vervollständigt. Seit 2016 ist sogar die grenzüberschreitende Interoperabilität zwischen Finnland und Estland gewährleistet, da die Datensätze der Gesundheitsdaten und die Rezeptausstellung beider Länder gemeinsam verwaltet werden.

---

36 https://www.educationestonia.org/wp-content/uploads/2022/12/estonian_lifelong_strategy.pdf (31.01.2025).

37 *Solvak et alii,* E-governance diffusion: Population level e-service adoption rates and usage patterns, Telematics and Informatics 36 (2019), 39.

38 Eurydice, Digital Education at School in Europe, vom 05.09.2019, https://eurydice.eacea.ec.europa.eu/publications/digital-education-school-europe (31.01.2025).

39 https://e-estonia.com/solutions/e-health/e-health-records/ (31.01.2025).

So kann Patienten eine bestmögliche Behandlung garantiert werden, was ebenfalls deutlich das Vertrauen in der Bevölkerung gestärkt hat.

### *IV. Zukunftsperspektiven für das Modell* E-Estonia

Um weiterhin eine Vorreiterrolle im weltweiten und besonders im europaweiten digitalen Transformationsprozess zu behalten, sind eine Reihe von strukturwirksamen Investitions- und Reformplänen beschlossen worden. Das Programm *Estonia's Digital Agenda 2030*[40] ist mit einer Finanzierung von 1,2 Milliarden Euro ausgestattet und soll seit 2021 anhand von mittel- und langfristigen Zielen unter anderem im öffentlichen Sektor die Digitalisierung weiter vorantreiben, und insbesondere die Zufriedenheit der Privatpersonen sowie des Wirtschaftssektors mit der Bereitstellung öffentlicher Dienste erhöhen. Einzelne Kommunalverwaltungen dienen als Versuchslabore, um eine landesweite zentralisierte und vollständig vereinheitlichte Plattform für alle Interaktionen zwischen Bürgern und Verwaltung zu schaffen.

Von noch weitreichenderer Bedeutung und Tragweite, gerade im Rahmen einer rechtsvergleichenden Studie, ist die fortschreitende Einbindung Künstlicher Intelligenz in öffentliche Dienstleistungen. Das Konzept des *E-Government* soll zum *Artificial-Intelligence-powered Government* weiterentwickelt werden.[41] Die *Estonia's Digital Agenda 2030* geht davon aus, dass in Estland heutzutage bereits ein voll funktionsfähiges *E-Government* System realisiert ist. Nun sei ein weiterer Schritt des digitalen Wandels zu vollziehen: Neben der Möglichkeit, alle Verwaltungsvorgänge online durchzuführen, soll nun vermehrt auf Chatbots[42] gesetzt werden, die aktiv den Bürger anleiten, wodurch die Inanspruchnahme der Dienstleistungen

---

40 https://www.mkm.ee/en/e-state-and-connectivity/digital-agenda-2030 (31.01.2025).

41 https://e-estonia.com/wp-content/uploads/factsheet-ai-strategy.pdf (31.01.2025); *Velsberg*, Building AI-powered government: The Estonian experience, online Guide vom 13.10.2023, https://reform-support.ec.europa.eu/document/download/27b74e18-8a00-4cb5-84ca-9ede00a63e63_en?filename=Day%202%20-%20Building%20AI-powered%20government%20-%20The%20Estonian%20experience.pdf&prefLang=ga (31.01.2025).

42 Für einen Vergleich hierzu zwischen Deutschland, Österreich und der Schweiz siehe *Braun Binder/Bußjäger/Eller* (Hg), Auswirkungen der Digitalisierung auf die Erlassung und Zuordnung behördlicher Entscheidungen (2021).

noch effizienter gestaltet werden solle.[43] Viele Digitaldienste Estlands arbeiten bereits unter Einsatz von künstlicher Intelligenz, wie zB der *Estonian Unemployment Insurance Fund*, der sämtliche Dienste im Bereich der Reduzierung von Arbeitslosigkeit nutzt, indem Datenbanken mit den persönlichen Informationen der antragstellenden Person verknüpft werden, um die Erfolgsaussichten verschiedener beruflicher Wege zu analysieren und die passendsten Stellen zu ermitteln. Trotz dieser fortschreitenden KI-gestützten Verwaltungstätigkeiten legt die *Digital Agenda 2030* hohen Stellenwert auf das Konzept des *Human-centric digital government*. Als unverzichtbar gelten das Recht auf Privatsphäre und der Datenschutz, ein Höchstmaß an Transparenz der öffentlichen Verwaltung sowie die kontinuierliche Förderung der digitalen Bildung der Bürger.

### *V. Schlussgedanken zu Stärken und Schwächen*

Unter der oben einleitend dargestellten Fragestellung im Rahmen einer Untersuchung der Digitalisierung in der öffentlichen Verwaltung im Vergleich zu anderen Staaten mit Mehrebenensystem ist das estnische Beispiel zwar als grundsätzlich erfolgreich einzuordnen, was die weitreichenden digitalen Instrumente und Verfahren angeht. Fragwürdig bleibt jedoch die deutlich zentralistische Herangehensweise mit *top-down* entschiedenen Gesetzen und Strategien. Lokale Unterschiede und Bedürfnisse sowie die Potenziale jeder Gemeinschaft könnten üblicherweise besser berücksichtigen werden, wenn auch die substaatliche Ebene selbst und von Beginn an miteinbezogen würde. Dies gilt es umso mehr zu berücksichtigen, da, wie oben aufgezeigt, weitreichende Kommunalreformen zu einer Ebene unterhalb des Staates geführt haben, die keinesfalls als Selbstverwaltungseinheiten zu betrachten sind und somit nicht als Sprachrohr oder echte Verbindung zwischen Bürgern und Regierung dienen können. Unter den zahlreichen Vorteilen des Mehrebenenansatzes, den die Kohäsionspolitik[44] verfolgt, ist die Förderung der administrativen und technischen Fähigkeiten zu nennen: Der horizontale Austausch substaatlicher Akteure ist für den gegenseitigen Lernprozess unabdingbar. In Estland liegt der Schwerpunkt aber auf einem *top-down* Ansatz bzgl der Erarbeitung von Rechtsnormen und

43 *Hamer*, Case Study: AI Implementation in the Government of Estonia, Public Sector Network (2024), https://publicsectornetwork.com/insight/case-study-ai-implementation-in-the-government-of-estonia (31.01.2025).

44 *Pellegrin*, Digitalisation 141.

Strategien zur digitalen Entwicklung des Landes. Zwar ist die kombinierte Vorgehensweise, also Rechtsetzung mit konkreten Einzelmaßnahmen und mehrjährige Strategien, deren Umsetzung dezentral erfolgt, grundsätzlich sehr positiv zu bewerten, jedoch würde ein umfangreicherer Einbezug der lokalen Ebene schon in der Erarbeitungsphase nachhaltigen Erfolg und größere Akzeptanz bei der Bevölkerung versprechen.

In diesem Zusammenhang muss die Verfassungsvorgabe des Artikel 51 besondere Aufmerksamkeit erfahren: Ethnische Minderheiten haben das Recht, mit den lokalen Verwaltungsbehörden in estnischer Sprache oder in der Sprache einer ethnischen Minderheit zu kommunizieren, sofern in der jeweiligen Gemeinde mindestens die Hälfte der Einwohner dieser Minderheit angehört.

Ein bedeutender Anteil von ca 30% der estnischen Bevölkerung ist russischsprachig und setzt sich aus großteils bereits während der Sowjetunion angesiedelten Russen, Belarussen und Ukrainern zusammen.[45] Die Gemeinden mit russischsprachiger Bevölkerung konzentrieren sich vor allem auf den nordöstlichen Teil Estlands und die Stadt Narva. Umfragen zeigen deutlich, dass die historisch begründete Spaltung[46] zwischen estnischer und russischer Bevölkerung seit der russischen Invasion in der Ukraine 2022 noch vertieft wurde.[47] Der jüngste Länderreport des Europarates[48] zeigt sich hingegen zufrieden mit dem Schutzstatus der nationalen Minderheiten und verweist auf umfassende legislative wie administrative Maßnahmen zur Verbesserung der Rechte seit dem vorhergehenden Länderbericht. Sowohl die „*Cohesive Estonia Strategy 2021-2030*" als auch die weitere Umsetzung des geplanten einsprachigen öffentlichen Bildungswesens bis 2030 verletze nicht die Rechte nationaler Minderheiten. Trotzdem soll das russischsprachige Bildungsangebot sowie die Möglichkeit der Nutzung einer anderen Sprache gegenüber öffentlichen Verwaltungsbehörden verbessert werden, wobei anzumerken ist, dass hier nicht ausdrücklich auf den digitalen Wan-

45 *Krumm/Stamberg/Strapatšuk*, Feeling cornered: An Analysis of the Russian-Speaking Minority in Estonia (2023), https://migrant-integration.ec.europa.eu/system/files/2023-10/20566-20230915.pdf (31.01.2025).

46 *Hallik/Pettai*, Understanding processes of ethnic control: segmentation, dependency and co-optation in post-communist Estonia, Nations and Nationalism 4 (2002), 505.

47 *Krumm/Stamberg/Strapatšuk*, Feeling cornered, 19 f.

48 *Advisory Committee on the Framework Convention for the Protection of National Minorities, Council of Europe*, Sixth Report 2024, https://rm.coe.int/6th-sr-estonia-en/1680b056eb (31.01.2025).

del und dessen Auswirkungen auf die ethnischen Minderheiten eingegangen wird.

Dennoch ist bei einem Blick auf die Entwicklung Estlands die Frage zu stellen, welchen Einfluss die *E-Governance* auf die ethnischen Minderheiten hat.[49] Inwiefern kommt die digitale Transformation staatlicher Dienstleistungen Minderheiten zugute? Kann sie Vertrauen in den Staat schaffen und ethnische Spannungen abbauen oder verstärkt sie echte oder empfundene Risiken einer digitalen Überwachung? Anhand von vier Faktoren kann bewertet werden, ob der Einfluss eher positiv oder überwiegend negativ ausfällt: Zunächst gilt es, die „digitale Kluft“ zwischen Mehrheits- und Minderheitsbevölkerung zu verringern, um strukturelle Ungleichheiten zu vermeiden. In Estland nimmt diese zwar stetig ab, ist jedoch noch immer in den Gebieten mit russischsprachiger Bevölkerung spürbar.[50] Des Weiteren verdeutlichen die „Informationsdienste“ anhand der sprachlichen Verfügbarkeit von Regierungsseiten und öffentlichen Einrichtungen, ob die Sprachpolitik auch auf ethnische Minderheiten ausgerichtet ist. In Estland besteht weiterhin Mangel an russischsprachigen Informationen, was die Nutzung staatlicher Dienstleistungen deutlich erschwert.[51] Einen dritten Faktor stellen die „Nutzungsmuster“ von *E-Government*-Diensten dar, indem die damit verbundenen Unterschiede in Nutzungshäufigkeit und -art zwischen Mehrheits- und Minderheitsbevölkerung Rückschlüsse erlauben. In Estland nutzen russischsprachige Minderheiten *E-Government*-Dienste häufiger als die Mehrheitsbevölkerung, jedoch primär für rein funktionale Aufgaben wie Steuererklärungen oder Sozialleistungen. Demokratische Anwendungen wie zB *e-voting* bleiben unterrepräsentiert.[52] Abschließend stellt das Vertrauen ein bedeutendes Bewertungskriterium dar, nämlich inwiefern *E-Governance* auf das Vertrauen von Minderheiten in Regierung und Staat Einfluss ausübt. Daten aus Estland zeigen, dass *E-Governance* allgemein das Vertrauen der Bevölkerung in öffentliche Institutionen steigern kann und dass insbesondere das Vertrauen innerhalb der russischsprachigen Minderheit in den estnischen Staat höher ausfällt als etwa im Nachbarland Lettland. Dies wird in erster Linie auf den fortschrittlichen Einsatz

49 *Pettai*, How does e-governance affect ethnic minorities? Comparative evidence from four countries, Paper for the 27th Annual World Convention of the Association for the Study of Nationalities (2023).

50 *Pettai*, e-governance, 5 f.

51 *Pettai*, e-governance, 7 f.

52 *Pettai*, e-governance, 9 f.

von digitalen Technologien zurückgeführt.[53] Somit lässt sich vermuten, dass russischsprachige Einwohner sich nicht dem Risiko einer gezielten Diskriminierung durch den Einsatz von digitalen Technologien ausgesetzt fühlen. Insgesamt hat dementsprechend der digitale Wandel durchaus das Potenzial, ethnische Beziehungen in Estland zu verbessern, die Trennung innerhalb der Gesellschaft zwischen Esten und russischsprachigen Bürgern abzubauen[54] und diskriminierendes Verhalten im Rahmen von Behördengängen zu vermeiden. Zum Zeitpunkt der Drucklegung dieses Beitrages wird jedoch eine Verfassungsänderung vorbereitet, die Nicht-EU-Staatsangehörige von den Kommunalwahlen ausschließt. Betroffen hiervon würden insbesondere die russischsprachigen Einwohner ohne estnische Staatsangehörigkeit. Die gesellschaftlichen Folgen werden sich in Kürze zeigen, da im Oktober 2025 die nächste Kommunalwahlen anstehen.

Eine weitere Stärke des digitalen Transformationsprozesses in Estland ist seine „Exportierbarkeit". Der Begriff der *E-Diplomacy*[55] hat durch die erfolgreiche grenzüberschreitende Zusammenarbeit mittels *X-Road* eine zusätzliche Nuance erhalten. Estlands digitaler Wandel kann zukünftig auch über die skandinavische Region hinaus in anderen Gebieten weltweit einen Vorbildcharakter ausüben.[56]

Ein Aspekt, der weniger ein innovatives Instrument oder eine spezifische digitale Technologie betrifft, aber als der wahre Wendepunkt bezeichnet werden könnte, betrifft die estnische Herangehensweise an den Bildungssektor und an die staatsbürgerliche Schulung. Dies drückt sich konkret in der Überzeugung aus, dass langfristige Investitionen in diesem Bereich die Grundvoraussetzung für eine allgemeine Verbreitung digitaler Kompetenzen sind. Ebenso entscheidend und zwangsläufig damit verbunden ist der kulturelle Wandel im Umgang mit der Digitalisierung – und generell

53 *Pettai*, e-governance, 14 ff.

54 *Hallik/Pettai*, Understanding 505.

55 *Yigit*, New Perspectives on Public Diplomacy (2023).

56 *Hardy*, Estonia's digital diplomacy: Nordic interoperability and the challenges of cross-border e-governance, Internet Policy Review 13(3) (2024), https://policyreview.info/pdf/policyreview-2024-3-1785.pdf; *Plantera*, Integrity and interoperability – the perfect match for Argentina's public service (2021), in: Nordic Institute for Interoperability Solutions, https://x-road.global/xroad-case-studies-library/2024/10/21/integrity-and-interoperability-the-perfect-match-for-argentinas-public-service (31.01.2025); *Plantera*, How X-Road gets a taste of the big city life in Buenos Aires, Argentina (2024), in: Nordic Institute for Interoperability Solutions, https://x-road.global/xroad-case-studies-library/2024/10/21/how-x-road-gets-a-taste-of-the-big-city-life-in-buenos-aires-argentina (31.01.2025).

mit jeder Form technologischer Neuerung –, in dem der Fokus nicht ausschließlich auf die damit verbundenen Risiken gerichtet wird, sondern viel stärker auch auf die Chancen, die digitale Innovationen in wirtschaftlicher, gesellschaftlicher sowie verwaltungs- und marktbezogener Hinsicht bieten können. Ein Staat oder eine Region, der bzw die digitale Dienstleistungen von höchster Qualität anbietet, kann die Lebensqualität der eigenen Bevölkerung erheblich steigern und zugleich für Unternehmen und *Start-ups*, die in diesem Gebiet investieren wollen, überaus attraktiv sein.

# Die Fallstudien in rechtsvergleichender Sicht

*Esther Happacher, Walter Obwexer, Peter Bußjäger, Carolin Zwilling, Sara Parolari*

## *I. Vorbemerkung*

Die Fallstudien zu Italien, Österreich, Deutschland und Estland sowie vertiefend zu den Ländern der Euregio Tirol-Südtirol-Trentino bieten interessante Anhaltspunkte für Überlegungen aus rechtsvergleichender Sicht. Im Folgenden werden zunächst staatsorganisatorische Aspekte rechtsvergleichend analysiert, um dann auf das Thema des Verwaltungsverfahrens einzugehen. Die staatsorganisatorischen Fragen beleuchten vor allem den Aspekt der Verteilung der Kompetenzen, während die Ausführungen zum Verwaltungsverfahren der Frage nachgehen, wie die Aufgaben der digitalen Transformation in den einzelnen Verwaltungsmaterien implementiert werden.[1]

## *II. Staatsorganisatorische Grundlagen*

Die Digitalisierung ist staatsorganisatorisch unter mehreren Aspekten von Interesse: Einerseits und aus Sicht der Träger von Gesetzgebungshoheit geht es vorrangig um die Wahrnehmung von Kompetenzen, was nur in Systemen von Interesse ist, die bundesstaatlich (Deutschland und Österreich) oder regionalstaatlich (Italien) gegliedert sind, nicht aber in klassischen Einheitsstaaten (Estland). Andererseits geht es darum, wie elektronische Verfahrensabwicklung und Online-Zugänge für die Bürger gewährleistet werden. Zu guter Letzt wirft die Digitalisierung auch die Frage auf, welche dezentralen Behörden überhaupt noch benötigt werden und wo sie territorial angesiedelt werden sollen. Aus grundrechtlicher Perspektive ist insbesondere der Datenschutz von Interesse.

1 Dieser Abschnitt beruht auf der Studie „DigiImpact – Digitalisierung und Autonomie Südtirols / Digitalizzazione e autonomia dell'Alto Adige/Südtirol" von *Sara Parolari/Carolin Zwilling/Esther Happacher/Walter Obwexer/Peter Bußjäger* (Hg), die am 30.09.2024 in Bozen der Öffentlichkeit vorgestellt wurde.

Was die Kompetenzordnung betrifft, die für Deutschland, Österreich und Italien von Interesse ist, so gilt der Grundsatz, dass die Digitalisierung der Verwaltungsorganisation grundsätzlich eine Aufgabe der verschiedenen Träger der Gesetzgebungshoheit für ihren jeweiligen Zuständigkeitsbereich ist. In Deutschland und Österreich ist sie somit eine Aufgabe des Bundes und der Länder, in Italien der zentralstaatlichen Ebene sowie der – hier untersuchten – autonomen Provinzen Bozen und Trient.

Ein spezifischer Kompetenztatbestand „Digitalisierung" ist den untersuchten Verfassungsordnungen unbekannt. In Deutschland erfolgte allerdings 2017 eine Änderung des Grundgesetzes, wonach in Art 91c Abs 5 GG nunmehr der Bund die Kompetenz und Aufgabe erhalten hat, den „übergreifende(n) informationstechnische(n) Zugang zu den Verwaltungsleistungen von Bund und Ländern" durch Bundesgesetz mit Zustimmung des Bundesrates zu regeln. Eine derartige Regelung ist in Österreich gänzlich, in Italien weitgehend unbekannt.

In Italien sieht Art 117 Abs 2 Buchstabe r) der Verfassung eine vergleichbare Regelung vor, die eine ausschließliche Zuständigkeit des Staates für die Koordinierung der Informationen, Statistiken und Daten der staatlichen, regionalen und lokalen Verwaltung normiert. Daraus resultieren Auswirkungen auf die Zuständigkeiten der Regionen und autonomen Provinzen. Der italienische Verfassungsgerichtshof tendiert dazu, diese Bestimmung extensiv auszulegen und ermöglicht dadurch dem Staat, den Regionen und autonomen Provinzen weitreichende Vorgaben zu machen, da er für die Sicherstellung der Interoperabilität zwischen den Informationssystemen und für homogene Verfahren und Standards zuständig ist. Immerhin betont der Verfassungsgerichtshof auch die Notwendigkeit der Abstimmung mit den Regionen. Diese Abstimmung hat im Rahmen des sogenannten Konferenzensystems stattzufinden, das nur die exekutive Ebene erfasst und den Regionen und autonomen Provinzen häufig nur eine nicht bindende Stellungnahme ermöglicht. Sie führt deshalb, so der Befund, in der Praxis nicht zu einer angemessenen und wirksamen Beteiligung der Regionen und autonomen Provinzen am Rechtsetzungsprozess auf gesamtstaatlicher Ebene. Dieser Befund deutet darauf hin, dass in Systemen, in welchen legislative Zuständigkeiten auf irgendeine Weise zwischen einer (bundes)(zentral)staatlichen und einer subnationalen Ebene geteilt sind, der Bedarf an einer koordinierenden Gesetzgebung auf der übergeordneten Ebene besteht. Daraus resultiert aber, wie das deutsche Beispiel zeigt, die Tendenz zu einer Zentralisierung durch Änderung der verfassungsrechtlichen Grundlagen oder, wie das italienische Beispiel demonstriert, einer Ausdehnung der Kompetenzen des Zentralstaates im Wege der Rechtsauslegung.

Die Notwendigkeit einer derartigen Zentralisierung scheint in Österreich zum einen deshalb reduziert, weil durch die bestehende Dominanz des Bundes in der Gesetzgebung und seine auch starke Stellung in der Vollziehung zahlreiche Verwaltungsdienstleistungen digital angeboten werden können, ohne dass es einer Mitwirkung der Länder bedarf (beispielsweise in der Finanzverwaltung, in welcher die Kommunikation zwischen den Bürgern und dem Staat weitestgehend digital abgewickelt wird und die auch hinsichtlich der Verwaltungsorganisation stark zentralisiert wurde – ein einheitliches Finanzamt Österreich). Zum anderen und viel bedeutsamer ist, dass in Österreich das Verwaltungsverfahrensrecht als sogenannte Bedarfskompetenz weitgehend vom Bund geregelt ist (Art 11 Abs 2 B-VG) ist, wodurch viele Aspekte der digitalen Kommunikation und des *E-Governments* den Behörden bundeseinheitlich vorgegeben werden können (siehe etwa § 13 AVG und das *E-Government*-Gesetz). Schließlich wird vom österreichischen Verfassungsgerichtshof auch die Bundeskompetenz „Post- und Fernmeldewesen" durchaus weitgehend zu Gunsten des Bundes interpretiert. Zudem veranschaulicht das im Februar 2024 in Österreich beschlossene Informationsfreiheitsgesetz einen auch in diesem Staat bestehenden Zentralisierungsdruck, dem die Länder immerhin dadurch begegnen konnten, dass auf Grund einer neu in der Bundesverfassung verankerten Bestimmung (Art 22a B-VG), jede Änderung des bundeseinheitlichen Informationsfreiheitsgesetzes der Zustimmung aller Länder bedarf.

Unabhängig vom Zentralisierungsdruck erzeugt die Bundesstaatlichkeit in den Staaten Deutschland und Österreich einen erheblichen Koordinations- und Kooperationsbedarf zwischen den staatlichen Ebenen in vertikaler Hinsicht (Bund-Länder) wie auch in horizontaler Hinsicht (zwischen den Ländern). Dasselbe gilt, wegen der zwei Ebenen der Gesetzgebung auf der staatlichen und der regionalen bzw Landesebene, in Italien. In letzterem Fall ist es auch die Rechtsprechung des italienischen Verfassungsgerichtshofes, der auf derartige Beteiligung Wert legt.

In Österreich, das eine starke Tradition des kooperativen Föderalismus hat, sind solche Abstimmungen Praxis und finden in zahlreichen Gesprächskreisen zwischen den maßgeblichen Akteuren ihren Niederschlag. Eine spezifische Verfassungsänderung, welche dieser besonderen Notwendigkeit der Koordination und Kooperation Rechnung getragen hätte, erfolgte nicht, wohl auch deshalb nicht, weil die bestehenden Möglichkeiten der formalen Kooperation (Vereinbarungen gemäß Art 15a B-VG) als ausreichend empfunden wurden und die informale Kooperation (Abstimmung in diversen Gesprächskreisen vertikaler und horizontaler Art) ohnehin rege geübt wird. Dies demonstriert, dass eine gelebte föderale Kultur die Zentralisierung zumindest mildern kann.

In Deutschland wurde demgegenüber 2009 mit der Bestimmung des Art 91c Abs 1 bis 4 GG Bund und Ländern die Möglichkeit (jedoch nicht die Pflicht) eingeräumt, im Bereich der Informationstechnologien bei der Planung, Errichtung und dem Betrieb informationstechnischer Systeme zusammenzuarbeiten (Abs 1) sowie Vereinbarungen über gemeinsame Standards und Sicherheitsanforderungen zu verabschieden (Abs 2), die vom IT-Planungsrat beschlossen werden. Art 91c Abs 3 GG widmet sich der (horizontalen) Länderkooperation zum gemeinschaftlichen Betrieb informationsrechtlicher Systeme sowie zur Errichtung von dazu bestimmten Einrichtungen.

Art 91c Abs 4 GG hingegen ermöglicht eine Zentralisierung der Zuständigkeiten auf Bundesebene durch die Übertragung der ausschließlichen Gesetzgebungsbefugnis an den Bund hinsichtlich der Verbindung informationstechnischer Netze von Bund und Ländern zu einem Verbindungsnetz. Diese Kompetenz ist der Zustimmungspflicht des Bundesrates als Länderkammer unterworfen. Auf der Grundlage dieser Bestimmungen wurde auch ein IT-Staatsvertrag zwischen Bund und Ländern abgeschlossen, während in Österreich die Möglichkeit einer Vereinbarung gemäß Art 15a B-VG bisher nicht genutzt wurde.

Sowohl in Deutschland als auch in Österreich sind die Gemeinden staatsorganisatorisch Untergliederungen der Länder und bleiben von der Bund-Länder-Kooperation im Wesentlichen ausgeblendet.

Das estnische Beispiel zeigt, dass auch ohne verfassungsrechtliche Positivierung der Digitalisierung (in Estland ist eine kompetenzrechtliche Zuordnung ohnehin nicht erforderlich) die digitale Transformation der Verwaltung beschleunigt und ein Staat zum Vorreiter in der Entwicklung werden kann. Estland verabschiedete bereits Anfang der 2000er Jahre einschlägige Rechtsvorschriften, wobei auffallend ist, dass auch Österreich unter Anwendung der Bundeskompetenzen im Rahmen des Verwaltungsverfahrens vergleichbare Schritte in diesen Jahren setzte (*E-Government*-Gesetz).

Zusammenfassend kann zu diesem Bereich festgehalten werden, dass die Digitalisierung als Querschnittsmaterie in Bundes- und Regionalstaaten eine gewisse Steuerung erfordert. Gerade das Beispiel Österreich zeigt, dass die Bundeskompetenz zur Regelung des Verwaltungsverfahrens durchaus hilfreich ist, um einheitliche digitale Standards in der Kommunikation und in der Anwendung zu schaffen. Andererseits ist die Existenz von Instrumenten der Koordination und Kooperation sowie eine bestimmte Kultur in ihrer Anwendung unbedingt geboten. So ist es beispielsweise besonders nachteilig, wenn – wie in Italien – eine Koordinationskompetenz des Zentralstaates interpretativ weit ausgelegt wird, aber die vom Verfassungsgerichtshof verlangte Abstimmung mit den Regionen und autonomen Provinzen nur unzureichend erfolgt. Ohne eine solche Einbeziehung der nachgeordneten Gebietskörperschaften führt der zweifellos gegebene Steuerungsbedarf zu einer Stärkung des Zentralismus.

Im Übrigen zeigt die Analyse, dass sich die Verfassungen, abseits der kompetenzrechtlichen Frage, kaum mit Aspekten der Digitalisierung befassen und wenn, dann lediglich im Zusammenhang mit dem Datenschutz und dem Anspruch der Bürger auf Information.

### *III. Verwaltungsverfahren*

Der Gesetzgebung auf der Bundes- oder zentralstaatlichen sowie der subnationalen Ebene verbleiben demnach weitgehend die Aufgaben, die digitale Transformation der Gesellschaft in die einzelnen Verwaltungsmaterien zu implementieren. Dies veranschaulichen die verschiedenen Beiträge in aufschlussreicher Weise.

In Deutschland dient das im August 2017 verabschiedete Onlinezugangsgesetz (OZG) der Umsetzung des grundgesetzlichen Regelungsauftrages aus Art 91c Abs 5 GG mit dem Hauptziel, den Gang zu den Behörden einfacher und sicherer zu gestalten. Dadurch wurden Bund und Länder verpflichtet, ihre jeweiligen Dienste bis zum 31. Dezember 2022 auch digital über ein Portal anzubieten und die jeweiligen Portale zu verlinken (§ 1 Abs 1 und 2 OZG). Es sollte die Grundlage für alle weiteren Maßnahmen zur Digitalisierung der öffentlichen Verwaltung darstellen.

Was elektronische Verwaltungsverfahren betrifft, so wird dies in Deutschland dagegen derzeit noch als digitale Ergänzung bereits bestehender analoger Verfahren angesehen. Zunehmend setzt sich jedoch wie etwa im Falle des Bayerischen Digitalisierungsgesetzes das *Digital-First*-Prinzip durch, laut dem digitale Verwaltungsverfahren die Regel sein sollen. Gleichzeitig beginnt ein subjektives Recht auf elektronische Kommunikation bzw Verfahrensabwicklung als Hebel für die Digitalisierung Fuß zu fassen.

Vergleichbare Regelungen können in Österreich im Allgemeinen Verwaltungsverfahrensgesetz des Bundes und dem *E-Government*-Gesetz erblickt werden. Allerdings wird bei der Frage, ob digitalen Verwaltungsverfahren Priorität eingeräumt werden soll, einer materienspezifischen Vorgehensweise gefolgt. So wird es im Allgemeinen Verwaltungsverfahrensgesetz den jeweils für die Verwaltungsmaterie zuständigen Gesetzgebern überlassen (etwa in Angelegenheiten des Gewerbes der Bund oder in Angelegenheiten des Baurechts die Länder), ob das *Digital-First*-Prinzip eingeführt werden soll oder nicht.

Das estnische Bespiel zeigt demgegenüber, dass die Digitalisierung der Verwaltung und der Zugänge der Bürger zur Verwaltung auch eine Frage der Verwaltungskultur und nicht nur der Gesetzgebung ist. Ein großes Stück der digitalen Transformation wurde demnach auch durch generelle Anordnungen der Verwaltung gegenüber ihren Organen geschaffen.

Auf der subnationalen Ebene zeigt sich, dass die Wahrnehmung der Rechtsetzung betreffend Digitalisierung wesentlich von den jeweiligen Zuständigkeiten abhängig ist. Während die deutschen Bundesländer über durchaus weitreichende Zuständigkeiten gerade auch im Verwaltungsverfahren verfügen, ist Tirol als österreichisches Bundesland im Wesentlichen auf die Wahrnehmung der Digitalisierung im Bereich der Verwaltungsorganisation beschränkt sowie in jenen vergleichsweise wenigen Materien, in welchen das Land inhaltliche Gesetzgebungskompetenz aufweist, wie etwa im Baurecht. Allerdings zeigt sich, dass Digitalisierung (etwa Breitband) von den österreichischen Ländern auch mit den Instrumenten des Privatrechts gefördert werden kann, indem die Herstellung einer digitalen Infrastruktur finanziell unterstützt wird, auch wenn sie über keine inhaltliche Gesetzgebungskompetenz verfügen. Die autonomen Provinzen Bozen und Trient sind demgegenüber auf die Regelung organisatorischer Aspekte und verwaltungsmäßige Umsetzung der Digitalisierung in den Bereichen ihrer Zuständigkeit beschränkt, da die generelle Regelung des Verwaltungsverfahrens dem Staat zukommt. Auch agieren die autonomen Provinzen bei der Förderung von Digitalisierung auf gesetzlicher Basis und sind damit auf den Anwendungsbereich ihrer Kompetenzen beschränkt.

Gemeinsam haben die autonomen Provinzen Bozen und Trient mit dem Land Tirol, dass versucht wird, autonom Digitalisierungsstrategien zu entwickeln, um damit den Bedürfnissen der Bevölkerung und der Wirtschaft Rechnung zu tragen, die sich freilich an den unionalen Vorgaben und den jeweiligen staatsorganisatorischen Rahmenbedingungen orientieren müssen. Fest steht, dass Digitalisierung eine Querschnittsmaterie ist, in welcher den subnationalen Trägern von Gesetzgebungshoheit weiterhin wichtige Aufgaben zukommen und diese nicht einer gesamtstaatlichen Vereinheitlichung geopfert werden sollten.

Ein weiterer Aspekt von rechtsvergleichendem Interesse ist, dass die Digitalisierung der Verwaltung auch die Transparenz derselben erleichtert. Diesbezüglich gibt es mittlerweile in allen untersuchten Staaten eine entsprechende Gesetzgebung (Stichworte „Informationsfreiheit" und „Transparenz"), die aber nicht zwangsläufig nur eine zentralistische sein muss.

# Analisi giuridica comparata

## I. Premessa

I casi di studio relativi all'Italia, all'Austria, alla Germania e all'Estonia, nonché un approfondimento sui tre territori che fanno parte dell'Euregio Tirolo-Alto Adige-Trentino, offrono interessanti spunti di riflessione da una prospettiva di diritto comparato. Di seguito, verranno dapprima analizzati sotto il profilo comparato gli aspetti organizzativi dello Stato, per poi trattare quelli riguardanti il procedimento amministrativo. Per quanto riguarda il primo profilo, sono prese in esame le principali questioni relative alla distribuzione delle competenze, mentre con riferimento al secondo ci si concentra su come la trasformazione digitale viene implementata nei singoli settori amministrativi[1].

## II. Organizzazione dello Stato

Per quanto riguarda l'organizzazione dello Stato, la digitalizzazione è un tema rilevante sotto diversi aspetti: da un lato, dal punto di vista dei soggetti titolari della potestà legislativa il tema è collegato alla questione dell'esercizio delle competenze, che è interessante nei sistemi organizzati su base federale (Germania e Austria) o regionale (Italia), ma non nei classici Stati unitari (Estonia). Dall'altro, si tratta di garantire ai cittadini i servizi pubblici tramite procedure digitalizzate e un accesso online. Infine, la digitalizzazione solleva anche la questione di quali autorità decentrate siano ancora necessarie e dove debbano essere localizzate territorialmente. Dal punto di vista dei diritti fondamentali, è infine di particolare interesse il tema della protezione dei dati personali.

Per quanto riguarda il riparto delle competenze, che per la Germania, l'Austria e l'Italia è di particolare interesse, vale il principio in base al quale la digitalizzazione della Pubblica Amministrazione è un compito spettante

---

1 Questo paragrafo si basa sullo studio "DigiImpact – Digitalizzazione e Autonomia dell'Alto Adige/Südtirol" di *Sara Parolari/Carolin Zwilling/Esther Happacher/Walter Obwexer/Peter Bußjäger* (a cura di), che è stato presentato al pubblico il 30 settembre 2024 a Bolzano.

al legislatore competente in base alle rispettive aree di competenza. In Germania e in Austria si tratta del *Bund* e dei *Länder*, in Italia del livello statale così come delle Province Autonome di Bolzano e Trento, prese in esame in questa sede.

Negli ordinamenti analizzati in questa relazione non risulta a livello costituzionale una competenza che richiami esplicitamente il concetto di "digitalizzazione". Tuttavia, nel 2017 la Germania ha modificato la Legge fondamentale introducendo un comma 5 nell'articolo 91c. Tale comma attribuisce ora al *Bund* la competenza a disciplinare "un accesso informatico complessivo ai servizi amministrativi del governo federale e dei *Länder* mediante una legge federale previa approvazione del *Bundesrat*". Una regolamentazione di questo tipo è del tutto sconosciuta in Austria e per molti aspetti anche in Italia.

L'articolo 117, comma 2, lettera r), della Costituzione italiana prevede invece che lo Stato ha competenza esclusiva per il coordinamento delle informazioni, delle statistiche e dei dati dell'amministrazione statale, regionale e locale, con implicazioni che ricadono sull'esercizio delle competenze di regioni e province autonome. La Corte costituzionale italiana tende ad applicare un'interpretazione estensiva di questa disposizione, consentendo così allo Stato di imporre una normativa che incide ampiamente sulle competenze di regioni e province autonome essendo lo Stato responsabile per garantire l'interoperabilità tra i sistemi informativi e l'omogeneità delle procedure e degli standard. Tuttavia, la Corte Costituzionale sottolinea la necessità di realizzare un coordinamento con le Regioni. Tale coordinamento deve avvenire nell'ambito del cosiddetto Sistema delle Conferenze. Questo sistema coinvolge, tuttavia, solamente il livello esecutivo e spesso consente alle regioni e alle province autonome di rilasciare solamente pareri non vincolanti. Di fatto non conduce quindi, secondo i risultati della ricerca, ad una partecipazione adeguata ed efficace delle regioni e province autonome al processo legislativo a livello nazionale. Ciò dimostra che nei sistemi in cui la responsabilità legislativa è in qualche modo suddivisa tra un livello statale (federale) e un livello sub-statale, esiste un bisogno di garantire un coordinamento attraverso il livello superiore di governo. Tuttavia, da ciò deriva una potenziale tendenza a una eccessiva centralizzazione attraverso modifiche delle fondamenta giuridiche costituzionali – come dimostra il caso tedesco – o un'espansione dei poteri dello Stato centrale attraverso l'interpretazione giurisprudenziale, come nel caso italiano.

In Austria, questa tendenza alla centralizzazione è meno diffusa: in primo luogo, perché grazie al suo ruolo dominante nella produzione legislativa e al suo ruolo forte nell'attuazione della legislazione il *Bund* riesce a diffondere l'offerta digitale dei servizi amministrativi senza coinvolgere i *Länder* (ad esempio nell'amministrazione delle finanze la comunicazione tra i cittadini e lo Stato è in gran parte gestita digitalmente e vi è un'amministrazione fortemente centralizzata (si veda l'Ufficio imposte unico). Inoltre, forse ancor più rilevante è che la disciplina del procedimento amministrativo in Austria è in gran parte regolata dal *Bund* in forza di una cosiddetta "competenza per necessità" (art 11 comma 2 Legge costituzionale federale). Molti aspetti della comunicazione digitale e dell'*e-government* possono dunque essere disciplinati dal *Bund* in modo uniforme (si veda, ad esempio, il § 13 AVG e la legge sull'*e-government*). Infine, la Corte costituzionale austriaca interpreta la competenza federale in materia di "servizi postali e di telecomunicazione" ampiamente a favore del *Bund*. Tuttavia, anche se la legge austriaca sulla libertà d'informazione del febbraio 2024 dimostra l'ulteriore spinta verso la centralizzazione presente anche in questo paese, ivi, i *Länder* sono comunque stati in grado di contrastare questa spinta, grazie all'introduzione dell'articolo 22a nella Legge costituzionale federale) che richiede il consenso di tutti i *Länder* per qualsiasi modifica alla legge federale sulla libertà d'informazione.

A prescindere dalla spinta verso la centralizzazione, la struttura federale in Germania e Austria implica una forte necessità di coordinamento e cooperazione tra i vari livelli di governo, sia sul piano verticale (tra *Bund* e *Länder*) che orizzontale (tra i *Länder*). Lo stesso vale per i due livelli legislativi in Italia, quello statale e quello regionale/provinciale. In quest'ultimo caso, la giurisprudenza della Corte costituzionale italiana contribuisce a sottolineare l'importanza della collaborazione.

In Austria, dove vi è una forte tradizione di federalismo cooperativo, il coordinamento è una pratica diffusa che si riflette in molti tavoli di coordinamento che coinvolgono i principali attori istituzionali. Non si è scelto di introdurre uno specifico emendamento costituzionale che avrebbe tenuto conto di questa particolare esigenza di coordinamento e cooperazione, probabilmente perché le possibilità già esistenti di cooperazione formale (gli accordi ai sensi dell'articolo 15a della Legge costituzionale federale) sono state considerate sufficienti e la cooperazione informale (coordinamento in vari gruppi di discussione verticali e orizzontali) è comunque praticata attivamente. Ciò dimostra che una cultura federale efficace e attiva può perlomeno attenuare la centralizzazione.

In Germania, invece, la disposizione dell'articolo 91c (dai 1 a 4) della Legge fondamentale introdotta nel 2009 ha dato al Bund e ai Länder la possibilità (ma non l'obbligo) di cooperare nel settore delle tecnologie dell'informazione, sia per quanto riguarda la pianificazione, la creazione e la gestione di sistemi informatici (comma 1) che per l'adozione di accordi che individuano standard comuni e requisiti di sicurezza (comma 2), che emana il cosiddetto *IT-Planungsrat* (il Consiglio comune tra *Bund* e *Länder* per la pianificazione informatica). L'articolo 91c comma 3 della Legge fondamentale è dedicato alla cooperazione (orizzontale) tra i *Länder* per la gestione in comune di sistemi informatici e la creazione di strutture destinate a questo scopo.

L'articolo 91c comma 4 della Legge fondamentale, invece, trasferisce al livello federale la competenza legislativa esclusiva in materia di connessione delle vari reti informatiche, formando una rete di interconnessione tra *Bund* e *Länder*. Questa competenza è soggetta all'approvazione del *Bundesrat* in rappresentanza dei *Länder*. Sulla base di questa disposizione è stato anche concluso un accordo tra *Bund* e *Länder* in tema di trasformazione digitale, mentre in Austria la possibilità di siglare un accordo, ai sensi dell'articolo 15a della Legge costituzionale federale, non è stata sinora utilizzata.

Sia in Germania che in Austria, i Comuni sono – in termini di organizzazione statale – elementi dei *Länder* e sostanzialmente esclusi dalla cooperazione tra *Länder* e *Bund*.

L'esempio pionieristico dell'Estonia dimostra che la trasformazione digitale della Pubblica Amministrazione può essere realizzata velocemente e senza che vi sia un esplicito riferimento costituzionale alla digitalizzazione (in Estonia non è in ogni modo necessaria un'attribuzione di competenze tra vari livelli di governo, trattandosi di uno stato centralizzato). L'Estonia ha adottato una legislazione in materia già all'inizio degli anni 2000. È comunque da notare che anche l'Austria ha compiuto passi analoghi in questi anni, applicando le competenze federali in materia di procedimento amministrativo (per esempio la legge sull'*e-government*).

Si può dunque riassumere che la digitalizzazione come questione di natura trasversale sia negli Stati federali che in quelli regionali richiede che vi sia chi esercita una certa funzione di indirizzo. L'esempio dell'Austria, in particolare, dimostra che la competenza federale a disciplinare il procedimento amministrativo è certamente utile per creare standard uniformi per la comunicazione e per lo svolgimento delle funzioni amministrative. D'altra parte, è assolutamente necessario che esistano strumenti di coordinamento e cooperazione, nonché una certa cultura della leale cooperazione nella loro applicazione. Ad esempio, è poco utile se – come in Italia – il ruolo di coordinamento del livello centrale è interpretato in senso ampio, ma il coordinamento effettivo con le regioni e le province autonome, richiesto proprio dalla Corte costituzionale italiana, è inadeguato. Senza un coinvolgimento effettivo degli enti territoriali regionali, l'esigenza di indirizzo porta a un inevitabile rafforzamento del centralismo.

Inoltre, l'analisi dimostra che – ad eccezione delle questioni legate alla competenza - le Costituzioni degli ordinamenti studiati praticamente non affrontano aspetti specifici della digitalizzazione, se non per quanto riguarda la protezione dei dati dei cittadini e il loro diritto all'informazione.

### *III. Procedimento amministrativo*

Al legislatore federale o centrale così come a quello substatale spetta quindi il compito della trasformazione digitale della società tramite la sua implementazione nelle varie branche del diritto amministrativo. Ciò è messo bene in evidenza nei singoli capitoli.

In Germania, la legge sull'accesso online (*Onlinezugangsgesetz* - OZG), approvata nell'agosto 2017, dà attuazione al mandato normativo sancito a livello costituzionale dall'articolo 91c, comma 5 della Legge fondamentale. L'obiettivo principale di questa legge è rendere più agevole e più sicuro il rapporto con le autorità pubbliche. A tal fine, il *Bund* e i *Länder* sono stati obbligati ad offrire i rispettivi servizi anche in formato digitale entro il 31 dicembre 2022. Inoltre, si è previsto un obbligo in base al quale i rispettivi portali (§ 1, commi 1 e 2 OZG) devono essere interconnessi tra loro. Questa legge costituisce il fondamento per tutte le ulteriori misure di digitalizzazione della Pubblica Amministrazione.

Attualmente in Germania, i procedimenti amministrativi elettronici sono considerati un'integrazione digitale delle procedure analogiche esistenti. Tuttavia, come nel caso della legge bavarese sulla digitalizzazione, sta diventando sempre più diffuso il principio *digital-first*, secondo il quale le procedure amministrative digitali dovrebbero essere la regola. Allo stesso tempo, comincia ad affermarsi come spinta per la digitalizzazione un diritto soggettivo alla comunicazione elettronica o alla gestione del rapporto con la Pubblica Amministrazione in forma digitale.

In Austria, disposizioni analoghe sono contenute nella legge federale sui principi generali del procedimento amministrativo e nella legge sull'*e-government*. Tuttavia, la questione se abbia priorità il procedimento digitale rispetto a quello analogico viene deciso materia per materia. La legge sui principi generali del procedimento amministrativo attribuisce ai rispettivi legislatori responsabili di ciascuna materia (ad esempio, il *Bund* per le questioni relative alle attività economiche o i *Länder* per le questioni relative al diritto edilizio) la facoltà di decidere se introdurre o meno il principio del *digital first*.

Al contrario, l'esempio estone dimostra che la digitalizzazione della Pubblica Amministrazione e il rapporto tra i cittadini e l'amministrazione hanno molto a che fare con la cultura amministrativa e non solo con la legislazione. Gran parte della trasformazione digitale è stata posta in essere infatti tramite direttive emanate dall'amministrazione ai suoi organi.

A livello sub-statale, si può notare che l'implementazione della legislazione in materia di digitalizzazione dipende in larga misura dalle rispettive competenze. Mentre in Germania i *Länder* hanno ampie competenze, soprattutto nel procedimento amministrativo, il *Bundesland Tirol* si limita essenzialmente all'attuazione della digitalizzazione nell'ambito dell'organizzazione amministrativa e in quelle poche materie in cui il *Land* ha competenza legislativa, come il diritto edilizio. Tuttavia, va sottolineato che la digitalizzazione nei *Länder* austriaci (come, ad esempio, la diffusione della banda larga) può essere promossa anche tramite strumenti di diritto privato, finanziando la creazione di un'infrastruttura digitale, anche se la competenza legislativa in materia non spetta al *Land*. Le Province Autonome di Bolzano e Trento, invece, si limitano a disciplinare solo aspetti organizzativi e a dare attuazione alla digitalizzazione a livello amministrativo nelle aree di loro competenza, poiché la regolamentazione del procedimento amministrativo è di competenza dello Stato. Anche per la promozione della digitalizzazione le Province Autonome possono agire solo in base alla legge quando promuovono la digitalizzazione e, quindi, il loro spazio di manovra è limitato all'ambito delle loro competenze legislative.

Ciò che accomuna le Province Autonome di Bolzano e Trento al *Land Tirol* è l'intenzione di sviluppare autonomamente delle strategie di digitalizzazione per soddisfare le esigenze della popolazione e dell'economia, osservando ovviamente le indicazioni poste dall'Unione Europea e la rispettiva organizzazione statale. È chiaro che la digitalizzazione è una questione trasversale in cui il livello sub-statale nell'ambito delle proprie competenze legislative continua a svolgere funzioni importanti, che non dovrebbero essere sacrificate a causa di una tendenza alla standardizzazione nazionale.

Un altro aspetto di interesse comparatistico è che la digitalizzazione della Pubblica Amministrazione facilita anche la sua trasparenza. A questo proposito, in tutti i paesi analizzati esiste una legislazione corrispondente (parole chiave sono "libertà d'informazione" e "trasparenza"), che però non deve necessariamente essere solo centralizzata.

# Digitalisierung als grenzüberschreitende Herausforderung in der Euregio Tirol-Südtirol-Trentino

*Esther Happacher*

**Abstract**

The contribution addresses cross-border cooperation in the field of digitalization within the Euregio Tirol-South-Tyrol-Trentino, which was established in 2011 as a *European Grouping of Territorial Cooperation* (EGTC). The aim of this cooperation is to improve the quality of life by promoting economy, education, research, and other areas, while jointly addressing the challenges of digitalization and Artificial Intelligence (AI). A key aspect of the cooperation is the parallel competences of the Euregio members in relation to their respective responsibilities in legislation and administration.

The digital cooperation is shaped by various projects and initiatives such as the *Avalanche Report*, the *Digital Historical Atlas*, and *DigiWay*, which aim to reduce barriers and promote cross-border exchange. At the institutional level, the Euregio is supported by *EuregioLab*, which acts as a think tank for topics like AI and develops actionable recommendations.

In the context of European territorial cooperation, the INTERREG 2021-2027 program allocates funds for digitalization, aiming to support the development of ICT infrastructures, smart solutions, and digital administration systems. In this context, the Euregio Tirol-South Tyrol-Trentino plays a key role by acting as a project partner and lead in implementing projects. Concrete suggestions are made on how Euregio can advance its digital and AI strategies by establishing an AI Advisory Board and an *AI-Excellence Hub*.

In summary, it is emphasized that digitalization in the Euregio represents a cross-border opportunity that transcends national borders. The joint efforts can lead to a successful digital future for the Euregio.

*Il contributo riguarda la cooperazione transfrontaliera nel settore della digitalizzazione all'interno dell'Euregio Tirolo-Alto Adige-Trentino, che è stata fondata nel 2011 come Gruppo Europeo per la Cooperazione Territoriale (GECT). L'obiettivo di questa collaborazione è migliorare la qualità della vita promuovendo l'economia, l'istruzione, la ricerca e altri settori, affrontando insieme le sfide della digitalizzazione e dell'Intelligenza Artificiale (IA). Un aspetto fondamentale della cooperazione sono le competenze parallele dei membri dell'Euregio in relazione alle rispettive responsabilità nella legislazione e nell'amministrazione.*

*La cooperazione digitale è caratterizzata da vari progetti e iniziative come il valanghe.report, l'Atlante Storico Digitale e DigiWay, che mirano a ridurre gli ostacoli e a promuovere lo scambio transfrontaliero. A livello istituzionale, l'Euregio è assistita dall'EuregioLab, che funge da fucina di idee su temi come l'IA e elabora raccomandazioni operative.*

*Nel contesto della cooperazione territoriale europea, nel programma INTERREG 2021-2027 sono previsti fondi per la digitalizzazione, che mirano a sostenere lo sviluppo di infrastrutture ICT, soluzioni intelligenti e sistemi di amministrazione digitale. In questo contesto, l'Euregio Tirolo-Alto Adige-Trentino svolge un ruolo chiave, agendo come partner di progetto e leader nell'implementazione di progetti. Vengono fatti concreti suggerimenti su come l'Euregio possa far avanzare le sue strategie digitali e di IA istituendo una Giunta specializzata sull'IA e un AI-Excellence Hub.*

*In sintesi, si sottolinea che la digitalizzazione nell'Euregio rappresenta un'opportunità transfrontaliera che va oltre i confini nazionali. Gli sforzi comuni possono portare a un futuro digitale di successo per l'Euregio.*

## I. Einleitung

2011 gründeten die Autonomen Provinzen Bozen-Südtirol und Trient gemeinsam mit dem Bundesland Tirol einen Europäischen Verbund für Territoriale Zusammenarbeit (EVTZ) gemäß VO (EG) Nr 1082 des Europäischen Parlaments und des Rates vom 5. Juli 2006 über den Europäischen Verbund für territoriale Zusammenarbeit (EVTZ).[1] Ziel der Gründung war, die jahrzehntelange grenzüberschreitende Zusammenarbeit zwischen den Ländern zu stärken und zu institutionalisieren, wozu der EVTZ im Rahmen der territorialen Zusammenarbeit der Europäischen Union das Instrument bot.[2] 2021 erfolgte eine Überarbeitung der Übereinkunft und der Satzung[3] (im Folgenden: Übereinkunft 2021 und Satzung 2021), auf denen der EVTZ Europaregion Tirol-Südtirol-Trentino (im Folgenden Euregio Tirol-Südtirol-Trentino) gründet.

Zu den Zielen der Zusammenarbeit der Euregio Tirol-Südtirol-Trentino gehören laut Art 6 Abs 2 Übereinkunft 2021 die Stärkung der wirtschaftlichen, sozialen und kulturellen Beziehungen zwischen den Bevölkerungen ihrer Mitglieder, die Förderung der territorialen Entwicklung ihrer Mitglieder, insbesondere in den Bereichen Wirtschaft, Bildung, Forschung, Kultur,

---

1 ABl L 210/2006, 19; geändert durch VO (EU) Nr 1302/2013 des Europäischen Parlaments und des Rates vom 17. Dezember 2013 zur Änderung der Verordnung (EG) Nr 1082/2006 über den Europäischen Verbund für territoriale Zusammenarbeit (EVTZ) im Hinblick auf Präzisierungen, Vereinfachungen und Verbesserungen im Zusammenhang mit der Gründung und Arbeitsweise solcher Verbünde, ABl L 347/2013, 303. Zum EVTZ allgemein siehe Krzymurski/Kubick/Ulrich (Hg), Der Europäische Verbund für territoriale Zusammenarbeit (2017).

2 Siehe zur Entstehung und den Hintergründen die Beiträge in *Bußjäger/Gamper/Happacher/Woelk* (Hg), Der Europäische Verbund territorialer Zusammenarbeit (EVTZ) Neue Chancen für die Europaregion Tirol-Südtirol-Trentino (2011).

3 Übereinkunft und Satzung sind abrufbar unter https://www.europaregion.info/fileadmin/downloads/1_UEberUns_Files/20210822-Uebereinkunft-und-Satzung-EVTZ-Euregio-GECT-Convenzione-e-statuto.pdf (05.02.2025).

Soziales, Gesundheit, Umwelt, Mobilität, Verkehr, öffentliche Verwaltung und in der Zivilgesellschaft sowie der Abbau von Hindernissen in der grenzüberschreitenden Zusammenarbeit im Binnenmarkt.

Insbesondere ist es die Vision der Euregio Tirol-Südtirol-Trentino, nicht nur mit länderübergreifenden Projekten und Initiativen die Lebensqualität der Bürgerinnen und Bürger kontinuierlich zu verbessern, sondern auch den Herausforderungen der Zukunft, darunter der Digitalisierung, gemeinsam zu begegnen.[4] Entsprechend ist in letzter Zeit das Thema der Digitalisierung sowie der Künstlichen Intelligenz in den Fokus der Euregio Tirol-Südtirol-Trentino gerückt. Im Folgenden werden mögliche Felder (digitaler) Kooperation in der Euregio skizziert und ein Blick auf den institutionellen Rahmen dafür geworfen, wobei auch die europäische territoriale Zusammenarbeit und ihre Rolle für die Digitalisierung, insbesondere das Programm INTERREG Italien-Österreich angesprochen und bereits bestehende euroregionale Initiativen in diesem Bereich vorgestellt werden. Schlussbetrachtungen runden den Beitrag ab.

## *II. Felder der Zusammenarbeit in der Euregio*

Grundsätzlich gilt, dass die drei Partnerregionen des EVTZ zur Umsetzung ihrer Ziele und Visionen auf der Basis ihrer jeweils durch das innerstaatliche Recht definierten Befugnisse in Gesetzgebung und Verwaltung zusammenarbeiten können. Die einschlägigen Bestimmungen finden sich für die beiden autonomen Provinzen Bozen-Südtirol und Trient insbesondere im sogenannten Zweiten Autonomiestatut (DPR Nr 670 vom 31.08.1972 igF)[5] und für das Land Tirol in den Artikeln 10 – 15 B-VG. Es bedarf somit für ein Tätigwerden der Euregio Tirol-Südtirol-Trentino sogenannter paralleler Kompetenzen der Mitgliedregionen, mithin des Vorliegens von Zuständigkeiten gleicher Art und Inhalts sowohl im italienischen als auch im österreichischen Verfassungssystem.

Eine im Jahr 2021 erstellte Studie zu den Kompetenzen der Partnerregionen der Euregio Tirol-Südtirol-Trentino im Hinblick auf potentielle

4 Siehe unter https://www.europaregion.info/euregio/ueber-uns/vision/ (05.02.2025).

5 GA Nr 301 vom 20.11.1972. Siehe zur Sonderautonomie Südtirols und des Trentino jüngst *Casonato/Happacher/Rossi/Toniatti* (Hg), Lineamenti di diritto costituzionale della Regione autonoma Trentino-Alto Adige/Südtirol e delle Province autonome di Trento e di Bolzano/Südtirol, Giappichelli (2024).

Kooperationsfelder in der Euregio[6] hält folgende mögliche Bereiche der Zusammenarbeit fest[7]: Organisationsrecht der Landesverwaltungen; Katastrophenschutz einschließlich Feuerwehren und Rettungswesen; Kultur; Bildungswesen; Natur- und Landschaftsschutz; Raumordnung; Fremdenverkehr; öffentliche Fürsorge; bestimmte Aspekte der Organisation des Gesundheitswesens. In allen diesen Bereichen spielt auch die Digitalisierung aufgrund ihres Charakters als Querschnittsmaterie eine wesentliche Rolle.

Da die Kompetenzen der Mitglieder der Euregio Tirol-Südtirol-Trentino in das bundestaatliche bzw staatliche System eingebettet sind, haben sie auch die jeweils bestehenden Grenzen ihrer Zuständigkeiten zu beachten,[8] ebenso die Vorgaben durch das Unionsrecht.[9] Insgesamt betrachtet scheint sich durch den unionsrechtlichen Einfluss eine Harmonisierung und Standardisierung der Regeln für die Digitalisierung feststellen zu lassen, die sich vor allem auf gesetzgeberischer Ebene manifestiert.[10]

Im Bereich der Verwaltung hingegen lässt sich festhalten, dass es eine Reihe von Spielräumen gibt, die von den Mitgliedern der Euregio Tirol-Südtirol-Trentino auch im Sinne von *best practices* genutzt werden.[11] Dabei spielen nicht nur die rechtlichen Rahmenbedingungen eine Rolle, sondern auch (oder vielleicht vor allem) die finanziellen und personellen Ressourcen, die eine politisch-strategische Entscheidung zur Entwicklung eigenständiger IT-Systeme und Anwendungen beeinflussen.[12] In Italien müssen sich solche Überlegungen etwa mit einer auch auf technischer Ebene stark zentralisierten IT-Struktur auseinandersetzen, die einseitig vom Staat, aber auch durch den Markt vorgegeben ist.[13] Diese Gegebenheiten beeinflussen auch eine digitale Kooperation über die Grenze hinweg im Rahmen der Euregio Tirol-Südtirol-Trentino.

6 Euregio Kompetenzmonitor – wissenschaftliche Studie zu den Zuständigkeiten der Länder der Europaregion Tirol-Südtirol-Trentino und der Euregio Senza Confini in Gesetzgebung und Verwaltung (2021), abrufbar unter https://www.europaregion.info/euregio/aktuelles/publikationen/euregio-kompetenzmonitor/ (10.02.2025).

7 Euregio Kompetenzmonitor 170

8 Dazu siehe im Detail die Beiträge von *Müller* und *Rossi* in diesem Band.

9 Siehe dazu den Beitrag von *Obwexer* in diesem Band.

10 Vgl etwa die Ausführungen von *Parolari* und *Rossi* in diesem Band.

11 Siehe etwa das Portal MyCivis in Südtirol.

12 Siehe die Überlegungen von *Stuflesser* in diesem Band.

13 Siehe dazu den Beitrag von *Stuflesser* in diesem Band.

## *III. Institutioneller Rahmen der digitalen Kooperation in der Euregio Tirol-Südtirol-Trentino*

Wenn man den institutionellen Rahmen der digitalen Kooperation in der Euregio betrachtet, ist zunächst festzuhalten, dass die Euregio Tirol-Südtirol-Trentino ihre Ziele gemäß Art 7 Abs 1 Übereinkunft 2021 insbesondere durch die Ausarbeitung und Durchführung von Projekten und operativen Programmen der territorialen Zusammenarbeit verfolgt, ebenso durch den Beitritt zu Organisationen, Vereinigungen und Netzwerken,[14] die mit den Zielen der territorialen Kooperation der Euregio Tirol-Südtirol-Trentino übereinstimmen sowie durch Wahrnehmung sonstiger Tätigkeiten, die der Verfolgung ihrer Ziele dienen, wobei sie auch außerhalb des Gebiets ihrer Mitglieder tätig werden kann (Art 4 Abs 2 Übereinkunft 2021). Dazu kann die Euregio Übereinkommen und Vereinbarungen mit öffentlichen Körperschaften und sonstigen Einrichtungen schließen und die Wahrnehmung einzelner Aufgaben einem der Mitglieder übertragen (Art 7 Abs 3 Übereinkunft 2021).

Eine zentrale Rolle kommt dem Vorstand der Euregio Tirol-Südtirol-Trentino zu, der die Mitglieder der Euregio vertritt (Art 8 Abs 3 Übereinkunft 2021) und sich aus ihren Landeshauptleuten zusammensetzt (Art 2 Satzung 2021). Er ist sowohl Impulsorgan als auch beschließendes Organ hinsichtlich der Ausarbeitung und Durchführung von Projekten und Programmen (Art 8 Abs 3 Übereinkunft 2021). Der Vorstand legt das jährliche Arbeitsprogramm fest, wobei er die von der Versammlung der Euregio Tirol-Südtirol-Trentino[15] vorgegebenen Leitlinien zur Verfolgung der Ziele der Euregio zu beachten hat (Art 2 Abs 1 lit a Satzung 2021). Seit der Reform 2021 kann der Vorstand einstimmig aus den fachlich zuständigen Mitgliedern der Landesregierungen bestehende Fachvorstände errichten, denen bestimmte Aufgaben übertragen werden (Art 2 Abs 8 Satzung 2021). Eine solche Aufgabe könnte etwa die Digitalisierung als Querschnittsmaterie einschließlich der Entwicklungen im Bereich der KI sein.

Seit 2014 nutzt die Euregio Tirol-Südtirol-Trentino ein jährlich im Rahmen des Europäischen Forum Alpbach veranstaltetes EuregioLab als Denk-

14 Etwa der ARGE ALP und der EUSALP.

15 Die Versammlung setzt sich aus den drei Landeshauptleuten und jeweils einem weiteren Mitglied jeder Landesregierung sowie dem Präsidenten oder der Präsidentin und zwei weiteren Mitgliedern eines jeden Landtags der Mitglieder der Euregio zusammen (Art 1 Abs 1 Satzung 2021).

schmiede für die Behandlung zentraler Themen.[16] 2024 befasste sich das EuregioLab vor dem Hintergrund eines immer dichter werdenden Netzes an unionsrechtlichen Regelungen im Bereich der Digitalisierung und angesichts der 2024 beschlossenen und 2026 in Kraft tretenden KI-Verordnung der Europäischen Union mit dem Thema „Chancen der künstlichen Intelligenz (KI) für die Euregio". Das durch das EuregioLab 2024 erarbeitete Thesenpapier sieht eine Reihe von Möglichkeiten für den Einsatz der KI in der Euregio.[17] In institutioneller Hinsicht wird der Euregio die Einrichtung eines *Advisory Boards* (Beirats) für KI[18] und eines *AI-Excellence Hub*[19] in der Euregio vorgeschlagen. Ersterer soll die Entwicklung der KI beobachten, analysieren und in enger Abstimmung mit zweiterem Vorschläge für Maßnahmen der Euregio erstellen. Der Hub soll nicht nur als allgemeine Information- und Anlaufstelle dienen, sondern auch gemeinsame KI-Anwendungsmöglichkeiten identifizieren.[20]

Im Bereich der konkreten Handlungsfelder hebt das EuregioLab den Einsatz von KI in den öffentlichen Verwaltungen in der Euregio hervor.[21] Dabei wird festgehalten, dass in den Ländern der Euregio unterschiedliche Digitalisierungsstrategien verfolgt werden, etwa hinsichtlich der Nutzung von *Clouds*, die in Südtirol und dem Trentino favorisiert werden, während Tirol eine *On-Premises*-Lösungen vorzieht. Ebenso bestehen verschiedene digitale Mindsets, etwa hinsichtlich der umfassenden Nutzung von bestehender KI durch die Verwaltung, die in Südtirol stark gefördert wird, während Tirol hier sehr zurückhaltend ist.[22] Potentiale werden sowohl hinsichtlich der Schaffung eines digitalen und KI-Bewusstseins in Verwaltung und Bevölkerung erkannt[23], aber auch in der Erweiterung von bestehenden

---

16 Siehe unter https://www.europaregion.info/euregio/projekte/zusammenarbeit/euregiolab/ (05.02.2025).

17 EuregioLab 2024, Thesenpapier Künstliche Intelligenz. Möglichkeiten für den Einsatz in der Euregio, den Ländern und Gemeinden, abrufbar unter https://www.europaregion.info/fileadmin/downloads/2_Projekte_Files/Wissenschaft/EuregioLab2024-Kuenstliche-Intelligenz-Thesenblatt.pdf (10.02.2025)

18 Thesenpapier, 5.

19 Thesenpapier, 6.

20 Thesenpapier, 6.

21 Thesenpapier, 8.

22 Thesenpapier, 8. Die Autorin war Mitglied des EuregioLabs 2024 und gibt hier auch ihren persönlichen Eindruck wieder.

23 Thesenpapier, 9 f.

Projekten der Digitalisierung wie dem Lawinenreport oder der Euregio Family Card um KI-gestützte Auswertungen[24].

## *IV. Digitalisierung und europäische territoriale Zusammenarbeit*

Die europäische territoriale Zusammenarbeit ist ein Ziel der Kohäsionspolitik der Europäischen Union,[25] die die strukturellen und sozialen Unterschiede zwischen den Mitgliedsländern und innerhalb der einzelnen Staaten zu überwinden sucht, um den wirtschaftlichen und sozialen Zusammenhalt zu stärken. Ein wesentlicher Faktor ist dabei auch die digitale Transition.[26] Entsprechend stehen im Rahmen des Ziels der territorialen Zusammenarbeit – INTERREG für den Finanzierungszeitraum 2021-2027 beträchtliche Mittel im Digitalisierungsbereich zur Verfügung. Insbesondere sind für das Kooperationsprogramm INTERREG VI-A Italien-Österreich 2021-2027[27] 91 Mrd Euro vorgesehen, mit denen ua IKT und Digitalisierung im Bereich der Priorität Innovation und Unternehmen,[28] Instrumente und smarte Lösungen im Bereich Katastrophenschutz und -management innerhalb der Priorität Klimawandel und Biodiversität,[29] die Digitalisierung des kulturellen und touristischen Angebots im Sinne der Priorität des nachhaltigen Tourismus und Kulturtourismus[30] und digitale Lösungen der öffentlichen Verwaltung für die Bürgerinnen und Bürger im Rahmen der Priorität Abbau von grenzüberschreitenden Hindernissen gefördert werden sollen.[31] Dabei wird die Digitalisierung nicht mehr nur als Querschnittsmaterie betrachtet, sondern als eigenes Thema in die verschiedenen Bereiche des Programms eingeführt, um über die Digitalisierung der Verwaltungen hinaus die Nutzung digitaler Verbindungsmöglichkeiten in den Bereichen Gesundheit, Mobilität und Katastrophenschutz zu unterstüt-

---

24 Thesenpapier, 10.

25 Siehe Art 174 bis Art 178 AEUV.

26 Siehe ua *Europäische Kommission*, Digitaler Kompass 2030: der europäische Weg in die digitale Dekade, COM(201) 118 final sowie den Beitrag von *Obwexer* in diesem Band.

27 Das Programmdokument ist abrufbar unter https://interreg.net/interreg-italien-oeste rreich-2021-2027/ (06.02.2025).

28 Kooperationsprogramm, 39.

29 Kooperationsprogramm, 51

30 Kooperationsprogramm, 75

31 Kooperationsprogramm, 83.

zen.[32] Das Programm zielt insbesondere auf die Schaffung von Netzwerken, gemeinsamen Protokollen und Pilotprojekten ab.[33]

Die Euregio Tirol-Südtirol-Trentino ist im Rahmen des INTERREG VI Programms Italien Österreich sowohl als Lead- als auch als Projektpartner unmittelbar begünstigt und wirkt somit direkt an Kooperationen mit bzw setzt diese um.[34] Damit wird eines der Probleme zur Nutzung der Mittel der territorialen Zusammenarbeit der Europäischen Union im Euregio-Raum entschärft, das sich aus der Abgrenzung der NUTS-3-Gebiete ergibt, die als Programmgebiete in Frage kommen und die nur Südtirol und Tirol umfassen.[35] Im Wege des EVTZ kommen die Mittel auch dem Trentino zu Gute.

Das Programmdokument erkennt der Euregio als EVTZ zudem ausdrücklich eine Schlüsselrolle bei der Analyse grenzüberschreitender Hindernisse zu.[36] Als besonders von Hindernissen gekennzeichnete Bereiche werden die IKT und Digitalisierung in der öffentlichen Verwaltung, die Gesundheit und Digitalisierung des Gesundheitswesens und die Mobilität und Digitalisierung des Verkehrs identifiziert.[37]

In diesem Zusammenhang ist das INTERREG-Projekt Fit4Co der Euregio Tirol-Südtirol-Trentino anzuführen.[38] Das Projekt zielt darauf ab, durch die Grenze bedingte Hindernisse im Kooperationsraum des INTERREG-Programms Italien-Österreich abzubauen und insbesondere die Zusammenarbeit zwischen den Verwaltungen auszubauen. Es bietet den öffentlichen Verwaltungen, den Sozialpartnern und bestehenden Regionalmanagementstellen Unterstützung durch Expertise in Projektmanagement und Projektfinanzierung bei der Ausarbeitung und Umsetzung von grenzüberschreitenden Projekten mit dem Ziel der Entwicklung förderfähiger Projekte.

---

32 Kooperationsprogramm, 11.
33 Kooperationsprogramm, 86.
34 Kooperationsprogramm, 89.
35 Kooperationsprogramm, 5.
36 Kooperationsprogramm, 83.
37 Kooperationsprogramm, 83.
38 Siehe unter https://www.europaregion.info/euregio/projekte/zusammenarbeit/fit4co-cbo/ (05.02.2025).

## *V. Beispiele für Digitalisierungsprojekte in der Euregio*

Bereits in den letzten Jahren wurden im Rahmen der Euregio Tirol-Südtirol-Trentino eine Reihe von gemeinsamen Projekten im Bereich der Digitalisierung aufgegriffen. Darunter stechen ein grenzübergreifender Lawinenreport sowie ein Digitaler Historischer Atlas hervor.

Beim Lawinenreport[39] handelt es sich um eine digitale Plattform, die Informationen und Echtzeitdaten über die Lawinensituation, also aktuelle Lawinenwarnungen, Prognosen und Details zu den Schneeverhältnissen in Tirol, Südtirol und Trentino bereitstellt. Die Daten werden von den Lawinenwarnzentralen der jeweiligen Regionen zur Verfügung gestellt. Der Lawinenreport hat seinen Ursprung in einem 2017 ins Leben gerufenen INTERREG-Projekt namens ALBINA im Rahmen der Zusammenarbeit auf Verwaltungsebene der drei Mitglieder der Euregio Tirol-Südtirol-Trentino.[40]

Auch das kulturelle und historische Erbe der Euregio soll im Wege eines Digitalen Historischen Atlas[41] zugänglich gemacht werden. Das Projekt zielt darauf ab, eine Art digitales Museum in Form eines online-Portals zur Verfügung zu stellen.

Ein weiteres durch das INTERREG Programm Italien-Österreich kofinanziertes Projekt der Euregio zur Digitalisierung ist DigiWay,[42] das im Bereich der Harmonisierung und Validierung von Geodaten einen *cloud*-basierten Webservice für den Datenaustausch zwischen den verschiedenen Systemen der drei Mitgliedsländer schaffen soll. Ebenso hat das Projekt den Aufbau einer grenzüberschreitenden Plattform (*Euregio Living Lab*) zum Ziel, die einen Raum für die Zusammenarbeit zwischen Bevölkerung, Unternehmen, Forschung und Institutionen zur Überwindung von Hindernissen und zur Erprobung nachhaltiger digitaler Lösungen zur Verfügung stellen soll.

---

39 Siehe unter https://lawinen.report/bulletin/latest (10.02.2025).

40 Siehe dazu *Boninsegna* et alii, Projekt ALBINA. Konzepte und Umsetzung für eine gemeinsame, mehrsprachige Lawinengefahrenprognose, in: Bußjäger/Happacher/Obwexer (Hg), Verwaltungskooperation in der Europaregion. Potenziale ohne Grenzen? (2019) 189.

41 Siehe unter https://www.europaregion.info/euregio/projekte/kultur-geschichte/digitaler-historischer-atlas/ (10.02.2025).

42 Siehe unter https://www.europaregion.info/euregio/projekte/nachhaltigkeit/digiway-geodaten-fuer-sicherheit-am-berg/ (10.02.2025).

Auch das Euregio-Projekt CAIROS mit dem Ziel der Harmonisierung der Arbeitsabläufe der Lawinenkommissionen in der Euregio kann angeführt werden.[43] Das Projekt sieht zudem die Erarbeitung einheitlicher Kompetenzen und Ausbildungsinhalte für die Mitglieder von Lawinenkommissionen vor und möchte eine gemeinsame Softwarearchitektur und gemeinsame Softwareapplikationen zwischen den drei Mitgliedern der Euregio verwirklichen. Dieses Projekt bezieht auch die österreichischen Nachbarländer Salzburg und Kärnten mit ein. Hier wird die in Art 4 Abs 2 Übereinkunft 2021 enthaltene Klausel genutzt, die der Euregio ein Tätigwerden auch außerhalb des Gebiets ihrer Mitglieder ermöglicht.

Es gibt allerdings auch Beispiele, welche die Möglichkeiten der Digitalisierung noch nicht weitergehend nutzen. Dazu gehört etwa das Projekt Info Mobilität,[44] das Verkehrsinformationen in der Euregio grenzüberschreitend zur Verfügung stellt, indem es sich auf die Sammlung und gebündelte Zurverfügungstellung von nützlichen Hinweisen und Anlaufstellen für die Verkehrsteilnehmer und Verkehrsteilnehmerinnen beschränkt. Die tatsächliche Information muss jedoch einzeln auf den Websites der jeweiligen regionalen Verkehrsdienste abgerufen werden.

## *VI. Schlussbetrachtungen*

In den letzten Jahren lässt sich nicht nur auf Ebene der drei in der Euregio Tirol-Südtirol-Trentino zusammenarbeitenden Länder ein vermehrtes Bewusstsein der Bedeutung und des Potentials der Digitalisierung feststellen. Auch das grenzüberschreitende Profil der Digitalisierung einschließlich der Perspektive der Künstlichen Intelligenz und ihrer Möglichkeiten ist verstärkt in den Blickpunkt der Euregio gerückt. Dazu beigetragen hat sicherlich die Schwerpunktsetzung im Rahmen der europäischen territorialen Zusammenarbeit, insbesondere durch INTERREG Italien-Österreich, aber auch, dass Digitalisierung nunmehr nicht bloß als Herausforderung auf nationaler Ebene begriffen wird, sondern als Herausforderung und zugleich Chance grenzüberschreitenden Charakters.

43 Siehe unter https://www.europaregion.info/euregio/projekte/interreg/cairos-harmonisierung-der-arbeitsablaeufe-von-lawinenkommissionen-in-der-euregio/ (10.02.2025).

44 Siehe unter https://www.europaregion.info/euregio/projekte/mobilitaet-verkehr/info-mobilitaet/ (10.02.2025).

Die Ergebnisse des Euregiolab 2024 zur KI könnten als tragfähige Basis für eine gemeinsame Strategie der Euregio nicht nur im Bereich der KI, sondern allgemeiner für die Digitalisierung dienen. Die vorgeschlagene Einsetzung eines Beirats für KI bzw für Digitalisierung erinnert in gewisser Weise auch an die informelle Kooperation im österreichischen Bundesstaat,[45] die auf diese Weise sozusagen über Österreich hinaus exportiert würde. Dieser Vorschlag könnte als Anregung dienen, trotz der derzeit unterschiedlichen Ansätze in den Mitgliedern der Euregio einen eigenen Fachbeirat für Digitalisierung einzurichten. Ein Fachbeirat könnte zweifelsohne wesentliche Impulse setzen, um in allen Bereichen der Tätigkeit der Euregio das Potential der Digitalisierung einschließlich des Einsatzes von KI zu erfassen, bestehende *best practices* heben und konkrete Projekte sowohl zur Bewältigung von technischen (Schnittstellen, Interoperabilität, Systeme ...) als auch rechtlichen Herausforderungen und Hindernissen anstoßen. Der Herausforderung der Digitalisierung kann und soll gemeinsam begegnet werden, dafür bietet die Euregio Tirol-Südtirol-Trentino eine Reihe von Möglichkeiten, die es zu nutzen gilt.

45 Zum kooperativen Bundesstaat siehe *Lienbacher/Pürgy*, Der kooperative Bundesstaat, in: Pürgy (Hg), Das Recht der Länder Bd 1 (2012) 561; dazu auch der Beitrag von Müller in diesem Band.

# Brevi considerazioni (in)attuali su digitalizzazione e autonomia

*Francesco Palermo*

> «Restiamo sempre prigionieri della tecnica e incatenati ad essa, sia che la accettiamo con entusiasmo, sia che la neghiamo con veemenza»
> (M. Heidegger)

**Abstract**

The paper examines the relationship between digitalisation and autonomy, both individual and territorial. On the one hand, digitalisation might increase administrative efficiency, while on the on the other hand it brings with it standardisation, that is the opposite of autonomy. The tension between safeguarding plurality and the risk of homologation is analysed, highlighting the difficulties in reconciling the need for uniform rules with the preservation of (territorial) differences.

However, territorial autonomies can play a more significant role than one may think, if they adopt a more proactive approach than before, making use of the room for manoeuvre opened up by digitalisation, especially by enhancing cooperation between different levels of government.

*Der Beitrag untersucht die Beziehung zwischen Digitalisierung und individueller sowie territorialer Autonomie. Einerseits erhöht Digitalisierung die Verwaltungseffizienz, andererseits bringt sie eine Standardisierung mit sich, die das Gegenteil von Autonomie ist. Das Spannungsverhältnis zwischen der Verteidigung der Pluralität und der Gefahr der Standardisierung wird analysiert, wobei hervorgehoben wird, wie schwierig es ist, die Notwendigkeit einheitlicher Regeln mit der Bewahrung der (territorialen) Unterschiede in Einklang zu bringen. Die territorialen Autonomien können jedoch, wenn sie einen proaktiveren Ansatz als bisher verfolgen, den durch die Digitalisierung eröffneten Handlungsspielraum nutzen, insbesondere durch die Zusammenarbeit zwischen verschiedenen Regierungsebenen.*

## *I. Il fenomeno*

I contributi raccolti nel presente volume offrono informazioni molto importanti e spunti di notevole interesse per l'approfondimento e lo sviluppo del rapporto tra digitalizzazione e autonomia, un tema di crescente attualità e collegato al più ampio filone di indagine sull'impatto della rivoluzione digitale su ogni aspetto della vita civile organizzata. Per quanto il macrotema della rivoluzione digitale sia da tempo oggetto di approfondimenti da parte di ogni disciplina, compreso il diritto, la questione del suo impatto sul funzionamento del delicato e complesso sistema delle autonomie territoriali è stata finora molto trascurata. A parte qualche studio relativo a specifici aspetti amministrativistici, la dimensione costituzionale di questo rapporto ha ricevuto scarsa o nulla attenzione, almeno fino a tempi assai recenti, essenzialmente in questo decennio, quando specifici provvedimenti hanno attirato l'attenzione sul fenomeno e sull'indiretta verticalizzazione che questo ha comportato, come in Germania la legislazione sulla digitalizzazione dell'amministrazione o in Italia l'avvento del PNRR. Si è dunque iniziato a valutare l'impatto della digitalizzazione sul sistema delle autonomie, ma prevalentemente come ambito nel quale – a seconda della prospettiva – l'autonomia viene ridotta dalla presenza della digitalizzazione o rappresenta un potenziale ostacolo all'introduzione di regole procedurali uniformi per le amministrazioni, senza interrogarsi sugli aspetti sistemici che l'argomento genera.

Del resto, ancora all'inizio del millennio il dibattito giuridico si concentrava sulla natura dello spazio digitale e sulla (possibilità e opportunità) della disciplina giuridica di internet, visto allora come un possibile spazio senza regole o, meglio, con regole prodotte dalla comunità degli utenti, senza un intervento normativo di natura pubblicistica. L'utopia di internet come spazio di libertà e di autoregolamentazione è rapidamente tramontata, e oggi non solo si concorda sulla necessità di regole, stante la pervasività dello spazio virtuale in tutti i settori della vita, ma anche sulla necessità di regole sulle regole, ossia sulla disciplina delle regole indotte dallo spostamento di molti ambiti della vita nella sfera digitale, appunto la digitalizzazione. Questa genera regole la cui produzione e il cui impatto richiedono a loro volta di essere disciplinati, per le significative conseguenze che possono produrre sulla vita dei singoli e delle amministrazioni. La digitalizzazione non è infatti neutrale, come non lo è nessuna norma e in ultimo nessun fenomeno. Ma mentre ci si concentrava sulla natura giuridica di internet e della rivoluzione informatica, un suo sottoprodotto, la digitalizzazione dei processi di governo (macro e micro) è proseguita senza essere accompagnata da un adeguato supporto di riflessione, e i nodi iniziano a venire al pettine. La questione oggi non è più se servano le regole, ma quali regole servono, come farle funzionare in uno spazio nuovo e come garantire il mantenimento di un controllo pubblico sui fenomeni digitali. Come fare regole adatte al mondo digitale senza impostarle in modo analogico, cioè con gli schemi precedenti la rivoluzione digitale, per renderle in grado di gestire il fenomeno e non di appesantirlo di inutili fardelli burocratici, ma nel contempo evitare che producano uniformazione di comportamenti (individuali) e di azioni (pubbliche) a scapito del pluralismo culturale e territoriale.

La rivoluzione digitale in corso da almeno un ventennio ha infatti impattato pesantemente anche sull'autonomia personale, come è facile notare nella vita quotidiana di ciascuno. Ogni giorno siamo tutti subissati di richieste di dati, di adeguamenti delle password, di adesione a contratti capestro; l'accesso a un numero crescente di servizi è canalizzato attraverso piattaforme informatiche; siamo portati (costretti) a svolgere in proprio molte attività che fino a poco fa erano svolte da amministrazioni e gestori di servizi (all'accentramento dei processi decisionali corrisponde un decentramento delle attività e spesso delle responsabilità); i programmi si aggiornano di continuo richiedendo crescente attenzione da parte dei fruitori (quante volte si accende il computer per svolgere un'attività e si finisce per farne un'altra, a causa dei passaggi imposti dai programmi che altrimenti non permettono di accedere a ciò che in quel momento ci serve?); cresce l'interazione con chatbot anziché con persone; e soprattutto, per quanto qui di interesse, si assiste a una standardizzazione di processi di ogni tipo secondo quanto imposto dai programmi e dai relativi protocolli informatici.[1] In generale, tutto questo comporta una forte riduzione dell'autonomia decisionale dei singoli, dall'autonomia contrattuale all'autodeterminazione informativa (*habeas data*), fino alle modalità di lavoro e persino al mantenimento del lavoro stesso, con il rischio di perderlo per la sua sostituibilità da parte delle macchine (si pensi all'intelligenza artificiale e alle sue conseguenze sul mondo del lavoro).

## *II. Le possibili reazioni*

Come reagiscono individui e società davanti a questi fenomeni ormai noti o quanto meno largamente percepiti – ma ancora poco elaborati in ambito giuridico? La prima tentazione (individuale e collettiva, quindi normativa) è di tipo difensivo: sono fenomeni pericolosi, da cui occorre difendersi. La tentazione della difesa (da parte degli individui come delle amministrazioni) è la naturale reazione all'eccesso di complessità, combinata con una diffusa tendenza alla resistenza al mutamento. Vale certamente di fronte

1 Un esempio tra i tanti: durante la correzione delle bozze, la sillabazione è risultata spesso sbagliata perché il testo è scritto in italiano e il programma di impaginazione era impostato per la lingua tedesca. Standardizzazione e regole non differenziate sulla base dell'impostazione che si è data al programma.

al progresso tecnologico e segnatamente digitale, per la rapidità dei cambiamenti e per la loro inevitabilità, perché uscire dalla digitalizzazione o anche solo rallentare l'adeguamento ad essa comporta un grado di esclusione crescente (*digital divide*) che conduce a una graduale, spesso assai rapida marginalizzazione. Quindi gli sforzi connessi al dover continuamente stare al passo con la tecnologia (nella misura del possibile per i non esperti del settore) si compiono, sia pur con fatica, più volentieri che in altri ambiti. Dove però il fenomeno è il medesimo. Si pensi al pluralismo sociale, anch'esso rapidamente in evoluzione, quasi come le tecnologie: dal genere alle minoranze, dall'immigrazione al crescente numero di portatori di interessi, la società si fa ogni giorno più complessa, e per molti (soprattutto i non esperti del settore, come con le tecnologie) i cambiamenti sociali sono troppo rapidi e profondi per (accettare di) stare al loro passo.

È il fenomeno del riflusso anti-pluralistico a cui si assiste un po' ovunque specie nelle società occidentali, quelle più 'avanzate' sotto il profilo della tecnologia sociale. Per cui la naturale tendenza difensiva porta settori sempre più ampi della popolazione a invocare un grado minore di complessità, rimpiangendo i tempi in cui, ad esempio, decideva tutto una *élite* di maschi bianchi ricchi (e votava di conseguenza il 2% della popolazione). Come con la tecnologia, l'eccesso di offerta a cui non ci si può sostanzialmente sottrarre mina le certezze e induce reazioni difensive. A quanti capita di maledire un nuovo programma che si fatica ad imparare ad usare, un aggiornamento necessario, l'ennesima richiesta di cambio password, e tutte le complicazioni della vita quotidiana informatizzata? Allo stesso modo, molti rifiutano il linguaggio di genere, il 'wokismo', la moltiplicazione delle identità, e analoghi processi di aumento della complessità sociale. Anche se si tratta, esattamente come per la tecnologia, di sviluppi inevitabili, e soprattutto volti a moltiplicare le opportunità delle società, che diventano sempre più complesse ma proprio per questo aprono spazi di libertà inimmaginabili un tempo, per quanto magari molti di questi spazi non vengono sfruttati, come per la maggior parte degli utenti le diverse app sui nostri smartphone o le potenzialità di un personal computer.

La seconda tipologia di reazione è la resilienza: si cerca di adeguarsi, sviluppando le capacità minime a ciò necessarie, ma subendo i processi di informatizzazione e venendo trascinati dalla corrente. Capita ai singoli, ma anche alle amministrazioni. E se questi adeguamenti sono indispensabili per (provare a) stare al passo con i passaggi imposti da processi digitali, si rischia nel lungo termine di abbandonare le peculiarità che rendono plurali le società, e di scivolare verso l'uniformità, con le conseguenze che ciò comporta. A partire da un inevitabile accentramento del potere nelle mani di persone o luoghi in cui si determinano le procedure standardizzate che tutti, individui, imprese e amministrazioni, sono indotti a seguire.

Qualunque sia la reazione a questi fenomeni (si aggiunga pure la reazione entusiasta, probabilmente minoritaria ma presente), resta il fatto che essi si producono, che piacciano o meno. E come tutti i fenomeni, richiedono delle regole che in quanto tali ne determinano anche i contenuti. Regole che impongono l'adattamento alle nuove realtà delle strutture esistenti per non renderle obsolete.

Come la tecnologia ci impone la modifica degli stili di vita (quanto tempo passiamo a interagire con computer e smartphone, nella vita lavorativa come in quella privata?) e persino delle strutture linguistiche (un utile esercizio è confrontare i giornali di vent'anni fa con quelli di oggi e vedere quante parole nuove e diverse si usano) e mentali (si pensi al cambiamento radicale delle modalità didattiche rispetto a solo dieci anni fa), così la rivoluzione digitale richiede di adattare anche lo strumentario giuridico e istituzionale. Adeguamenti peraltro richiesti dai cambiamenti sociali più in generale, non solo dalla digitalizzazione, che queste spinte al cambiamento semplicemente accelerano. Si pensi, per tutti, al funzionamento delle assemblee elettive: il luogo della democrazia rappresentativa divenute nello stesso tempo sempre meno rappresentative perché pensate per società ottocentesche assai poco plurali, e utili a garantire il compromesso tra aristocrazia e borghesia, ma inadatte a contenere tutto il pluralismo della società contemporanea. Significa forse che i parlamenti non servono più? Assolutamente no, ma che vanno adeguati. Allo stesso modo, l'attività amministrativa non può che adattarsi agli sviluppi tecnologici, ma deve farlo in modo consapevole e attivo, non passivo.

Proseguendo con le analogie, si consideri il mondo dell'economia, in cui le piccole imprese faticano molto a sopravvivere in un mercato dominato da grandi colossi che tendono a formare cartelli, oligopoli o persino monopoli. Anche in quest'ambito si pone l'urgenza di regole nuove per un mondo nuovo. Anche in quest'ambito la reazione, specie dei territori con una tradizione di imprese medio-piccole (come l'Italia), è inizialmente di natura difensiva, con regole volte a favorire la piccola impresa nella misura del possibile, e con conseguente perdita di popolarità dell'Unione Europea che queste regole tende a limitare in nome della concorrenza. Anche in questo caso, questi processi non significano e non devono significare né il protezionismo a vantaggio (ma è poi un vantaggio nel lungo periodo?) delle piccole imprese locali, né il loro abbandono a logiche di competizione selvaggia in cui il piccolo viene inevitabilmente fagocitato dal grande, dall'impresa artigiana al commercio, dai servizi alle professioni. Ha quindi poco senso rimpiangere (anche in chiave normativa) i tempi andati, ma ne ha molto introdurre regole che impediscano ai grandi gruppi di avere posizioni dominanti, e serve un mix di misure difensive e di adattamento. Proprio il settore della digitalizzazione e dell'economia digitale ha un ruolo molto rilevante in questi processi, nei quali la norma si trova troppo spesso in ritardo rispetto alla realtà che intende disciplinare, e in cui lo spostamento di molta parte della vita anche economica nel mondo virtuale impone di creare un assetto normativo in grado di combinare per quanto possibile i vantaggi della rivoluzione digitale e la salvaguardia del pluralismo produttivo, come l'artigianato o il commercio di prossimità.

## *III. E l'autonomia?*

È inevitabile che processi di tale portata rivoluzionaria e di tale impatto sull'autonomia individuale e sociale riguardino, altrettanto pesantemente, anche l'autonomia territoriale. Come a livello individuale, anche per quanto riguarda l'autonomia territoriale la gran parte degli enti si troverà a perdere spazi di azione, a seguire processi impostati altrove secondo approcci che non tengono conto delle specificità ma seguono le logiche della standardizzazione, ad assistere all'aumento della concentrazione del potere nelle mani dei pochi che controllano e determinano i processi informatici. Autonomia significa differenziazione (o almeno possibilità di differenziazione), mentre la digitalizzazione standardizza le regole e i processi. La standardizzazione è più sottile e difficile da affrontare della mera centralizzazione, perché contro la centralizzazione ci sono strumenti di tutela, a partire dal ricorso alla giustizia costituzionale per la difesa delle competenze, mentre contro la standardizzazione, l'uniformazione dei processi, i protocolli uguali per tutti, le piattaforme e gli strumenti informatici con le stesse funzioni e che ragionano nello stesso modo in tutto il mondo, ci sono meno possibilità di difesa. È il mainstream, la corrente, e a questo si tende a rispondere con la rassegnazione (magari mascherata da resilienza), non con l'opposizione. Se fosse possibile svolgerlo (ma probabilmente manca una metodologia per farlo), sarebbe assai interessante uno studio che indagasse sulla presenza di un collegamento tra la crescente attitudine centralistica degli organi di giustizia costituzionale e l'abitudine indotta dalla digitalizzazione a ragionare in modo standardizzato: in altre parole, le difficoltà che un po' ovunque i livelli substatali di governo incontrano nell'affermare in via giurisdizionale le proprie ragioni potrebbero in parte anche dipendere dalla minore predisposizione che tutti nelle società contemporanee tendiamo ad avere verso le ragioni della differenziazione, a causa dell'abitudine a seguire protocolli standard e procedure uniformi.

Per le autonomie territoriali, il rischio della standardizzazione e dell'uniformazione è che, a differenza della centralizzazione, esula dal rapporto tradizionale tra i livelli di governo. In questi casi non è lo Stato che limita le competenze delle Regioni, o l'Unione Europea che tende ad allargare i margini delle proprie competenze scontrandosi con gli stati membri, ma si assiste ad un forte travaso di potere dal settore pubblico a quello privato, che tende a imporre gli standard digitali al pubblico, indipendentemente dal livello di governo coinvolto. E controllare il potere privato è più difficile che controllare il potere pubblico.

Anche a livello pubblico, la digitalizzazione può inoltre essere utilizzata, più o meno consapevolmente, per ridurre il pluralismo, quindi anche l'autonomia. Trattando della digitalizzazione, è inevitabile il riferimento all'Estonia come esempio di successo della transizione digitale in ambito pubblico (si veda anche il relativo contributo in questo volume), ma si dimentica che in quel Paese la digitalizzazione della vita pubblica è andata di pari passo con l'uniformazione della società e la creazione di uno Stato nazionale omogeneo e poco aperto alle rivendicazioni delle minoranze. Non è dato sapere quanto si sia trattato di un processo consapevole e volontario, ma è un fatto che da questo processo di digitalizzazione (rigorosamente in lingua estone o in inglese, molto meno in russo) è rimasta sostanzialmente tagliata fuori la generazione pre-digitale, che era anche quella che contava la maggior parte dei russofoni. La digitalizzazione può insomma diventare anche uno strumento di trasformazione sociale, indirizzando gli sviluppi di una società in transizione in senso inclusivo o (più frequentemente) esclusivo.

Appare insomma evidente – e gli esempi potrebbero continuare a lungo – lo stretto vincolo che lega l'evoluzione tecnologica in generale, e la digitalizzazione dell'azione pubblica in particolare, con la tutela dei diritti fondamentali e con l'organizzazione del potere. Per questo i temi del federalismo, dell'autonomia e in genere della divisione verticale del potere (e più complessivamente della divisione del potere tout court) non possono essere considerati aree di nicchia e relative a questioni specialistiche per pochi addetti ai lavori, ma sono qualcosa che riguarda l'essenza della democrazia e della sua sopravvivenza. Le sfide alla tenuta dei sistemi pluralisti e democratici non vengono solo dalle guerre, dai populismi, dalle emergenze e i loro abusi, ma possono generarsi anche da processi involontari, quotidiani, persino positivi e inevitabili come la digitalizzazione.

## IV. *Che fare?*

Se l'impatto della digitalizzazione è evidente anche sull'autonomia e se, come detto, la reazione difensiva è comprensibile ma poco sensata e probabilmente destinata comunque all'insuccesso, resta da chiedersi come le autonomie possano affrontare la sfida della digitalizzazione cogliendone le opportunità e limitando i rischi che da questa derivano per la loro stessa sopravvivenza.

In primo luogo, è necessario che le autonomie nel loro insieme (dunque chi le gestisce a livello politico e le fa funzionare sul piano amministrativo, ma anche chi le studia per renderle più efficienti) siano consapevoli di rischi e opportunità connesse alla digitalizzazione, e che affrontino questi processi con spirito critico più che con eccessiva resilienza. In questo senso, lo studio raccolto in questo volume rappresenta un utilissimo strumento di supporto. In secondo luogo, occorre che i medesimi soggetti siano proattivi, pronti a sfruttare i possibili margini di autonomia *nella* digitalizzazione, anziché *dalla* digitalizzazione. Concretamente ciò significa ad esempio per gli enti substatali dotarsi di leggi sul punto, che disciplinino i rapporti verticali con gli altri livelli di governo anche in materia di digitalizzazione e di gestione dei processi digitali. Nel contesto italiano, le regioni speciali hanno a disposizione uno strumento più potente della legislazione ordinaria, che è la normativa di attuazione. Approvare proprie leggi significa accettare il potenziale conflitto, rischiare l'impugnazione, ma il conflitto aiuta sempre a chiarire i margini di autonomia e a fissare i limiti di intervento di ciascun livello di governo: soprattutto in ambiti nuovi come quello qui indagato, può convenire perdere un ricorso ma avere chiarezza sui margini di azione piuttosto che non agire per paura del conflitto e trovarsi di fronte ad azioni straripanti di altri livelli di governo o addirittura del privato, quando poi è troppo tardi per reagire. Servono infine consapevolezza e coraggio non solo a monte della legislazione, ma anche e forse soprattutto a valle da parte degli operatori, perché le leggi vivono sulle gambe dell'amministrazione: l'autonomia va affermata anche nei comportamenti e non solo nelle norme.

L'autonomia che vuole mantenersi deve saper dominare i processi e non subirli. Il che non significa certo che l'autonomia possa sopravvivere solo avendo sistemi digitali propri e separati da quelli degli altri livelli di governo, come si potrebbe superficialmente pensare estendendo alla digitalizzazione la frequente e malintesa accezione dell'autonomia come autarchia: sarebbe ridicolo oltre che impossibile. Significa invece – come per l'autonomia nel suo complesso – saper collaborare con altri livelli di governo (e soggetti privati) e codeterminare. Significa co-decidere in tanti ambiti piuttosto che decidere da soli in pochi. Mai come in questo ambito appare evidente che autonomia è partecipazione e capacità di collaborare con altri livelli di governo. È su questa linea collaborativa che si giocherà sul piano normativo la futura definizione del rapporto tra autonomia e digitalizzazione. Le alternative sono il rigetto e la resilienza (o peggio, la passiva accettazione), atteggiamenti perdenti sul piano individuale come su quello collettivo. Esiste insomma certamente un margine per l'autonomia nella digitalizzazione: servono però consapevolezza dell'importanza di assicurare questo margine e capacità di collaborare con i diversi livelli di governo per farlo in modo da garantire il miglior equilibrio tra pluralità ed efficienza.

# Verzeichnis der Herausgeberinnen und Herausgeber sowie der Autorinnen und Autoren

**Elia Aureli**, Research Fellow an der Universität LUISS Guido Carli und Experte in der Abteilung für Digitale Transition des Ministerratspräsidiums in Rom, vormals Senior Researcher am Eurac Research Institut für vergleichende Föderalismusforschung in Bozen.

**Peter Bußjäger**, Universitätsprofessor am Institut für Öffentliches Recht, Staats- und Verwaltungslehre der Universität Innsbruck, Leiter des Instituts für Föderalismus in Innsbruck und Mitglied des Staatsgerichtshofes des Fürstentums Liechtenstein.

**Cristina Fraenkel-Haeberle**, Professorin für Öffentliches Recht an der Deutschen Universität für Verwaltungswissenschaften Speyer und Senior Researcher am Deutschen Forschungsinstitut für öffentliche Verwaltung (Bereich „Öffentlicher Dienst").

**Esther Happacher,** Universitätsprofessorin für Verfassungsrecht am Institut für Italienisches Recht der Universität Innsbruck.

**Matthias Kettemann**, Universitätsprofessor am Institut für Theorie und Zukunft des Rechts an der Universität Innsbruck.

**Erik Longo,** Universitätsprofessor für Verfassungsrecht an der Universität Florenz.

**Barbara Marchetti**, Universitätsprofessorin für Verwaltungsrecht an der Universität Trient.

**Christoph Müller**, Lehrbeauftragter im Programm Zukunftsfähiges Wirtschaften an der Wirtschaftsuniversität Wien sowie für Unionsrecht und Umweltrecht an der Sigmund Freud Privatuniversität Wien.

**Walter Obwexer**, Universitätsprofessor am Institut für Europarecht und Völkerrecht der Universität Innsbruck, Dekan der Rechtswissenschaftlichen Fakultät.

**Francesco Palermo**, Universitätsprofessor an der rechtswissenschaftlichen Fakultät der Universität Verona und Direktor des Eurac Research Institutes für vergleichende Föderalismusforschung in Bozen.

**Sara Parolari**, Senior Researcher am Eurac Research Institut für vergleichende Föderalismusforschung in Bozen.

**Philipp Rossi**, Südtiroler Einzugsdienste AG, vormals Universitätsassistent am Institut für Italienisches Recht, Universität Innsbruck.

**Giancarlo Ruscitti**, Direktor, Regionaler Gesundheitsbetrieb der Region Friaul-Julisch Venetien, vormals Generaldirektor der Abteilung Gesundheit und Sozialpolitik der Autonomen Provinz Trient.

**Mathias Stuflesser**, Südtiroler Landesverwaltung, Direktor der Abteilung Ladinische Bildungs- und Kulturverwaltung und vormals Direktor des Amtes für IT-Bedarfsmanagement.

**Carolin Zwilling**, Senior Researcher und Koordinatorin am Eurac Research Institut für vergleichende Föderalismusforschung in Bozen.

# Abkürzungsverzeichnis

| | |
|---|---|
| ABl | Amtsblatt der Europäischen Gemeinschaften/der Europäischen Union |
| Abl | Amtsblatt der Autonomen Region Trentino-Südtirol |
| Abs | Absatz |
| AEUV | Vertrag über die Arbeitsweise der Europäischen Union |
| AgID | Agenzia per l'Italia Digitale (Agentur für das digitale Italien) |
| AI | Artificial Intelligence (Künstliche Intelligenz) |
| Art | Artikel |
| ASt | Autonomiestatut (DPR Nr 670 vom 31. August 1972 idgF) |
| ASTAT | Landesinstitut für Statistik (Südtirol) |
| AVG | Allgemeines Verwaltungsverfahrensgesetz (Österreich) |
| BGBl | Bundesgesetzblatt (Österreich, Deutschland) |
| BKA | Bundeskanzleramt (Österreich, Deutschland) |
| BLSG | Bund-Länder-Städte-Gemeinden-Kooperation (Österreich) |
| BMAW | Bundesministerium für Arbeit und Wirtschaft (Österreich) |
| BMBWF | Bundesministerium für Bildung, Wissenschaft und Forschung (Österreich) |
| BMF | Bundesministerium für/der Finanzen (Österreich, Deutschland) |
| BMI | Bundesministerium für Inneres (Österreich) / des Innern und für Heimat (Deutschland) |

| | |
|---|---|
| BMK | Bundesministerium für Klimaschutz, Umwelt, Energie, Mobilität, Innovation und Technologie (Österreich) |
| BVerfG | Bundesverfassungsgericht (Deutschland) |
| BVerfGE | Entscheidungen des Bundesverfassungsgerichts (Deutschland) |
| B-VG | Bundes-Verfassungsgesetz (Österreich) |
| bzgl | bezüglich |
| bzw | beziehungsweise |
| ca | circa |
| CAD | Kodex der digitalen Verwaltung (Italien) |
| Cfr / cfr | Vergleiche |
| COM | Europäische Kommission |
| DESI | Index für die digitale Wirtschaft und Gesellschaft |
| dh | das heißt |
| D lgs | Gesetzesvertretendes Dekret (Italien) |
| DMA | Digital Markets Act (EU) |
| DPR | Dekret des Präsidenten der Republik (Italien) |
| DSA | Digital Services Act (EU) |
| DSGVO | Datenschutz-Grundverordnung (EU) |
| EG | Europäische Gemeinschaft |
| EGMR | Europäischer Gerichtshof für Menschenrechte |
| eID | Elektronische Identität |
| EMRK | Europäische Menschenrechtskonvention |
| EuGH | Europäischer Gerichtshof |
| EU / UE | Europäische Union |
| EUV | Vertrag über die Europäische Union |
| EVTZ | Europäischer Verbund für territoriale Zusammenarbeit |
| f | folgend |

| | |
|---|---|
| ff | fortfolgend(e) |
| G | Gesetz |
| GA | Gesetzesanzeiger der Italienischen Republik |
| GD | Gesetzesdekret (Italien) |
| GDC | United Nations Global Digital Compact |
| gem | gemäß |
| GG | Grundgesetz (Deutschland) |
| GvD | Gesetzesvertretendes Dekret (Italien) |
| Hg | Herausgeber |
| idF/idgF/igF | in der Fassung/in der geltenden Fassung/in geltender Fassung |
| IKT/ICT | Informations- und Kommunikationstechnologie |
| ISTAT | Istituto Nazionale di Statistica (Italienisches Zentralinstitut für Statistik) |
| IT | Informationstechnologie |
| Kap | Kapitel |
| KI | Künstliche Intelligenz |
| LG | Landesgesetz (Italien) |
| LHK | Landeshauptleutekonferenz (Österreich) |
| lit | litera |
| mE | meines Erachtens |
| Nr / n | Nummer |
| ORF | Österreichischer Rundfunk |
| OZG | Onlinezugangsgesetz (Deutschland) |
| PA | Öffentliche Verwaltung (Italien) |
| PDÖ | Plattform Digitales Österreich |
| Pkt | Punkt |
| PNRR | Piano Nazionale di Ripresa e Resilienza (Nationaler Aufbau-und Resilienzplan, Italien) |
| RE | Rechtliche Erwägungen (Italien) |

| | |
|---|---|
| Rn | Randnummer |
| Rs | Rechtssache |
| Rz | Randziffer |
| SDGs | Sustainable Development Goals |
| SDG-VO | Single Digital Gateway-Verordnung |
| sog | sogenannt |
| ua | unter anderem |
| UN | Vereinte Nationen |
| usw | und so weiter |
| Verf | Verfassung |
| VerfG | Verfassungsgesetz (Italien) |
| VwVfG | Verwaltungsverfahrensgesetz (Deutschland) |
| VfGH | Verfassungsgerichtshof (Österreich) |
| VfSlg | Sammlung der Erkenntnisse und wichtigsten Beschlüsse des Verfassungsgerichtshofes (Österreich) |
| vgl | Vergleich(e) |
| VO | Verordnung |
| zB | zum Beispiel |